U0918245

兰州大学青年教师思想政治工作创新发展理论研讨会论文集

兰州大学党委宣传部 编

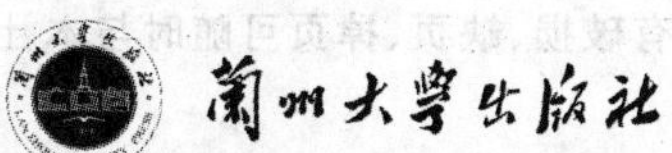

图书在版编目(CIP)数据

兰州大学青年教师思想政治工作创新发展理论研讨会论文集/兰州大学党委宣传部编. —兰州:兰州大学出版社,2013.1

ISBN 978-7-311-04057-4

Ⅰ.①兰… Ⅱ.①兰… Ⅲ.①高等学校—青年教师—政治工作—兰州市—文集 Ⅳ.①G645.16-53

中国版本图书馆 CIP 数据核字(2013)第028191号

责任编辑 钟 静
封面设计 刘 杰

书 名 兰州大学青年教师思想政治工作创新发展理论研讨会论文集
作 者 兰州大学党委宣传部 编
出版发行 兰州大学出版社 (地址:兰州市天水南路222号 730000)
电 话 0931-8912613(总编办公室) 0931-8617156(营销中心)
0931-8914298(读者服务部)
网 址 http://www.onbook.com.cn
电子信箱 press@lzu.edu.cn
印 刷 兰州德辉印刷有限责任公司
开 本 710 mm×1020 mm 1/16
印 张 24.25
字 数 368千
版 次 2013年1月第1版
印 次 2013年1月第1次印刷
书 号 ISBN 978-7-311-04057-4
定 价 58.00元

葳蕤新芽 硕果芳华

——《兰州大学青年教师思想政治工作创新发展理论研讨会论文集》序

兰州大学党委书记 王寒松

经过大家的共同努力，我们高兴地看到《兰州大学青年教师思想政治工作创新发展理论研讨会论文集》出版。葳蕤嫩芽吐新绿，硕果芳华压枝低。论文集的出版是我校思想政治工作的又一重要成果，也是落实《兰州大学关于加强和改进青年教师思想政治工作的若干意见》的重要举措。论文集收录了全校39个单位的82名作者撰写的各类文章56篇，其中理论研究论文51篇，调研报告5篇。大家的论文既有对工作现状的整理与分析，也有对今后工作方式方法的研究与创新；既有相关工作的感受与体会，也有对新形势所面临机遇与挑战的思考和探索。论文集的汇成，无疑是一笔宝贵的财富，既是对业已取得成果的总结，又是对未来发展的思考与探索，真诚地希望读者能够从中得到启迪。

青年人朝气蓬勃，青年教师是学校的希望和生力军。我校45岁以下青年教师占全校专职教师总人数的80%，青年教师党员占专职教师党员总数的42%。过去五年中，我校青年教师以第一作者发表SCI、CSSCI论文1698篇，占全校总数的24.2%；申请的科研项目获批2097项，占全校总数的52.5%。青年教师在我校各项事业发展过程中发挥着极其重要的作用，其自身素质的高低直接影响着学校的精神面貌，他们的健康成长更决定着学校的未来。

青年教师思想活跃、视野开阔，富有挑战精神和责任感，他们是高校教师队伍的骨干和中坚力量，高校青年教师的思想政治态度，关系到高校是否能够坚持社会主义办学方向，关系到培养社会主义合格建设者和可

靠接班人的质量。习近平同志在第二十次全国高校党建工作会议上提出了要把青年教师队伍思想政治建设作为高校党建的一个重大问题来抓。学校党委按照中央的要求，结合学校实际，高度重视青年教师思想政治工作，坚持以思想理论建设为先导，全面贯彻党的路线方针政策，认真贯彻落实党的教育方针；坚持围绕学校的建设和发展开展青年教师思想政治工作，鼓励青年教师增长才干、贡献才智；坚持创新工作观念、方法和机制，切实做到青年教师思想政治工作与时俱进；坚持以人为本，尊重青年教师、理解青年教师，搞好典型示范，既发挥党组织的教育引导作用，又发挥青年教师的自我教育作用；坚持解决思想问题和解决实际问题相结合，转变工作作风，解决实际问题，多办实事，以情感人，将思想政治工作落到实处。社会主义核心价值体系的学习讨论，学术沙龙、业务竞赛等一系列校园文化活动的开展，在青年教师中蔚然成风，潜移默化地影响着青年教师的精神和心灵。广大青年教师继承发扬兰大“自强不息、独树一帜”的精神和勤奋、求实、进取的优良学风，勇于探索，精益求精，涌现出了一大批优秀代表，为兰州大学的科学发展提供了坚强有力的人才保证。

路漫漫其修远兮，吾将上下而求索。我们要坚持用马克思主义中国化的最新成果武装青年教师，大力推进师德师风建设，加大在青年教师中发展党员工作的力度，努力创新青年教师思想政治工作的方式和载体，注重解决青年教师在工作、生活中遇到的实际困难，在打造一支立场坚定、业务精湛、品德高尚的青年教师队伍的同时，充分发挥青年教师在学校人才培养、科学研究、服务社会、文化传承与创新办学功能中的重要作用，为把兰州大学建设成为国际知名的高水平研究型大学和中华民族的伟大复兴而努力奋斗！

目　录

认清形势　把握规律
推进青年教师思想政治工作创新发展

李正元

（李正元，兰州大学党委副书记、纪委书记，研究员）

摘要：青年代表着未来，关注青年也就意味着关注未来。作为高校主体和生力军的青年教师群体，在社会思潮多变，价值观念多元的背景下其思想观念也呈现出多样性复杂性。加强和改进青年教师的思想政治工作，必须根据青年群体的自身特点，结合青年成长的时代环境，分析他们的思想状况，创新性地有针对性地来开展。

关键词：青年教师　思想政治工作　创新　发展

胡锦涛同志曾经指出："一个有远见的民族，总是把关注的目光投向青年；一个有远见的政党，总是把青年看作推动历史发展和社会前进的重要力量。"①谁赢得了青年，谁就赢得了未来。一个民族如此，一个国家如此，一所大学同样如此。目前我校45岁以下青年教师已占据教师总数的80%，在学校教学、科研、管理等逐项工作中发挥着主体和生力军的作用。在当今经济体制、社会结构、利益格局大调整大变革大发展，社会思潮风云激荡，价值观念多元多样多变的复杂局面下，加强和推进高校青年教师群体的思想政治工作创新发展，无疑具有十分重要的意义。

一、统一思想，切实提高对青年教师思想政治工作重要性的认识

思想政治工作是我们党的优良传统和政治优势。近年来，随着教师队伍的自然代谢和师资规模的大幅扩张，青年教师已成为高等教育事业发展的生力军，他们的成长和发展状况决定着高等教育的未来。因此，青年教师思想政治工作的重要性是不言而喻的。我们要从落实党中央对青年一代的殷切期望、实施人才强国战略、推进高水平研究型大学建设的高

①胡锦涛：《迈向新世纪，创造新业绩——在共青团第十四次全国代表大会上的祝词》，载《人民日报》1998年6月20日，第2版。

度，深刻认识当前创新和发展兰州大学青年教师思想政治工作的重要性、紧迫性。

(一)创新和发展青年教师思想政治工作是坚持社会主义办学方向、落实党的教育方针的需要

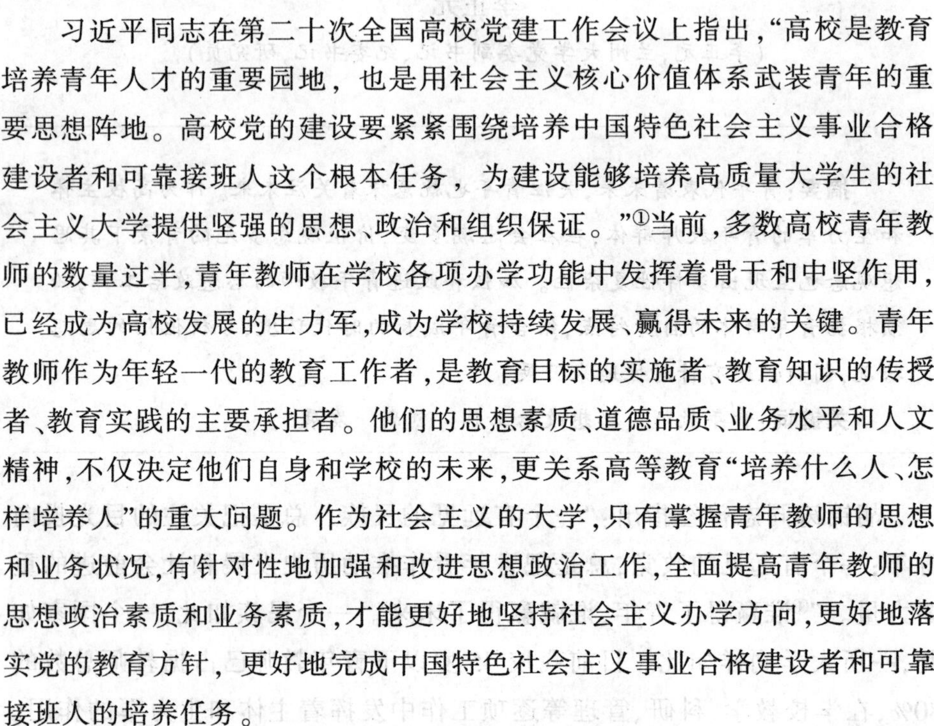

习近平同志在第二十次全国高校党建工作会议上指出，“高校是教育培养青年人才的重要园地，也是用社会主义核心价值体系武装青年的重要思想阵地。高校党的建设要紧紧围绕培养中国特色社会主义事业合格建设者和可靠接班人这个根本任务，为建设能够培养高质量大学生的社会主义大学提供坚强的思想、政治和组织保证。”①当前，多数高校青年教师的数量过半，青年教师在学校各项办学功能中发挥着骨干和中坚作用，已经成为高校发展的生力军，成为学校持续发展、赢得未来的关键。青年教师作为年轻一代的教育工作者，是教育目标的实施者、教育知识的传授者、教育实践的主要承担者。他们的思想素质、道德品质、业务水平和人文精神，不仅决定他们自身和学校的未来，更关系高等教育“培养什么人、怎样培养人”的重大问题。作为社会主义的大学，只有掌握青年教师的思想和业务状况，有针对性地加强和改进思想政治工作，全面提高青年教师的思想政治素质和业务素质，才能更好地坚持社会主义办学方向，更好地落实党的教育方针，更好地完成中国特色社会主义事业合格建设者和可靠接班人的培养任务。

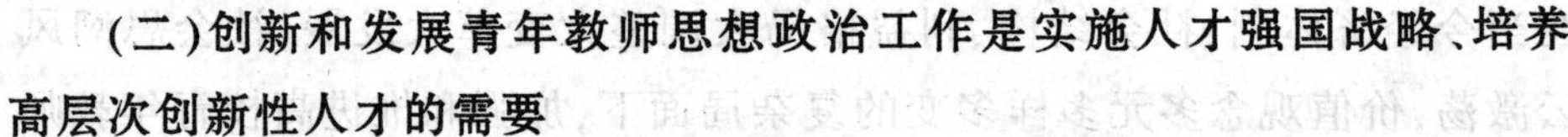

(二)创新和发展青年教师思想政治工作是实施人才强国战略、培养高层次创新性人才的需要

“国以人兴，政以才治”。人才强国战略是我们党根据新世纪新阶段国际国内形势的深刻变化，继科教兴国战略和可持续发展战略之后的又一项重大战略决策，人才强国的根本方向是培养更多的现代化建设人才。高等教育是培养高级专门人才的主要基地，责无旁贷地处于人才强国战略的中心，在实施人才强国战略中发挥着先导性、全局性的作用。“百年大计，教育为本，教育大计，教师为本”。占据教师队伍主体地位的青年教师群体不仅是实施人才强国、科教兴国战略的积极参与者实践者，同时也是创新性人才队伍的培养者教育者，可以说青年教师的培养与发展就是学

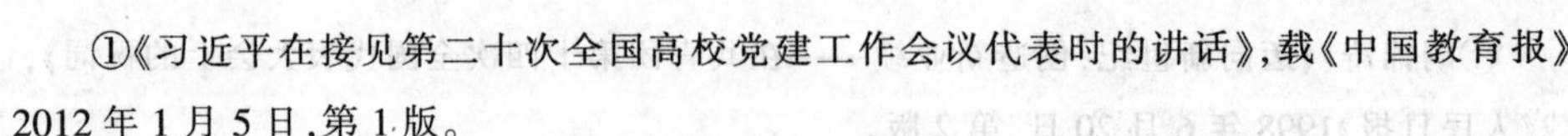

①《习近平在接见第二十次全国高校党建工作会议代表时的讲话》，载《中国教育报》2012年1月5日，第1版。

校办学的基石,是创新性人才培养的关键。

(三)创新和发展青年教师思想政治工作是高校提高质量走内涵发展道路的需要

胡锦涛在清华大学百年校庆讲话中指出,“提高质量,是高等教育的生命线”。[①]高等教育的质量如何不仅关系高等教育强国、人力资源强国的建设和发展,还关系到我国现代化建设事业的成败和社会主义合格建设者的培养。而青年教师是目前高校的主体力量和生力军,在学校承担着教学、科研、管理、技术保障等大量工作。他们自身的素质、品格、水平和能力状况成为学校人才培养、科学研究、服务社会和文化传承创新的重要标志和影响因素。提高质量,走内涵发展道路本身要求必须具有高质量的教师队伍,这样才能实现质量的提高。

(四)加强和改进青年教师思想政治工作是兰州大学建设高水平研究型大学的需要

人才培养在大学的四大社会职能中居于首位,其培养的质量如何是学校在社会竞争中赖以生存与发展的基础,也是衡量一所大学办学水平的根本标志。回顾历史,兰州大学所培养的大批优秀人才,因为基础厚、后劲足、能力强、素质好而深受社会的欢迎和广泛赞誉,他们为学校争得了荣誉,也体现了学校的办学水平和质量。同时我们也清醒地认识到,兰州大学办学的整体实力与国内外一流大学相比,还存在明显的差距,在吸引优秀生源、培养优秀人才方面面临着巨大的压力。面向未来,兰州大学确立了建设高水平研究型大学的办学目标,而能否培养更多的思想素质好、热爱祖国、乐于奉献、具有创新精神和实践能力的优秀人才,已经成为我们高水平研究型大学建设的重要标志和根本要求。加强和改进青年教师思想政治教育工作,是学校整体工作的有机组成部分,是人才培养质量的重要保证。面对高等教育竞争态势的加剧,根本的思路在于想尽一切办法、用打破常规的方法切实提高我们的办学水平,提高人才培养质量,这是我们的生命线。

(五)创新和发展青年教师思想政治工作是青年教师群体的自身要求

青年教师是大学各项事业的主力军和生力军,居于“承前启后”、“承上

①《胡锦涛在庆祝清华大学建校100周年大会上的讲话》,载《中国教育报》2011年4月25日,第3版。

启下"的地位,任务重、压力大,迫切希望组织的关怀、同行的认可、家庭的稳定和大家的支持,而社会的发展又为他们提供了难得的施展才华的机会。青年教师队伍思想政治工作的创新发展也正是顺应了这一时代和社会发展的要求,是青年教师队伍自身价值追求和价值实现的内在需要,也是时代的需要、人民的需要,党和国家的需要。

二、广泛调研,密切关注青年教师的特点和思想状况

青年教师有其自身的特点与优势,在一定程度上,青年教师所具有的特点又是文化多元、价值多样的时代所赋予的。

(一)从青年教师的自身特点来看

由于青年教师踏上高校教育教学工作岗位时间不长,尚处于事业的起步阶段,因此他们在学校的整体工作中处于"弱势群体"的地位。但青年教师有着非常明显的群体优势:观察力深刻而周密,精力充沛而富有激情,记忆力和想象力强而思维活跃,特别是逻辑思维方面比较成熟,具有国际思维的视野,实现自我价值的强烈愿望。这些特质决定了青年教师群体是一个活跃而富有创新和激情的群体。思想政治工作就要从青年教师的身心发展规律和特点出发,培养青年教师重视自我学习的习惯,形成正确的自我意识,注重独立思考能力的发挥,从而构建一个健康而且积极向上的群体。

(二)从青年教师承担的社会角色看

青年教师作为教育战线上的生力军和骨干力量,担负着教书育人,为中国特色的社会主义建设事业输送各种各样有用人才的重任。他们作为知识传承的重要纽带,为学校人才培养和各项工作任务的完成提供强有力的支持。青年教师在高等教育的教学过程中,不仅应该向学生传授科学知识和先进的科学技术,而且还应该教育学生如何做人,既传道授业又解惑,既教书又育人,这自然对青年教师自身思想政治素养提出更高的要求。因此,思想政治工作必须从青年教师所承担的社会重任的角度出发,在加强青年教师的历史使命感、社会责任感和对学生的既教书又育人的双重性要求上多下工夫。

(三)从青年教师思想状况看

青年教师关心社会发展,思想状况总体是好的,但受现实环境和自身

因素的影响,也存在一些值得关注的问题。他们勇于开拓进取,但容易产生急躁情绪和求全责备的倾向;思想活跃,崇尚实际和独立思考,但也有过于追求实际实惠的倾向;向往自由,注重社会交际,但往往缺乏必要的纪律观念;追求进步,渴望全面发展,但有时不能对自身实际有一个正确的评价,而陷入盲目乐观,等等。针对青年教师的这些思想状况,遵循思想政治工作的规律和方法,对青年教师进行理想信念教育,培养青年教师的大局观,增强其自身的约束力,形成正确的对待社会和自我的看法,进而倡导在实际工作中弘扬奉献精神,这一点尤为重要。

(四)从青年教师的行为方式看

他们有较为鲜明的时代特征,具有较强的目的性和自觉性,大多数人可以把个人的利益和社会利益结合起来。青年教师在行为上具有很强的意志力,对待事情一般比较执著,难免在社会生活中会遇到困难,可能会导致他们在挫折面前缺少必要的自信,往往会造成凭感情用事和随意性的情绪。有时他们忽视社会要求,而过分强调个人主义。因此,通过思想政治工作的手段,可以对青年教师进行预防性的教育,及时地纠正他们在实际行为方式上出现的偏差。

从总体上看,目前我校青年教师的政治思想状况主流是好的,大部分教师兢兢业业,为教育事业奉献智慧和才华。在政治上呈现出积极、健康、向上的态度;在工作上具有较强的事业心和良好的职业道德,对教育教学工作有紧迫感、责任感和使命感,爱岗敬业,关心学生,工作有压力、动力,有热情甚至激情;在价值观念上表现出甘于奉献、任劳任怨;对学校和教育的发展充满关切,对学校事业发展充满信心和期待。

三、深入剖析,准确把握青年教师思想政治工作面临的新情况新问题

青年教师成长于我国改革开放事业蓬勃发展、整个国民经济和社会发展取得明显进步的时期,成长于推崇民主和科学的政治环境之下。在这样一种大的积极健康向上的主流环境背景下,我校青年教师的主流如前所述当然也是积极的、健康的、向上的。但应当承认,目前学校为青年教师提供的成长和发展的空间还相对有限,部分青年教师的思想政治状况不容乐观,存在着一些不容忽视的问题,主要体现在三个方面。

(一)大学里总在论资排辈,青年教师的发展空间最容易被挤压

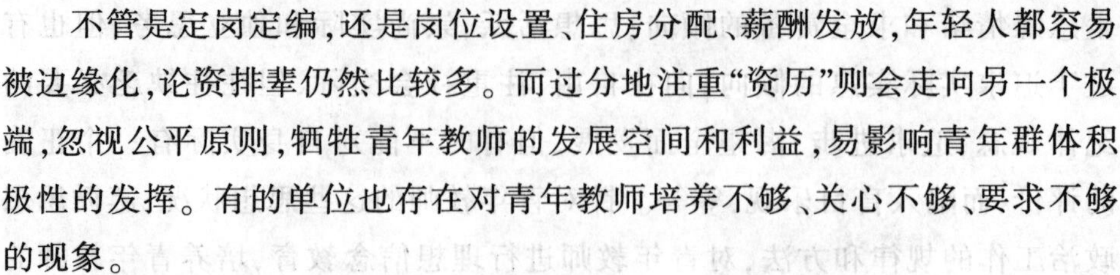

不管是定岗定编,还是岗位设置、住房分配、薪酬发放,年轻人都容易被边缘化,论资排辈仍然比较多。而过分地注重“资历”则会走向另一个极端,忽视公平原则,牺牲青年教师的发展空间和利益,易影响青年群体积极性的发挥。有的单位也存在对青年教师培养不够、关心不够、要求不够的现象。

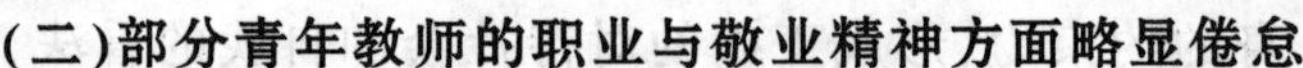

(二)部分青年教师的职业与敬业精神方面略显倦怠

有的青年教师,家庭负担重,学校事务多,正处于“上有老、下有小”的阶段,多处牵扯精力,不能完全处在状态中。有的按部就班,缺少创新性思考。有的自我满足,“小富即安”,缺乏进取和开拓精神等。学校的各级组织应该主动帮助青年教师在各种观念纷乱的情况下,廓清思想,树立正确的人生观、职业观,真正把事业进步、个人发展和幸福感受结合起来,创造性地开展工作。学校各相关单位应及时解决青年教师职业发展的瓶颈问题和后顾之忧,让青年教师尽可能地全身心投入自己的工作。

(三)一些青年教师的规则意识较弱

卢梭说:“人生而自由,却无往不在枷锁之中。”任何个人或单位,如果处在一个无规则、无纪律、无秩序的社会环境中,看似最自由,实际是最没有自由保障的地方,也就是最没有自由的地方。纪律和自由是孪生兄弟。纪律越发达,自由越发达。自由思潮下的一些年轻人,很容易错误地把“自由主义”当成人生的美好追求,把不受约束看做是个性的解放与张扬,把我行我素看做特立独行和有个性的标志,把与学校与社会做无谓的“对抗”看做是年轻人的英雄气概。客观地讲,不是所有的教师都能在“纪律与自由”之间做得恰到好处,因此,在青年教师发展的这个阶段,应更多地肯定规则与纪律的价值,引导和鼓励年轻教师处理好纪律和自由的关系,如果缺少了规则与纪律,就没有集体的发展,更谈不上社会的进步。

四、开拓创新,努力增强青年教师思想政治工作的实效性

习近平在第二十次全国高校党建会议上强调,“要把加强青年教师队伍思想政治建设作为高校党的建设一个重大问题来抓,深入细致地做好

青年教师的思想引导工作”。[①]要加强青年教师思想政治工作的创新发展，既要更新观念，把青年教师思想政治工作摆在重要地位，又要结合青年教师的特点和实际需要，创新思想政治教育的方式方法，通过提高思想政治教育工作的感染力、吸引力来使青年教师思想政治工作取得良好的实际成效。

(一)高度重视青年教师的发展与成长

要深入研究问题产生的深层次原因，探索既符合国家发展需要，又遵循青年成长规律的高校青年教师思想政治工作新机制。比如说，通过举办校史展览和大学精神文化建设研讨会等活动，推进校史校情教育和大学精神教育，弘扬“自强不息、独树一帜”的兰大精神和勤奋求实进取的优良学风，提高青年教师的创新精神和协作精神。再比如学校各级工会组织应该发挥联系全校青年教师的纽带作用，成为沟通学校和青年教师的桥梁，主动积极地开展各种联谊活动，丰富青年教师的业余文化生活。但活动的目的绝不仅在于此，更在于要通过此类文化生活，一方面使学校能够真正听到青年教师的心声，了解他们的愿望，便于为青年教师创造更好的发展环境，另一方面也能使青年教师及时掌握学校政策，理解学校的做法，明确发展方向，与学校的发展步调一致，做到同呼吸，共命运。

(二)进一步加大对青年教师的培养扶持力度

各职能部门要为培养青年教师创造良好的环境，为青年教师的成长成才提供政策支持和条件保障，共同关注关心青年教师的成长。各教学单位更要把对青年教师的培养当成重中之重的头等大事来抓，了解每位青年教师的特点和专长，掌握他们的需求和愿望，“因材施教”，为他们创造更多的进修学习机会。如有的学院实施的“传帮带”制度就是很好的培养年轻教师的机制。再比如在“985工程”、“211工程”人才队伍建设项目中，学校加大了对青年教师的培养培训力度和研修进修、公派留学的支持力度。兰州大学从2009年开始制定和实施青年教师科研能力提升计划，在基本科研业务项目立项中继续向青年教师倾斜，支持青年教师外出参加学术交流，扶持青年教师提升科研能力。从实施的三年来看，收效是比较明显的。

①《习近平在接见第二十次全国高校党建工作会议代表时的讲话》，载《中国教育报》2012年1月5日，第1版。

(三)拓宽制度化表达渠道,建立畅通高效的沟通机制

通过座谈会、问卷调查、信息公开栏等多种形式,定期了解青年教师的意见、建议和要求,并将处理意见及时反馈;充分发挥工会和教代会在青年教师利益表达中的作用,在制度设计中为青年教师留有一定席位,明确规定青年教师所占代表的比例;对于涉及青年教师切身利益的重大决策,应设立听证制度,广泛听取青年教师意见,使学校的各项决策和各项制度建立在对青年教师意见充分了解的基础上,实现决策与制度对青年教师合理利益诉求的尊重与保护。

兰州大学网站上的书记信箱和校长信箱多年来一直是校务公开的重要组成部分,是推动民主建设、依法治校,促进学校建设和发展的重要手段。在学校的规范管理下,基本能做到凡属各职能部门负责的具体事务,直接通告,限期提出解决方案;属于综合性、全局性的意见和建议,或需多部门协调、多次反映仍未解决的问题,基本能够做到尽可能及时地给予公开答复,或委托职能部门答复。书记信箱和校长信箱尤其作为传递广大师生员工呼声的渠道,在广泛征求全校师生员工对学校建设和发展的意见与建议,增进学校管理层与师生员工的交流互动方面发挥了积极的作用。

兰州大学的校园论坛(BBS)——西北望,也是学校多年来集多方面人力物力精心建立并不断完善起来的校园网络论坛,我们完全可以通过积极有效的管理和引导,使"西北望"成为学校与青年教师之间、青年教师相互之间、青年教师与学生之间良性沟通交流的平台。

手机短信、飞信等新媒体信息技术在高校也非常流行,它被称为继网络之后出现的第五媒体。短信作为思想政治教育的新载体,同样能对青年教师思想政治教育发挥重要作用。手机短信具有便捷灵活、间接含蓄、经济实惠的优点,可探索建立青年教师群发机制,定期定时通过短信和青年教师保持联系、开展工作。

"微博问政"是近年来公众瞩目的一种崭新的沟通方式,成为议政的新载体。学校已开通官方微博,使广大教师、学生、家长和关心兰州大学发展的社会各界朋友和校友,为学校的发展建言献策。它可以更近距离地倾听师生员工的呼声,也对"服务"和"效率"提出更高要求,尤其可以为熟练使用各种新兴电子科技的广大青年教师建立实时的交流平台。微博的开通,将会实现更多、更快的校情发布。

(四)深化管理体制改革,创造青年教师发挥才干的制度环境

青年教师思想上的不稳定与职称、住房、收入等问题有很大关系,如果单靠思想政治工作而忽视实际问题的解决, 必然降低思想政治工作的成效。建立以学术评价体系为准绳、公平竞争为导向的职称评聘机制和收入分配机制,真正做到职称和工资体现业绩与能力;对岗位进行分类管理和分级考核,推行岗位竞争、岗位轮换等措施,建立能进能出、能上能下、能高能低的激励竞争机制; 认真解决高校青年教师在福利待遇和生活工作中的实际困难,在住房、医疗、子女升学等方面给予关心关切,对于经济确有困难的青年教师,加大补助力度,提高其生活质量等,都是需要我们共同努力,加以解决的课题。

创新是高校青年教师思想政治工作的永恒主题, 与其说这是我们工作的需要,不如说这是青年教师群体的本质要求。在高等教育提高质量走内涵式发展道路的今天,关注青年教师思想政治工作创新发展,其意义无论从哪方面讲都是不可低估的。

参考文献

[1]胡锦涛.迈向新世纪,创造新业绩——在共青团第十四次全国代表大会上的祝词[N].人民日报,1998-06-20(2).

[2]习近平在接见第二十次全国高校党建工作会议代表时的讲话[N].中国教育报,2012-01-05(1).

[3]胡锦涛在庆祝清华大学建校100周年大会上的讲话[N].中国教育报,2011-04-25(3).

青年教师思想政治工作的传承与创新

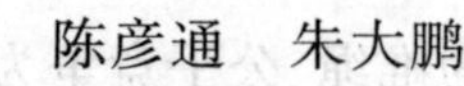

陈彦通　朱大鹏

（陈彦通，兰州大学政治与行政学院党委书记，助理研究员；朱大鹏，兰州大学政治与行政学院，讲师）

摘要：当前青年教师思想政治工作关系着青年教师综合素质的提高和高校的科学发展。辩证地处理青年教师思想政治工作中传承与创新的关系，是一项重要的任务。青年教师思想政治工作要在秉承积极的基本判断的前提下研究工作的新特点；要在坚持高度重视的氛围中创新工作理念；要在重视既有内容的条件下开拓新的内容和思路；要在利用好传统工作渠道的过程中探索新的工作载体；要在继承以往有效措施的基础上创新工作方式方法。

关键词：青年教师　思想政治工作　传承　创新

近年来，随着教师队伍的自然代谢和师资规模的剧幅扩张，多数高校青年教师的数量过半，成为高校发展的生力军。青年教师的思想素质、道德品质、业务水平和人文精神，不仅决定他们自身和所属学校的未来，更关系高等教育“培养什么人、怎样培养人”的重大问题。因此，青年教师思想政治工作的重要性是不言而喻的。适应新形势新变化，青年教师思想政治工作必须在传承的基础上创新、在创新的过程中传承。辩证地处理青年教师思想政治工作中传承与创新的关系，是高校贯彻落实《教育中长期发展规划纲要》、提高教育质量、建设高水平大学的重要保证，是摆在学校面前的一项迫在眉睫的艰巨任务。

一、在秉承科学判断的前提下研究工作特点

科学判断工作情况和工作形势是正确提出工作任务和工作思路的前提。对青年教师的思想政治状况，要用全面的、发展的、联系的观点进行正确分析和判断。长期以来，青年教师的思想政治状况基本是好的，是在相当程度上适应社会主义高等教育的要求的，青年教师思想政治工作是比

较行之有效的,这是我们一贯的基本判断。这个基本判断是符合实际情况的,我们在新形势下研究青年教师思想政治工作,必须坚持这个基本判断。必须看到,虽然目前青年教师思想政治工作中存在着这样或那样的不足和缺点,但是青年教师的思想政治状况和青年教师思想政治工作的主流是好的。对青年教师的全盘否定,就是对我们以往教育和思想政治工作的全盘否定,而这既与事实相悖,也不利于进一步做好青年教师的思想政治工作。

在秉承科学的基本判断的前提下,还要从不断发展的客观形势出发,从持续变化的内外环境出发,坚持两点论与重点论相统一的原则,对青年教师的思想政治状况和青年教师思想政治工作做出具体的分析,为加强和改善青年教师思想政治工作奠定坚实的基础。

总的来看,当前青年教师的思想政治状况和青年教师思想政治工作的特点可以概括为:主流向好,亦有隐忧。

就青年教师的思想政治状况来说,一是大部分青年教师政治上立场正确坚定、态度鲜明,但也有少数教师在重大原则问题上还存在一些错误或模糊的认识;二是大部分青年教师工作上爱岗敬业、勇于拼搏、乐于奉献,但也有少数教师存在急功近利的短期行为,职业道德水平有待提高;三是大部分青年教师精神面貌热情饱满、积极向上,但也有少数教师存在消极颓废、不思进取现象。就青年教师思想政治工作来说,一是普遍重视与开展了青年教师思想政治工作,但是制度化、规范化、科学化水平有待提高;二是针对问题提出了许多对策和措施,但只讲普遍性不讲特殊性的"一刀切"现象需要改进;三是在工作形式多样性上下了工夫,但思想政治工作实效性方面尚待加强。可见,关于当前青年教师的思想政治状况和青年教师思想政治工作开展的情况,既要把握基本判断又要注意具体分析,这是我们开展工作的基础,也为今后的工作提出了新的更高的要求。

二、在坚持高度重视的氛围中创新工作理念

思想上高度重视是做好青年教师思想政治工作的首要条件,也是高校青年教师思想政治工作的优良传统。长期以来,我们充分认识到青年教师是高校各项工作的生力军,他们位于学校教学科研管理工作的前沿,承担着继承先辈开创的事业并不断推向前进的历史重任。因此,做好青年教

师的思想政治工作，使之成为思想政治素质过硬和业务水平高超的教育者,关系到社会主义大学的繁荣发展,关系到社会主义教育事业的兴旺发达,关系到中国特色社会主义建设事业的前途命运,是一项我们必须饱含历史使命感和社会责任感来开展的工作。

在高度重视的氛围中，我们过去形成了青年教师思想政治工作的理念和传统。随着改革开放的深入发展和全面建设小康社会的稳步推进,我国当前经济体制深刻变革、社会结构深刻变动、利益格局深刻调整、思想观念深刻变化，青年教师思想政治工作环境已发生而且还在不断发生变化,这就要求我们必须以改革的精神、以扬弃的态度对待传统工作理念,实现工作理念的创新发展。

创新工作理念要以人为本,对待青年教师应当秉持关心、尊重、理解的态度。要以青年教师为本,提倡人文精神,注重人文关怀,弱化行政管理思想,树立服务的观念。高等学校的中心工作是教学科研,青年教师思想政治工作也必须服从服务于这个中心工作。

创新工作理念要把握规律,对青年教师的特点要承认、尊重、因势利导。要深刻认识思想政治教育规律、青年成长成才规律、人的全面发展规律,把握青年教师竞争意识强、可塑性强、波动性大等特点,创造性地开展工作。

创新工作理念要注重衔接，把思想政治工作贯穿于青年教师工作的全过程,尤其要注意重点环节。青年教师思想政治工作要把好“三关”:入口关,选人上不能只关注业务而忽视思想政治素质标准;培养关,精力上不能只投放于高层次人才和办学资源的争夺而忽视人文关怀;考核关,不能“一白遮百丑”而导致思想政治工作与业务工作相比“软硬有别”。

三、在重视既有内容的条件下拓展工作思路

传统的青年教师思想政治工作比较重视政治教育和道德教育，我们在新时期对此仍然要给予高度的重视。

我们办的是社会主义大学，培养的是中国特色社会主义事业的建设者和接班人,作为教育者的青年教师,自身必须具备过硬的政治素质,坚持以马克思主义和马克思主义中国化理论成果指导教学科研工作，在大是大非问题上与党中央保持高度一致。师德建设是青年教师思想政治工作不可或缺的重要内容。要加强青年教师的职业理想和职业道德建设，增强青年教师教书育人的使命感和责任感。要切实贯彻《教师法》、《高等教育法》对教师职业道德的要求，认真宣传、学习、落实"爱国守法、敬业爱生、教书育人、严谨治学、服务社会、为人师表"的高校教师职业道德规范，并制定、完善具体要求和规则，引导广大青年教师自觉履行师德要求，以身作则，率先垂范。

当前，除了坚持政治教育和道德教育之外，还要根据社会发展的特点和国家大政方针的要求，努力开展法治教育和文化教育。

依法治国是我国的基本方略，是社会主义民主政治的重要体现。在全社会都在加强社会主义民主法治、公平正义、自由平等、权利义务教育的形势下，对青年教师加强这方面的教育，具有重要的现实意义和深远影响。十七届六中全会指出："文化是民族的血脉，是人民的精神家园"，"没有文化的积极引领，没有人民精神世界的极大丰富，没有全民族精神力量的充分发挥，一个国家、一个民族不可能屹立于世界民族之林。物质贫乏不是社会主义，精神空虚也不是社会主义。没有社会主义文化繁荣发展，就没有社会主义现代化"。[①]青年教师思想政治工作必须加强先进文化建设，注意校史校情教育，搞好校园文化建设，使青年教师成为文化底蕴深厚的教育者。

当前，要特别重视以社会主义核心价值体系来引领青年教师思想政治工作。"社会主义核心价值体系是兴国之魂，是社会主义先进文化的精髓，决定着中国特色社会主义发展方向。"[②]坚持马克思主义指导思想、树立中国特色社会主义共同理想、弘扬以爱国主义为核心的民族精神和以改革创新为核心的时代精神、宣传和践行社会主义荣辱观，对加强和改善青年教师思想政治工作具有重要指导意义。

①《中共中央关于深化文化体制改革 推动社会主义文化大发展大繁荣若干重大问题的决定》，载《人民日报》2011年10月26日。

②《中共中央关于深化文化体制改革 推动社会主义文化大发展大繁荣若干重大问题的决定》，载《人民日报》2011年10月26日。

四、在利用传统渠道的过程里探索工作载体

在长期的青年教师思想政治工作实践中,我们积累了许多好的经验,其中“党政工团齐抓共管、发挥整体合力”是搞好青年教师思想政治工作的一大法宝,我们必须继承和发扬这一优良传统。“党政工团齐抓共管、发挥整体合力”是一系列重要途径的有机整合,是一系列重要载体的紧密结合,是一系列重要渠道的相互配合。党的领导是做好青年教师思想政治工作的关键:校党委的坚强领导、中层党组织和党支部的有力指导,是青年教师思想政治工作的政治保证。学校各级行政部门的重视是做好青年教师思想政治工作的基础:把青年教师思想政治工作纳入学校全面工作规划之中,目标明确、措施得力是青年教师思想政治工作的组织保证。群团部门的支持是青年教师思想政治工作的条件:充分发挥群团部门在组织文体活动、关心教工生活方面的优势,让青年教师融入集体、消除隔阂、增进感情,可以起到春风化雨、润物无声的作用。

在充分发掘传统渠道有利因素的同时,还必须根据形势发展和环境变化不断探索新的工作载体,使青年教师思想政治工作与时俱进。

要把青年教师思想政治工作融入党建工作之中。高校是党建工作的主阵地之一,在青年知识分子中发展党员对于党的建设具有重要意义。但是一段时期以来,高校党建工作往往侧重在学生中发展党员而忽视了青年教职工中的党建工作。党组织应当采取切实措施,扩大在青年教师中的影响力和吸引力,在思想上、政治上、业务上帮助青年教师,注意发现青年教师中的优秀分子,引导他们向党组织靠拢,在合适的时候从中吸收新党员,不断发展壮大青年教师党员队伍。

要把青年教师思想政治工作与解决他们面临的现实问题紧密结合起来。青年教师一方面要承担艰苦繁重的教学科研任务,面临工作上的压力,另一方面还要承担阶段性的家庭角色,在生活中存在许多实际困难。要增强青年教师思想政治工作的实效性,学校各级组织就要把解决青年教师在工作生活中的实际困难提上日程,尊重劳动、尊重知识、尊重人才、尊重创造,为青年教师的教学科研工作提供必要的条件,为青年教师的生活提供基本保障,免除他们的后顾之忧,使之切身感受到组织的关怀和温暖,增加他们的认同感。

要把青年教师思想政治工作与新媒体技术的发展和应用联系起来。新媒体技术是信息传播和思想交流的有效平台和载体，从各个方面深刻地改变着人们的生活。青年教师由于年龄阶段和工作性质的特点，是接触和运用新媒体最经常、最专业、最深入的人群之一。在当前科学文化交流日趋活跃、社会思潮碰撞日渐强烈、意识形态交锋日益尖锐的情况下，高度重视与研究新媒体技术，发挥其在青年教师思想政治工作中的作用，具有不同寻常的价值。

五、在继承有效措施的基础上发展工作方法

"我们不但要提出任务，而且要解决完成任务的方法问题。我们的任务是过河，但是没有桥或没有船就不能过。不解决桥或船的问题，过河就是一句空话。不解决方法问题，任务也只是瞎说一顿。"①青年教师思想政治工作的方式方法问题，是一个事关思想政治工作效果的重要问题。理论教育和示范教育，是为事实证明行之有效的工作措施。

理论上的成熟是政治上成熟的基础，政治上的清醒来源于理论上的坚定。政治理论学习是青年教师思想政治工作的主渠道，是必须发扬的好传统。当前青年教师的理论学习不是太多了，而是太少了；不是过于强调了，而是过于忽视了。要旗帜鲜明地坚持马克思主义在高校的指导思想地位，坚持大学的社会主义性质。"理论只要说服人，就能掌握群众；而理论只要彻底，就能说服人。所谓彻底，就是抓住事物的根本。"②青年教师是有文化有思想的群体，生动体现着对真理的不懈追求。理论学习对青年教师来说，是解决思想问题的根本措施。榜样的力量是无穷的，典型示范是青年教师思想政治工作的另一个有效措施。一方面是各级领导干部和老教师的传帮带作用。通过他们的典型示范和以身作则，为青年教师树立起身边的榜样。另一方面则是青年教师群体中的先进分子的模范带头作用。通过发挥同辈群体的亲和力、感染力，带动青年教师共同发展。

理论教育和典型示范在不同时期、不同环境中有着不同的具体做法和特点，而不是一成不变、死板僵化的。在继承和发扬理论教育和典型示范工作方法的同时，还要不断探索新的工作方法。

①《毛泽东选集》第1卷，人民出版社1991年版，第139页。

②《马克思恩格斯选集》第1卷，人民出版社1995年版，第9页。

社会实践是青年教师思想政治工作的必要形式。“思想政治教育对象在社会实践活动中通过与社会直接接触,能够对社会产生一定的认识,能够使自己已有的认识得到升华,素质得到提高。”①要有计划、有步骤地组织青年教师深入工厂、农村、社区等基层单位,通过社会实践来陶冶情操、开阔视野、增长见识、砥砺思想。

制度建设是青年教师思想政治工作的有力保障。要坚持科学、实用的原则,建立一套针对青年教师工作生活状况的考核评估、优胜劣汰机制,使青年教师接受广大师生的监督和制度的约束,在职务聘任、职称晋升、阶段考核、评优评奖中鼓励先进、鞭策后进,促使青年教师思想政治状况整体上的提升。

心理疏导是青年教师思想政治工作的重要环节。“现代社会变化节奏加快,社会竞争性加剧,人们之间的利益关系的复杂程度增加,容易引起人们的心理震荡、精神苦闷、思想困惑,增加心理负荷,导致心理不平衡、心理障碍甚至心理疾病的发生。”②因此,这就需要有针对性地开展心理疏导、搞好人文关怀,满足青年教师解决思想问题的心理需求。

参考文献

[1]中共中央关于深化文化体制改革 推动社会主义文化大发展大繁荣若干重大问题的决定[N].人民日报,2011-10-26(1).

[2]毛泽东选集:第1卷[M].北京:人民出版社,1991.

[3]马克思恩格斯选集:第1卷[M].北京:人民出版社,1995.

[4]王学俭.现代思想政治教育前沿问题研究[M].北京:人民出版社,2008.

[5]张耀灿,等.现代思想政治教育学[M].北京:人民出版社,2006.

①王学俭编著:《现代思想政治教育前沿问题研究》,人民出版社2008年版,第35页。

②张耀灿等著:《现代思想政治教育学》,人民出版社2006年版,第382页。

坚持党建工作为核心　深入实施铸魂工程

——兰州大学青年教师思想政治教育常态化路径初探

刘先春　叶茂泉

（刘先春，兰州大学政治与行政学院、马克思主义学院教授，博士生导师；叶茂泉，兰州大学党委办公室，助理研究员）

摘要：青年教师是教师队伍的骨干力量，在学校各项工作中发挥着极其重要的作用，抓好青年教师的思想政治教育工作是我校思想政治工作中不可忽视的重要任务。本文认为，在新的形势下，要充分发挥党建作用，把青年教师凝聚到党组织周围，坚持党委政治核心和领导核心，强化政治理论学习，增强基层党组织凝聚力、战斗力等，多措并举地实施铸魂工程，积极探索和推进青年教师思想政治教育常态化，对于我校改革发展意义深远。

关键词：党建工作　青年教师　思想政治教育　常态化

党建和思想政治教育工作是我校立足西部办学、改革发展的重要保证。青年教师作为教师队伍的主体，是实施素质教育、推动教育事业现代化的主力军，在学校各项工作中发挥着极其重要的作用。做好青年教师的思想政治教育工作，关系着学校人才培养的长足发展，关系着学校的和谐稳定大局。《国家中长期教育改革和发展规划纲要(2010—2020年)》强调要求“以中青年教师和创新团队为重点，建设高素质的高校教师队伍”，给我们指出了青年教师思想政治教育工作的明确的方向。习近平同志在第二十次全国高校党建工作会议上指出，要把加强青年教师队伍思想政治建设作为高校党的建设的一个重大问题来抓。结合当前国内外形势和学校自身实际，我校必须始终坚持以党建工作为核心，着力强化青年教师思想政治教育工作，不断促进铸魂工程深入实施，积极探索出有兰大特色的青年教师思想政治教育工作之路，这对于提高学校教育质量和大学生健康成长成才，意义重大而深远。

一、认清当前形势，了解把握我校青年教师思想政治现状

当今世界正处在大发展大变革大调整时期，各种思想文化交流、交汇、交锋更加频繁。国家正处在改革发展的关键阶段，经济体制深刻变革、社会结构深刻变动、利益格局深刻调整、思想观念深刻变化。高校青年教师的思想政治状况正面临各种各样的挑战，人生价值观出现多元态势，极少数青年教师在思想上出现了一些问题。比如，有的青年教师政治理想信念模糊，集体意识淡薄；有的只是重视教书，忽视了育人本职；也有的工作作风浮躁，缺乏奉献精神……高校青年教师的思想政治态度，关系到高校能否坚持社会主义办学方向，关系到人才培养的目标能否实现，关系到能否贯彻落实科教兴国、人才强国以及建设创新型国家的战略。古人云："千丈之堤，以蝼蚁之穴溃；百尺之室，以突隙之炽焚。"这些问题必须重视并加以解决，认真做好青年教师思想政治工作，防患于未然，切实维护我国稳定发展的大好局面。

目前，我校 45 岁以下(含 45 岁)的专职青年教师，占全体专职教师的 80%。客观上讲，我校青年教师具有高学历、高职称、思想敏锐、眼界开阔、精力充沛、积极向上等特点，他们身处教学科研一线，是大学生成长的引路人和指导者，对学校的建设发展起着十分重要的作用。总体上看，我校青年教师思想政治状况的主流是好的。他们拥护中国共产党的领导，坚定中国特色社会主义信念，高度认同中国特色社会主义制度和中国特色社会主义理论体系；关心中华民族的伟大复兴，表现出强烈的爱国主义情怀，拥有中国知识分子忧国忧民的传统美德；具有较强的事业心和良好的职业道德，对教育教学工作有责任感和使命感；呈现出积极、健康、向上的人生态度。但不可否认，青年教师当中的少数人，在思想上或多或少地存在一些问题，需要我们去关注和探究。2012 年恰逢党的十八大即将召开，维护社会和谐稳定，营造良好氛围，是全国上下共同的职责。在这样的背景下，把加强青年教师队伍思想政治教育作为我校党建工作的一个重大问题来抓，努力打造一支立场坚定、业务精湛、品德高尚的青年教师队伍，意义非同平常。

二、探索规律特征,理顺青年教师思想政治状况中的矛盾关系

胡锦涛同志在纪念中国共产主义青年团成立90周年大会上的讲话中强调指出,必须尊重青年、理解青年、相信青年、依靠青年,充分照顾青年特点、发挥青年优势。实践证明,做好我校青年教师思想政治教育工作,必须先要尊重青年教师、理解青年教师,探索和尊重青年教师思想政治教育的规律特征,依靠青年教师,理顺和统筹好他们思想政治状况中的辩证关系,减少工作的盲目性和随意性,使我们的工作达到最佳效果。

(一)遵循青年教师思想活跃、不稳定的动态特点,统筹好青年教师思想解放、理想追求多元化与坚定政治立场和理想信念的关系

青年教师正处在一种特殊的心理及生理成长阶段,他们思想活跃,视野开阔,关心国家的大事要事,爱国主义热情高涨。但同时,在市场经济大潮的冲击下,他们理想追求多元化,政治立场、政治信念不够坚定,政治观念、政治品质不够成熟,政治思辨力不够敏锐,在理想信念上经常处于不稳定状态。部分青年教师不注意自身理论水平的学习与提高,甚至认为政治是"虚"的,业务是"实"的,既不积极参加政治活动,也不主动追求政治进步,主流价值观对其的影响力和吸引力减弱。因此,必须把握青年教师的思想规律,统筹好其思想解放、理想追求多元化与坚定政治立场和理想信念的辩证关系,增强他们的政治坚定性和思想成熟性。

(二)遵循青年教师主体意识强、个人独立倾向重的个性特点,统筹好青年教师主体意识与集体主义精神相互之间的关系

青年教师经历挫折少,工作顺畅,生活条件优越,追求个性发展,很注重自身在社会生活中的形象和作用,有较强的主体意识,能够焕发出最大的主观能动性,自觉处于教学科研工作的主导和主动地位。但过犹不及的是,有的青年教师过度关注、突出自我,逃避现实,疏于交流,造成严重的集体观念缺失,组织纪律性淡化,集体主义意识下滑,甚至养成了凡事以自我为中心,时时讲功利、事事图实惠的不良习气,忽视了集体的力量、他人的帮助,模糊了团结协作、荣辱与共、为人民服务的集体主义价值取向和道德原则。因此,要统筹好青年教师主体意识强烈与集体主义精神相对淡薄的关系,引导他们正确处理国家、集体及个人的关系,追寻更高层次的精神需求和人生境界,在牢固树立集体主义价值观的过程中,实现教师

人格的升华和魅力。

(三)遵循青年教师重业务、轻育人的习惯特点,统筹好青年教师注重增长才干、提升业务水平与增强爱岗敬业意识、加强师德师风建设的关系

青年教师受到良好的严格的科研训练,基础理论知识扎实,外语、计算机水平高,有较强的适应能力,相当一部分青年教师,在教学、科研和管理工作中做出了突出成绩和贡献。但也有的青年教师只注重业务素质、学历层次和学术成果,而忽略了自身思想素质的提高和职业道德的培养,存在"重科研、轻教学;重业务、轻育人"的现象,为人师表意识淡薄,缺乏爱岗敬业精神和师德修养。有的青年教师片面认为教师的职责就是教书,没有意识到教书育人是一个良性循环的系统, 更没有把育人作为应尽的责任去履行。因此,要统筹好青年教师注重增长才干、提升业务水平与增强爱岗敬业意识、加强职业道德的关系,使青年教师能够在自己的艰苦工作中深切体会到教书育人的极大乐趣, 激励更多的青年教师自觉加强师德修养,不断完善自己,做到"两不误、两促进"。

(四)遵循青年教师注重自我教育、忽视外在环境影响的成长特点,统筹好青年教师自身学习、自我教育与国家正确导向、学校规范管理的关系

苏联教育家苏霍姆林斯基指出,人愈是深刻地认识人和人类,他就愈在更大程度上成为自身的教育者。青年教师处于入职初期,正是教育人生的起始阶段, 他们有着最新的专业理论知识、积极向上的热情和新鲜美好的憧憬。事物的发展是内因和外因共同促进的结果,二者相互作用、相互影响。青年教师肩负着教育学生、培养人才的重要使命,自我教育是其发展自我、完善自我、适应改革和发展的重要途径,也是教育水平未来的象征。他们除了掌握科学规律、提高自我教育效率外,还要重视外在环境的影响,充分利用外部条件,把自我学习、自我教育与学校事业发展紧密联系起来,紧扣国家正确导向和学校规范管理,在实践中不断锻炼意志,陶冶情操,增强主人翁意识、使命感和责任感,不断启迪他人进步、引领社会风尚。

(五)遵循青年教师蓬勃发展、渴望成功的成才特点,统筹好青年教师工作迫切、急于求成与弘扬脚踏实地、无私奉献精神的关系

青年教师年轻有为、壮志雄心、渴望成功,有敢干敢闯、顽强拼搏、勇于创新的精神,处于昂扬向上、蓬勃发展的状态,他们非常希望通过努力进取在科研教学工作中脱颖而出。但青年教师的成长经历是一个逐步成熟、循序渐进的过程，由于部分青年教师有急于求成的心态，难免会产生工作浮躁、急功近利的思想。温家宝同志曾说过，年轻人，既要敢于仰望星空，也要学会脚踏实地。这既是国家领导人对年轻人的殷切期盼，更是个人甚至国家得以发展和强盛的重要前提。同样，青年教师也要经得住现实和心理的磨炼，实事求是，摈弃浮漂，把“脚踏实地、无私奉献”当做是基本价值观和品行标杆，以“燃烧自我、照亮他人”的高尚品德和“愿为人梯”、“俯首甘为孺子牛”的所为，清醒认识自我，警醒提示自我，进而去教育、影响、规范广大学子。

三、突出党建能效，扎实推进青年教师思想政治教育常态化

我校党建工作在汇集人才、培育人才等方面作用重大。学校现有专职青年教师党员 758 名，占在岗专职教师总数的 39.7%，他们在全校发挥着重要的先锋模范作用。为了传承和发扬学校的优良传统，继续发挥学校的优势和特色，我校必须抓住当前有利时机，高度重视青年教师的培养和扶持，以党建工作为核心、重点，在思想上重视，在组织和队伍上加强，在教育方式和活动方式上创新，着力突出党建能效，深入细致地实施青年教师铸魂工程，不断推进青年教师思想政治教育常态化。

（一）坚持党委政治核心和领导核心，为青年教师思想政治教育工作提供有力保证

首先，学校各级党组织要坚持党要管党、从严治党，围绕中心抓党建，抓好党建促中心，坚持党委政治核心和领导核心作用不动摇，努力把班子建设成为政治坚定、开拓创新、勤政廉洁、和谐团结的领导集体，不断提高党委驾驭全局工作的能力和水平，为青年教师思想政治教育工作提供政治保证。其次，各级党组织要高度重视，把加强青年教师队伍思想政治建设作为重大问题来抓，着重从信仰、信念、信心上加强思想政治教育工作，管好思想文化阵地，为青年教师思想政治教育工作提供思想保证。再次，学校要加强党风廉政建设和青年教师工作，抓住重点部位和关键环节，抓住在青年教师中反映的突出问题，以优良的党风带校风引教风正学风，为青年教师思想政治教育工作提供作风保证。

（二）强化政治理论学习，建立和完善青年教师学习教育的长效机制

胡锦涛同志在庆祝中国共产党成立 90 周年大会上强调，理论上的成熟是政治上坚实的基础，理论上的与时俱进是行动上锐意进取的前提。这

要求我校党建工作必须把政治理论学习作为加强青年教师思想政治教育的重要手段，各级党组织要通过政治理论学习，把青年教师吸引到党组织周围，集中加强青年教师尤其是青年教师党员的师德教育、廉洁自律教育和法制教育，不断增强青年教师的集体荣誉感和政治意识、自律意识、责任意识，提高他们学习和工作的积极性，从而达到提高青年教师思想素质和推动学校工作的目的。在此基础上，要建立完善青年教师学习教育的长效机制，充分发挥组织教育、自我教育和互相教育的作用，对青年教师学习教育实行跟踪管理、考评、监督、问责机制，以确保长效机制有效执行。

（三）增强基层党组织凝聚力、战斗力，为青年教师营造优化成才的良好环境

党的基层组织是党的全部工作和战斗力的基础。学校把创先争优作为加强基层党建工作中富有成效的载体，着力加强基层党组织和青年教师党员教育管理，把党的基层组织建设成为坚强的堡垒，把青年教师党员锻炼成为模范先锋，保证基层党组织和党员的先进性、纯洁性。要进一步增强基层党组织凝聚力、战斗力，在全校营造求真务实、探索创新、团结做事的良好风气；进一步密切党群、干群关系，使广大青年教师信任党组织，依靠党组织，自觉团结在党组织周围。要坚持组织发展与教育管理并重，选拔素质好、党性强、威望高的业务骨干担任教职工党支部书记，积极吸收高学历、高职称、高水平的优秀青年教师加入党组织，努力把教师党支部建设成为青年教师政治成熟的摇篮和业务成长的平台。要充分发挥基层党组织情况熟、威信高的优势，提高基层党组织应对重大事件和公共危机的能力，有序、有效地维护校园稳定和谐，为青年教师优化成才营造良好的氛围和环境。

（四）紧抓社会主义核心价值体系教育主线，推进青年教师师德师风建设上新水平

要坚持以社会主义核心价值体系教育为主线，促进青年教师了解和掌握社会主义核心价值体系的理论内涵、精神实质、实践要求，自觉树立正确的世界观、人生观、价值观；要定期开展调查研究，准确把握青年教师的思想动态，用社会主义核心价值观引导广大青年教师爱党爱国爱校，努力实践艰苦奋斗、自强不息、独树一帜的兰大精神。要加强教师的职业道德教育，倡导科学严谨的治学态度，引导广大教师爱岗敬业、勤奋踏实、乐于奉献、严谨治学,用良好的师德风范来教育和引导学生,以良好的教风带动良好的学风。要发挥师德师风模范的影响力。近年来我校涌现出了国家级教学名师、全国优秀教师、省级教学名师等一大批师德模范,对学校师德师风建设起到了很好的引导作用,学校要进一步健全师德考评制度,细化完善青年教师教育培训、评估反馈、评选表彰、考核聘任等制度,开展青年教师师德师风长效机制建设,推进我校师德师风建设再上新水平。

(五)突出党建工作的信息化、网络化建设,全面巩固青年教师思想政治基础

邓小平同志指出:“我们一定要经常教育我们的人民,尤其是我们的青年,要有理想。为什么我们过去能在非常困难的情况下奋斗出来,战胜千难万险使革命胜利呢?就是因为我们有理想,有马克思主义信念,有共产主义信仰。我们干的是社会主义事业,最终目的是实现共产主义。”①当前,互联网对青年教师的思想和行为产生着广泛而深刻的影响。学校要充分利用和发挥网络的作用,建立和完善旗帜鲜明、内容丰富、互动性强的党建工作网站,构建融思想性、知识性、服务性于一体的网络平台,通过社会主义先进的思想文化,“润物细无声”般的增强青年教师共产主义信仰教育,进而巩固青年教师的思想政治基础。要充分发挥党建工作专栏,营造健康向上的网络政治文化氛围,把青年教师思想政治教育融于日常服务工作之中,以丰富的内容、生动的形式,增强网络思想政治教育的吸引力和感染力。

(六)紧密结合党建工作实践,建立优秀党员教师与青年教师“传、帮、带”制度

学校各级党组织要坚持把思想政治工作渗透到教学、科研和管理工作中去,紧密贴近学校改革和党建工作实践,贴近青年教师实际,把思想政治工作做深、做细、做实。要鼓励青年教师通过多种渠道学习科学文化知识,开展岗位技能知识培训,提高他们的综合素养。要建立党员帮扶制度,发挥优秀党员教师“传、帮、带”作用,从政治、工作、生活上关心青年教师,在岗位上带、思想上引、技能上帮,使他们向党组织凝聚靠拢,不断提高工作能力,成为学校事业发展的骨干力量。要结合党建工作特点,建立

①《邓小平文选》第3卷,人民出版社1993版,第110页。

并完善青年教师参加社会实践锻炼的制度，组织青年教师赴贫困地区参加支教、扶贫等实践活动，磨炼他们的意志和耐力，提升他们的道德情操和思想水平，使他们了解国情，了解农村的发展变化，在实践中检验和提高自己的思想认识，自觉成为科技创新的动力源、新兴产业的推动者、先进文化的弘扬者、全面小康社会的建设者。

作为教育部直属的全国重点综合性大学，兰州大学的事业是一项承先启后的伟大工程，努力造就高素质专业化的青年教师队伍，是这所百年名校依然保持蓬勃生机的一个重要保证。我们有责任有义务去探索青年教师思想政治教育常态化的新途径、新渠道，开辟一条具有兰大特色的青年教师思想政治教育蹊径，这更需要学校上下同心同德，齐心协力，长期不懈地实践和完善。

参考文献

[1]邓小平文选:第3卷[M].北京:人民出版社,1993.

[2]胡锦涛.在庆祝中国共产党成立 90 周年大会上的讲话[J].求是,2011(13).

[3]曹萍.建国以来我党关于高校党建的重要思想回顾[J].理论与改革,2011(6).

[4]张小敏.高校师德建设的原则及路径[J].学校党建与思想教育,2011(11).

创新主题·创新原则·创新内容：对青年教师思想政治工作创新思路的理论探讨

李 晓 杨志超

(李晓,兰州大学政治与行政学院副院长,助理研究员;杨志超,兰州大学政治与行政学院,讲师)

摘要:青年教师在学校各项办学功能中发挥着骨干和中坚作用,然而,社会发展中各种矛盾、观念的交织冲突对高校青年教师的世界观、人生观、价值观产生了巨大的冲击,一些青年教师思想政治观念也因此出现了问题。因此,如何实现青年教师思想政治工作的创新发展,已经成为迫在眉睫的艰巨任务。本文主要通过对青年教师思想政治工作的创新主题、创新原则和创新内容进行理论阐释,力求形成青年教师思想政治工作的创新思路。

关键词:思想政治工作 青年教师 创新思路

近年来,随着教师队伍的自然代谢和师资规模的剧幅扩张,多数高校青年教师的数量过半,青年教师在学校各项办学功能中发挥着骨干和中坚作用,已经成为高校发展的生力军,成为学校持续发展、赢得未来的关键。邓小平同志曾指出:"一个学校能不能为社会主义建设培养合格的人才,培养德智体全面发展、有社会主义觉悟的有文化的劳动者,关键在教师。"①青年教师年富力强、思想活跃、勇于进取、视野开阔,与青年学生沟通互动多,对青年学生思想行为影响大。他们的政治思想、道德品质、性格情感、科学文化素质、治学精神和工作态度,都会潜移默化地影响学生,这不仅决定他们自身和所属学校的未来,更关系到高等教育"培养什么人"的重大问题。

然而,随着市场经济体制的逐步建立、改革政策的不断深入和对外开放的日益扩大,西方资产阶级的腐朽思想、市场经济的负面影响和各种矛盾、观念的交织冲突对高校青年教师的世界观、人生观、价值观产生了巨

①《邓小平文选》第2卷,人民出版社1994年版,第108页。

大的冲击。在这种冲击下，一些青年教师思想政治观念出现了问题：部分青年教师缺乏理想信念，把教师工作仅当做一种稳定的谋生的手段，把高校作为逃避社会压力的"避风港"，无心钻研业务，将大量的精力放在了工作以外的名利追逐上；部分青年教师表现出了较强的功利化、实用化、现实化的思想倾向，重利轻义，急功近利的思想比较严重；部分青年教师缺乏师德修养，对学生缺乏爱心，育人意识淡薄，从而导致有的青年教师仅仅关注学生专业知识的学习，忽视了学生的思想道德教育，不愿花时间去了解、掌握学生的思想动态，对少数学习有困难的学生冷淡、歧视，甚至出现了向学生变相索取钱物的不齿行为，严重影响了青年教师群体的师表形象。与此同时，受到教育功利化风潮的影响，一些高校对于青年教师思想政治工作的重视程度不够，"一手硬、一手软"的问题还没有得到根本解决，一些学校只重视抓教学科研工作，而对于教师，特别是青年教师的思想政治动向缺乏关注和把握；一些学校的基层组织处于软弱涣散的状态，没有发挥应有的作用。在信息网络化时代的今天，现行的思想政治工作也存在着不适应新形势和新变化、覆盖面不到位、针对性不强等问题，如何利用现代化的信息网络技术加强青年教师的思想政治工作已经迫在眉睫。这些问题的存在，都严重影响了青年教师人才培养作用的发挥，也极大制约了高校教育水平的提高。

因此，在世界多极化、经济全球化、信息网络化深入发展的今天，大力加强和改进青年教师思想政治工作，对于推进高校人才培养、队伍建设和全面提高办学质量和水平，具有极其重要的现实意义。适应新形势新变化，掌握高校青年教师的思想、业务状况，把握他们的思想特点，做好他们的思想政治工作，全面提高其思想政治素质和业务素质，在继承的基础上形成青年教师思想政治工作创新思路，已经成为摆在学校面前的一项迫在眉睫的艰巨任务。

一、把握创新主题：用中国特色社会主义理论体系武装青年教师

思想决定行动，要推动青年教师思想政治工作的创新发展，最首要的是要通过加强理论学习，引导青年教师坚定政治立场，树立正确的理想信念。

目前，青年教师的总体思想政治状况呈现出积极、健康、向上的良好

态势。广大青年教师拥护党的领导，充分认同中国共产党的领导核心地位;充分认同改革开放取得的伟大成就,对坚持走中国特色社会主义道路充满信心;充分认同马克思主义在我国意识形态领域的指导地位,对社会主义核心价值体系有较为明确的认识；对国内外发生的大事予以积极关注和评价,对我国政治经济发展形势持乐观态度,普遍关注我国高等教育事业的发展,关心学校的建设发展和学生的成长成才;对社会公平和谐发展,对住房、收入、物价等一些现实问题得到有效解决,也充满信心。但是,也应该清醒地看到,青年教师群体对于意识形态建设、政治体制改革、中国共产党加强自身建设、社会分配不公、收入差距拉大等社会热点和敏感问题的认识,也存在一定的误区和迷茫,而这种误区和迷茫,直接影响到了青年教师政治立场的坚定和思想政治水平的提高。

在这种背景下,用中国特色社会主义理论体系武装青年教师,就成为新时期青年教师思想政治工作创新的主题。中国特色社会主义理论体系是党的十七大提出的新概念，它从整体上概括了改革开放以来中国共产党的理论创新,是基于现实问题的一种理论回答,是全面建设小康社会的根本指针,是全党全国各族人民团结奋斗的共同思想基础,是马克思主义中国化的最新理论成果,具有鲜明的中国特色和时代特征。“在当代中国,坚持中国特色社会主义理论体系,就是真正坚持马克思主义。”①用中国特色社会主义理论体系武装青年教师,有利于帮助青年教师释疑解惑,澄清青年教师对于一些重大问题的思想误解，有利于提高青年教师的思想政治理论素养,有利于引导青年教师树立正确的理想信念,坚定政治立场。

二、坚持创新原则:坚持贴近现实、贴近思想、贴近生活

当前,诸如工作压力、住房条件不佳、教学科研经费不足、考核机制不合理、锻炼时间缺乏等一系列现实的工作和生活问题,严重困扰着青年教师,影响着青年教师积极性和创造性的发挥,从而阻碍青年教师思想政治工作的发展。因此,推动青年教师思想政治工作的创新,绝不能脱离实际地空谈,而是要坚持“三贴近”原则,即坚持贴近现实、贴近思想、贴近生

①胡锦涛:《高举中国特色社会主义伟大旗帜　为夺取全面建设小康社会新胜利而奋斗——在中国共产党第十七次全国代表大会上的报告》,人民出版社 2007 年版,第 12 页。

活,以青年教师的现实需求和现实困扰作为思想政治工作的创新依据,增强对青年教师思想政治工作的针对性,提高其有效性。

第一,要积极听取青年教师的利益诉求,加强人文关怀和心理疏导。青年教师的一个重要特点就是渴望得到社会和他人的承认、理解和尊重。因此,要经常召开青年教师座谈会,面向青年教师征集提案和意见建议,广泛听取青年教师对学校各项工作的意见和建议,进一步畅通教师民主参与学校管理的渠道,扩大青年教师代表在教代会中的比例,注重对部分教师加强人文关怀、心理疏导和减压辅导。

第二,要切实加强对青年教师的培养力度,关注青年教师的未来发展。要推进教师专业技术职务聘任制改革,注重对青年教师发展潜力和整体表现的综合评价,构建有利于青年教师脱颖而出的聘任机制;要加大对青年教师的培养培训力度和研修进修、公派留学的支持力度,制订和实施青年教师科研能力提升计划,在基本科研业务项目立项中继续向青年教师倾斜,支持青年教师外出参加学术交流,扶持青年教师提升科研能力。

第三,要着力解决困扰青年教师的实际问题,为其创造良好的工作生活条件。要制定引进人才的优惠政策,在住房、福利待遇、科研经费等方面给予必要的照顾;要改革薪酬分配制度,完善考核体系,建立更为科学合理、有利于稳定青年教师的收入分配机制,提高青年教师的收入水平;要进一步推进教职工住宅建设,提高幼儿园和职工子弟小学办学质量,做好联合建设附属中学工作,解决青年教师在住房、子女入学入托等方面的后顾之忧。

三、完善创新内容:观念创新、内容创新、方法创新、制度创新

推动青年教师的思想政治工作的创新,要完善创新内容,实现青年教师思想政治工作的观念创新、内容创新、方法创新、制度创新,从而实现青年教师思想政治工作的整体创新。

(一)实现青年教师思想政治工作的观念创新

思想政治工作很多问题的存在,都源于观念的落后或错误。要推动青年教师思想政治工作的创新,首先要实现观念的创新,解放思想、实事求是,用与时俱进的正确观念去指导开展青年教师的思想政治工作。

第一,形成“重视观念”。要改变过去对于青年教师思想政治工作“可

有可无"的错误观念,对青年教师的思想政治工作给予足够的重视和正确的认识,要把握青年教师思想政治工作的重要性和紧迫性,推动青年教师在专业研究与思想政治工作上实现共同发展。

第二,形成"服务观念"。针对青年教师开展思想政治工作,并不是要实现对青年教师思想领域的控制和束缚,而是要服务于青年教师,要帮助青年教师成长,推动青年教师的全面发展,要树立服务观念,真正发挥思想政治工作对青年教师的引导和培养功能,增强思想政治工作的有效性。

第三,形成"科学观念"。要破除经验主义思想,将科学化的思想贯穿于思想政治工作的全过程,确定教育任务,要有科学依据;进行思想教育,要有科学方法;评价思想教育成果,要有科学标准。

(二)坚持青年教师思想政治工作的内容创新

思想政治工作在过去往往被片面地、错误地理解为政治教育,因而往往通过政治灌输的方式开展,内容单一、枯燥,没有发挥应有的效果。新时期推动青年教师思想政治工作的创新,要努力实现内容的创新,丰富思想政治工作的内容,发挥思想政治工作的功效。

第一,切实加强政治理论学习。要旗帜鲜明地坚持马克思主义理论的指导地位,充分运用高等学校的学科优势和各种教育方式、手段,组织广大青年教师认真学习马克思主义基本理论,制订具体的学习计划,做好学前动员、学中组织、学后评价等工作,引导广大青年教师运用马列主义的立场、观点、方法,分析和认清当前国内外形势,引导他们树立正确的、科学的世界观、人生观和价值观,坚定共产主义的理想信念,提高自身的理论素养和水平。

第二,大力推进师德师风教育。要将师德师风教育作为青年教师思想政治工作的重要内容,根据《教师法》、《高等教育法》对教师职业道德的要求,制订、完善高校教师职业道德和行为规范,引导广大青年教师自觉履行《教师法》规定的道德要求,以身作则,率先垂范,为人师表;要做好师德先进人物评选表彰和典型宣传工作,在师德师风建设上引入学生评价、网络评价和社会评价机制, 组织开展廉政文化进校园活动和社会主义荣辱观宣传教育活动,引领青年教师践行社会主义核心价值体系;要把教师职业道德作为教师职称晋升、职务聘任、优秀教师评选的重要内容和依据,促进青年教师努力提高职业道德水平; 对少数青年教师师德建设中存在

的不良现象要敢于批评教育，严格纪律，严格要求。

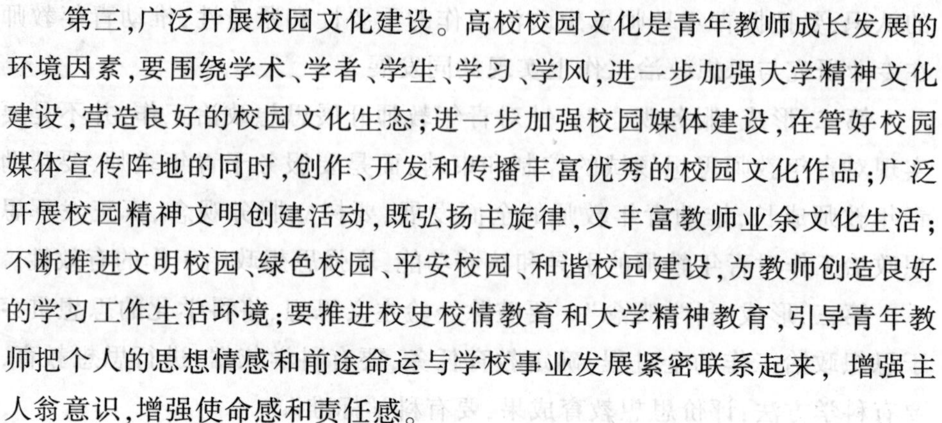

第三，广泛开展校园文化建设。高校校园文化是青年教师成长发展的环境因素，要围绕学术、学者、学生、学习、学风，进一步加强大学精神文化建设，营造良好的校园文化生态；进一步加强校园媒体建设，在管好校园媒体宣传阵地的同时，创作、开发和传播丰富优秀的校园文化作品；广泛开展校园精神文明创建活动，既弘扬主旋律，又丰富教师业余文化生活；不断推进文明校园、绿色校园、平安校园、和谐校园建设，为教师创造良好的学习工作生活环境；要推进校史校情教育和大学精神教育，引导青年教师把个人的思想情感和前途命运与学校事业发展紧密联系起来，增强主人翁意识，增强使命感和责任感。

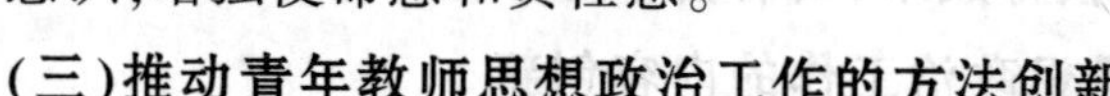

(三)推动青年教师思想政治工作的方法创新

青年教师思想政治工作在继承传统的思想政治工作方式、方法的同时，要积极吸取现代科技发展的成果，注重发挥大众传播媒体和计算机网络的作用，善于运用社会学、心理学、管理学、教育学等多学科的知识和手段，对青年教师思想政治工作，不断开拓创新，探索出适应新形势、新特点的方式、方法和手段，以便与青年教师“双向交流”。

第一，把思想政治工作与丰富多彩的活动有机结合起来。要注意把思想政治工作渗透到各种活动之中，要广泛组织青年教师参加文化艺术、体育娱乐、公益服务等各类群众性精神文明创建活动，讲文明、树新风，益身心、促和谐，以文化活动的形式教育熏陶青年教师；要精心组织办好青年教师赴爱国主义教育基地进行社会实践活动，积极组织青年教师前往沿海发达地区、偏远农村、厂矿企业、少数民族聚居区等开展考察学习，建立健全青年教师实践育人机制；要通过举办讲座、辅导报告、座谈会等活动，组织开展专题宣传教育活动，深入开展理想信念教育、形势政策教育、国情教育、革命传统教育和改革开放教育；要推进校报、校园网等校园媒体建设，发展校园新型媒体，及时宣传报道学校建设发展成就及先进典型事迹，创作发布优秀校园文化作品，传播主流意识形态；同时，精心设计活动内容，逐步提高活动的档次和水平，不断深化活动内涵，推动各项活动向更高层次发展。

第二，把思想政治工作与现代信息技术有机结合起来。现代信息网络技术的发展，为高校青年教师思想政治工作方式、方法的创新提供了全新的手段，拓展了青年教师思想政治工作的空间和渠道。要依托知名社交网站，结合实际需要，创立青年教师网络即时交流互动平台，在为青年教师提供信息服务的过程中，了解掌握其思想动态，以便开展思想政治工作；要利用微博、手机等新媒体技术开展思想政治工作，提高其时效性、针对性和便捷性，提升青年教师思想政治工作的效果。

第三，把思想政治工作与心理教育有机结合起来。青年教师的工作、生活压力相对较大，一部分人存在着不同程度的心理障碍。思想教育在方法上除了采取常规的基本教育方法外，必要时还要利用一些特殊的现代方法，如心理咨询测试法，通过心理专家门诊、专栏咨询、电脑或信息咨询等方式开启青年教师的心灵，化解矛盾，减轻其压力和受挫感，消除其心理障碍。

（四）加强青年教师思想政治工作的制度创新

青年教师思想政治工作的创新，需要科学合理的制度予以保障。

第一，强化组织领导制度。要建立健全学校党委统一领导、分管领导分工负责、党政工团齐抓共管的青年教师思想政治工作格局；各基层党组织要确定专人专门负责具体主抓青年教师的思想政治工作，各党支部要充分发挥战斗堡垒作用，把青年教师的思想政治工作落到实处；要结合创先争优活动的开展，着力提高基层党支部建设的质量，努力实现基层党支部创优升级，为做好青年教师的思想政治工作提供坚强有力的组织保证。

第二，完善监督评估制度。要加强对青年教师思想政治工作各项部署安排的督促检查，确保青年教师思想政治工作落到实处、见到实效；要形成一整套考核、评议、优胜劣汰的机制，加强对青年教师的制度化、规范化管理。

第三，形成调研工作制度。要将调研工作纳入到思想政治工作中，形成制度化的规定，定期开展问卷调查活动，举行青年教师代表座谈会，形成青年教师思想动态调研报告，为领导班子科学决策提供依据；适时召开青年教师思想政治工作研讨会和经验交流会，不断提高青年教师思想政治工作的科学化水平。

第四，建立运行保障制度。要增加青年教师思想政治工作的经费投入，设立专门的研究课题，建立思想政治工作奖励制度，提高专职政治工作者的待遇，大力推动兼职思想政治工作者队伍的发展。

参考文献

[1]邓小平文选:第2卷[M].北京:人民出版社,1994.

[2]胡锦涛.高举中国特色社会主义伟大旗帜　为夺取全面建设小康社会新胜利而奋斗——在中国共产党第十七次全国代表大会上的报告[M].北京:人民出版社,2007.

科研诚信建设:高校青年教师思想政治教育的重要途径

杨宏伟

(杨宏伟,兰州大学政治与行政学院、马克思主义学院,副教授)

摘要:高校青年教师思想政治教育是一项重要而又紧迫的工作,对青年教师的思想政治教育必须同他们的科研业务紧密结合。从青年教师自身入手深入开展科研诚信教育提升其科研能力,从科研管理部门入手加强科研诚信管理,是促进科研诚信建设、开展高校青年教师思想政治教育的重要途径。

关键词:科研诚信　青年教师　思想政治教育

随着我国高等教育规模的不断扩大，大量刚刚毕业的高学历青年人进入高校工作,高校青年教师队伍迅速壮大,这些青年教师大都在教学科研第一线,成为高校教学科研的生力军。青年教师的知识积累、思想道德、情感意志、个性品质、言谈举止等对大学生的影响是难以估量的,它不仅直接关涉教学质量,而且对学生人生观、世界观、价值观的形成也有着决定性的影响，青年教师队伍的思想素质状况直接关系到大学生思想政治教育的成效。因此,对青年教师深入细致地开展思想政治工作,把他们培养成为业务能力强、思想政治素质硬的教育者是高校的一项重要战略任务,也是实现人才强国战略的重要保证。

对青年教师的思想政治教育可以多方面、多层次地展开。笔者认为,无论在哪个方面或层次上展开对青年教师的思想政治教育，都必须同他们的业务紧密联系起来，把思想政治教育融入青年教师的教学科研工作中,以业务水平的发展促进其思想政治素质的提升。从科研的角度来看,强化学术道德，促进科研诚信，是开展青年教师思想政治教育的重要途径。

一、科研诚信是提升高校青年教师思想政治素质的重要途径

科研诚信既是高校青年教师思想政治状况的反映，也是开展高校青年教师思想政治教育的有效途径。崇尚科研诚信，养成实事求是的科研态度，对于提高教师的科研能力和水平，形成高校求真务实的学术氛围，培育大学优良学风都具有重要意义。

科研诚信，就是指科学研究人员在科研实践中，以对科学及科学研究活动的价值认同和对科学研究规律的尊重为前提，基于内心对科学研究道德原则和规范的认同，在科研活动中自觉地限制和约束个人行为，遵从科研道德规范和要求，实事求是地开展科研活动的行为。主要表现为科研人员在科研工作中“弘扬以追求真理、实事求是、崇尚创新、开放协作为核心的科学精神，遵守相关法律法规，恪守科学道德准则，遵循科学共同体公认的行为规范”。①

从内容上看，科研诚信主要反映在以下几个方面：一是科研诚信的认知，即有关科研诚信要求、科研道德规范的教育学习活动，是科研工作者对科研诚信及其社会道德关系的认知和思考，它包括对科研失信现象的观察、科研诚信经验的积累、科研诚信概念的形成、科研诚信理论知识的学习以及对科研诚信原则和规范的理解和掌握。二是科研诚信的内化，即将学习中获得的有关科研诚信的经验、知识、规范等通过理解达至认同，内化为心灵之规。科研诚信只有通过科研工作者的自我检查、反省等内省的过程才能真正内化，形成对科研诚信的价值判断、情感升华和行为规约。三是科研诚信的践行，即按照科研诚信规范的要求，将内化的科研诚信价值、情感和心灵规约落实在科研活动中，这是科研诚信的外在表现形式。古人重视知行合一，强调修身、内省的目的就是希望通过修养的提升做出符合社会认可的行为，科研人员践行科研诚信就是对这一传统的最好继承。

产出优秀的学术成果既是青年教师的事业追求，也是高校对青年教师的期望和要求。而良好的学术德行、崇高的学术精神、自觉的学术诚信是产出优秀科研成果的前提。然而，当前高校青年教师在科研诚信方面存

①赵瑞琴等：《倡导科研诚信 整治学术不端行为若干举措》，载《今传媒》2011 年第 2期，第 100 页。

在的失范行为具有一定的普遍性，已经成为制约高校整体科研水平提升和青年教师自身发展的重要因素。所以，必须把科研诚信建设提高到青年教师思想政治工作的战略高度，加强对高校青年教师科研诚信问题的研究，及时有效地解决青年教师科研诚信问题，从整体上提升青年教师的思想政治素质。

二、高校青年教师科研诚信状况堪忧

近年来，违背科研诚信精神的各种学术不端行为在科研活动中不断暴露，对整个学术界造成了极坏的影响，甚至助长了不良的社会风气。从年龄结构上看，尽管违背科研诚信的主体在各年龄阶段都有分布，但相对而言，在青年教师中问题更为突出。

根据张晓红对北京某高校教师科研诚信状况的调查，[①]教师对高校科研诚信整体状况的满意程度不高，认为比较满意和一般满意的比例仅有42.6%，而认为不太满意和不满意的竟占57.4%。调查结果显示，青年教师是存在科研诚信问题最严重的教师群体，比例高达53.2%，中年教师占44.7%；从职称分布看，科研诚信问题最严重的教师群体主要集中在中级职称者，比例为51.1%，副高级职称为27.7%。可见，青年教师已成为科研失信的"重灾区"。

之所以如此，原因是多重的。青年教师一般都是初涉科研领域，从事科学研究的经验和能力不足，对科学研究的规范要求认识不够，再加上科研任务要求、职称评定、经济收入等各方面的压力，他们在科学研究上往往是急功近利、浮躁盲动，因而抄袭、剽窃等违反科研道德、缺乏科研诚信的行为比较容易发生。

（一）学术道德水平不高，科研诚信意识缺乏，自我约束能力不够

青年教师之所以成为科研诚信的"重灾区"，其根本原因在于有的青年教师自身学术道德水平不高，自我诚信约束能力不够，缺少科研诚信及学术规范教育。2010年3月30日，刘延东同志在科研诚信与学风建设座谈会上的讲话中指出："产生学术不端行为的一个重要原因是缺乏系统完整的科学道德和行为规范教育，一些人诚信意识和自律意识薄弱，有人甚

①张晓红：《高校教师科研诚信软环境建设实证研究》，载《沈阳干部学刊》2011年第3期，第38-41页。

至利用科研管理漏洞和机制的不完善谋取个人利益。加强教育引导,促进学术自律,提升科学道德素质,是解决科研诚信问题的基础性举措。"①

科研精神欠缺。科研精神就是科研工作者对待科学研究的态度,从事科学研究必须有实事求是的态度。首先,在科研工作中要尊重事实,不能以印象代替现象,以经验代替规律,要敢于质疑、勇于探索;其次,科研工作者必须以严肃认真的态度进行科学研究, 以严谨的治学态度对待科研工作;再次,科学研究尤其是基础性研究一般具有周期长、见效慢的特点,所以,科研工作者要有不为名利所扰、潜心钻研的精神,要甘于坐而且能够坐"冷板凳";最后,科学研究的主要功能就在于推动科学技术的进步,因此,它要求科研工作者要具有高度的创新精神,通过科研对象、方法、内容的全面创新实现科技进步。但是,高校青年教师总体上缺乏对科学研究的正确认识,因而很难有由科研成功所带来的情感体验,参与科学研究的心理需求不强,缺乏潜心科研的热情,科研精神和动力不足,难以实现科研自觉。在现实的科学研究活动中,青年教师往往是为了评职称、应付学校科研要求而开展科研活动,科研目的过于功利化。

科研知识储备不足,科研能力不强。作为一项具体的科学实践活动,科学研究具有特定的规范和要求,这是保证科研规范性、科学性和有效性的基础。因此,科研工作者开展科学研究活动应具备发现问题、信息搜集与处理、理论创新以及文字表达等多种能力,必须认真学习和掌握科学研究的基本知识,特别是科学研究方法论,有重点地选择科研领域和对象,有针对性地选择科学研究的方法。当前,高校青年教师多数是刚从学校毕业的硕士、博士, 在校期间缺少系统的科研方法训练和科研道德规范教育,对科学研究方法和过程缺乏系统的认识和理解,学术积累欠缺,问题和研究意识比较淡薄。走上工作岗位以后,这些青年教师往往受专业理论水平不高、科研经验欠缺等因素的影响,不能积极主动地了解科研动态,对前沿研究不熟悉,以至于无法确定研究方向和选题,在选题论证、研究方案设计、研究方法掌控、资料处理与分析、研究报告撰写等各方面都力不从心。于是,部分青年教师就凭经验或感觉开展科研活动,盲目选择研究对象或问题,造成低水平重复选题,缺乏科学的研究方法,无法进行深

①刘延东:《将科研诚信和学风建设摆在科技工作的突出位置——在科研诚信与学风建设座谈会上的讲话》,载《人民日报》2010 年 4 月 9 日第 6 版。

入的理论分析，自然，也不能产出高质量的科研成果。

(二)来自经济收入、职称评定等方面的压力

青年教师处于人生的重要发展阶段，普遍面临着购房、结婚、生子、赡养老人等诸多问题，而所有这些问题的解决都需要较大数额的经济支撑。但是，大部分青年教师在高校中属于"双低"(收入低、地位低)群体，处于教师等级的底层。根据周静、乔开文的研究，[①]在40岁以下的青年教师中，教授仅占3%，副教授也只占20%，讲师高达77%。在现行的高校教师收入分配制度中，在职称、科研业绩等主要参数的影响下，教师收入基本与职称等级高低相一致，青年教师的收入状况与其职称状况一样，基本上也处于最低等级，收入低、生活压力大是大多数青年教师的现实处境，甚至《中国青年报》等媒体都形象地把高校青年教师称为高校"工蚁"。另外，据代文彬等人的调查发现，[②]高校青年教师对自己收入的满意率仅有5.3%，基本满意的占36.8%，高达57.9%的青年教师对自己的收入不满意。可见，大多数青年教师在生活中都面临较大的经济压力。在经济压力的驱使下，部分青年教师选择"短平快"的科研发展模式，以求短时间内出成果，解决职称和经济问题。在"短平快"的科研模式中，科研规范不再被遵守，学术道德底线被一次次突破，学术诚信更无从谈起。

高校教师职称不仅是决定教师收入水平的主要参数，更是决定教师在高校中甚至社会上的地位的基础性因素，职称的晋升往往伴随着教师收入和地位的双重提升。而按照现行的职称评定体制，论文、著作、项目等科研成果是教师职称晋升的根本性条件。所以，大部分青年教师为了晋升职称，不得不按照职称评定的要求全力搞科研、快速搞科研，一个"快"字令几乎所有的规范、道德、诚信都靠边站了。根据张鸿韬对河南省周口、信阳两市部分高校教师的调查，[③]70.97%的被调查者认为，当前高校青年教师在科研道德方面存在问题的原因是职称评定的压力，是所有选项中选

①周静，乔开文：《高校青年教师科研现状分析及应对措施研究》，载《研究与发展管理》2008年第5期，第115–118页。

②代文彬，纪巍：《高校青年教师科研创新能力开发的管理途径探析》，载《科技管理研究》2008年第3期，第210–212页。

③张鸿韬：《高校青年教师科研道德透视及建设问题浅议》，载《中国商界》2010年第7期，第257–258页。

择率最高的一项，成为高校青年教师出现科研诚信问题的第一大诱因。

在大多数高校的现行职称评定方案中，科研都是最主要最关键的考核指标，而且在科研质量指标难以把握的情况下，几乎都实行科研成果数量考核。如果没有项目或项目经费达不到一定数额、发不够一定数量的核心期刊文章，晋升高一级职称是不可能的。如前所述，几乎在所有的高校，个人经济利益、地位等都与职称直接挂钩，因此，青年教师如果到了年限还不能晋升高一级专业技术职务，不仅意味着经济上的损失，而且个人能力也将受到质疑，甚至地位也随之下降。因此，青年教师不得不一次次违背科研诚信，在科研道路上铤而走险。

(三)高校考评与激励机制上的缺陷

随着越来越多的高校步入研究型大学的行列，高校对青年教师的科研工作要求越来越高，青年教师的科研任务越来越重。很多高校，甚至包括一些教学型地方高校，也都在追求科研成果的“高、大、全”。各高校不但制定了详尽的科研工作量考核指标，而且就刊物等级、科研项目级别、科研工作量的计算方法等都制定了详细的方案，并通过将科研工作量与个人经济利益直接挂钩的办法来保证科研工作量的落实。高校教师尤其是青年教师为了完成学校的工作要求，保证经济利益不受损失，不得不完成可能超出自己能力所及的科研工作量，在力不从心的情况下，只能以造假、剽窃等方式造“成果”。

科研评价激励机制不完善。从本质上讲，科研激励就是通过一系列的制度设计使科研人员都能感觉到内在的动力和外在的压力，从而调动科研人员的科研积极性、挖掘科研潜力，并通过努力达到科研目标。科研评价既可以定量也可以定性，由于定量评价容易操作、效率高，所以，目前大部分高校采用了定量评价方法。这种科研评价制度无论在价值层面还是在技术层面都存在着明显的缺陷，以硬性规定成果数量的方式进行科研评价，将发表的科研成果数量和职称评定、年度考核直接挂钩，将物质奖励和量化考评体系相结合，这种方式严重违背了科研规律。这种评价制度助长了青年教师的浮躁心理和急功近利思想，自我道德约束能力不强的人就会搞投机，部分青年教师为完成考核和职称评定而违背科研规律，搞假科研，以快捷方式追求最大收益，其结果必然是科研成果数量的“井喷”式增长与质量的“跳水”式下降，既不利于青年教师科研能力的提高，也无助于高校整体科研水平的提升。另外,高校普遍采取“一刀切”的科研评价体系,对不同学科、不同职称级别、不同年龄阶段的教师实行同一个评价标准,忽视了不同学科的科研规律和不同教师的科研发展差异。这种“一刀切”的评价方式对青年教师而言是不公平的,因为无论是在科研经验的积累上,还是在科研资源的占有上,青年教师都处于明显的劣势。因此,当前普遍的科研评价激励机制不利于青年教师的科研发展,科研激励机制需要进一步完善。

最后,浮躁的社会风气对高校教师的科研工作也产生了直接的冲击,使高校的科研氛围日益浮躁。随着市场经济的迅速发展,与其相伴随的各种实用主义思潮快速蔓延,社会上弥漫的“功利主义”、“拜金主义”等思想使平静的校园变得浮躁喧嚣起来,从事科研的教师越来越倾向于搞“短平快”的研究。科研人员或者将研究目光聚焦于社会应用领域,追求研究成果在短期内的经济应用价值,获得经济回报;或者力争在最短的时间内快出成果,尽快结题结项,积累学术资本,获得职称晋升,实现经济利益。而学校也可以因科研成果数量的增加而提升所谓的科研竞争力,以争取更多的科研资源。我们不反对应用研究,不可否认,各种应用型研究创造了大量的经济和社会效益,推动了经济社会的发展。但问题是,当应用研究甚至是“效益研究”成为一种风气和导向时,势必会损害基础研究,而基础研究不仅为应用研究提供了理论基础,更关系到科学研究能否在整体上实现可持续发展的问题。至于力争在最短的时间内快出成果的科研行为,如前所述,本身就是违背科研规律的,如果不违背学术道德和科研诚信也是无法实现的。

三、解决高校青年教师科研诚信问题的对策

在科研活动中,对科研主体的道德涵育是不可或缺的,建立和完善科研诚信制度也是刻不容缓的,只有两者并重,才能培育科研人员的主体道德自律和法律制度他律体系,创造健康的科研环境,建立秩序井然的科研诚信机制。因此,解决青年教师的科研诚信问题既需要从青年教师自身入手,通过科研诚信教育提高思想认识,通过提升科研能力减少对各种“违规”行为的依赖,也需要从科研管理部门入手,通过制度建设加强对青年教师科研行为的管理和约束。

(一)从思想入手,通过学术道德规范教育提高青年教师科研诚信的自觉性

学术道德规范是科研人员应遵循的基本伦理规范，是科研人员的职业道德,是科研人员进行学术创新、提高学术水平的重要保障。高尚的学术道德不是科研人员与生俱来的,而是在科研实践活动中养成的,是学术道德教育的结果。青年教师科研失信的一个重要原因就是缺乏系统完整的学术道德和行为规范教育,因此,提高青年教师科研诚信意识必须加强对青年教师的学术道德与行为规范教育。加强对青年教师的学术道德与规范教育,培养青年教师的科学精神和科学道德,使他们养成恪守学术诚信的自觉,掌握科学思想和方法,是培养他们科研能力的前提。

在世界许多国家,学术道德修养是研究生阶段的必修课,学生一入校就会收到一本学术规范小册子,通过案例讨论课强化学生的学术规范,以此培育学生的学术道德与科研诚信精神。我们要吸收借鉴国外有益经验,强化青年教师的学术道德教育,科研机构、高等院校要将科研诚信教育纳入青年教师职业培训体系,与思想政治和法制教育相融合,与科学研究方法教育相衔接，让科研诚信深深根植于头脑，内化为青年教师的精神追求,形成科研诚信自律,以自律约束科研活动。应当说,牢固树立严于律己的科研精神、提高自律能力、实现科研道德自律,是解决科研诚信问题的根本途径。

加强青年教师的科研诚信教育,要充分发挥老教师的“传帮带”作用,在对青年教师的科研带动中进行科研诚信意识和学术道德规范教育;要加强科研诚信宣传,发挥典型人物的引领示范作用,宣传他们科研诚信的优良作风,为青年教师树立现实的参照标杆。高校相关职能部门要编发学术规范细则和学术道德典型案例,充分利用学校资源,通过多渠道、分层次的宣传和教育,营造浓郁的科研诚信氛围。

科研诚信的培养,教育只是一个方面,更重要的是青年教师本人对科研应有敬畏之心,从内心树起一把诚信之规。科学研究是一项严肃工作,科研人员只有坚持学术良知,对科学研究始终怀有虔诚、敬畏之心,才能保持学术的固有品格,才能做出有价值的学问。青年教师只有对科研常怀敬畏之心,摆脱虚名桎梏,才能坚持正确的科研方向,不断超越,实现科研发展。高水平的科学研究需要高水平的科研人员,高水平的科研人员首先要有高水平的精神境界。青年教师要严格要求自己，牢记社会使命，弘扬学术道德，坚守科研诚信。科学研究具有周期性，尤其是基础性研究，不仅周期长，而且往往困难重重，高质量的重大科研成果都是科研人员长期艰苦探索的结果。这就要求青年教师要耐得住寂寞，受得了挫折，要秉持科学精神，以严肃认真、周密细致、精益求精的态度对待科学研究，要自觉遵守科研诚信，坚决反对弄虚作假，做科技创新的先锋、学术道德的楷模、社会诚信的表率。

（二）从能力入手，通过科研能力提升消除青年教师对学术不端行为的依赖

在一定程度上，高校青年教师的科研失信行为是自身科研能力制约下的“无奈之举”。青年教师科研能力总体水平不高，正处于形成过程之中，因而，往往无法以正常的科研活动完成工作要求，在考核、经济、职称等多重压力下，只有选择抄袭、剽窃等不端行为，甚至形成了对学术不端的路径依赖。因此，培养和提升科研能力是实现青年教师科研诚信的基础。

高校各级党组织和管理部门要加强对青年教师科研能力的培养，提高他们科研素质和能力。加强青年教师的思想政治工作，要帮助他们树立正确的科研价值观和学术道德，正确认识科学研究的价值与意义，掌握科学的研究方法，培育高尚的学术道德。青年教师要树立继续教育、终身学习的观念，通过自身的不断学习丰富专业知识、把握学科前沿、更新研究方法。科研管理部门要加强对青年教师的科研指导，帮助他们了解宏观科技政策，及时传递科研项目计划信息，传授项目申报的经验与技巧等。学院要做好对青年教师的“传帮带”工作，配备有科研经验的教师对青年教师进行科研辅导，帮助他们选择研究领域和方向，以便提升其科研能力。学校要支持鼓励青年教师到高水平大学或研究机构进修学习，或展开合作研究，鼓励青年教师开展学术交流。加大对青年教师科研专项基金的支持力度，重点选择有发展潜力的青年教师进行重点扶持，使其免受科研经费的约束，尽快步入科研发展轨道；重点实验室、重点学科等要安排配套经费支持青年教师开展科学研究，尽可能降低青年教师步入科研领域的门槛；积极服务社会，加强校企合作，鼓励开展横向课题研究，通过技术开发、技术推广、技术咨询、技术培训等拓展科研新领域，全面提升青年教师

的科研能力。另外，对于有科研贡献的青年教师要给予及时的表彰和奖励,调动其科研积极性。

青年教师本人也要不断加强学习,完善自身的知识结构,提高科研业务素质。随着社会发展,知识更新速度越来越快。进入21世纪以后,电子信息技术的飞速发展使信息量呈几何级数增加，知识更新呈现加速度的趋势,一个人在校期间所学知识大部分会在毕业后几年内过时。同时,随着研究新领域的不断拓展,研究范围和对象也在不断发展变化,新的研究对象和问题层出不穷,而且学科间的交叉融合与重新分化问题不断出现。所有这些新形势都要求青年教师不断学习,完善自身的理论知识体系,关注科学研究前沿,把握学科发展动态,唯其如此,才能夯实科研能力基础,实现科研成果创新。

青年教师科研能力的提升不可能在闭门造车式的“单打独斗”中实现,只可能在科研团队协作与交流中完成,所以,青年教师在科研活动中要学会同他人的合作与交往。卡耐基曾经说过,一个人的成功,15%是靠他的专业技术,而另外的85%是靠他待人处世的艺术。科研工作者也一样,搞科研不仅需要丰富的专业知识和先进的研究方法，更需要团队合作精神和交流沟通能力。因此,青年教师在科研活动中要防止闭门造车,要广泛接触学校、企业、政府、社会等各方面的人员,学会合作,在团队协作中锻炼、培养和提升科研能力。

(三)从管理入手,通过科研诚信管理加强对高校青年教师科研失信行为的约束

组建诚信管理机构,完善诚信管理制度。加强科研诚信既要靠自觉自律,也要靠监督管理。从世界范围看,科研诚信建设正从单纯依靠道德约束向道德与制度的双重约束方式转变。近年来,针对学术不端行为,我国也制定发布了相应的法律法规、制度规范和政策性文件,并成立了相关机构,专门处理各种学术不端行为。2006年,科技部成立了科研诚信建设办公室,接受科研不端行为的举报和组织开展调查工作。随后,许多高校响应科技部的举措，纷纷成立相应的科研诚信管理机构。科技部于2006年11月发布了《国家科技计划实施中科研不端行为处理办法(试行)》,2007年1月1日起施行,同时,新修订的《科技进步法》、《知识产权法》、《专利法》、《著作权法》等都有相关的条款。随着专门机构的建立和法律制度的不断完善,对学术不端行为监管工作的效果开始逐步显现。但在实际执行中,仍存在一些制度和要求停留在文件上、对一些学术不端行为查处不力等现象,对科研诚信和学术道德造成了不良影响,科研诚信管理制度的完善和有力执行仍任重而道远。因此,需要进一步完善监管体系,加大监管和惩处力度。

在具体做法上,科研管理机构可以为科研人员建立科研诚信档案,作为项目审批、成果评审等工作的依据。建立和完善科研诚信承诺制度,科研人员要秉承后果自负的原则,对申报科研项目或科研奖励、提交科研成果等进行诚信承诺;加强公共监督,发挥社会组织、新闻媒体等的监督作用,建立项目申报、科研成果、奖励评审等公示制度;建立和完善科研成果的逐级审查制度、建立健全学术委员会制度,加强科研活动的同行监督;建立严密有效的学术纠错机制及学术论文等检索比对系统;采取撤销科研项目、收回资助经费、否认科研成果等措施对科研失信行为予以惩罚,并对相关人员的科研活动给予一定限制;在科研人员职务聘任和职称评定中,科研机构和高校应当将科研信用状况作为对职业道德要求的重要内容。对各种学术不端行为要采取"零宽容"政策,严格要求,严厉约束,严肃处理。

建立学术批评机制。当前的学术界不仅急需建立和完善学术自律与学术监督机制,而且,缺乏学术批评的氛围,这种氛围的缺失不仅严重压抑了青年教师的科研积极性,而且也为抄袭、剽窃等行为的滋生提供了宽松的环境。通过建立学术批评机制,将学术道德精神注入青年教师的科研活动中,指引青年教师追求科学研究的正确方向,牢记科研工作者的社会责任;通过学术批评,倡导优良的学术风气,杜绝急功近利、投机取巧甚至抄袭、剽窃等学术不端行为,引导青年教师形成诚实、严谨的学风;通过学术批评,摒弃当前学术评论中的庸俗吹捧之风,对研究过程中存在的问题开展善意批评,以求进步,对假学、伪学提出严厉批评,以求杜绝。

四、小结

当前出现的各种学术不规、科研失信现象都发生在我国高等教育快速发展和体制转型的背景之下,与转型期的各种制度不完善有关。所以,我们既不能只看到那些有科研失信的个人的责任而忽视其产生的社会根源，也不能因为这些社会因素的存在而宽容有科研失信行为的个人。我们既要加强对高校青年教师的思想政治教育，以提升其认识，又要对青年教师的科研失信行为加以严肃处理，以正其方向，更要努力建立和完善各种体制机制，以营造氛围。科学研究来不得半点虚假，研究成果最终都需要通过实践的检验，假科学、伪科学最终都会在实践中败露。加强高校青年教师科研诚信建设，弘扬科学精神，既是推动我国科学研究事业发展、建设创新型国家的重要举措，也是对高校青年教师开展思想政治教育、促进他们健康发展的有效途径。

参考文献

[1]张晓红.高校教师科研诚信软环境建设实证研究[J].沈阳干部学刊，2011(3).

[2]刘延东.将科研诚信和学风建设摆在科技工作的突出位置——在科研诚信与学风建设座谈会上的讲话[N].人民日报，2010-04-09.

[3]周静，乔开文.高校青年教师科研现状分析及应对措施研究[J].研究与发展管理，2008(5).

[4]代文彬，纪巍.高校青年教师科研创新能力开发的管理途径探析[J].科技管理研究，2008(3).

[5]张鸿韬.高校青年教师科研道德透视及建设问题浅议[J].中国商界，2010(7).

试论充分发挥舆论引导在加强和改进高校青年教师思想政治工作中的作用

朱珊珊

(朱珊珊,兰州大学党委宣传部,编辑)

摘要:舆论引导对于加强和改进高校青年教师思想政治工作,促进高校改革发展稳定,有着特别重要的意义。然而,当前部分高校在开展青年教师思想政治工作的实践中,往往轻视和忽略了舆论引导的作用。要充分发挥舆论引导在加强和改进高校青年教师思想政治工作中的作用,必须把握正确的舆论导向,选好适宜的引导热点,加强网络舆论阵地建设,增强舆论引导的感染力,抓好舆论引导队伍建设。

关键词:舆论引导 高校 青年教师 思想政治工作

"高度重视思想政治工作,是我们党的优良传统和政治优势。"①《中共中央国务院关于进一步加强和改进大学生思想政治教育的意见》指出,教师要提高师德和业务水平,爱岗敬业,教书育人,为人师表,以良好的思想政治素质和道德风范影响和教育学生。青年教师作为高校教师队伍的基础力量、后继力量,其思想政治状况的好坏、政治方向的正确与否、道德素质的高低,直接关系到高校教师队伍整体建设水平的提高与否,关系到高校人才培养目标的实现与否,关系到我国高等教育事业的发展与否。"可以说,舆论工作就是思想政治工作,是党和国家的前途和命运所系的工作。"②加强和改进高校青年教师的思想政治工作,必须充分发挥舆论引导的作用,旗帜鲜明地指出应该坚持什么、反对什么,倡导什么、抵制什么,达到引导舆论、启迪思想、宣传政策、指导工作的目的,从而增强青年教师思想政治工作的针对性、前瞻性和实效性。

①《中共中央关于加强和改进思想政治工作的若干意见》(中发[1999]17号)。

②江泽民:《视察人民日报社时的讲话》(1996年9月26日),载《江泽民论社会主义精神文明建设》,中央文献出版社1999年版,第269-270页。

一、舆论引导在当前高校青年教师思想政治工作中的主要作用

舆论,即公众的意见或言论。舆论的形成,一是来源于群众自发,一是来源于有目的的引导。舆论反映人心的向背,影响着人们的行动和局势的发展,在造成或转移社会风气方面具有不可估量的影响。舆论引导是思想政治工作的重要组成部分。胡锦涛同志在 2008 年 6 月 20 日到人民日报社考察工作时指出,舆论引导正确,利党利国利民;舆论引导错误,误党误国误民。重视舆论引导,研究、探索和运用舆论引导影响青年教师的思想及行为,对于加强和改进高校青年教师思想政治工作,促进高校改革发展稳定,有着特别重要的意义。

当前, 舆论引导在高校青年教师思想政治工作中的作用主要表现为以下几个方面。

(一)沟通作用

"高校是人才与智慧密集的地方,在加快高等教育改革、推动教育事业发展过程中,需要学校领导和广大师生员工同心同德、团结奋斗。"[①]这使得学校与师生员工之间的交流沟通显得日益重要, 以网络等为载体的舆论宣传理所当然地成为高校内部最好的沟通桥梁。通过舆论引导化解矛盾,消除隔阂,增进了解,促进安定团结和思想统一,使广大师生员工的心往一处想,劲往一处使,在挑战中看到机遇,在困难中看到希望,对高校各项工作的顺利开展起到良好的推动作用。

(二)疏导作用

"正确处理改革、发展、稳定三者的关系,更好地为全党全国工作大局服务,是新闻舆论工作需要十分重视和认真研究的问题。"[②] 针对高校校园内发生的同一件事情,不同的师生员工有不同的看法和见解,要求思想政治工作者在实际工作中广泛发扬民主、集思广益,通过正确的舆论引导对师生员工的不同判断和错误观念进行疏导和纠偏, 从而帮助青年教师自我认识、自我判断和自我完善,不断提高思想鉴别能力。

---

①殷承泰:《论高校新闻宣传在思想政治工作中的作用》,载《思想政治教育研究》2006 年第 6 期,第 59–61 页。

②江泽民:《宣传思想战线的主要任务》(1996 年 1 月 24 日),载《十四大以来重要文献选编》(中),第 1672–1673 页。

(三)激励作用

舆论引导坚持紧紧围绕学校中心工作和校园热点,精心策划,周密部署,真实地"宣传学校的发展历程、展现校园的崭新风貌、展示学校的发展成就、弘扬学校的先进典型和人物事迹、反映广大师生员工的思想生活、树立学校在社会上的优质品牌"①,就能达到服务大局,凝聚人心,鼓舞斗志,催人奋进,"唱响主旋律,打好主动仗"的目的,营造积极向上的校园舆论氛围,激发广大师生员工为学校的发展贡献才智。

(四)监督作用

高校是整个社会的重要组成部分,青年教师的思想和行为随时随地受到社会的影响,可能产生重实惠轻理想、重等价轻奉献、重眼前轻长远、重局部轻全局等思想观念,严重时可诱发利己主义、拜金主义、极端个人主义、享乐主义等等。这些思想观念虽然客观存在,但在没有违反法律和纪律时,不受行政力量的强制约束,而此时的舆论引导就成了最有力的约束力量。即使违反了法律和纪律,在其受到处罚的同时,通过舆论引导的力量,让广大师生引以为戒,既可促其自我改正,也可警醒他人。因此,"发挥舆论引导的监督作用,目的就是激浊扬清、张扬正气、讴歌先进、鞭策落后,这已成为思想政治工作的重要内容和开展思想政治工作的有力措施。"②

二、舆论引导的作用在高校青年教师思想政治工作中被忽视的表现

目前,部分高校在开展青年教师思想政治工作的实践中,往往轻视和忽略了舆论引导的作用,这突出表现在以下几方面。

(一)舆论引导理念陈旧

舆论引导的正确与否关系到高校青年教师思想政治工作的成效。综观大部分高校的舆论引导,还是侧重于一种简单的单向宣传模式,把舆论引导仅仅看做是一种形式,割裂了内容和形式的内在联系。认为发挥舆论引导作用,就是读几张报纸、放几段录像、看几场电影、出几块板报、搞几次影视评论。"这实际上是用简单形式取代实实在在的内容,造成形式与内

①殷承泰:《论高校新闻宣传在思想政治工作中的作用》,载《思想政治教育研究》2006年第6期,第59–61页。

②殷承泰:《论高校新闻宣传在思想政治工作中的作用》,载《思想政治教育研究》2006年第6期,第59–61页。

容‘两张皮’,愿望与目的相脱节。”[①]

(二)引导工作非常态化

“舆论引导大多是由高校宣传部门作为非常态的工作任务来完成,未能形成制度化。且大多数高校并未真正建立舆情监控部门,缺乏专职工作人员从事舆情分析、收集与研判,而且舆情收集和管理的技术手段也不够先进,往往还停留在‘显舆情’的收集上,不利于监控校园内存在的不良情绪、意见,也不利于舆论引导方式和应急预案的确定,造成了青年教师思想政治工作抓不住现实问题,缺乏针对性,无法入耳入脑,往往‘雨落地皮湿,雨过尘沙起’。”[②]

(三)突发事件处置机制不完善

目前,大部分高校在应对校园突发事件的舆情传播和舆论引导上,显得准备不足,引导力度欠缺。“突发事件处置大多由宣传部和保卫处来完成,未能确定各部门应对突发事件的职责,明确责任人和牵头人,形成各职能部门的整体联动, 而且经常是在突发事件发生后才去寻求解决的办法,头痛医头,脚痛医脚,缺乏系统完善及制度化组织化的处理机制,或虽制定了应急预案,但流于形式,操控性较差,对高校校园和谐稳定和青年教师思想政治工作起不到应有的促进作用。”[③]

三、如何充分发挥舆论引导在加强和改进高校青年教师思想政治工作中的作用

“正反两方面的经验告诉我们,引导舆论,至关重要。各级党委、宣传部门和新闻出版等单位的领导干部, 必须以高度的责任心抓好舆论引导工作。”[④]那么,该如何充分发挥舆论引导在加强和改进高校青年教师思想政治工作中的重要作用呢?

---

①陈燕:《新传播环境下高校突发事件的舆情传播与舆论引导》,载《新闻知识》2011 年第 5 期,第 35-37 页。

②陈燕:《新传播环境下高校突发事件的舆情传播与舆论引导》,载《新闻知识》2011 年第 5 期,第 35-37 页。

③陈燕:《新传播环境下高校突发事件的舆情传播与舆论引导》,载《新闻知识》2011 年第 5 期,第 35-37 页。

④江泽民:《在全国宣传思想工作会议上的讲话》(1994 年 1 月 24 日),载《十四大以来重要文献选编》(上),人民出版社 1997 年版,第 653-654 页。

(一)要把握正确的舆论导向

"舆论导向正确,人心凝聚,精神振奋;舆论导向失误,后果严重。"①高校在舆论引导过程中要注重宣传邓小平理论和"三个代表"重要思想,加强党的基本路线、基本理论、基本方针和重大政策的宣传,统一青年教师的思想认识,使青年教师在思想上、政治上时刻与党中央保持一致,坚定建设中国特色社会主义的信念,从而保证高校教师队伍整体的政治稳定。要立足高校实际,正视社会现实,通过贴近师生、贴近现实生活的舆论宣传,如实地反映高校现状。要从有利于青年教师健康成长出发,对新事物和新问题做出正确的分析和实事求是的评价。要抓好思想导向,认真分析,循循善诱,不断提高青年教师的鉴别能力,用先进的知识武装青年教师的头脑,用正确的思想指导青年教师的行动。

(二)要选好适宜的引导热点

"报刊、广播、电视都要把促进安定团结,提高青年的社会主义觉悟,作为自己的一项经常性的、基本的任务。"②高校在舆论引导过程中要把思想政治工作与热点引导有机结合在一起,针对青年教师的意识、心态、观念,做全面、深入、细致的分析,真正起到解疑释惑、统一思想、增强信心、振奋精神、加强团结的作用。搞好热点引导,首先要选好"热点",选择青年教师关注的"热点",选择通过工作可以得到解决的"热点",选择不易引起负面效应的"热点"。热点引导是复合式的报道,既有表扬,又有批评;既有上级意见,又有下面的情况;既有报道,又有言论,是一项内容丰富,原则性、政策性、艺术性都很强的工作。因此,"在进行热点引导时,特别需要深入采访,用事实来讲话,材料扎实,通过分析达到解决问题的目的,最终反映高校和社会发展的本质和主流,产生积极的效果。"③

(三)要加强网络舆论阵地建设

2001年2月,江泽民同志在全国宣传部长会议上的讲话中指出,要高

①江泽民:《在全国宣传思想工作会议上的讲话》(1994年1月24日),载《十四大以来重要文献选编》(上),人民出版社1997年版,第653-654页。

②邓小平:《目前的形势和任务》(1980年1月16日),载《邓小平文选》第2卷,人民出版社1994年版,第255页。

③严志红:《当今新闻媒体应如何开展思想政治宣传工作》,载《山西科技报》2008年3月25日,A6版。

度重视互联网的舆论宣传，积极发展，充分运用，加深管理，趋利避害，不断增强网上宣传的影响力和战斗力，使之成为思想政治工作的新阵地。较之其他校园舆论宣传形式，网络宣传因其覆盖面广、感染力强、影响力大，已成为沟通师生员工思想感情、凝聚人心的有效途径和方法，对开展青年教师的思想政治工作具有重要作用。“高校要建立健全网络信息管理机制，严把信息入口关，对信息的质量和来源严格审查，在网络技术上精益求精。同时，对校园网的各个板块要进行严密的检查，及时发现问题、解决问题，确保网上信息的安全性、可靠性以及校园网的政治性和纯洁性，保证网络舆论引导工作的顺利进行。”①

（四）要增强舆论引导的感染力

以正确的舆论引导人，必须形成一个轻松、活泼的环境，这就要求增强舆论引导的感染力。其一，要找到共鸣点。青年教师对什么最感兴趣、最乐意接受什么，什么是他们感情的兴奋点，什么内容是他们所唾弃的，校园舆论应有所反映、揭示。只有把舆论引导与青年教师的心声连起来，与青年教师的学习工作生活息息相通，才能产生教育人、引导人的效果。其二，要抓住转折点。我国正处于加速转轨转型过程中，各种不确定、不稳定因素日益增多，青年教师的生活中有哪些热点、疑点、难点问题，如何引导，怎样消除各种疑惑，思想政治工作只有及时对其捕捉反映，青年教师才会有兴趣。否则，“小道消息”、内幕新闻就会流传。其三，要注意析事明理。“舆论引导必须用事实说话。但讲事实还必须处理现象与本质、事与理的关系，只有将二者结合起来，才能具有感染力，对青年教师的思想和行为产生巨大作用。”②

（五）要抓好舆论引导队伍建设

“每个同志都要自觉地在思想上、政治上与党中央保持一致，在任何复杂多变的形势面前，都要保持清醒的头脑。这是坚持正确的办报方向，始终保持正确的舆论导向的关键所在。”③舆论宣传队伍建设的好坏，一定

①陈文慧，刘经纬，李洪峰：《论高校思想政治工作中的宣传舆论阵地建设》，载《思想政治教育研究》2005 年第 3 期，第 59-60 页。

②郑州华信学院德育网站. 加强和改进思想政治工作，充分发挥社会舆论的作用[EB/OL].deyu.zzhxxy.com。

③江泽民：《在接见解放军报社师以上干部时的讲话》(1996 年 1 月 2 日)，载《领导干部一定要讲政治》，人民出版社 1996 年版。

程度上影响到高校青年教师思想政治工作的质量。“要注重建立一支忠于党的教育事业,热爱宣传工作,具有较高思想政治觉悟和业务素质的稳定的舆论宣传队伍。搞新闻工作,要政治家办报。”①舆论引导人员自身首先要树立高度的政治责任感,增强政治意识和政治观念,提高政治鉴别能力。同时,高校要加强对舆论引导人员的业务培训,通过邀请一些专业舆论宣传人员作报告或指导工作的方式,对舆论宣传队伍进行系统的专业培训,切实培养一批政治强、业务精的舆论引导工作队伍。

“我们强调正确引导舆论,同强调从事舆论宣传的部门和单位要创造性地工作是统一的。”②舆论引导在青年教师思想政治工作中的作用不可忽视,对做好青年教师思想政治工作负有特殊的使命和责任,高校思想政治工作者一定要充分认识到这一点,并合理地加以利用,坚持“以科学的理论武装人,以正确的舆论引导人,以高尚的精神塑造人,以优秀的作品鼓舞人”,积极开展有效的思想政治工作,充分调动青年教师的积极性,为提高高校的办学实力和人才培养水平,推动高等教育质量的发展作出应有的贡献。

参考文献

[1]殷承泰.论高校新闻宣传在思想政治工作中的作用[J].思想政治教育研究,2006(6).

[2]陈燕.新传播环境下高校突发事件的舆情传播与舆论引导[J].新闻知识,2011(5).

[3]陈文慧,刘经纬,李洪峰.论高校思想政治工作中的宣传舆论阵地建设[J].思想政治教育研究,2005(3).

[4]严志红.当今新闻媒体应如何开展思想政治宣传工作[N].山西科技报,2008-03-25.

①毛泽东:《要政治家办报》(1959年6月),载《毛泽东新闻工作文选》,新华出版社1983年版,第216页。

②江泽民:《在全国宣传思想工作会议上的讲话》(1994年1月24日),载《十四大以来重要文献选编》(上),人民出版社1997年版,第653-654页。

从理解和发展出发做好青年教师思想政治工作

——在土木工程与力学学院从事青年教师思想政治工作的几点体会

赵社文

(赵社文,兰州大学机关党委书记,助理研究员)

摘要:青年教师决定大学的品质和未来,大学必须特别重视加强青年教师思想政治工作。加强青年教师思想政治工作,核心是提高实效性。我们从实践中体会到,从事青年教师思想政治工作,必须从理解和发展出发,贴近青年教师实际,促进青年教师成长,把思想政治工作寓于日常工作之中,从而实现思想政治工作"润物无声"的巨大作用。

关键词:青年教师　思想政治工作

青年教师决定大学的品质和未来,他们的政治思想、道德品质、性格情感、文化素养、治学精神和工作态度,都潜移默化地影响着学生,直接关系到大学"培养什么人"和"怎样培养人"这个重大问题。建设德才兼备的青年教师队伍,是大学各级党政组织和领导干部,特别是基层学院党政主要负责人的重要职责。我们在基层学院工作的实践中深深地体会到,要做好青年教师思想政治工作,就必须真诚地走进青年教师,理解青年教师,在发展中帮助青年教师,服务青年教师。一句话,从理解和发展出发才能切实做好青年教师思想政治工作。

一、思想政治工作要立足促进事业发展

思想政治工作有其他任何工作都无法替代的巨大作用,但是,思想政治工作如果不与事业发展相结合,就很容易沦为一种空谈,失去说服力和实际效果。今天,同国家重点建设的其他大学一样,兰州大学选留的教师都是有博士学位的青年俊才。这些处于专业人才培养高端,能够并且愿意在兰州大学从事教学、科研工作的博士都有一个共同的追求,那就是希望能在学术上有很好的前途和发展。影响青年教师学术前途和发展的因素,

除个人的努力外,一是学校的相关政策,二是学院的发展环境,三是学科的建设水平。在基层学院,学科水平和学院发展就成为青年教师最为关心的问题。所以,做青年教师思想政治工作,必须与学院的当前建设与未来发展相结合,必须与青年教师学术追求与个人前途相结合。大学及其学院要努力营造有利于青年教师成长的良好环境和发展空间,充分激发他们的工作动力和学术潜力,使他们从工作中体会到实现自我价值的满足感和成就感,最终达到学校与个人共同发展的目的。

土木工程与力学学院组建以来,在体现办学水平的核心指标上取得重要进展,各项工作充满活力和希望。在办学过程中,学院的发展带给青年教师以机遇和条件,青年教师又推动了学院的创新和发展。学院组建近7年来,共选留青年教师26位,其中从本校以外的培养机构选留的就有10位。这些青年教师,有不同的个性和成长经历,有不同的教育背景和学术方向。他们决定选留到学院工作之前,已仔细考量过学院的现状与未来,反复权衡过自己在这个学院可能的学术生涯。他们首先追求的是自己在学术和专业上的发展。学院领导班子认识到,没有学科建设就没有教师个人的学术前途,没有良好的发展环境就没有教师成就事业的空间。因此,学院党委始终把青年教师思想政治工作贯穿于促进学院发展的各项工作之中。青年教师选留之前,党政主要负责人都要同他们进行比较深入地交流,一是了解他们的基本情况和研究方向,二是介绍学院建设情况、发展规划,特别是学科队伍、学术特色与研究方向,目的就是吸引优秀人才,并帮助他们对自己的学术发展进行定位和规划。在选留到岗后,党委主要负责人还要专门约谈。一是帮助青年教师尽快转变角色,认真听课备课,不久以后站好教师职业生涯的第一次讲台。二是帮助他们进行学术对接,希望他们尽可能修正学术方向,尽快融入现有学术团队。三是介绍学院领导班子工作情况和教职工队伍情况,希望他们处理好人际关系,自觉维护和发展全院的团结与和谐。日常工作中,党委主要负责人要利用各种机会,主动坦诚地与青年教师交流,交换对各种问题的看法,如教学与科研、大学与社会、改革与创新、担当与追求,等等。日常工作中,平等、随时、无拘无束的交流更不可少。通过交流,青年教师对一些问题的认识会多一分理性和客观,对学校和学院的一些政策和做法会多一分理解和支持,对学院的发展和个人前途会多一些从容和自信。

实践证明,把思想政治工作与事业发展相结合,满足青年教师发展的需求,能够起到事半功倍、润物无声的良好效果。我们的体会是,思想政治工作不是管理而是服务问题,不是被动预防而是超前引导问题。思想政治工作不应当做在出现问题的时候,而应当并且完全能够走在其他工作的前面。

二、思想政治工作要贴近青年教师实际

青年人身上蕴藏着无限的想象、活力与激情,最富有朝气和创新精神。大学青年教师既是青年的一部分,又是刚开始从事教书育人的事业,是比较特殊的群体。青年教师的特殊性主要表现在五个方面。

在思想政治方面,他们的思想非常活跃,十分关心国家的前途和命运,有较强的独立意识和民主意识,有很高的人生抱负,但同时对国家政治体制改革和中国特色社会主义存在一些模糊认识,比较注重个人价值,对事物的看法容易偏激和片面。

在知识结构方面,他们经历过系统的专业学习和训练,获取知识和信息的途径快捷又广泛,接受新知识新观点的能力和需求都很旺盛,文化知识结构有明显优势,但同时跨学科的人文素养还不够高,教育理论和育人实践还很有限,知识既丰富又比较零碎。

在职业认知方面,他们经过20多年的辛苦学习成为一名受社会尊重的大学教师,有很强的成就感和职业憧憬,但角色的转换毕竟还不到位,职业心理还不成熟,职业角色的认知还不够深刻和稳定。

在心理素质方面,他们心理活动的深度和广度进一步拓展,意志品质趋于成熟,自尊自信,能较好地调控自己的思想和行为,但同时又承担着来自收入、职称、情感、交往等方面的较大压力,并由此可能产生焦虑、孤独、压抑的心理,这对他们带来负面的影响。

面对这样一个特殊的群体做思想政治工作,如果不关注他们的这些一般特征,不了解每一个人的性格特点、学术特长、发展需求,一句话,忽视青年教师的工作状态和精神需求,很难想象能有什么效果。

在土木工程与力学学院,在与青年教师的交流交往中,我们深切感受到,青年教师对我国改革开放以来所取得的伟大成就非常自豪,衷心拥护来之不易的稳定政治局面,同时,对社会转型期集中出现的各种矛盾和问题深感忧虑和困惑，对欧美发达国家心存某种向往，对现代大学的建设和改革有自己的认识和看法。我们深切地感受到，面对住房、家庭、教学、科研、经费、职称等方面的压力，他们非常希望得到理解、关心和帮助，非常希望确切地了解相关政策和信息。我们深切地感受到，他们常常并不苛求能解决实际问题，而更需要心灵的沟通和释放。这个活跃、特殊的群体所遇到的困惑和压力，需要我们真诚地去理解和关心。在实际工作中，我们通过个别的平等的随性的交流，交换各自对一些问题的看法和体会，并有意识地通过我们所了解的一些情况以适当的引导。如对于选留自校外的青年教师，学院党委会多一份关心，帮助他们解决住房、工作室、科研启动等实际问题，经常约请他们参加一些文体活动和与其他教师的交流活动。这种交流可能是在餐桌上，也可能是在乘车时，可能是在办公室，也可能是在休闲时。这种交流也许解决不了青年教师面对社会时的一些困惑，但总能释放他们的情感和心理。几年来，学院党委负责人始终与青年教师打成一片，理解他们的想法和感受，在日常交流中对他们给予引导，既达到了团结的目的，又疏导了负面情绪。工作中没有大张旗鼓的场面，却有潜移默化的实际效果。我们的体会是，思想政治工作是面对人的工作，必须贴近人的实际，容不得虚伪和空谈。思想政治工作不应当是居高临下的宣讲，而应当并且完全能够成为同事之间的平等交流。

三、思想政治工作要寓于日常工作之中

思想政治工作是心与心的理解与沟通，润物无声才是其最佳境界，这也是我们从事这项事业的干部的精神寄托和价值追求。我们面对的一切矛盾和问题都来源于工作和生活实践，需要在工作和生活的实践中去加以解决。而伴随这些矛盾和问题的思想政治工作，也必然要在工作和生活的实践中去进行。面对不同的群体和问题，思想政治工作可以有不同的时机和方法，但将思想政治工作寓于日常工作之中，却是思想政治工作的基本规律与要求。

大学青年教师，从一名博士到一名教师，从听者到讲者，他们角色的转换和成长已不仅仅是他们自己的事情。一般来说，青年教师的成长要经历 1～2 年的适应期、2～3 年的成长期和 5～10 年的成熟期。他们需要各级领导的关心和老教师的提携，对他们的思想政治工作也应当贯穿于日

常工作当中。校院两级党政组织对青年教师教学、科研上的安排和要求，要坚持边培养边使用，并考虑他们的兴趣和专长；对青年教师"三十而立却不能立"的困境，要给予特别的关心和帮助，把对青年教师的重视落实到解决实际困难上，努力使他们体面生活、舒心工作；对于青年教师的业务发展，要尽可能提供合适的政策和条件，同时，引导青年教师真正懂得"教研相长、厚积薄发"的道理。

土木工程与力学学院教师队伍总体年轻，青年教师占到一半。学院党委把针对青年教师的思想政治工作日常化，为他们的快速成长创造舒心的环境，取得明显效果。在总体工作上，学院党委高度重视教职工的团结，比较客观公正地处理发展中的问题，及时引导和化解教职工情绪，营造风清气正的发展氛围。在工作过程中，党政密切配合，思想政治工作及时跟进。在教学上，实行老教师与青年教师"一对一"的指导，提升青年教师对教学工作的责任感，提高其驾驭课堂能力和授课艺术，帮助他们尽快完成角色转换。学院领导和教学指导委员会成员不定期听课，鼓励优秀教师，也及时发现问题和纠正不足。在科研上，引导青年教师融入现有团队，组织、指导青年教师积极申报以国家自然科学基金项目为主的研究课题。要求各学科带头人积极承担培养青年教师的责任，吸收青年教师参加科研课题，带领青年教师参加国内外学术交流，提升青年教师的科研能力和科学精神。在各项工作中，对青年教师党员严格要求，经常安排他们承担公益性、服务性工作，希望他们立足岗位"创先争优"，成为其他青年教师的表率。在大是大非面前，明确要求青年教师尤其是党员青年教师要讲党性、讲大局、讲纪律，自觉与党中央保持高度一致，用发展的眼光正确看待我国当前所处历史阶段，客观对待社会矛盾和问题，公正评价我们的进步和成绩。建院以来，部分青年教师已脱颖而出。选留的26名青年教师中，2名晋升教授，8名晋升副教授，成为教学和科研骨干。几年来，学院党委将思想政治工作寓于日常工作之中，发挥了思想政治工作潜移默化的作用，促进了青年教师队伍快速、健康成长。我们的体会是，思想政治工作既不孤立也不讨嫌，只要巧妙而又紧密地与实际工作相结合，思想政治工作就能转化为实际工作的一部分。

思想政治工作是一门科学，也是一门艺术。因此，要做好思想政治工作尤其是青年教师的工作，必须坚持实事求是的思想方法，不断总结经验,创新工作方式。我们从事这项事业的党政管理干部,要深刻理解做好思想政治工作的重大意义,牢固树立以人为本的工作理念,真诚理解和服务青年教师,自觉把思想政治工作融入到日常工作中,以特有的方式为青年教师的成长和学校的改革建设做出应有的贡献。

参考文献

[1]吴秋凤.高校青年教师思想政治工作的创新[J].思想政治教育研究,2006(3).

[2]孔凡胜.高校青年教师群体特征的多维解读[J].中国青年研究,2011(8).

[3]刘瑞贤.高校青年教师成长道路与特点[J].中国高教研究,2008(2).

德才并重　创新模式　促进青年教师全面发展

刘　芳　黎　军　孟秀祥

（刘芳，兰州大学生命科学学院党委副书记，副教授；黎军，兰州大学生命科学学院党委书记，教授）

摘要：随着高等教育的快速发展，青年教师已经成为我国高等教育教学、科研、管理的主要力量，如何加强青年教师的教育、管理和服务，使青年教师尽快成长成才，成为教书育人、科学研究、社会服务、文化传承与创新的生力军，也日益成为高校研究和关注的重点。本文结合学院在青年教师培养中的积极做法，探讨了在思想上积极引领的同时，完善适应青年教师成长成才的体制机制和营造青年教师成长成才的宽松环境，使青年教师尽快脱颖而出，成为学校可持续发展的重要保障。

关键词：青年教师　培养　成长

随着高等教育的快速发展，高校青年教师的数量越来越多，青年教师已经成为我国高等教育教学、科研、管理的主要力量。据教育部统计显示，截至 2010 年底，我国高校 40 岁以下的青年教师人数超过了 86 万，占全国高校专任教师总量的 63.3%。我院现有专任教师 143 人，40 岁以下青年教师 96 人，占 67 %，承担了 50%的本科生教学任务，其中 6 名教师担任博士生导师，37 名教师担任硕士生导师。如何加强青年教师的教育、管理和服务，使青年教师在教学、科研方面脱颖而出，进而在教书育人、科学研究、社会服务、文化传承与创新方面发挥重要作用，几年来，我们进行了积极的探索和尝试，取得了一定的成效。

一、坚持党对青年教师的思想引领，切实加强青年教师的师德教育

青年教师是教师队伍的重要组成部分，是高校发挥办学功能、实现可持续发展的重要保障。青年教师的政治素养、理论水平和师德情操对高等教育的健康发展和学生成长成才有着重要意义。青年教师承担了大量的

教学任务，与青年学生接触最多，其思想行为对学生的影响最直接、最明显。青年教师的思想素质如何将直接影响到青年学生的健康成长，关系到社会主义办学方向。青年教师思想活跃，接受新生事物快，学历层次高，业务素质好，创新意识强，视野开阔，但也存在一些不足。如一些青年教师在世界观、人生观、价值观上还不够稳定，对政治不大关注；重科研轻教学，只教书不育人，考虑个人利益较多，缺乏团结协作精神等问题。做好青年教师的思想政治工作，加强青年教师队伍建设，是历史赋予我们的责任，是高等教育发展的客观需要。近年来，生命科学学院党委自觉地将青年教师的思想政治教育列为党委工作的重要任务，坚持党对青年教师的思想引领，切实加强青年教师的师德教育，引导青年教师树立正确的世界观、人生观、价值观。

（一）加强政治理论学习，用马克思主义中国化的最新成果武装头脑

正确的理论是凝聚人心的灵魂，是正确行动的先导。学院坚持用最新的马克思主义中国化的成果和新时期党的路线、方针、政策武装青年教师的头脑。每当党的重大会议召开、重要讲话发表、重大决策出台时，学院都要及时收集并向教职工印发学习资料，以召开青年教师座谈会、组织观看影视片等形式进行学习和研讨。引导青年教师运用马列主义的立场、观点、方法，分析和认清当前国内外形势，认清中国走社会主义道路的长期性和复杂性，了解高等教育发展的最新状况，使青年教师充分认识自己肩负着培养现代化人才的重任，从事着极为高尚的事业，锻造其甘于平凡、踏实工作、无私奉献的可贵品质。

（二）创新组织建设，不断增强党在青年教师群体中的凝聚力和影响力

党支部作为党的基层组织在青年教师思想引领方面发挥着基础性作用，学院党委不断创新组织工作方式，充分发挥基层组织的凝聚力和影响力，做好青年教师的思想政治工作。第一，根据学科特点、专业背景、研究方向以及党员的实际情况，学院党委调整了支部设置，将每一位教师党员和研究生党员纳入到党支部的建设、教育和管理中。第二，积极教育培养吸收优秀青年教师加入党组织，让其在组织的关怀下更快进步，成为德才兼备的优秀教师。第三，基层党组织开展主题党组织活动邀请青年教师入党积极分子和其他民主党派青年教师以及无党派青年教师参加。第四，充分发挥工会作用，在青年教师中积极组织健康向上的文体活动和联谊活动，使青年教师融入温暖的集体，增进友谊，消除隔阂，陶冶性情。用集体的共同理想和信念潜移默化地影响着青年教师，达到润物细无声的教育效果。

（三）加强社会实践活动，提升青年教师的责任感和使命感

"纸上得来终觉浅，绝知此事要躬行。"实践是最好的老师，青年教师不同程度地存在着对社会了解不深的问题，他们的思想问题不少是由于他们社会阅历浅、不了解国情、不了解社会所致。学院在加强青年教师理论学习的同时，加大了青年教师的社会实践活动，通过实践活动提升青年教师的责任感和使命感。一是有计划地组织青年教师到革命老区、开发区参观考察，如：学院组织党支部书记带领青年教师到红军长征圣地会宁、庆阳南梁革命根据地、兰州新区进行参观考察，让他们感受历史，了解新区建设情况。二是结合专业特点组织青年教师深入企业、农村进行考察，学院带领部分青年教师到陇南金徽企业、定西爱兰马铃薯种业有限公司、甘肃省扶正药业科技股份有限公司、甘肃圣大方舟马铃薯变性淀粉有限公司、民勤治沙站、天祝夏玛林场等教学实习点和平凉双联点上扬村进行考察学习。三是每年暑假，要求青年教师带领本科生参加社会实践和野外实习活动。四是学院支持和鼓励青年教师以申请应用性课题等方式保护区域生态环境、服务地方经济建设，同时以肩负国家使命为己任，帮助其他贫穷国家解决发展问题。我院熊友才教授带领的课题组在赴肯尼亚开展旱地节水农业研究项目期间，面对不利的安全形势和艰苦的生活环境，发挥了青年党员的先锋模范作用，无论走到何处都不忘弘扬兰大精神，自觉地将科研工作与国家使命结合起来，在非洲大地上书写了兰大青年教师胸怀祖国、肩负使命、献身科学研究的青春篇章。

（四）以人为本，切实关注和解决青年教师的实际困难

青年教师事业、生活刚刚起步，职称、工资相对较低，申请课题经费难度大，同时面临结婚、住房、孩子入托入学、老人抚养等众多困难，因此做好新时期青年教师的思想工作，必须给青年教师以热情的关心、爱护，尽量满足青年教师正当合理的需要，使他们能安居乐业，热爱本职工作，在事业上有所作为。为此，学院充分利用《兰州大学获得博士学位青年教师资助计划实施办法》等文件政策，采取在职攻读学位、国内外进修、联合开展科研、参加学术会议等多种形式，给青年教师提供更多的学习、锻炼和提高的机会,使其尽快脱颖而出。其次,在评选先进工作者、优秀教师时向青年教师倾斜。另外,学院还设立意见箱、教师QQ群等渠道倾听青年教师的心声。学院领导还时常找青年教师谈心,了解他们的日常生活,帮助他们解决实际困难,解除他们的后顾之忧,使他们感受到集体的温暖,从而使他们全身心地投入到教育教学活动中去。

二、采取多种措施,促进青年教师全面发展

青年教师如何尽快完成从学生到教师的身份转变,如何适应教学和科研的需要,如何尽快融入学院的发展,需要自身的努力,更需要学院提供相应的平台,学院采取积极有效的措施从不同层面对青年教师进行培训和帮助,促进青年教师全面成长。

(一)将综合素质作为选人的重要依据

吸引优秀教师充实到师资队伍中是学院各项事业可持续发展的重要保证。学院高度重视青年教师的选拔和引进工作,在选拔、引进青年教师的过程中,将青年教师的思想政治素质与其科研水平、创新能力、责任心、奉献精神等一起作为选留人才的重要标准,确保了选留和引进人才的综合素质,使一批思想素质高、科研能力强的年轻教师充实到教学、科研队伍中。近几年,学院借助学校"萃英人才建设计划",面向海内外分别引进了11位和14位高层次人才,其中40岁以下的青年教师占92%。

(二)实行新上岗教师教学能力培训制度

教学是青年教师的立身之本,优秀的青年教师首先是一名优秀的教学能手,为了使青年教师尽快熟悉教学环节,掌握教学技巧,树立教书育人的意识。学院规定对于在工作时间5年内没有独立进行课堂讲授的青年教师,两年之内每年必须担任一门专业基础课程的助教工作,不得独立承担任何课程(包括选修课、实验课)的讲授,在系统听取助教课程主讲教师讲授的基础上承担辅导答疑、批改作业、实验辅助等教学任务。实行青年教师听课制度,并开展了青年教师讲课比赛、多媒体课件制作比赛、教学沙龙等教学经验交流活动,通过各级教学名师、精品课程主讲人及其他优秀教师的教学培训活动等提升青年教师的教学能力。这些措施使一大批优秀青年教师充满自信地走上了本科生教学岗位,确保了本科生的教学质量。

(三)实行青年教师科研团队制度

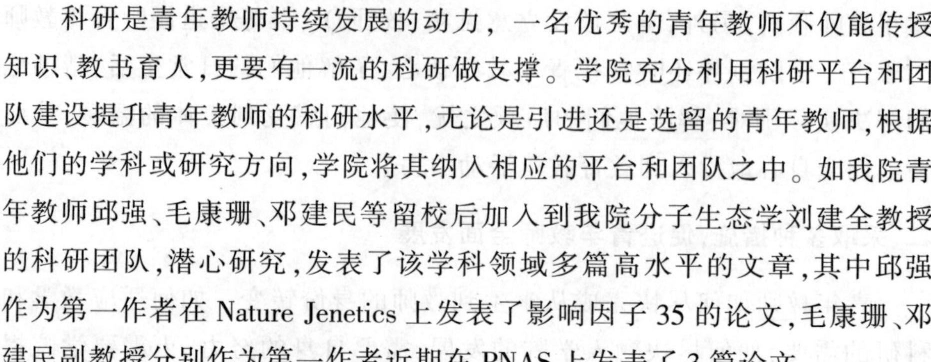

科研是青年教师持续发展的动力，一名优秀的青年教师不仅能传授知识、教书育人,更要有一流的科研做支撑。学院充分利用科研平台和团队建设提升青年教师的科研水平,无论是引进还是选留的青年教师,根据他们的学科或研究方向,学院将其纳入相应的平台和团队之中。如我院青年教师邱强、毛康珊、邓建民等留校后加入到我院分子生态学刘建全教授的科研团队,潜心研究,发表了该学科领域多篇高水平的文章,其中邱强作为第一作者在 Nature Jenetics 上发表了影响因子 35 的论文,毛康珊、邓建民副教授分别作为第一作者近期在 PNAS 上发表了 3 篇论文。

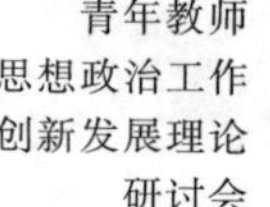

(四)实行青年教师导师制度

老教师在长期的教学、科研中积累了丰富的教学、科研和人生经验,是学院的宝贵财富,也是青年教师的人生榜样。学院在长期的发展中,涌现出了一大批德才兼备、教书育人的老教师,学院在青年教师的培养中始终坚持发挥老教师的“传帮带”作用,使刚毕业的青年教师加入到相应的教学、科研团队中,而且安排富有教学经验的老教师做他们的导师,在老教师的言传身教中使青年教师在各方面逐渐成长起来。

(五)实行青年教师担任本科生班主任制度

一个优秀的青年教师必须熟悉和了解他的服务对象,才能搞好教学、促进科研,增强服务意识。学院把给本科生担任班主任作为青年教师了解学生、熟悉学生,提升和锻炼青年教师服务意识、责任意识的重要途径。我院现有 19 名青年教师担任本科生班主任，他们与青年学生年龄差距小,情感上更容易沟通,他们不仅能对学生进行学业辅导、科研引导,而且还从自身的经验对学生进行人生成长成才方面的指导,使学生更容易接受。同时，在为学生解决问题的过程中青年教师也锻炼和提高了自身的组织能力、管理能力和解决问题的能力,增强了自己的责任意识、大局意识,促进了自身的成长和提高。我院翠英特聘教授、博士生导师、萃英班班主任李祥锴教授，博士生导师、2010 级生态班班主任赵长明教授,2011 级生物技术基地班班主任储诚进副教授等是其中的代表。

(六)加强青年教师国际化视野的培养

青年教师的国际化水平是建设高水平学院的重要支撑，也是培养一流学生的需要。学院非常注重青年教师国际化视野的培养,对新选聘的没有国外留学经历的青年教师,学院支持他们去国外高水平大学学习,提高业务水平和科研能力。目前,学院有70名40岁以下的青年教师具有在海外学习1年以上的经历。同时,邀请国外知名教授和专家来学院讲学交流,近几年,先后有60多名国外知名高校的教授和专家来我院进行讲学和交流,这进一步开阔了青年教师的眼界和思路,同时使他们的胸襟得到了更大程度的扩展。

高校青年教师是青年中的优秀分子,他们承担着繁重的教学、科研任务,他们的思想和行为直接影响着高等教育的发展方向和学生培养的质量,关系着高校和祖国的未来。对青年教师进行全方位的培养,不仅是保证青年教师自身健康成长的需要,也是对高校学生进行思想政治教育的必然要求,更是高等教育长远发展的需要。因此,从人才战略的高度关注青年教师的成长成才,从社会主义高等教育事业可持续发展的角度认识青年教师的成长成才,在思想上积极引领的同时,完善青年教师成长成才的体制机制,切实解决青年教师面临的实际困难,营造青年教师成长成才的宽松环境,使青年教师全面发展,成为新时期高等教育发展的生力军。

参考文献

[1]潘从义.高校青年教师思想政治状况调查与对策思考[J].青海社会科学,2007(3).

[2]刘建.论新形势下高校青年教师思想政治工作[J].中国青年研究,2008(4).

[3]朱悦怡.做好高校教师的思想政治工作要突出解决教师的实际问题[J].思想理论教育导刊,2011(12).

[4]廉思.我国高校青年教师思想状况的新特点.http://www.12371.gov.cn/html/djbl/llqy/2012/03/05/153136145340.html.

依托院训有效开展青年教师思想政治工作

杨　春　丁广州

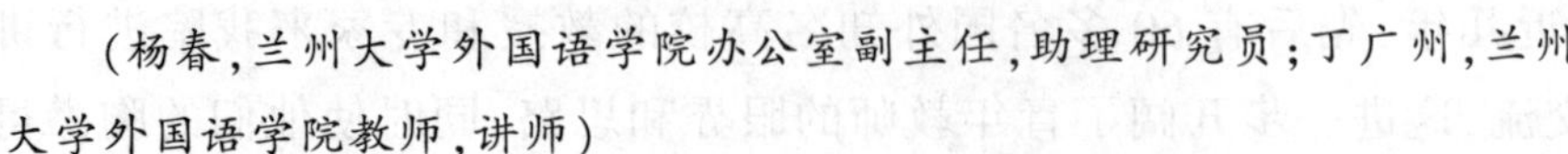
（杨春，兰州大学外国语学院办公室副主任，助理研究员；丁广州，兰州大学外国语学院教师，讲师）

摘要：21世纪开始的十年，我国高校教师结构有了很大变化，青年教师比重日益增加。在高校教师中占绝大多数的青年教师对我国高等教育事业的发展成败起到关键性作用。我院党委结合学院院训积极有效地开展青年教师的思想政治工作，为青年教师个人业务素质的提高和可持续发展创造有利条件，对青年教师给予人性关怀，这使得我院党委在青年教师思想政治工作开展过程中发挥了强大的向心力，推动了我院青年教师思想政治工作的有序良性发展。

关键词：青年教师　思想政治　博学明德　人性关怀　高校

进入21世纪高校发展进入了一个特殊而关键的时期，在这一时期青年教师的比重逐渐增加，逐步担当起了历史的重任，成为了高校教学和科研工作的主力。因此，高校青年教师能否健康成长，从某种意义上讲，直接关系到高等教育的成败。而高校青年教师健康成长则取决于青年教师的思想道德素质和业务素质这两个方面的提高，其中又尤以思想道德建设为重。

我院现有教师136名，其中45岁以下青年教师95人，占总数的70%，40岁以下青年教师人数为76名，占总人数的56%。因此，占绝大多数的青年教师的健康成长，成为了我院工作有效开展的关键所在，更是学院党委贯彻学校中长期发展纲要的关键所在。学院党委积极响应校党委的号召，秉承学院“衔华佩实，博学明德”的院训，积极有效地开展青年教师的思想政治工作，有效推动了学院各项事业有序、健康、稳步地向前发展。

一、“衔华佩实”注重内外兼修

我院青年教师大多承担着本科生的教学工作，学院在开展青年教师思想教育工作时，注重青年教师在教学工作上的内外兼修，不仅要求青年教师掌握扎实的专业知识，同时也要求其注重知识在课堂上传授的形式。学院定期组织青年教师讲课大赛，一方面可以促进教师教学经验的交流，同时也可以鼓励和督促青年教师提高教学形式和教学水平。通过组织全校学生英语演讲大赛，调动了青年教师在教学过程中注重依赖扎实的专业知识寻求多种形式有效调动学生英语学习的兴趣，也开发了学生学习英语的潜能。学院邀请学校擅长制作 PPT 课件的教师为青年教师授课，通过这些课程的培训，青年教师能够将自己的授课内容以良好的形式向学生讲授。学院还诚邀学校职能部门的领导和专家为青年教师进行科研能力的培训指导，并制订了《兰州大学外国语学院青年教师业务提升计划实施方案》，为青年教师开展科研工作提供了有力的指导和帮助，使得青年教师科研能力有了较大提升。学院为提高青年教师的教学能力，在其步入工作岗位之初即为每位青年教师配备了一名经验丰富的中老年指导教师。指导教师不仅注重青年教师的专业知识的继续提升，更注重青年教师教学能力的提升，帮助其将专业知识与课堂形式有效结合，为青年教师的成长提供了有效帮助。

同时，从我院中长期发展规划着眼，学院尤其注重鼓励青年教师出国进修和继续深造。近三年来，学院紧紧抓住国家、甘肃省以及我校的相关政策和机遇，积极鼓励学院青年教师申请出国深造。目前，我院出国青年教师比重已经达到 40%以上。学院还鼓励青年教师在充分保证教学质量和完成本职工作的同时继续提升学历，优化学院青年教师师资质量。截至目前，我院已经获得和正在攻读研究生学位的青年教师已经达到 92%，近几年获得硕士学位 7 人，在读 8 人，获得博士学位 12 人，在读 8 人。在此过程中，学院也为提升学历的青年教师尽量提供充足的学业保障，尽量减轻正在攻读学位的青年教师的负担，使他们可以有效完成学业。这也为学院中长期发展补充了新鲜与充满活力的血液。此外，学院还抽出充足的经费，鼓励青年教师参加学术活动。学院积极为教师搜集国内外学术会议信息，支持和鼓励教师参加学术会议，为拓展青年教师的学术视野提供了不可多得的良机，也为青年教师的可持续发展提供了窗口。

我院青年教师大多从事公共外语教学工作，学院为青年教师个人发展和业务素质提高所做的努力的成果在青年教师教学工作中得以具体体现。青年教师在公共英语教学过程中不断将自己提升的业务素质转化到教学过程之中,使大学英语教学课堂形式和内容不断深化,使得广大学生对青年教师的认可度不断提高。学生们的认可也反过来提升了青年教师对业务素质提高的热情和积极性,形成了可喜的良性循环。青年教师参加省和国家级教学相关竞赛也取得了较好的成绩。

二、"博学明德"加强青年教师思想教育

学院开展青年教师思想教育工作的时候,注重明确为人师者的具体要求,特别是思想道德方面的要求。学院特别重视引导青年教师注重师德修养,培养其敬业精神,提高其业务素质。为实现以上目标,学院注重强化青年教师业务考核的指标体系,在教学、科研两方面给他们压一些工作担子,通过教学实践培养他们为人师表、严谨求实的师德风范,在科研实践中培养他们自强不息、精益求精、刻意创新的科学素养,促使青年教师在业务上迅速成长;同时,学院还注重加强师德教育和考核,建立师德量化考核指标体系,在年度考核、职称晋升、出国、评优中实行师德一票否决,促使青年教师在思想道德修养方面不断提高。

由于我院教师从事的是大学英语教学工作,因此他们与本院学生接触的机会相对于专业教师来说偏少。为了锤炼青年教师在专业素质、思想素质以及管理素质上的能力,学院制订了青年教师担任本科生班主任的工作条例。青年教师通过承担班主任工作,不仅要为学生提供专业知识学习方面的指导,而且还要对所带班级学生在思想和价值追求上予以引领、在政治追求上进行教育和熏陶,这在一定程度上锻炼和提高了青年教师的思想政治素质,督促了他们在专业知识上的深化。为了更好地开展这项工作,使其形成一项长期有效的机制,学院每年精心策划为新担任班主任的青年教师开展专门的培训工作。一方面,学院党政领导结合学院管理的经验为青年教师开展班主任工作进行现身说法,为青年教师班主任就开展班级管理工作的程序、步骤、方法进行初步梳理,同时学院也积极邀请学校在班级管理中表现突出的教师来为青年教师班主任开展定期培训,现在这已经形成了一项长期良效机制,使得青年教师的班级管理能力逐渐提升,也使得我院班级管理呈良性发展势头。青年教师教书育人的能力得到提升,学生也在这样的模式中受益。

三、"细雨润物"注重对青年教师的人性关怀

学院开展青年教师思想教育工作,尤其注重对青年教师的关怀。在工作开展过程中,学院不仅切实关注青年教师的个人发展,而且注重关心青年教师的个人需求。我院青年教师承担着繁重的教学任务,学院结合实际情况在科研与教学方面制订了较为灵活的考核标准,既可以保证青年教师在科研上有充足的动力,又不至于让青年教师感到疲惫不堪。鉴于我院青年女教师居多,在课程安排上充分考虑到她们的具体情况,切实保证身体情况特殊的女教师的必要权利,灵活地为她们调整课程安排。学院工会及时为刚刚分娩的女教师送去温暖,为初为人母的女教师和新生的宝宝送去精心挑选的礼物,向女教师的家人表示关怀和祝贺。点点心意使得女教师可以倍感组织的温暖,使得学院上下的凝聚力和向心力加强,女教师们也对学院的各项工作更加积极地配合和支持。女教师及其家庭感受到的温暖,换来的是我们院这个大家庭所有成员对我们学院发展的深深关注和大力支持。

学院党委结合学院发展实际,从青年教师个人成长和发展的务实角度出发,开展人性化的关怀和思想政治工作。这些措施取得了积极的效果,吸引了我院的青年教师积极向党组织靠拢,这也使得青年教师党员的发展取得了可喜的成绩。学院党委本着成熟一个发展一个的原则,切实做好青年教师党员的发展工作。既注重对青年教师的思想引导,又尊重青年教师的个体个性,开展人性化、关怀式的引导,使得青年教师党员心中对党组织怀有切实的归属感和依赖感,进而升华为对党组织和党员身份的责任感。我们坚信在学校党委的领导下,我们秉承学院的院训,悉心关注青年教师的成长与发展,我们在将来一定可以取得更大的进步。

参考文献

[1]秦琴.浅析新时期高校青年教师的思想政治教育[J].社科纵横(新理论版),2011(1).

[2]《中共中央国务院关于进一步加强和改进大学生思想政治教育的意见》(中发[2004]16号).

[3]刘建.论新形势下高校青年教师思想政治工作[J].中国青年研究,2008(4).

关于高校青年教师思想政治工作创新的思考

王永强

（王永强，兰州大学出版社编辑部主任，副编审）

摘要：在社会转型期，由于受市场经济以及社会不良风气的影响，青年教师的职业道德、责任心、敬业心和风险意识也在悄然发生着变化，防微杜渐、防患于未然，是高校思想政治工作者的责任和义务。目前的思想政治工作，并不能适应高校青年教师思想政治状况发展变化的需求，有些滞后，创新思想政治工作就提到了议事日程，不创新等于自亡。首先是思维模式；其次是工作内容；第三是手段的创新；第四是方式方法；第五是载体；第六是激励制度。希望通过这一系列的创新，能够使思想政治工作呈现出有思想、有活力、有趣味、有成效的良好局面和运行机制。

关键词：高校　青年教师　思想政治　创新

高校青年教师是学校的重要人才资源，不仅承担着传道、授业、解惑的职能，也承载着学校可持续发展的重任。在社会转型期，在计划经济向市场经济的过渡期，人们的思想、观念、行为发生了极大的变化，这种变化也冲击着象牙塔，原本静心潜学的园丁也开始放眼“看世界”，惊呼其变化并随之。因此清净之地也会不时传来让社会瞠目的、不能登大雅之堂的事情：教育腐败、就业腐败、学术腐败等已为社会所诟病，令人惋惜。高校青年教师如果受此影响太深，偏离教师职业道德，那我们的高等教育、我们的国家和民族将走向何处？因此，高校青年思想政治工作不能放松，也不应该放松，要针对青年教师自身的特点和发展规律，创新工作内容、手段、方式，开展有针对性的、本质性的、实效性的思想政治教育，使他们安心教育、静心岗位、专心育人。为此，本人就此提点不成熟的管见，供同行们斧正。

一、高校青年教师的特点和发展规律

高校青年教师(35 岁以下)与从教多年的老教师相比,有其自身的特点和发展规律。

(一)高校青年教师的特点

高校青年教师虽具有青年的一般品质特点:有思想,有追求,向往独立、自由,自谋职业,价值观、人生观多元,生活方式多样化等等,同时又有自身的特点,其表现如下:

一是思维敏锐,富有创造性。根据峰区年龄原则,人的才能有一个从萌芽到鼎盛再到衰退的过程,这个过程呈抛物线状态。30~45 岁是人的才能最佳时期,在这个时期人的精力充沛,才思敏捷,思维活跃,富有创新性。而高校青年教师正处于这个最佳时期的初期,"初生牛犊不怕虎",敢想敢干,不拘一格,业务和学术都很有造诣的比比皆是。如我校化学化工学院就很有代表性,据统计,在全院 151 个教师中,青年教师就有 108 人,占教师人数的 71.5%。他们中教授 17 人,副教授 41 人,讲师 50 人,有 47 人承担本科生的授课任务, 有 46 人承担或参与国家自然科学基金项目,这些青年教师成为学院教学科研的主力军和中坚力量。

二是思想开放多元,具有动态、可塑性。青年是人生发展周期中生理性成熟与社会性成熟的一个重要阶段, 既是个体由少年向成年过渡的中介,也是人类社会传递过程中的一个重要环节。因而,青年期必然呈现出非稳定性状态,由于大家来自不同的区域,家庭背景不同、阅历不同、所学专业知识理论不同,对所见所闻的事物有不同的感知和判断,有赞同、有反对,有行动、有观望,有进取、有颓废,有坚持、有退缩,有张扬、有低调,有热情、有冷漠,有重物质、有重情感,有自我、有民主等等,呈开放多元的态势。这种开放多元的思想,是社会进步、民主的体现,不应一味地或斥之或灭之或视为洪水猛兽,要看到这种思想状态是非稳定的,随着社会环境的变化是可以发生改变的,是动态的、可塑的。

三是求知欲强,善于接受新知识、新技能。青年教师正处于教师职业生涯的初期,是创业阶段,希望早日奠定今后在学校发展的基础、地位和作用,因此求知欲、表现欲、成才欲、成名欲非常强烈,对于新知识、新理论、新技能的接受能力非常强,并能结合自己的教学科研加以运用。因此,他

们既是新知识、新理论、新技能的接受者又是其创造者。同时,我们也应看到,有些青年教师一味地为了追求成名,急功近利,采取不正当的手段和途径剽窃他人成果也是屡见不鲜的。如果真走上了这条路,对教师个人是耻辱,对学校来讲不仅是损失,更是责任。

(二)高校青年教师自身发展的规律

高校青年教师的成长,有其自身的规律,这些规律是可以认识和把握的。

一是生命周期规律。生命周期理论是由美国俄亥俄州州立大学心理学家卡曼于1966年首先提出来的。根据生命周期理论,人才要经历发展、成长、成熟、衰退阶段,青年教师的成才之路也有一个不成熟到成熟的渐进阶段。

二是期望效应规律。弗洛姆于1964年在《工作与激励》中提出期望理论。弗洛姆的期望理论告诉我们:工作的动机与激励力量成正比,激励力量取决于目标价值和期望概率的判断,不能过高也不能过低。

三是师承效应规律。师承效应,是指在人才教育培养过程中,徒弟一方的德识才学得到师傅一方的指导、点化,从而使前者在继承与创造过程中与同行相比,少走弯路,达到事半功倍的效果,有的还形成"师徒型人才链"。

四是人才涌现过程中的共生效应规律。人才的成长、涌现通常具有在某一地域、单位和群体相对集中的倾向。就是在一个较小的空间和时间内,人才不是单个出现,而是成团或成批出现。

五是队伍建设过程中的累积效应。人口资源、人力资源与人才资源是三个逐层收缩的金字塔,高层次人才居于塔尖,高层次人才的生成数量取决于整个人才队伍的基数。

六是环境优化过程中的综合效应规律。人才的成功与发展,都离不开自身素质和社会环境两个条件。前者决定其创造能力的大小,后者决定其创造能力发挥到什么程度。

二、高校青年教师的思想政治动态

要有针对性地做好高校青年教师的思想政治工作,就要把握他们的动态。青年教师有崇尚的理想和渴望除旧布新的思想,渴望在讲台上显示自己的才华,愿意为学校出力,为社会作出贡献。但问题也是比较突出的。

比如:政治方面不够明确和坚定,思想活跃,求新求异,但又往往失之偏颇,认识片面性较大,不安心平凡工作,不够刻苦扎实,虽学过一些马列主义基本理论,但在深入理解和实际运用上下的工夫还不够;在市场经济的冲击下,责任心、价值取向又发生了倾斜,缺乏民主与集中、自由与纪律的统一观念,集体和社会意识淡薄。具体表现在以下几个方面:

(一)政治参与度不高

部分青年教师政治意识淡薄,对政治漠不关心,拒绝或排斥政治学习活动。对党的认识模糊,对国家发展道路存在一定疑虑,缺乏坚定的社会主义信念和理想,没有形成关于中国国情全面、客观、理性的认识,没有意识到经济增长可以实现跨越,同时对现实社会中存在的问题不能站在历史的角度、用历史的逻辑和历史的思维方式分析这些问题产生的深刻原因。这就致使他们在课堂上不仅不能引导学生树立正确的世界观和人生观,反而不由自主地宣扬社会阴暗面,针对一些社会热点或敏感问题发表一些偏激乃至错误的观点,对学生的思想产生负面影响。

(二)价值观趋向功利化,奉献精神已成“过去式”

由于受市场经济利益原则的驱动,部分教师在思想行为上表现出更多的实际性追求,功利化取向日益严重。一部分老师以自我为中心画弧,背离自己的价值选择和判断,追求个人利益的实现和达成。奉献精神已成过去式,尤其在对待教育教学工作时,承担课务超课时有报酬多多益善,无报酬推三阻四;只限于课内传授知识,把课外辅导谈心当做额外劳动,消极冷淡毫不热情。对待个人晋升发展热情奔走,对待集体活动公益事业消极应付。

(三)职业道德的坚守每况愈下

教师的基本职责是教书育人,这也是教师的职业道德要求,但是部分青年教师却重科研轻教学,只教书不育人。由于科研和自身利益直接挂钩,部分青年教师把主要精力放在科研上,对待教学马虎应付,有的甚至连基本的教学常规也不遵守,备课不认真,教材不使用,知识不更新,讲授不热情,课堂不沟通,课外不交流。少数青年教师缺乏自身修养,忽视自我形象塑造,为人师表形象欠佳。其表现为职业责任感不强,往往经不住物欲与金钱的诱惑,为了获取更多的报酬,忙于从事教学任务之外的“副业”,或者在校外有过多的兼职,或者为赚钱而讲课,从事与教学科研无关的牟利活动。治学不严谨,教学敷衍塞责,不讲求质量。仪表不雅,举止粗俗。以教谋私,一切向钱看。虽然这是个别现象,但确实损害了教师的形象,影响了学生对教师的价值评判,造成不良的影响。

(四)追求高质量生活,攀比心理严重

根据《中国高校青年教师调查报告》统计数据:在受访青年教师中,年工资收入3万～6万元占八成,31.1%的受访者每月有结余,而68.9%处于收支平衡或"赤字"状态。由于青年教师刚刚工作,工资和职称相对较低,又面临着结婚、买房、子女升学、赡养老人等现实问题,还要买车,再加上科研、教学的压力,学校又不能在短时间内予以解决,高质量生活不能实现,攀比心理满足不了,这在一定程度上影响了青年教师的工作积极性和对社会的认知。"孔雀东南飞"就不可避免。

这些不良的思想问题,不仅阻碍了高校青年教师的健康成长,而且还关系到高校是否能坚持社会主义办学方向,是否能培养社会主义合格接班人的大问题。

三、高校思想政治工作存在的问题

(一)地位不突出

长期以来,各院校开展的思想政治工作大多是针对学生的,很少针对教师,尤其是青年教师。对青年教师的思想政治工作缺乏合理的定位,一些领导对青年教师思想政治工作的重要性认识不够,在指导思想和具体工作安排中并没有将其放在应放的位置上,这导致青年教师思想政治工作存在着"说起来重要,想起来需要,做起来次要,忙起来不要"的现象,影响了青年教师思想政治工作的正常开展。另外,思想政治工作制度不健全,工作运行不畅;活动经费、活动场所没保证,活动难开展。

(二)抓业务代替抓思想政治工作

为提高学校知名度,争取更好的生源,提高学校的核心竞争力,高校对青年教师业务能力的要求越来越高,由于职责不清、制度不严,往往是业务要求代替思想政治工作。长此以往,产生一种误解,认为青年教师的思想政治工作可有可无。

(三)方式方法单一

单纯采用传统的大会动员、党课教育、集中学习、传达中央文件等形式进行,面上的、没有特色的普遍性教育多,而针对青年教师个人的思想特征及与其相关利益紧密结合的个性化工作少或欠缺,引不起青年教师的兴趣和关注。

(四)思想政治内容单调,缺乏创新,没有成效

思想政治工作内容多数情况下就是党的方针政策、会议精神。内容设计上缺乏系统性、连贯性、长效性和全局性,处于孤立无援的境地。如果思想政治工作不能与学校其他工作有机结合,注定其成效性很差。

(五)思想政治工作的人员理论素养不高

少数从事思想政治工作的人员经常无事可做,在其职不谋其事的现象比较突出。不学习也不善于学习,理论修养差,再加上施教方法单调乏味,缺乏领导艺术和现代思想观念,难免出现"关公面前耍大刀"的尴尬局面。因此,很难使思想政治工作走进人心、关注人心、关怀人心。

三、创新思路

(一)创新思维模式

这是思想政治工作创新的前提。创新思维是指思维者积极探索和尝试新的思维方式、方法,建构出超越前人或他人思维成果的思维品质。创新思维模式要求高校思想政治人员由封闭的自我思维转向开拓性思维,由本位思维转向整体思维,由单一的静态思维转向多维的动态思维,不断树立人本观念、创新观念、人才观念、责任观念,因此,作为高校的思想政治工作者,要形成创新型思维模式,不仅需要广博的知识、经验、智慧、才能和胆略,还要善于学习、善于思考,这样才能塑造出高尚的人格形象,提高思想政治工作的感染力和感召力。

(二)创新教育内容

这是思想政治工作创新的出发点和归宿。从学校全局出发,从思想政治工作目标出发,对思想政治工作内容进行创新性设计。既有基本的政策理论教育,又有相应的实践教育活动;既有室内的,也有室外的;既有校内的,也有校外的;既有集体的,又有个体自学的;既有纸质文字,又有音频视频资料;既有国内的,又有国外的;既有历史体裁,又有社会当前热点……通过创新教学教育内容,使每一位高校青年教师都觉得"学有所值"、"学有所用",有启发、有感悟、有收获。

(三)创新手段,采取“望、闻、问、切”的方法

把握他们的思想状况、自身的发展规律,进行分类归档,也就是对每位青年教师建立思想档案,对症下药,才能取得实效性。

(四)创新方式方法,外适性与内适性教育相结合

外适性教育目标明确,灌输性、强制性和时效性突出,是一种大众化教育;内适性教育强调受教育者对思想政治教育的需求,关注其内在适应性,具有较强的个性化特色。在实际工作中采取外适性与内适性教育相结合,通过疏导、激励、示范、调控、情感交流等非理性的方法不断渗透,缩短思想政治工作者与青年教师的心理距离。因此,要大张旗鼓地进行普适性的思想教育,又要开展富有个性化的各种文体活动,增强思想政治工作的趣味性、渗透性和感染性,起到“润物细无声”的作用。

(五)创新载体

与时俱进, 充分利用新载体在承载和传递思想政治教育信息方面的作用。网络是继报刊、广播和电视之后崛起的媒体,它正以惊人的速度改变着人们的社会生活,成为多数人的生活方式,高校青年教师也不例外。为此,高校应建设有特色的思想政治教育主题网站,加强网上形势与政策教育,宣传党的路线、方针、政策,强化网上正面宣传;开设具有交互性、开放式的校领导电子邮箱,开展在线交流,及时把握青年教师思想动态;开展网上专项服务,及时解决实际工作中存在的问题,加强校内舆论引导,纠正错误信息和批评错误言。此外,还可以微博、手机短信、QQ 群、飞信等媒体开展更具针对性、可操作性和趣味性的思想政治教育,激发青年教师参与的意识和兴趣。

(六)建立合理的创新激励制度

这是从高校领导层面上讲的。要激发从事思想政治教育工作者的创新热情,必须营造良好的创新氛围,建立合理的创新激励制度。创新的原动力具有多元性,个人的成就感、竞争压力、职业精神、自我实现的需要,都可能导致创新。但如果创新的行为没有得到学校的认同,没有得到公正的评价和合理回报, 从事思想政治教育的工作者就会失去持久发展的动力。因此,学校领导者必须建立合理的创新激励制度,使从事思想政治教育的工作者保持持续的创新动力。如创新工作思路、方案、事例,学校都应给予激励;在专业技术职务评聘、出国、外出进修、青年骨干教师培养等方面予以倾斜。

总之，高校青年教师思想政治工作，是一项极具挑战性的工作，只有不断创新才能走出一片新天地。

参考文献

[1]于卫军.当代青年知识分子群体特征探析[J].中国青年研究，2008(11).

[2]人民日报[C].2004-02-06，第8版.

[3]冷圣志.新时期怎样做好青年教师的思想政治工作[J].视野，2010(4).

[4]廉思.高校青年教师思想状况调查[J].学习时报，www.zgxzw.com.2011-10-25.

[5]李成言.领导学基础[M].北京：中央广播电视大学出版社，2003.

[6]马玉霞.思想政治教育外适性与内适性方法的契合[J].卫生职业教育，2008(7).

[7]苏凤祥.发挥非理性因素的作用加强高校青年教师思想政治工作[J].中国轻工教育(专刊)，2007.

着眼发展　关注成长
切实做好学院青年教师工作

——艺术学院青年教师思想政治工作实践与探索

沙　鹏　赵泰山　冯　斌

（沙鹏，兰州大学艺术学院党总支书记，助理研究员；赵泰山，兰州大学艺术学院副院长，助理研究员）

摘要：青年教师是高校教学科研队伍中最积极、最有潜力的力量，其思想政治状况如何直接关系到高校教学及科研整体发展水平和合格人才的培养。青年教师思想政治教育工作要进一步遵循人才发展规律，引导青年教师努力全面提升自身的思想素质，有针对性地做好青年教师发展过程中的思想政治工作。本文从实际出发，分析了艺术学院当前青年教师的群体特征及思想状况，坚持“以人为本”的理念，结合学院在青年教师思想政治教育工作方面的实践及效果，提出了做好青年教师思想政治工作的有效途径。

关键词：青年教师　思想政治工作　实践探索

青年教师队伍是高等学校教育教学科研工作的重要后备力量，是高校发展的希望和未来，是未来国家高等教育骨干成长的摇篮。青年教师的思想政治素质如何，直接关系到培养人才的质量，因此在新形势下，加强青年教师的思想政治教育工作有着非常重要的意义。在高校的思想教育工作中，重视和加强青年教师队伍的思想建设，提高青年教师队伍的整体素质，切实做好青年教师工作，帮助青年教师更快成长，是青年教师自身发展的需要，更是大学生成长成才的需要。

艺术学院是一个年轻的学院，建院历史短，教师队伍普遍年轻，学院工作以本科生教育为主体。因此，不断加强和改进学院青年教师思想政治教育工作尤为重要。近年来，学院十分重视青年教职工的思想政治工作，为了建设一支优秀的青年教师队伍，提高师资队伍的整体素质，学院党总支着力为学院青年教职工营造良好的工作环境，始终坚持把关心青年教师的生活、工作和学习放在党组织工作的首位，从青年教职工成长和发展的薄弱环节入手，采取各种措施，有效地促进了青年教师的成长进步，取得了显著成效。

一、青年教师群体特征及思想状况分析

经过10年的发展和建设,艺术学院师资队伍规模不断扩大,为今后师资队伍建设奠定了良好的基础。但存在的主要问题是学院以青年教师为主,年龄结构不尽合理。专任教师中40岁以下青年教师34人,占81%,其中30岁以下教师8人,占19%,31～40岁教师26人,占61.9%,41～55岁8人,占19%。青年教师在学院教师中占较大的比例,他们在现阶段有着鲜明的群体特征。

(一)专业扎实,处在成长关键期

学院建院初期, 一批专业基础扎实的青年学生毕业后投身我院的艺术教育事业, 他们在经过几年的磨砺后, 逐渐在教学科研工作中有所建树,成长为骨干。他们知识面广,基础知识和专业知识扎实,思维敏捷,精力充沛,有创新意识,具备了一定的科研能力,有的已经取得了较好的科研成果。但从青年教师队伍整体状况来看,他们的成长正处于关键时期,无论在专业领域还是在思想层面,他们尚处于进一步成长、成熟的阶段,具有一定的可塑性。同时,他们将在今后几年内逐渐成为学院学科发展的核心力量。因此, 抓紧时机做好学院青年教师成长关键期的思想政治工作,有利于学院的长远发展。

(二)爱岗敬业,关心个人和学院发展

青年教师的行为具有较强的目的性和自觉性, 他们大多数人能够把个人的利益和集体利益结合起来, 一方面渴求自己在专业领域有较好的发展,一方面关心学院的发展。青年教师能清醒地认识到学院发展对自己发展的重要性,能自觉地把学院利益与个人利益联系在一起,渴望学院的快速发展。他们比较关注学校的重大举措及学院的改革发展,常以不同的方式关注并参与到学校和学院的建设与发展中来。

(三)积极进取,具有较强的事业心和责任心

青年教师中的大多数在教学岗位上能够教学育人, 具有良好的师德师风,能够引导学生树立正确的人生观、世界观、价值观,他们能够安职乐教,把学生的成就当做自身最大的追求。在科研中能够积极进取,踊跃申报课题,争取多创科研成果,并与公司、企业联合,以自己的专业特长支持

地方经济建设。而且在工作中为了更好地适应当前知识日新月异的变化，不断充实和提高自己，争取进修学习机会，攻读硕士、博士学位，出国深造。从总体上看，学院青年教师普遍具有较强的事业心和责任心。

但同时我们也看到，在青年教师身上也存在从事思想政治教育工作的困境：

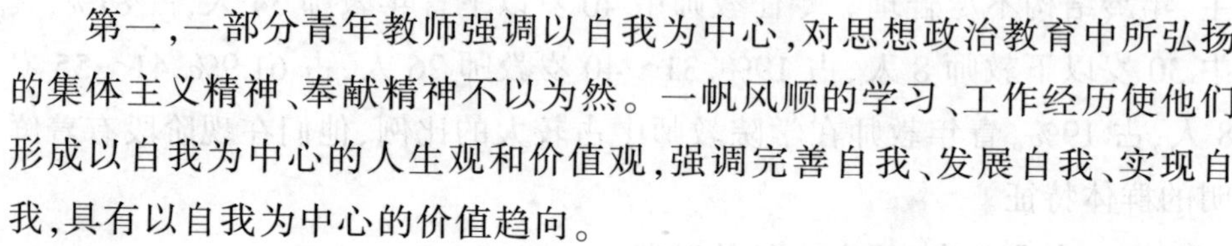

第一，一部分青年教师强调以自我为中心，对思想政治教育中所弘扬的集体主义精神、奉献精神不以为然。一帆风顺的学习、工作经历使他们形成以自我为中心的人生观和价值观，强调完善自我、发展自我、实现自我，具有以自我为中心的价值趋向。

第二，普遍对政治学习缺乏正确的认识，对政治理论学习活动态度相对冷漠。青年教师思想开放，具有强烈的民主意识，他们对学校和学院的重大决策有自己的独立判断标准，他们对传统的理论学习活动兴趣不高，特别是对会议式理论学习活动比较排斥。

第三，重业务能力的提升，轻思想政治素质的提高。学院青年教师基本上都能意识到自己参加工作的时间不长，教学、科研工作能力还比较欠缺，所以能够比较主动地提升自己的各项业务能力，有少数青年教师埋头于专业技能的提高和专业知识的学习，对于自身的思想政治素质的提高，则摆在相对次要的位置。

第四，学院青年教师普遍具有强烈的事业心和成才欲望，但往往没有规划，或者心态浮躁，不能形成稳定的专业主攻方向。有较强的自信和充沛的精力，但承担的一线教学任务较重，自我发展空间较少。教书育人积极性较高，但教师角色意识和专业化意识不够，知识结构不完备。

二、青年教师思想政治教育的有效途径

（一）以理服人，提高工作水平

“以理服人”是思想政治教育的方式方法之一，也是思想政治工作内在规律、基本原则和本质要求之一。能否切实做到“以理服人”，是关系到党组织对青年教师思想政治工作成效的关键因素。其“理”，就是真理、道理。其内涵可概括为：其一是从事思想政治教育的工作者具有相关的科学知识和理论；其二是如何运用这些知识，使受教育者“心服”，即方法艺术问题。学校思想政治工作的特殊性，对党组织对青年教师思想政治教育工

作的“以理服人”提出了更高要求,要求教育工作者必须具有广博的知识面与从事本职工作所必须具备的多个相关领域的理论修养，要善于运用理论来分析具体问题。

(二)以情暖人,贴近青年需求

解决青年教师关心的实际问题是高校思想政治工作的切入点和着力点，对青年教师的关爱无疑可以激发青年教师在实际工作中的积极性和主动性,同时,也能够促使青年教师主动自觉地靠近党组织。因此,学院青年教师思想政治工作的内容、方法和途径都应该把工作的着眼点放在为青年教师解决实际问题上来,要围绕学院的教育教学、科研及改革创新的中心任务来进行，努力把青年教师的注意力集中到学院的整体工作目标上来。首先,要关心青年教师的实际生活和切身利益,解决好青年教师的实际生活问题可以帮助他们解除后顾之忧，使他们以饱满的精神投入到实际工作中去。其次,要为青年教师关心的教学科研和自身发展创造良好的环境和条件,切实关心青年教师的个人发展。其三,做好青年教师思想政治工作要有耐心，总支一班人要形成经常与青年教师沟通、交心的制度,要给予青年教师更多的尊重和理解,多一点人文关怀。

(三)组织育人,强化支部建设

学院党组织对学院青年教师接触最多,也最了解。所以,要主动关心青年教师思想政治方面的情况,做好教育工作,帮助其提高思想认识,积极创造条件,把那些符合党员条件的优秀青年教师及时地吸引到党内来,使青年教师中大多数的教学、科研骨干力量成为党员,在工作中时时处处起模范带头作用。同时应进一步加强教职工支部的建设，配备专业素质好、思想觉悟高、工作能力强的支部书记,并通过不断加强对支部书记的教育与培训,完善支部工作制度,增强支部影响力,进而扩大工作覆盖面,加强基层党组织的凝聚力和向心力,不断增强对青年教师的指导作用,发挥党支部战斗堡垒作用,促进青年教师成长发展。

(四)实践塑人,增强实践环节

艺术学科自身的学科特点决定,青年教师要通过大量的社会实习、实践活动强化其专业素养。党组织要因势利导,积极创造条件,支持青年教师参加社会实践活动,如下乡采风,进行区域服务、社会调查等,让他们接触社会,了解国情,从群众中吸取营养,在实践中改造思想、坚定信念。要鼓励青年教师从事兼职辅导员等工作，使其在对学生的教育管理实践活动中树立自身的形象,促进其自我教育。要支持青年教师参加学术科研的实践,在实践中切实提高自己的学术科研水平。

(五)环境育人,创造和谐学院

努力营造团结和谐、互帮互助、友好竞争的学院内部氛围,营造有利于青年教师开展教学、科研工作的良好环境。在学术梯队配备和科研项目资助中,大胆起用青年教师,委以重任,在实验设备使用、科研经费资助等方面给予其优惠政策,充分激发青年教师的积极性、主动性和创造潜能。培养和使用优秀青年骨干教师,树立典型,影响和带动其他青年教师的成长。注重青年教师的公平竞争,为青年教师提高业务能力、全面展示才能、有机会脱颖而出提供场所和机会。

三、青年教师思想政治教育实践

(一)加强学习交流,提高支部书记工作水平

近年来,学院党组织在加强教职工支部建设的同时,不定期召开支部书记学习交流会,交流工作体会和经验,以提高支部书记的工作水平和能力,进一步带动支部成员在思想政治方面快速成长,在教学科研方面快速发展。同时在支部书记的带动下,积极创新组织生活内容和形式,进一步加强青年教师师德建设,完善师德规范,提高青年教师的师德水平。

(二)结合学院建设,丰富支部工作内容

青年教师对政治理论学习的热情源泉在于能否解决实际问题。院党总支在工作中始终强调教工党支部的政治学习必须与学院学科建设,与教学、科研工作,与制度建设紧密结合。同时,建立了支委成员联系支部制度,通过支委成员参加支部活动,提升支部政治学习理论高度,引导支部理论学习与学院建设实践相结合。经过努力,近年来,学院教工支部活动的内容日渐充实,形式更加丰富,支部党员参加政治学习的积极性逐渐调动起来。可喜的是,支部已经建设成为青年教工参与学院建设和管理的重要阵地,青年教工尤其是教工党员参与学院建设的热情高涨,这极大地促进了学院各项工作推进的科学性和高效性。

(三)强化制度建设,提升支部工作效果

通过加强制度建设,进一步促使支部工作规范有序。制度建设具有根本性、稳定性和长期性的特点，是党支部发挥作用的根本保障。学院通过制定相关制度，使各项工作更加制度化、规范化和长效化，民主范围更广泛，内容更全面，更具有权威性，有效地推进了支部各项工作的落实。

（四）完善培养机制，不断提高青年教师的学术水平

学院通过多种渠道实施对青年教师的培养，不断提高青年教师的学术水平。一是争取学校政策支持，为青年教师创造学习深造的机会，鼓励青年教师跨专业、跨学科学习，安排青年教师在职进修、脱产学习或到国外进修，使其自身的知识面不断拓宽。二是鼓励青年教师承担教学、科研任务，充分信任、热情鼓励，敢于让他们在教学、科研以及学科建设中勇挑重任，为他们创造施展才华的机会和空间。三是积极邀请艺术教育领域的专家学者来我院进行学术交流，对青年教师进行有针对性的培训，参与各种研究活动，扩大专业面，使青年教师的学识不断得到补充和更新。

（五）构建激励机制，充分调动青年教师的工作积极性

学院在近两年强化了教学科研工作的激励机制，学院注重青年教师队伍建设，尊重青年教师的进取心和首创精神，当青年教师在教学或科研中做出成绩时，学院及时给予其表扬和适当的奖励；当他们工作发生失误时，积极帮助他们寻找解决困难的出路。学院一方面加强对青年教师的业绩考核，另一方面在学院津贴分配时加大对青年教师的激励。我院部分青年教师在教学和科研上做出了突出贡献，在学院业绩津贴分配时，以业绩考核为依据确定津贴，提高教师的公平感，重视奖励在教学、管理等一线岗位上成绩突出、积极创新的青年教师，鼓励青年教师的工作热情。

（六）围绕青年教师的需求，切实做好服务

学院针对青年教师的基本状况和切身需求，从青年教师成长需要出发，办实事。积极牵线搭桥，邀请学校专家为青年教师开展职称外语讲座，以提高青年教师的外语水平和职称外语考试应试能力；邀请图书馆专业人员为青年教师开展信息查询方面的讲座，提高青年教师在科研过程中的查询资料的能力；邀请学校社科处领导为青年教师开展科研项目申报及科研能力提升方面的讲座，提升青年教师的科研能力和水平；邀请学校外事处领导为青年教师解读学校国际交流的相关政策，为青年教师国际交流提供咨询；不定期外聘专家举行与艺术专业相关的讲座和专业技能交流，进一步开阔青年教师的学术视野。这些工作的开展，使青年教师感

受到组织对他们成长的关心与实实在在的帮助。

(七)围绕学院中心工作,实施科研提升计划

科学研究是教学的基础,带动教学的发展,没有科学研究为支撑的教学,是没有生命力的教学。实践证明,开展科学研究是教师更新专业知识的最佳途径和方法。学院将提升青年教师的科研能力作为最重要的工作任务来抓,制订了《艺术学院中青年教师科研提升计划》,从学校争取科研经费和科研项目,鼓励青年教师积极参与进行科学研究。在进一步完善科研政策的基础上,继续加大科技投入力度,完善了科研工作管理机制,推行目标管理。加强科研信息的收集,疏通科研渠道,加大对重点、重大科研项目的参与力度,加大科研成果的奖励力度,提高了青年教职工参与科研活动的积极性。

四、学院青年教师思想政治教育取得的效果

青年教师思想政治教育须以切实关心青年教师成长成才为前提和基础,贴近青年教师成长需求,方能取得实效。学院近两年的青年教师思想政治教育工作实践,已取得了很好的效果。学院党总支通过对青年教师的特点分析,了解他们的优势和薄弱点,有针对性地开展工作,一方面通过主人翁教育,关心学院发展,爱护学院声誉,引导他们参加学院管理,参与重大事项讨论,充分调动了他们的工作积极性。另一方面学院除关心青年教师的生活、做好对青年教师的相关慰问工作外,还深刻分析了青年教师的迫切需求,尽可能创造便利条件使他们在教学科研方面有所发展。通过努力,目前学院青年教职工工作的积极性和参与学院建设的积极性较高,青年教师队伍呈现蓬勃向上的朝气,党总支凝聚力显著增强,学院日渐呈现出风清气正、欣欣向荣的发展势头。青年教师在院党总支的引导和关心下,在出国深造、学历提高、职称晋升等方面有了较大的兴趣和积极性,他们主动申报科研课题, 积极参与学院青年教师科研提升计划。到目前为止,学院向学校申请科研资助经费 30 万元,学院的答辩申报已通过了 17 个研究项目,有 25 位青年教师参与其中,占全院教师的 61%,这激发了青年教师参与科研的兴趣和热情。

综上所述,青年教师是高校人才队伍的重要组成部分,只有面对新形势,掌握新特点,不断优化高校青年教师的成长环境,将师资队伍培养尤

其是青年教师队伍培养纳入基层党组织工作范畴，并列为工作重点之一，不断研究和改进在新时期青年教师培养的途径和方法，促进青年教师健康成长，加快对其培养步伐，才能培养和造就一支适应时代要求的优秀青年知识分子队伍，为学校及学院教育事业的发展发挥更大的作用。

参考文献

[1]蒲勇，林莉.论高校党建工作在青年教师培养工作中的作用[J].大家，2012(4).

[2]雪素珍.关于加强和改进高校党建工作的思考[J].河北科技大学学报(社会科学版)，2006(1).

[3]张伟.构建高校基层党组织和谐党群、干群关系的思考——基于青年教师培养的视角[J].辽宁教育行政学院学报，2008(9).

[4]范娟.高校青年教师发展中思想政治教育工作的主要途径[J].教师，2012(9).

[5]黄金顺.职业生涯视野下的高校青年教师培养探索[J].现代教育论丛，2007(2).

[6]旷永青.加强青年教师思想工作的思考[J].桂林航天工业高等专科学校学报，2006(1).

[7]高伟.对高校青年教师培养的思考[J].长春工业大学学报(高教研究版，2004(4).

[8]盛子同.高校青年教师的发展规划与培养探析[J].福建商业高等专科学校学报，2006(1).

高校校报功能新议

——论高校校报对青年教师成长的媒介影响力发挥

张北辰

(张北辰,《兰州大学报》编辑部副主任,助理研究员)

摘要:本文尝试对高校校报如何发挥对青年教师群体的媒介影响力,通过媒介舆论影响和引导青年教师更好地坚定中国特色社会主义理想,朝着适应高等教育发展趋势的方向努力学习、工作,做一些实践层面的探讨和思考。

关键词:高校校报　青年教师　舆论引导　思想政治教育

1998年3月18日,新闻出版总署下发了《关于设立高校校报类报纸刊号系列的通知》,把高校校报纳入全国统一管理的公开出版报刊系列,高校校报正式取得国内统一刊号,迈上了新闻出版的正规化道路。2005年,教育部下发了《关于进一步加强和改进高等学校校报工作的若干意见》①,文件强调:"高校校报是高校加强思想政治教育和开展新闻宣传工作的重要阵地,是传播社会主义先进文化和精神文明建设成果的重要载体,是学校联系师生员工、海内外校友、学生家长和社会各界人士的重要纽带,是展示高校对外形象和塑造学校品牌的重要窗口。"这充分肯定了高校校报的地位和作用。

长期以来,无论是在理论探讨中还是在办报的实践中,我国大多数高校校报的办报核心思路都以通过"报道在高教改革和发展中涌现出来的典型事例、人物和良好的精神风貌对全校师生进行宣传教育,引发学生的思考,准确地宣传党的路线、方针、政策"为根本,主要把对大学生开展思想政治教育工作,在青年学生中发挥舆论引导、桥梁沟通作用,丰富校园文化等作为主要功能。然而,在当前高等教育发展的现实形势下,如何通过积极的校园舆论引导来帮助青年教师形成正确的价值观,树立正确的师德观已成为高校师资队伍建设中不可或缺的重要环节。本文尝试对高

①《教育部关于进一步加强和改进高等学校校报工作的若干意见》(教社政[2005]13号)。

校校报这一校园主流媒体如何发挥对青年教师这一特定群体的媒介影响力,更好地引导青年教师坚定中国特色社会主义理想,朝着适应高等教育发展趋势的方向努力学习、工作,做一些实践层面的探讨和思考。

一、有效传播,寻找舆论信息进入青年教师心灵空间的通道

"对于传者和受众来说,为了实现新闻信息的有效传播,就应当努力寻找使新闻信息进入受众心灵空间的通道。"①高校校报直接面对师生,反映的是师生身边的人、事,师生看得见、摸得着,其作者、编辑就生活在周围,所报道的新闻、倡导的理念,均是师生所熟悉和关注的,易于被他们接受并产生共鸣,易产生亲切感、认同感,激励示范效果明显。

就教师读者来说,作为学校的主要建设者和创造者,比学生更具有主人翁意识,希望报纸能够及时快速地反映学校的重大决策和政策导向。教师大多从自己所从事的教学、科研工作角度来选择阅读内容,创新和学习都是他们生活的主题词,因此教学科学最新成果、工作研究等一切切合工作、研究之需,激发思维,完善自我的内容都是他们感兴趣的。同时,教师又是高校中文化层次相对较高的人群,他们逻辑思维能力强,阅读水平高,对校报的质量要求更高。

因此,校报在办报过程中应当赋予青年教师思想政治教育内容更多的自我感悟、自我教育功能。按照办报育人的宗旨,校报应当在采稿、组版等过程中将学校党委精神等巧妙地融入对事实的报道中,淡化青年教师接受教育时的心理抵触,使其在不知不觉中接受校报观点。而要做到这一点,就必须通过更加切近青年教师工作、生活、学习全过程的深度报道来实现。因为,无论是教学一线、科研一线还是在其他工作岗位上的教师,书写他们的事迹既能体现学校教学、科研及各项工作取得的新成绩,又能让更多的青年教师从文字中了解、体会育人工作的价值和教师为大学生的成长成才付出的心血和努力,从而积极向这些典型靠拢。同时,对于高校校报来说,在受到校园网络、广播、电视的等多种现代媒介技术渠道挤压的现实背景下,主动适应教师特别是青年教师群体对信息深度和广度的需求变化,更应拾起深度报道这一有效利器。

有研究者指出,"深度报道所体现的是种新闻旨趣,揭示了新闻的主

①丁柏铨:《再论新闻的有效传播》,载《江苏社会科学》2002 年第 4 期,第 196 页。

体与客体间的关联，从深度（深刻性）和广度（广延性）两方面指出了新闻文本以受众认知效用为主导的动作方向。”①高校校报在学校各类事件或活动的报道中多以综述的形式进行，大场景的描绘多，细节的捕捉少，而读者感兴趣的恰恰是事件或活动中的小故事、小插曲、小感动。只有在策划环节引以重视，并最终落实在新闻采写中，多层面挖掘事件或活动的细节，多故事，少综述，才能更好地满足青年教师们对新闻事件要获取更多信息的需求，从而使他们在获得充分信息的基础上建立对学校的客观认知，形成自身的心理归属感和信息对称带来的安全感。

另一方面，深度报道的特质在“深度”上，它往往取材于比较重要的事件或问题，是“重点、难点、热点”问题背后规律性的揭示。因此，高校工作的“重点、难点、热点”应当成为高校校报深度报道主题的主要来源。结合青年教师思想政治工作的需要，深度报道的选题上应更多地侧重于以下几个方面：学校重大决策的制定和重要政策的出台；学校取得的重要成果和重要工作的进展；大学生成人成才教育方面出现的新情况、新问题；涉及师生切实利益的管理、服务类热点问题；辐射到校园的社会热点问题等。

二、设置议程，增强青年教师对高校管理决策的认同感

受传者即受众，指的是接受信息的人，它是整个传播活动产生动因的重要方面，也是传播的中心环节之一。②青年教师作为高校校报受众群体中的一部分，校报所传播的各类舆论信息，只有引起他们兴趣的、符合他们需求的才会被他们注意到，并被他们主动地接受。而只有当这些受众主动愿意接受学校管理者传递过来的思想政治观念、道德规范时，校园媒体的思想政治教育传播才能收到预期的效果，才能真正发挥青年教师参与高校管理决策过程中的思想政治教育功能。因此，校报在通过媒介舆论影响和引导青年教师的过程中必须重视对议程设置功能的把握。

作为一种假说，议程设置理论提出，大众媒介之注意某些问题而忽略另一些问题的做法本身可以影响公众舆论，人们将倾向于了解大众媒介注意的那些问题并采用大众媒介为各种问题所确定的先后顺序来安排自己对于这些问题的关注程度。公众对于外部世界的图像舆论，除了人际传

①杜骏飞，胡翼青：《深度报道原理》，新华出版社2001年版，第5页。

②欧阳林：《思想政治教育传播学》，北京交通大学出版社2005年版，第10页。

播的影响之外，基本受大众传媒议程设置的控制。[①]高校校报作为高校中的主流媒体，完全可以利用议程设置这一具有实用价值的理论，设置有教育意义的议题，使其成为优先的校园公共议题，激励青年教师参与到学校的管理和建设中来。

就校园环境而言，公众议程主要指学校师生共同关注的有关高校管理的重要问题。校报等校园媒体作为高校师生与学校管理决策层的沟通桥梁，不仅可以广泛地收集师生的心声，并及时把他们的心声反映到管理决策层，而且还可以通过其强大的宣传功能协助管理决策层消除其与师生沟通的诸多障碍，不断修正和完善公众议程，最终促使公众议程上升为高校管理决策议程。

因此，校报在开展校园舆论引导时，必须以学校的各项重大工作和计划为导向，积极营造深入细致的报道与宣传氛围，以取得广大师生对学校工作的支持。其次，在取得师生的大力支持后，还要适时通过校报发布学校管理决策的过程，号召广大师生集思广益，激发广大师生参与学校重大决策的热情。

同时，校报应更加突出地成为管理决策者与广大师生之间的协调中介角色。通过议题设置和中介功能的发挥，不断加强高校领导层与广大师生的沟通联系，拓宽师生特别是青年教师参与高校管理决策的渠道，满足广大师生表达话语的权利，让包含青年教师在内的广大师生切实感受到自己是高校的重要组成部分，从而增强师生对高校管理决策的认同感，促进高校师生凝聚力和向心力的产生。

三、从主导到主流，报网互动的校园媒介集成

据统计，到目前为止，全国高校校报总数已经超过1000家，专职人员五六千人。规模大的高校，校报每期发行量达5万份；全国高校校报每期发行量超过200万份，年发行量在3000万份以上，读者数百万人。

然而，在校报繁荣发展的背后也隐藏着巨大的危机。有人评论校报的现实困境时说，“书记上班看一看，教师随手翻一翻，学生拿到扔一边”。这一描述虽然过于极端，但也在一定程度上反映了校报的尴尬地位。特别对

①〔美〕沃纳·赛佛林，小詹姆斯·坦卡特：《传播理论起源、方法与应用》，郭镇之译，华夏出版社2000年版，第246页。

于青年教师来说，由于成长在现代化的国家发展历史进程中，已完全掌握和适应了网络等新的媒介形式渠道。在现实生活中，大多数青年教师获取信息时已不再将纸质媒介作为主要渠道，报纸也不再成为校院媒体中的主导媒介。因此，加强以报网融合为主线的校园媒介集成，使校报在无法主导的情况下保持主流地位就显得紧迫而必要了。

校报和新闻网作为校园媒体中的一员，它们之间既有分工，又有合作，既互为补充，又相互促进。新闻网传播的时效性、便捷性弥补了校报出版周期长、速度慢的不足；校报的权威性、严谨性弥补了新闻网内容相对粗糙、缺乏深度的不足。①

在报网融合过程中，我们要一方面强化校园网迅捷的特点，使其速度优势最大化；另一方面，要充分认识报纸的特点，发挥并强化校报的传统优势，根据这两种媒体的特点做好策划，统筹安排。由于读者阅读条件、时间和手段不同，重要的新闻报纸、网络都应报道，但要突出各自特点，刊载的新闻各有侧重，相互配合。如新闻网要突出“快、新、广、多”，即报道迅速、时效性强、报道面广、信息量大，在新闻的速度、时效、广度、数量上取胜；校报则要突出“透、深、专、精”，即透彻有力、深入挖掘、专题报道、精雕细刻，在力度、深度、细节、质量上取胜。

以往，只是将报纸内容一条条简单地在网上发布电子版，而今校报网络版和社会上的纸质媒体一样也迎来了数字报(多媒体报)的形式。目前，地区性及全国性高校新闻网也已出现，如中国高校校报展示平台(http://www.cuepa.cn/)、中国高校报网(http://www.cunews.edu.cn/)都已成为校报电子化展示的重要平台，这种横向联合标志着更大范围的报网融合。高校校报应当积极主动地利用好这一媒介渠道，大力开发电子报，使报纸在网络化信息环境中争取到更多的生存空间。

四、言论立报，旗帜鲜明地发挥纸媒舆论引导优势

新闻言论是报纸的主要体裁之一，是重要的舆论手段。毛泽东同志就曾经指出：“报纸一个时期要有一定的方向，把大家的注意力集中过来。”校报新闻言论是针对高校校园中新近发生的典型的新闻事实、现象或问

①蒋晓薇：《论高校校报与新闻网的优势互补与协调发展》，载《文教资料》2011年2月号，第72–74页。

题,谈看法,辨是非,公开、直接阐明学校观点、立场和态度,影响和规范广大师生员工的思想和言论,从而起到反映和引导舆论的作用。

新闻能告诉读者事实“是什么”,而作为具有较高层次的高校教师和学生,更希望了解新闻背后的“为什么”,或指明“该怎么做”这些理性层次的思考。在这个观点制胜的年代,校报的“观点”也成为吸引读者的一个法宝。面对文化素养较高、民主意识较浓、思想极为活跃的青年教师,高校校报更应该重视言论立报,从形式、选题、角度、内容、语言等方面来吸引读者,最大限度地发挥新闻言论的作用。

在做法上,校报不仅要配合学校重大新闻、决策、思想问题编发社论、评论员文章等重要言论,反映学校的立场和观点,更要针对校园生活的典型新闻事件配发轻松灵活、短小精练的小言论,用随笔、杂谈等喜闻乐见的写作形式引导舆论。

同时,校报新闻言论应当针对学校实际工作和师生生活中的典型事例,尤其是青年教师们普遍关注、实际工作迫切需要的“热点”、“难点”进行议论。对校内的不良现象,校报也要在坚持正确导向的前提下大胆进行曝光、剖析,推动学校发展和师生共同进步。

就青年教师群体而言,高校校报言论写作必须在贴近青年、贴近教师、贴近生活上下工夫,才能获得青年教师的青睐和共鸣。要在贴近青年教师工作和生活实际的基础上深入,在深入的过程中贴近,把握好言论的生活视角,有意识地营造良好的青年教师思想政治教育氛围,使青年教师们的综合素质在潜移默化中得到提升,这就能在一定程度上引导青年教师形成正确的认识,回归主流文化。

参考文献

[1]丁柏铨.再论新闻的有效传播[J].江苏社会科学,2002(4).

[2]杜骏飞,胡翼青.深度报道原理[M].北京:新华出版社,2001.

[3]欧阳林.思想政治教育传播学[M].北京:北京交通大学出版社,2005.

[4]沃纳·赛佛林,小詹姆斯·坦卡特.传播理论起源、方法与应用[M].郭镇之,译.北京:华夏出版社,2000.

[5]蒋晓薇.论高校校报与新闻网的优势互补与协调发展[J].文教资料,2011(2).

高校青年教师压力探析

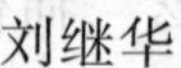

刘继华

（刘继华，兰州大学历史文化学院讲师，兰州大学宗教文化研究中心研究员、意大利文化研究中心研究员）

摘要：青年教师是高校的未来和希望，同时受到来自社会、高校、家庭、个人等方面的压力。这些压力主要由职业和生活两个部分构成。目前，高校青年教师的职业压力主要来自于科研，生活压力主要来自于住房和收入。高校应以人为本，关心和爱护青年教师，制定政策时充分考虑青年教师的利益，帮助他们解决职业和生活中遇到的困难与问题。同时，青年教师也应积极向上，不断完善自我，提高抗压能力。

关键词：高校　青年教师　压力

有学者指出："青年教师是学校师资力量的重要组成部分，是一流大学建设的中坚力量，是决定学校发展水平的决定性因素。"①在目前高校的师资队伍中，40周岁以下的青年教师占到一半以上，在部分高校甚至占到70%以上，成为高校的主力军和未来发展的中坚力量。青年教师决定着我国高校的未来，是我国高校的希望，同时我国高校与世界一流大学的关键差距在于师资队伍，师资队伍的提高取决于青年教师队伍的成长，因此要提高我国高等教育水平，缩小我国高等教育与发达国家高等教育的差距，必须高度重视高校青年教师的工作。目前，高校青年教师面临着重重压力，其中有些教师因为难以承受压力而选择了轻生，我们在为此感到可惜的同时，更应该分析这些压力的来源，提高应对能力，以便防患于未然。

青年教师的压力来自于多个方面，如《中国社会科学报》的受访者于东阳所说："作为青年教师，我们面临着多重压力：在教学上，既要提高教学质量，又要完成繁重的教学任务；在科研上，面临着提升科研水平与职称晋升的压力；在个人发展上，面临着继续深造提高学历的压力；在生活

①张东：《青年教师是一流大学的中坚力量》，载《中国教育报》2011年1月26日第3版。

方面,面临着结婚生子、赡养老人的压力。青年教师的发展需要学校给予更多的关心与帮助。"[①]从中可知,青年教师的压力概括而言,主要有职业和生活两个方面,同时青年教师将压力的解决途径寄希望于高校。

一、高校青年教师的职业压力

职业压力(Occupational Stress),又称为工作压力,是指职业要求迫使人们做出偏离常态机能的改变时所引起的压力。职业压力在个体身上造成的后果可以是生理的、心理的,也可以是行为方面的。[②]高校青年教师的职业压力主要由社会、高校和个人几个方面的原因造成,也即社会和高校组成的外部工作环境和青年教师自身的内部因素共同起作用的结果。

(一)在社会层面

由于社会的急剧变化,青年教师被社会流行的价值观所裹挟,不断淡化知识分子的公共性,拥有追求幸福生活、实现自我价值的理想,而该理想与地位低下、生活负担沉重的现实之间的巨大落差让他们倍感失落,内心苦闷,但高校又将社会要求深化教育教学改革、提高人才培养质量的压力转嫁于青年教师,因此青年教师成为高等教育改革最直接的冲击对象,要在教学、科研和社会服务等方面进行创新和提高。[③]

(二)在高校层面

青年教师工作负担重,要同时兼顾教学、科研与社会服务。在教学上,许多高校并未给予青年教师培养的时间和机会,而是在其工作后,立即给他们安排教学任务,要他们上讲台,而且经常会出现青年教师成为"救火队员"的现象,要求他们频繁地承担因其他教师出国或其他原因而留下的"新课程"。随着教学改革的推进,因社会需要而出现的新课程,也一般都由青年教师来承担,但针对新课程的开设,高校并未给予他们出外培训的机会,或减轻他们的教学任务、专门给他们留出备课时间等安排。而青年

①肖雨枫:《压力充分队伍稳定高校青年教师脚踏实地者居多》,载《中国社会科学报》2012 年 4 月 16 日,B06 版。

②《职业压力》,来自中文心理学网:http://www.psych.org.cn/Article_Show.asp?ArticleID=1583。

③陈娟:《高校青年教师职业压力的归因与缓解策略》,载《长春工业大学学报》(高教研究版)2011 年第 4 期,第 71 页。

教师为了保证教学质量，不得不挤占自己的休息时间来准备新课程。同时，在高校重视科研，资源不断向科研倾斜的情况下，老教师将精力集中于科研，其教学工作则转移到青年教师的身上，这无疑又增加了青年教师的教学负担和压力。在科研上，高校尚未解决青年教师所面临的科研经费缺乏、科研基础薄弱、科研条件恶劣等问题，而是不断地给青年教师施加压力，运用冷冰冰的数字来进行管理。这种管理不顾学科、专业的区别，“一视同仁”，同时也不顾专业、学科因受经费、设备等硬件条件不同而有所区别都“同等看待”。这种貌似“公平”的管理在事实上却有许多不公平的现象，也在评职、年终考核等方面给予许多年青教师以强大的压力。高校习惯于将青年教师当做教学和科研的工具来管理，缺乏人性化，这已备受指摘，但数字化的管理仍然存在，各种指标、各种计分方式触目皆是，给青年教师造成各种各样的压力。在社会服务上，青年教师也由于人际关系简单，社会联系少，而形成困难。这就需要高校的相关部门打造社会服务的平台，以便让教师能够走出书斋，运用自己的研究成果来服务社会。

(三)在个人层面

青年教师存在角色转变、人际关系和自我发展的压力。青年教师参加工作后，就必须迅速地由知识的传承者向知识的传承者和开拓者的综合体转变，在角色转变的同时，其知识体系也必须由“单一型”转向“交叉型”，这会给职业准备不足的青年教师造成心理上的冲突和压力。[①]高校青年教师的人际关系虽然相对比较简单，主要是家庭、同事和师生，交际圈狭窄，但这种人际关系也会造成疏离，比如因为评职、收入分配等竞争而造成同事之间关系紧张，因为要求严格而造成师生之间关系紧张，等等。这种人际关系让青年教师在遇到重大困难时，得不到社会的支持，其压力也难以得到释放。在自我发展上，有关研究表明，青年教师面对巨大的压力，需要进一步深造、晋升职称、实现自我价值等，这种压力“直接降低了职业发展满意度，并间接降低了生活满意感”。[②]

对于外部工作环境与个人内部因素的作用，有的学者机械地运用矛

---

①陶娟：《高校青年教师压力分析》，载《宁夏师范学院学报》(社会科学版)2007年第5期，第131页。

②陈银飞，茅宁：《高校青年教师压力、职业满意度与生活满意感的实证研究》，载《统计与信息论坛》2010年第8期，第111页。

盾的理论,认为外因通过内因起作用,青年教师个人的内部因素起决定性作用,并进一步将内因分为教师的能力素质过低、自身的期望过高、抗压能力差等三个方面。[①]这种分析有失客观,因为就目前的现状而言,即使是优秀的青年教师也会感到有很大的职业压力,正如《中国社会科学报》记者肖雨枫所说,高校青年教师的状况是"压力充分"。

青年教师在高校工作,其职业压力无疑直接来源于自己的工作单位。而作为一所高校,它具有教学、科研和社会服务三项职能,这三项职能也就构成考核青年教师的三项主要指标,也是青年教师的主要工作内容。对此,清华大学教育研究院2011年调研发现:"相比教学、科研、社会服务工作三项职能,青年教师的工作压力主要来源于科研工作;同时,青年教师对科研工作的重视程度高于对教学和社会服务工作,对科研工作成绩的满意程度也高于对教学和社会服务工作。"[②]可见,青年教师的职业压力主要来自于科研。因为在目前,科研成果成为评定升职和收入分配最重要的指标,这样就会出现青年教师把自己的主要精力放在科研上,而对于教学和社会服务有所忽视。按照高等教育的规律而言,教学是基础和核心,科研是教学的延伸与发展,两者是相辅相成、相互促进的关系。青年教师应该做到教学、科研双赢,教学和科研两手都要硬。[③]当然,青年教师偏重科研的现象是高校绩效指标作用的结果,并不能归咎于教师个人,这应该引起相关方面的重视。

二、高校青年教师的生活压力

青年教师进入高校工作后,所面临的压力不仅有工作上的,还有生活上的。他们参加工作后,还未适应陌生的工作环境,就同时要靠自己来解决生活上的问题。收入问题、住房问题、配偶问题等生活方面的压力也就快速地迎面扑来。大部分青年教师因工龄少、职称低而收入少,同时住房

①蒋而康:《高校青年教师职业压力分析和个人对策》,载《学理论》2011年第35期,第192-193页。

②张东:《青年教师是一流大学的中坚力量》,载《中国教育报》2011年1月26日第3版。

③赵兴青,刘建国,王明新:《论高校青年教师教学科研能力的培养与提高》,载《科技信息》2011年第33期,第5页。

也难以得到解决,成为无房户的主要人群。因为收入少、无住房,加之人际关系简单、环境陌生、工作压力大等问题,一些青年教师成为“老大难”的剩男、剩女。青年教师不解决好生活方面的问题,生活的琐事就会不断地分散其精力,这就导致他们的精力难以集中在工作上,工作也就难以取得好的成绩,职业压力会不断加大。同时职业压力的加大又会增加生活压力,如此,就会形成职业压力与生活压力的恶性循环,而恶性循环会造成职业倦怠,严重影响青年教师的身心健康和专业发展。

那么青年教师在生活上的压力到底有多大?到底面临哪些主要压力呢?据清华大学教育研究院2011年调查显示:“生活压力方面,感觉压力很大的青年教师占样本总数的26.63%,感到比较大的占49.05%,感到一般的占22.42%,感到不太大的仅占1.3%,没有生活压力的仅占0.6%。生活压力来源于收入方面的占26.1%,来源于住房方面的占50.2%。”可见,大多数青年教师感觉有生活压力,且约一半的人感觉压力较大,1/5以上的人感觉压力很大,而收入和住房成为青年教师生活方面的主要问题。因此,在《中国社会科学报》的调查中,受访者针对学校如何关心青年教师成长的问题,给出五个方面的建议,其中第一个建议就是要切实提高待遇,“关心青年教师的住房、收入等,其中住房和子女入学是当前青年教师的主要后顾之忧”。①

对于青年教师的生活压力,高校应予以充分的关注,要在政策允许的范围内,帮助他们解决生活上的问题,这样会让青年教师在情感上体会到组织的关怀,获得归属感,其重重压力之下的紧张心态因此也会得到有效的舒缓。因此,高校应该通过党委、团委、工会等部门定期了解青年教师在工作和生活中遇到的困难,切实帮助青年教师解决这些困难。②

三、小结

从上述分析可知,青年教师的职业压力和生活压力来源于多方面,但据目前相关的调查而言,高校青年教师的职业压力主要来自于科研,生活压力主要来自于住房与收入。针对前者,高校要在兼顾教学和科研的基础

①肖雨枫:《压力充分队伍稳定高校青年教师脚踏实地者居多》,载《中国社会科学报》2012年4月16日,B06版。

②陈明:《浅析高校青年教师职业道德建设》,载《科技信息》2011年第35期,第482页。

上,合理安排青年教师的教学和科研工作量,以让青年教师能够在教学、科研双赢的良性循环中获得发展;高校应努力改善科研环境,为青年教师找到资深教师(包括退休教师)作为其科研与教学的导师,给予青年教师以科研基金、工作室等硬件条件支持;同时高校要以人为本,实行人性化管理,对青年教师的要求要宽严适中,在制定政策时要实事求是,要充分考虑学科、专业的不同特点及本校学科、专业的实际情况,要有所区别,而不要寻求形式上的公平,搞整齐划一,制造事实上的不公平。针对后者,高校要切实提高青年教师的待遇,关心青年教师的生活,在制定收入、住房等政策时要多咨询青年教师的意见,充分考虑青年教师的权益。当然,高校青年教师也应该采取乐观积极向上的心态来对待各种压力, 应该不断提高教学、科研和社会服务的能力,妥善处理职业和生活中遇到的困难与问题,在遇到难以解决的困难时,应积极寻求组织上的帮助;应该按照胡总书记在纪念建团90周年大会上对当代青年提出的"五点希望"去做:坚持远大理想,坚持艰苦奋斗,坚持刻苦学习,坚持开拓创新,坚持高尚品行。

参考文献

[1]张东.青年教师是一流大学的中坚力量[N].中国教育报,2011-01-26.

[2]肖雨枫.压力充分队伍稳定高校青年教师脚踏实地者居多[N].中国社会科学报,2012-04-16.

[3]陈娟.高校青年教师职业压力的归因与缓解策略[J].长春工业大学学报,2011(4).

[4]陶娟.高校青年教师压力分析[J].宁夏师范学院学报,2007(5).

[5]蒋而康.高校青年教师职业压力分析和个人对策[J].学理论,2011(35).

多校区办学高校青年教师思想政治工作难题及对策

李　楠

（李楠，兰州大学资源环境学院团委副书记，助理研究员）

摘要：随着我国高等教育体制改革的深化，多校区大学已经成为我国当代大学发展的一个特征，这虽然在一定程度上促进了高校的发展，但却给高校青年教师思想政治工作的开展带来了诸多难题。本文针对多校区办学高校青年教师思想政治工作存在的问题提出了相应对策。

关键词：多校区办学　青年教师　思想政治工作

1992年以来，我国对高校的结构、布局及管理体制进行了大规模调整，一大批高校形成了一校多区的办学格局，多校区大学已经成为我国当代大学发展的一个特征。随着我国高等教育大众化进程向纵深发展，这种特征还会更加突显。这虽然在一定程度上开拓了高校新的教育发展空间，弥补了教育资源的不足，满足了扩大招生的需求，但却给高校青年教师思想政治工作的开展带来了诸多难题。近年来，党和政府极为重视青年教师的思想政治工作，采取了一系列举措，也取得了一些成效。但青年教师的思想政治工作仍然是高校整体工作中的一个薄弱环节，特别是对于多校区办学高校，这一问题更加凸显。

一、多校区办学高校青年教师思想政治工作面临的难题

改革开放以来，高校思想政治工作取得了长足进步，但仍存在诸多问题，特别是对于多校区办学高校，如传统的青年教师思想政治工作方式已不适应长期在多校区办学格局下开展、青年教师重业务轻政治、青年教师职业道德教育亟待加强等。

（一）传统的青年教师思想政治工作方式已不适应在多校区办学格局下开展

多校区办学，高校新旧校区之间或空间距离很远，或交通不够方便，

或新校区建在原野之上，周边环境有待合理规划和建设，青年教师一般不愿常住新校区，更不愿到新校区安置家庭，青年教师在日常工作中要奔波于各校区之间，很难有固定的时间将青年教师集合在一起，所以传统的青年教师思想政治工作的模式，如开办学习班、培训班、每周政治学习等方式，已不适应长期在多校区办学格局下开展。

(二)多校区办学高校青年教师重业务轻政治问题凸显

随着教育的改革和发展，我国各高校都在不断加强青年教师队伍的建设，但大多是为激发青年教师业务素质的提高，而很少有针对青年教师思想政治素质提高的相关工作。在多校区办学格局条件下，一些青年教师把时间用在科研、教学上，并花费大量时间奔波于各校区之间，忽视了思想政治素质的提高。在一些高校的教师考核制度中，思想政治考核、师德考核往往流于形式，因此，造成许多青年教师只知埋头教学和科研，而轻视甚至忽视了政治方面的学习。

(三)多校区办学高校青年教师职业道德教育亟待加强

青年教师在多校区办学格局下要经常奔波于各校区之间，缺乏与学生的沟通交流。多校区办学格局下，部分青年教师多数时间奔波于各校区之间，缺少与学生的交流和沟通，在课堂上仅完成教学任务而对学生思想道德教育不闻不问，对违纪行为视而不见，不愿花时间了解、掌握学生的思想动态，与学生的沟通不足，甚至出现师生信任危机，而师生之间的沟通与交流，是教学相长的过程。师生之间缺乏沟通交流是当代中国高等教育亟待解决的一个问题，在多校区办学的情况下，这一问题将会更显突出。由此可见，加强多校区办学高校青年教师的师德建设刻不容缓。

二、多校区办学高校青年教师思想政治工作对策

思想政治工作在高校集聚优秀人才中可以发挥重要作用，多校区办学高校更要注重青年教师的思想政治教育，吸引一大批优秀人才来到校区自觉做出贡献。

(一)创新青年教师思想政治工作方式

对于多校区办学高校，要积极利用现代科技成果，注重发挥大众传媒的作用，不断创新青年教师思想政治工作的方式方法。2007 年 1 月，胡锦涛总书记在中共中央政治局第三十八次集体学习时强调：加强网络文化建设和管理,充分发挥互联网在我国社会主义文化建设中的重要作用,有利于提高全民族的思想道德素质和科学文化素质,有利于扩大宣传思想工作的阵地。多校区办学高校要积极拓展青年教师思想政治工作平台,充分利用网站、QQ、BBS、微博、飞信等现代化通信手段,对青年教师开展网上思想政治教育。同时不定期地对青年教师思想政治状况进行调研,为青年教师提供其易于接受的思想政治教育方式。

(二)将解决青年教师实际问题与思想政治教育相结合

多校区办学高校更应正确认识思想政治工作与解决实际问题的辩证关系。思想政治工作的目的,就是千方百计地调动工作对象的积极因素,发挥其主观能动性和创造性。多校区办学高校青年教师在工作、生活和科研等方面存在许多实际问题。因此,在实际工作中,高校应尽可能帮助青年教师解决实际困难,关心其思想、工作和生活状况,并对其实际困难尽力予以帮助解决。多校区办学高校要加速新校区建设,如配备教工公寓、教工食堂等,以满足青年教师在新校区的工作生活,提高青年教师的待遇,尤其是提高在新校区工作的青年教师的待遇,将解决青年教师实际问题与思想政治教育相结合,提高青年教师为学校做贡献的主动性和创造性。

(三)建立符合多校区办学的青年教师思想政治教育体制

多校区办学,对青年教师思想政治教育提出了较高的要求,需要探求新的教育体制。由于校区分散,每个校区都有其特殊的情况,每个校区的青年教师也都存在不同的问题,多校区办学高校可以在各校区设立专业部门,开展青年教师思想政治工作,以提高青年教师思想觉悟并为其解决实际问题。

高校青年教师思想政治教育在高校思想政治教育体系中占有重要地位,在多校区办学情况下,青年教师思想政治工作面临的困难是客观存在的,许多问题没有现成的经验可循,只有解放思想、实事求是、与时俱进、努力创新,才能把多校区办学高校青年教师思想政治工作提高到一个新的水平。积极创新青年教师思想政治工作方式,将解决青年教师实际困难与思想政治工作相结合,同时建立符合多校区办学的青年教师思想政治教育体制,促进多校区办学高校青年教师思想政治工作取得更好的成效。

参考文献

[1]严新平,张安富.多校区大学的管理理念与模式探索[J].中国高教研究,2003(12).

[2]刘建.论新形势下高校青年教师思想政治工作[J].中国青年研究,2008(4).

[3]耿有权.多校区办学的主要问题与基本对策[J].高等工程教育研究,2001(4).

[4]蒋爱林,赵艳芹,李小梅.谈高校青年教师思想政治工作中存在的问题及其解决方法[J].高教论坛,2003(2).

[5]谢冠华.多校区办学学生工作面临的困难与对策[J].广东工业大学学报(社会科学版),2001(1).

[6]崔雨.新时期高校教师思想政治工作创新思考[J].宁波大学学报(教育科学版),2007(29).

[7]陈智.高校青年教师思想政治工作初探[J].思想工作论坛,1999(4).

信息科学与工程学院青年教师思想现状分析与对策

王芬宇　张继革

（王芬宇，兰州大学信息科学与工程学院党委办公室主任，助理研究员；张继革，兰州大学信息科学与工程学院党委书记，副研究员）

摘要：学院青年教师思想状况、师德素养建设问题，对学院的建设和发展以及学生的成长关系重大。对此，我们从调查研究学院青年教师思想状况方面现阶段存在的问题入手，经过深入分析，提出了相应的解决思路，为学院青年教师培养教育提供了对应的措施。

关键词：学院青年教师　思想政治状况　解决问题措施

建院至今，我院青年教师数量和比例逐年增加。据学院最近统计数据显示，截至目前，我院40岁以下青年教师83人，占全院教师总数的64.3%。作为学院教师队伍的重要组成部分——学院青年教师群体的政治素养、理论水平和师德情操对学院建设和发展以及学生的成长成才意义重大。并且，青年教师逐渐成为学院教学、科研、管理队伍的主体，他们的思想状况如何，值得关注。

自从学校下发《关于召开兰州大学2012思想政治工作研讨会的通知》以来，我们下意识地对学院40岁以下的教师思想动态和心理状况进行了问卷调查和深入交流，进一步了解到学院青年教师的思想状况。从问卷和谈话调研反映情况来看，学院青年教师的思想状况和心理状况总体是阳光、积极、健康向上的，认为教书育人是教师的天职，应脚踏实地地干好本职工作，为学院的建设和发展尽一份力。但受社会环境和自身因素的影响，还存在一些值得关注的问题。主要有以下几点：

第一，部分青年教师对思想政治工作认识不够。青年教师对教书育人的认识存在着不少模糊观念和混乱思想，青年教师普遍认为，按部就班地完成教学任务，讲好课、传授给学生知识就可以了，认为教书是教师的本职工作，而育人则不是他们的职责了，片面地将教师教书育人的作用与专职思想政治工作两者对立起来。其实，既不能将教书育人与思想政治工作两者等同、相互代替，也不能将两者分割开来，不能认为强调教师教书育人就是对思想政治工作的简单转嫁。两者的目的是一致的，缺一不可，但又有各自不同的方式和特点，其作用不可相互替代。

第二，重视业务素质的提高，相对轻视思想素质的提高。在青年教师看来，学院只重视学生的思想政治工作，而忽视青年教师的思想政治工作。在教师职称聘任、考核、考评等方面明显重科研、轻教学，同时在职称评定、考核方面对教师的思想道德素质缺少量的规定，往往流于形式，这严重影响了青年教师的选择方向。导致他们在自我素质培养的过程中，比较重视业务素质的提高，而相对轻视思想素质的提高。青年教师普遍追求更为实用的知识技能，一切努力都围绕着是否有利于个人职称晋升和职务升迁。他们存在着"政治淡化"的倾向，对业务上的追求高于对思想政治方面的追求，大部分人认为思想政治方面的进步是"虚"的，业务上有进步才是"实"的，还有一种倾向认为业务上去了，政治自然就进步了。

同时，通过调研发现，青年教师一方面认可建院以来学院建设发展取得的成就，但在一定程度上也认为这种发展方式存在很多问题，对学院导向存在一定疑惑。作为教师的职能："师者，所以传道授业解惑也。"而现实中对教师的考核体系导向科研一枝独秀的局面已然成为学校学院的主流，这导致青年教师面临学历提升、授课水平提高、科研经费争取孰轻孰重的选择的困惑。

第三，青年教师富有朝气，充满理想，在精神领域内有较强的优越感，同时对现实的复杂性缺乏深入了解。时常对自己所形成的观点和看法富有自信，总是希望组织上或周围的同志采纳自己的意见和建议，希望别人理解自己，但自己却不太注意理解别人、尊重别人，这样往往导致自我估价过高，找不到自己在社会中的适当位置而容易受挫。

第四，对生活抱怨较多。青年教师刚入职不久，工资和职称相对较低，申请课题经费难度较大，同时结婚、买房、子女教育、赡养老人等现实问题又需要很大开销，收入和支出两方面的挤压作用迫使很多教师在工作之余不得不从事各种兼职活动，这些兼职活动有的已经影响到青年教师的正常教学科研工作。同时，青年教师普遍存在住房困难，对住房政策不满意，学校近期的两次分房，学院 40 岁以下的 83 名青年教职工中有 28 人分上了住房，占 2/3 的青年教师的实际问题尚未得到实际解决。看似福利待遇不错的高校，仍有许多服务保障工作不完善，这在一定程度上影响了青年教师的工作积极性。

针对我院青年教师思想的现状，我院必须创新思想政治工作方法，开展有针对性的思想政治工作，提高思想政治工作的实效。

首先要深入探讨问题产生的原因，探索既符合学院建设发展需要，又有利于青年成长的青年教师思想政治工作的新思路。

第一，切实提高青年教师的思想政治素质。理论上的成熟是政治上成熟的前提和基础。学院党委要积极引导青年教师认真学习党的路线、方针和政策，特别是以“三个代表”重要思想、科学发展观、社会主义荣辱观等重要理论为指导，牢固树立正确的世界观、人生观和价值观，拥护党的领导，坚定社会主义信念，更好地承担起教书育人的重任。一是要坚持以人为本，增强针对性。要及时了解青年教师的思想动态和心理变化，加强引导，理顺情绪，化解矛盾。引导青年教师正确认识面临的形势和任务，正确看待矛盾和问题，以积极的心态投入到学院教学科研的工作中去。二是要坚持虚实结合，增强实效性。要把对教师工作生活的关心纳入到思想政治工作的范畴，动之以情，示之以行，惠之以实，绝不可务虚不务实。三是要坚持贴近实际、贴近生活、贴近群众的“三贴进”原则，提高感染力。要通过组织开展内容丰富的思想教育活动，寓教于乐，春风化雨，潜移默化，达到事半功倍的效果。

第二，把思想政治教育与业务水平提高有机结合，坚持思想水平与业务水平同步提升。在青年教师中进行爱祖国、遵纪守法等思想教育工作，对青年教师健康成长是至关重要的。近几年，由于政策引导的问题出现了重业务、重学历而忽略其他方面的现象，导致个别青年教师组织、纪律观念淡薄，自我意识突出。再则，青年教师来到工作岗位后，学院对其思想状况关心不够，在实际工作中只限于对其专业知识的锻炼和提高，而对其思想政治水平提高的要求不够。我们要把对青年教师的业务提高与政治培养统一起来，在业务培养中加强对其思想政治素质的培养。改变考核体系中对思想政治考核硬指标少、具体内容少、考核效果少等状况，研究探索考核指标的定性分析和量化问题。

第三，设置支部与研究所科研团队、教学团队有机结合。适应学科特点和教学科研需要，坚持党建工作重心前移和重心下放的原则，根据学院教学科研活动的新情况，不断创新党组织设置方式。院党委领导干部要经常深入到青年教师中去，了解青年教师群体的工作情况和思想实际。

第四，努力为青年教师办实事，关心他们的工作和生活问题。在对青年教师进行思想政治教育的同时，也要从学院自身建设做起，尝试推行改革分配制度，适当提高青年教师的收入。青年教师特别是一些刚毕业留校的青年教师，工作压力大，但职称低、申请课题难度大、教学工作量少、享受津贴不高，经济收入相对较低，他们面临着提职、住房、收入偏低等方面的压力。学院应有意识地培养青年教师，在课题申请上，争取让青年教师参与，让他们经历实践锻炼；学院应积极争取机会派青年教师出国攻读博士学位以开阔视野，提升学历；让有经验的老教授在教学、科研方面指导青年教师。另外，对岗位进行分类管理和分级考核，推行岗位竞争、岗位轮换等措施，建立能进能出、能上能下、能高能低的激励竞争机制；帮助解决青年教师在生活工作中的实际困难，对于确有困难的青年教师加大帮扶力度。

第五，拓宽民主渠道，建立畅通高效的沟通机制。通过座谈会、问卷调查、信息公开栏等多种形式，定期了解青年教师意见、建议和要求，并将处理意见及时反馈；充分发挥工会和教代会在青年教师利益表达中的作用，在学院教代会中明确规定青年教师所占代表的比例；对于涉及青年教师切身利益的重大决策，应设立听证制度，广泛听取青年教师意见，使各项决策和各项制度建立在对青年教师意见充分了解的基础上，实现决策与制度对青年教师合理利益诉求的尊重与保护。

第六，加快学院建设与发展，努力营造青年教师健康成长的良好环境氛围。学院要抓住机遇，加强科技自主创新，重点培养面向未来的优秀创新型人才，加大科技成果转化力度，提高学院的社会服务水平，不断探索完善产学研紧密结合的办学之路。只有学院发展了，办学水平提高了，社会认同度加强了，青年教师内心才能从根本上产生对本职工作的自豪感、荣誉感和使命感，真正迸发出搞好工作的热情。同时，全院上下也要切实增强为教师服务、为学生服务的意识，努力提高学院管理水平和服务水平，想方设法为青年教师创造良好的环境氛围，真正使他们安下心来从事教学与科研工作。

参考文献

[1]白丽萍.高校青年教师党员思想状况与对策[J].学校党建与思想教育,2008(3).

[2]保海荣.重视青年教师的队伍稳定问题[J].国家教育行政学院学报,2010(5).

[4]饶定轲.高校青年教师特点浅析[J].思想政治教育研究,2006(1).

[5]杜玲玲.提高高校青年教师科研能力的几点思考[J].江西教育科研,2006(4).

[6]钟前.高校青年教师存在的问题与对策[J].江西省团校学报,2001(3).

“微时代”背景下高校青年教师思想政治教育工作的思考

黄　瑜　王　勇

（黄瑜，兰州大学教育学院团委书记，讲师；王勇，兰州大学资源环境学院副院长，副研究员）

摘要：青年教师是高校教师中最具活力的社会群体，本文围绕“微时代”背景下思想政治教育的新情况，结合高校青年教师思想政治教育的现状，分析了“微时代”下高校青年教师思想政治教育面临的机遇与挑战，提出了“微时代”下加强和改进青年教师思想政治教育工作的有效途径。

关键词：“微时代”　青年教师　思想政治教育

2012年，某高校在自主招生考试中向广大考生提出了一个问题：“如果用一个字形容你现在所处的时代的特点，你会如何选择？”一位同学选择了：“微”。环顾我们的生活，继电脑和现代信息技术的发展壮大将人们的视野不断带入“互联”时代后，由新一代的3G网络以及相应技术的不断发展而升级的各类移动便携工具，将人们从固定的“狭小空间”带入了更为广阔“自由天地”。

从2009年可以用来发布即时信息、表达心情、上传图片的微博在中国诞生，到今天不断涌现的微信、微电影、微小说、微民、微生活、微社区、微媒体，甚至官方微博等，人们不经意间走入了“微时代”，它以其更快的信息传播速度、更具冲击力和震撼力的传播内容影响和改变着人们的日常生活和社会发展。从微博女王姚晨到中国首个省级政务微博发布群——“北京微博发布厅”，越来越多微博“直播”中华大地乃至世界各地发生的一切，庞大的用户群和便利的通道使普通民众也能发出自己的声音。中国互联网络信息中心2012年1月16日发布的《第29次中国互联网络发展状况统计报告》显示，截至2011年12月底，中国微博用户数达到2.5亿，较上一年底增长了296%。而种类繁多、形式多样的传播工具如微博，手机短信、彩信，飞信，QQ，MSN，飞聊等为微时代的传播媒介开辟了更为广阔的天地。“微时代”已成为一个蕴涵着文化传播、人际交往、社会心理、生活方

式等多种复杂语义的时代命题。①

“微时代”带来的不再是“微不足道”,它为新时期高等学校的建设发展带来了新的机遇与挑战。青年教师作为高等教育教学的主力军和有生力量,他们的思想政治状况在高校人才培养中举足轻重。如何在“微时代”加强和改进高校青年教师的思想政治教育工作,正确审视和评估高校青年教师的思想政治现状,建立健全高校青年教师思想政治教育工作的有效机制引起了我们新的思考。

一、“微时代”特征对思想政治教育带来的新变化

(一)快捷便利的“微传播”方式改变了思想政治教育的传播渠道

随着信息化数字化技术的不断发展,以智能手机和平板电脑为代表的移动便携工具成为人们的日用必备品后,信息的传播方式和手段也发生了革命性的变革。更加便利的获取方式和更加简便的传播途径使人类接收信息的能力不断增加,而微传播的准入门槛低、使用成本低使得无论人在何处,只要条件允许,只需拇指轻轻一动,你所知道的信息便可在瞬间发布。无论是甘肃舟曲泥石流灾难还是温州动车事故,微博网友都在第一时间给予了发布与传播,以迅雷不及掩耳之势将传统媒体远远地抛在了身后。如今,人们不再局限于从课堂上、书本中获取知识和信息,通过微博、飞信、QQ 等便可随时随地地发布心情、上传图片、分享视频,表达着对社会和人间百态的看法,这也为传统的思想政治教育工作开辟了新的渠道。

(二)角度多元的“微文化”带来了思想政治教育工作的环境多样性

进入微时代后,便利的传播渠道为人们带来了大量的舆情信息,也逐渐形成了属于自己的“微文化”。从发布一句简短的话语、一张图片到各种选择、投票、评价功能的完善,大量的网民们表达着自己的观点与看法。这其中呈现出各种多元的“微文化”,有的体现出社会的主流文化,也有体现出不同状态的亚文化。在微民们的传播下,各种网络流行语、网络文体以其独特的代表性和专属性冲击着人们的生活。从“杯具(悲剧)”、“洗具(喜剧)”到“贾君鹏,你妈妈喊你回家吃饭”,从“囧”字的流行使用到类似火星

①杨威:《“微时代”中思想政治工作如何突破》,载《思想政治教育工作研究》2010 年第 4 期,第 28–30 页。

文字的网络文字的发布,从微小说到微电影,如何辨别和把握其间的亚文化对主流文化存在的潜在影响是思想政治教育工作面临的新变化。

(三)形式多样的"微介质"丰富了思想政治教育的载体形式

曾经,电脑和互联网将人们有效地锁定在了三尺见方的小空间,而如今,以手机媒体和3G技术支撑的新一代通信模式更加丰富了"微时代"的传播载体。微博作为微时代的领军人物,它凭借着发布范围广、更新速度快、信息形式多样化等特点吸引着青年群体的使用。手机网络随处随地提供着对各类信息的查询,以手机短信为平台的手机报也足以承载各种信息的发布。它们强大的交互性为思想政治教育的交流互动提供了便利条件。此外,另一种活动载体也逐渐走入了人们的生活——"微公益"。"微公益"以其投入量小、参与人数多的优势,为青年群体提供了良好的参与平台,让人们将他们看似微不足道的爱心会聚起来,从而形成一股强大的社会力量,寓思想政治教育的内容于活动中。无论是虚拟网络、手机媒体,还是实实在在的"微公益",都极大地丰富着今天思想政治教育的载体。

二、"微时代"对高校青年教师思想政治教育工作的影响

(一)高校青年教师思想政治教育工作的现状

随着我国教育体制改革的不断深入,高校教师队伍的年龄结构发生了重大变化,青年教师与日俱增,并已逐渐成长为教师队伍的中坚力量和学校发展的活力所在。他们年龄大多在35 岁上下,具有"两高",即高智商、高学历,多数具有研究生及以上学历,有些还有留学经历,接受过系统的专业训练。高校青年教师与青年学生在心理特征、接受特点等诸多方面比较接近,具有思想活跃、易于接受新观念新事物、主体意识较强等特点,在思想上容易与学生产生共鸣,因而其言行举止对学生有着潜移默化的导向作用。从这个意义上说,高校青年教师思想素质的高低、政治方向的正确与否,直接关系到社会主义现代化建设事业的成败。

一项调查表明,当前我国高校青年教师思想政治教育状况的主流是积极向上的,"一方面,广大青年教师关注国内外重大事件,对党和国家的大政方针高度认同,政治理论观点基本正确。绝大多数高校青年教师对党的指导思想和国家的根本政治经济制度,对学习'三个代表'重要思想和科学发展观等重大问题的认识是正确的。另一方面,青年教师具有进取精

神和竞争意识，思想比较解放务实，思维活跃，有一定的创新意识，其人生观、价值观的主流是积极健康的，广大青年教师有较强的危机感与压力，他们希望能有所作为，渴望自己的工作能得到领导和社会的认可。”①

但是，他们存在的问题也是不容忽视的。首先，对待理论学习不够重视，缺乏一定的政治意识，一些青年教师政治品质不够成熟、忽视大局意识，甚至出现了不讲工作原则、违反职业道德的行为。其次，部分青年教师存在思想理论认识模糊，在理想与现实的冲突中背离了思想政治教育的原意和初衷，甚至产生了逆反心理，对思想政治教育产生抵触情绪。再次，当今社会的价值取向多元，道德自律滑坡等负面效应的影响，让奉献与索取的矛盾更加凸显。特别是职业与收入的巨大反差让部分青年逐渐滋长了个人主义和享乐主义思想，过分关注眼前实惠和利益，对新形势下要继续发扬艰苦奋斗和创业精神表示不同意和说不清。②

(二)“微时代”给高校青年教师思想政治教育工作带来的机遇与挑战

悄然来临的“微时代”使得对当代高校青年教师的思想政治教育也面临了新的机遇与挑战。首先，“微时代”的到来为各类用户群体提供了表达平台与表达机会，它的信息高速传播与信息渠道多元的背景从根本上改变了思想政治教育的舆论环境、文化环境和社会心理环境，这对青年教师的思想政治工作从内容、形式到方法、途径等都提出了挑战，让传统的说教式教育模式在自由便捷、信息含量丰富的微传播面前正在逐渐失去话语权。其次，由于信息的即时性传播，传播受众客体通过转发的形式转变成为传播主体，在一定程度上造成部分信息来源具有隐蔽性，使得难以及时有效地从正面对青年教师的思想和行为进行引导。同时，“微时代”的到来既为新时期高校青年教师思想政治教育工作提供了一个了解青年教师思想动态的平台，又为思想政治教育工作提供了丰富的信息和素材，帮助从事青年教师思想政治教育工作的人们可以有针对性地开展教育，事半功倍。他们可以通过关注各类微信息，关注青年群体所关注的内容，与之进行交流和沟通，运用“微传播”对青年教师进行马克思主义、社会主义、

①胡琦：《高校青年教师思想政治状况调查及思考》，载《国家教育行政学院学报》2009年第8期，第77页。

②王忠：《困境与出路：对高校青年教师思想政治教育的思考》，载《三峡大学学报》(人文社会科学版)2011年第9期，第32-36页。

爱国主义、集体主义的主旋律思想宣传宣讲，开展先进思想文化和科学民主精神的传播引导，对他们进行正确的世界观、人生观、价值观教育。

三、加强和改进“微时代”下青年教师思想政治教育工作的有效途径

（一）树立“微时代”观念，不断创新高校青年教师思想政治教育体系

以改革创新的意识正确审视“微时代”观念，在新形势下推动青年教师思想政治教育工作的时代性，主动营造和不断扩大主流文化舆论阵地，充分发挥先进技术传播先进文化的优势，将各类新型的微传播方式提升为提高青年教师思想政治教育、授课业务能力和综合素质的平台，成为倡导和实践社会主义核心价值体系教育的新平台。

（二）把握“微时代”特点，不断改进工作方式与形式

“微时代”下对青年教师的思想政治教育工作也提出了新要求，我们要以全员参与、共同“发现与分享”的理念提升青年教师思想政治教育的有效性与针对性。在教育过程中要适应当下青年群体的文化消费特征和心理接受特征，要建立青年教师思想政治教育工作室，不断创新教育语言，并善于捕捉“微言”里鲜活、积极的内容丰富并形成自己的话语体系，使简单的说教变为情感沟通，充分调动青年教师的参与热情，发挥其主体性作用，营造良好的思想政治教育氛围。

（三）正视“微时代”文化，不断发挥信息平台对青年教师思想政治工作的教育效应

新时期的思想政治工作要积极入“微博”，对青年群体的“微言”进行舆情观察，寻找其中具有个性化的私人话语中所隐藏的价值观念、态度、行为取向，正视个性化“微言”向我们呈现的不同文化类型，以及这些文化的发展趋势和对主流文化的潜在影响。从事教育管理工作的群体更要认真体察青年教师内心世界的变化，关注其个体的精神世界和心理健康，把握他们每一时期的社会心理状况。除了对青年教师群体的“微言”进行舆情观察外，还要建立一个舆论监测和信息反馈机制，借助舆情的分析、研判，提高新时期思想政治教育的预见性和前瞻性，及时解决青年教师的成长发展诉求，增强青年教师的信赖感，从而获得青年教师的广泛认可。

参考文献

[1]杨威."微时代"中思想政治工作如何突破[J].思想政治教育工作研究,2010(4).

[2]王倩,张立杰."微时代"高校思想政治教育载体的发展与创新[J].技术与创新管理,2012(3).

[3]胡琦.高校青年教师思想政治状况调查及思考[J].国家教育行政学院学报,2009(8).

[4]赵曙光.新形势下加强高校青年教师思想政治工作对策研究[J].中国电力教育,2011(29)

[5]何国平.微传播带来的机遇与挑战[J].思想政治工作研究,2010(4).

激情、理性与思想的交汇

——尝试回答一个问题：哲学教育如何切近青年？

方锡良

（方锡良，兰州大学哲学社会学院教师党支部书记，讲师）

摘要：科学技术、全球化、商业化和网络化不断发展，现代化建设和社会转型深入推进，给高校思想文化带来了深刻变化，这是摆在高校青年教师和学子面前的时代课题。面对多元与盲从、偏执与倦怠的问题，我们可以探索从如下角度引导青年教师和学子思想文化的走向与主流：充分调动他们学习与工作的激情，以及思考和探究的热情；注重学理的传承、批判的质疑和理性的交流，逐渐养成理性探究的精神和能力；跟随先贤圣哲从思想上引领青年学子，逐渐培养一块思想的息壤，以为时代和未来之指引！

关键词：时代变化　激情　理性　思想

在一个技术化、商业化和科层制日益深入的时代，我们如何激发青年教师和学子学习和生活的激情、思考和探究的热情？在一个全球化、网络化和社会转型交织的时代，我们如何理解当下的世界和时代，不断理性地切近社会现实与主流价值？在传统与现代、中西文明的交锋融汇中，我们该如何决断与行动，以为时代之引领？

一、激情的培育

青年人所独具的生机与活力、生命与激情，使得青年教师与青年学子有着内在的生命契合与融通，这种年轻生命的相互吸引、激荡乃是高等学府最强有力的活力源泉所在。如何充分调动青年教师和学子学习与工作的激情，以及思考和探究的热情，乃是摆在高校思想文化建设面前的紧迫课题，其重要性丝毫不亚于课程教学和科学研究，而且这恰恰是践行“传道授业解惑”的教师天职基础所在。

青年教师对学子的影响以及他们之间的思想互动至关重要。一位青年教师，也许无法影响所有的同学，但他总能在其课堂教学、辅导答疑、调

查研究、科学实验或者日常生活中,或凭其热情、细致的处事风格,或凭其精进、严谨的治学态度,或凭其幽默、风趣的教学风格,或因其辛辣、犀利的思想魅力……在某时某刻都会触到某些青年学子的心灵深处,使怠惰者精进,使逃避者果敢,使犹疑者坚定,使世故者归真。总之,青年教师各自的言行举止、风格魅力与思想激情,激荡起青年学子应有的激情与魅力、生机与活力。

如何培育这种学习与生活的激情,以及思考和探究的热情?对于青年教师和学子,我们可从如下几个方面来加以引导推进:研读经典、培育感受力、切近现实。

经典研读与探讨。经典作品经历时间之磨砺和岁月之考验,其思想、艺术魅力经久不衰、历久弥新,当我们沉心研读经典时,我们实际上是在与一个个伟大的心灵进行跨时空的交流,感受其宏阔自由的精神气象。如古希腊人凭借伟大的人格、自由的精神和灵敏的体察来感受、参与和表现世界与生活,不断提升其文化修养与精神高度,实现其潜能,从而奠定西方文明之根基,故西方人对于古希腊常有家园之感,恰如中国人对先秦常有家园之感一样;近代则有大文豪莎士比亚,其以自由之心灵和精神创造伟大之作品,以其特有之精神气息赋予其笔下之人物以生机与活力,又借助有生命力之词句影响世界,偕世界精神结伴同行,洞穿此一世界,吐露此一世界之秘密,世界因之而透明。

培育感受力,尤其是生活与审美感受力。因为生活感受力的培养使得青年教师和学子能够更为全面真切地感受生活的艰辛不易与丰富多彩,逐渐养成仁敏坚毅的人格!而审美感受力的培养则在美和艺术的寻求与熏陶中涵育、陶冶人,恰与通过经典著作的阅读来提升一个人的精神境界相呼应。且让我们年轻的心灵去亲近那些经典乐曲、名家画作、书法杰作等,如聆听巴赫、贝多芬、柴可夫斯基的作品,龚一、管平湖的古琴演奏,或欣赏梵高、高更、吴道子、戴松的画作,或习摹柳筋颜骨、二王欧阳等,久而久之自能变换一个人的精神气象。

切近时代与现实。了解时代发展的基本走向,理解社会发展的现实境遇,可以使青年教师和学子明确自己的历史担当。随着技术化、商业化和科层制的深入,加上全球化、网络化和社会转型相互交织,传统与现代、中西文明不断交锋和融汇,青年教师和学子更能真切深入地感受到时代和现实的变化,我们应以更为积极、开放、理性的态度和行动迎接各类挑战,合理地规划自己的学业、职业和人生,在全球化、商业化和网络化的浪潮中锤炼自己,在社会主义现代化进程和国家富强、民族复兴的伟大事业中成就自身。

二、理性的探究

各个学科、专业,均有其较为完整、系统的学科知识体系及其相应的教学计划安排,而广大青年教师恰恰就是这些教学计划的主要实施者和这些知识体系的积极传授者。这种主体式的参与,不仅使青年教师和学子能较为系统地掌握本学科、本专业的知识体系,并进行相应的学科、专业训练,而且要把这种学习和训练引向其最为重要的精髓:即掌握本学科、本专业的致思方向、探究路径和内在理路,将人类精神和文明的优秀成果化为已有,逐渐转化为理性探究的精神和能力。

教学相长,教学过程不仅是知识的传授与掌握,更是学理的传承、批判的质疑和理性的交流。应超越“匠人式”的教与学,当注重学理的传承,故孔夫子强调“君子不器”(《论语·为政》);应培养青年人批判、质疑的精神,当涵育“吾爱吾师,吾更爱真理”①的求真意志,才能推动我们思考、研究的深入与发展,尤其是那种“内在批判”②基础上的创新发展;还应推进理性的交流,师生课内外的多频互动,各类学术交流互动,乃至社团活动、社会实践等,这些都将全方位地推动和促进师生的交流,并提升各自的理性交流愿望和能力。实在讲来,传承学理、质疑批判和理性交流,三者乃是青年教师和青年学子共同的内在渴望,这既是前述激情的升华与沉淀,也是受着真、善、美召唤的结果。

理性的探究,也是深入探究时代课题的内在要求。当今时代,全球经

---

①师者,所以传道授业解惑也! 若盲崇师长,则不但无法真正明理求道,反而不利于教育事业的长久发展,因为缺乏深入有力的批判与挑战,教育引导会僵化教条、不思进取,思想学术会盲目懈怠、缺乏创见。

②黑格尔:“反驳一个原则就是揭露它的缺陷……如果反驳得彻底,则这个反驳一定是从原则自身里发展出来的,而不是根据外来的反面主张或意见编造出来的。所以真正说来,对一个原则的反驳就是对该原则的发展以及对其缺陷的补足。”(黑格尔:《精神现象学》(上卷),商务印书馆 1979 年版,第 14 页)

济金融危机、生态环境危机、精神文化空间萎缩、社会不公与失范等等，都对人类的整体生存发展和个人的自由全面发展带来了巨大的挑战。对于这些紧要的时代课题，青年教师和学子需要进行更为理性的批判和探究，突破表象、深究根源、探究对策、寻求决断，这既需要基于各个专业学科进行较为细致深入的探究剖析，也需要更为总体性的问题视角和交叉、综合研究的方法，因为上述时代课题的复杂性、关联性已经突破了传统的学科、专业划分。在这方面，青年教师可运用其敢于挑战、不拘传统、敏于时代的独特优势，在带领同学们就相关课题进行较为综合性与前瞻性的探讨与研究时，把握主流，明辨是非，审慎选择，提升其思想境界和理性认识的水平。

三、思想的引领

青年教师的成长，以及青年教师之于青年学子的教育和引导，更为重要的是思想的引领！高等教育，不仅仅是知识之传授、专业之训练，也不仅仅是提供若干心灵鸡汤，更重要的是培育一块思想之息壤，让灵魂扎根发芽、人格茁壮成长、心灵精进充实，共同促进心灵、思想的发荣滋长。先贤圣哲往往给我们树立了光辉的榜样，可资借鉴。且以孔夫子、黑格尔和马克思三位先哲为例。

于孔老夫子，我们首先想到《论语》，并循此而追问：夫子何忧何惧？

简而言之，夫子所忧惧关切者，并非功名利禄，亦非个人遭际，乃是面临“道之不行、学之不讲、国之失序、民之失据”的时局，追问君子何为？换言之，如何方能富国庶民、教化民众、修德立业、范定伦序？

此一任务，一经提出，业已奠定中华民族之基本精神和历史方位，这一任务远未完成，恰需要我辈后人结合当世之情形，勇于探索，或许有自己之解答。

夫子之道，虽不行于当时，然初定华夏精神伦序，泽被后世，功莫大焉！人能弘道，非道弘人；道非远人，我欲仁则仁至。大道必于人伦日用之中生成，必待人之德行功业而成就。是与“生生不息之易”、“自强不息之道”相映照。

斯人有是忧，是忧由斯人。由是忧惧而有所关切。夫子有是忧惧关切，吾辈亦有之。

无论如何,都当以下文为勉:

曾子曰:“士不可以不弘毅,任重而道远。仁以为己任,不亦重乎?死而后已,不亦远呼?”(《论语·泰伯》)

在《精神现象学》中,黑格尔对时代状况的诊断和对思想精神的抱负,使我们可以更深切地感受到“真理的追求和哲学的气象”。

黑格尔强调哲学不过是真理或精神的自我展现、自我认识过程,真理必须在历史中生发并展现出来,只有在全面经验的语境中它才是活生生的,它不能只是赤裸裸的结果,静置于历史的某处等待我们去摘取;真理也并非一枚硬币,每个人可以随便拿来取用。我们绝非真理,亦非历史的旁观者,我们就在真理、历史中,真理、历史就通过我们而生成、展现。

黑格尔对他那个时代精神状况的敏锐而犀利的诊断(人们的精神处于极端贫乏的状态,在一个新旧交替的时代转折点上,人的精神已经跟他旧日的生活和观念世界决裂并着手进行自我改造),促使我们思考自己所处的时代状况,尤其是我们的生活基本样式的转变(如文化、精神、传统的转变),这种转变乃是诊断当代中国精神状况的一个根基和背景,而且我们并不缺乏感受,所缺乏的毋宁是更为理性的整体把握和深入研究:如现代化、城市化和全球化进程中文化传统的断裂与社会生活的失范,上述背景下民众对土地、自然和家园的疏离,进而造成精神家园的荒漠和芜杂,这三者构成了当今时代人们对其自身状况和家园命运自我疏离的几个面相。黑格尔曾以极大的思想勇气力图来弥合此等分裂和疏离,展现了精神与思想的力量,这启迪着我辈青年学人奋力向前,推动学术思想和文化精神的进展。

一位老师在课堂上曾如此来表述哲学:具有悲天悯人之情怀的忧患之学、具有理想情怀的理想之学、追求真理的真理之学。唯拥有上述真理之情怀和哲学之气象的青年学子才能真正担负起时代的命运,并运用我们民族、文明的所有社会、历史、文化资源,融入这个时代,和人们一起去承受它的苦难、矛盾、紧张,绽放出我们华夏文明应有的成就和贡献,并做出我们这个时代青年人应有的决断和行动。

马克思主义自创立以来,在社会生活、人类实践、思想观念等各个方面产生了重要而深远的影响。人们可以赞成它,可以反对它,但是却无法回避它对人类生活和历史发展的深远影响,这种影响直至今日仍在并仍会持久地发挥作用:对资本主义社会(尤其是资本原则)的持久深刻批判、对社会现实生活和人类整体生存处境的密切关注和深入思考，以及对未来理想社会的不断构想和探索实践，这使得每一个深切关怀人类命运走向和人类社会发展趋势的人在某种意义上都可以称为“马克思思想的继承人”。

20世纪末,当福山等人随着东欧剧变而欢呼“马克思已经死亡”、“历史已经终结”之时,另有许多思想家,秉持思想学术的严谨性、公正性和对社会历史的责任感,纷纷撰文驳斥这些论调,并深入思考、探究马克思主义的当代价值和意义。如德里达以一个非马克思主义者公开为马克思辩护,为马克思主义焕发生命力出谋划策,他并非是为了取悦他人才说话、思考和写作,而是出于其学术良知和政治品格,他还认为自己选择了一个最好的时机向马克思致敬。

面对福山“历史终结论”和“福音论”——自由民主制度和资本主义世界是人类最佳选择,将成为最终制度,德里达以“资本主义和自由世界的十大弊端”尖锐批驳福山的“福音论”,并从思想根源深处发掘福山“福音论”的黑格尔历史哲学根源。恰通过指证当今时代的严重脱节和资本主义世界的深重弊病，德里达强调要继承马克思主义的遗产——“批判精神”——并且是作为一项使命和责任来继承。

约之,人们可以通过马克思的批判精神来洞穿:资本的逻辑与市场的弊病、异化状态或物化处境、自由民主制度的乏力和新国际的霸权实质,获得指引。

德里达强调当今时代，我们每一个人都可以称之为“马克思的继承人”,因为马克思的遗产——批判精神——乃是当代人分析、批判当代社会最好的精神武器，而且我们要将马克思主义的遗产当做一项使命和责任来加以继承,而不去超越学者式的反复“阅读”和“讨论”马克思,将永远是一个错误,一个理论、哲学和政治的责任方面的错误;我们没有理由去逃避这种责任,否则就没有将来。①

当今时代,人们无法回避马克思对人类生活和历史发展的深远影响。大家都可称为“马克思的继承人”。走过三十多年改革开放的历程,我们的

①德里达:《马克思的幽灵》,中国人民大学出版社 1999 年版,第 21 页。

国家和民族正处于一个重大转折点上，处在思想文化多元化交织环境中的青年教师和学子,更应该重新审视马克思思想的当代价值和意义,激发自身对我国现代化建设、民族发展和复兴、人类整体命运和发展的深切思考,推动新的解放思想,自觉承担自己对国家、民族和人类社会的历史使命,为培养合格建设者和可靠接班人肩负起应有的时代责任!

小结

年轻的心灵,敏于感受时代的变化,勇于迎接时代的挑战,青年教师可凭借其言行举止、风格魅力与思想激情,主动参与并积极引导学子们研读经典、培育感受力、切近现实,充分调动自身的学习与工作激情,以及思考和探究的热情;更加深刻地掌握本学科、本专业的致思方向、探究路径和内在理路，并逐渐转化为理性探究的精神和能力，尤其注重学理的传承、批判的质疑和理性的交流,并理性地探究时代课题;主动亲近先贤圣哲的言行思想,不断启迪自身对历史与时代的理性认知,逐渐培养一块思想的息壤,以为时代和未来之指引!

恰如一个人是知、情、意的有机整体一样,上述激情、理性与思想也交织融汇在青年教师和学子的成长之途中，而这恰是涵育和培植青年教师和学子之用力所在。

参考文献

[1]黑格尔.精神现象学:上卷[M].北京:商务印书馆,1979.

[2]德里达.马克思的幽灵[M].北京:中国人民大学出版社,1999.

[3]李泽厚.《论语》今读[M].合肥:安徽文艺出版社,1998.

对高水平研究型大学青年教师思想政治工作的几点认识

李 洁 张 燕

（李洁，兰州大学西北少数民族研究中心副教授，硕士生导师；张燕，兰州大学历史文化学院助理研究员）

摘要：本文基于兰州大学的地缘特色及高水平研究型大学的发展定位，结合自身实践，对青年教师的思想政治工作提出了几点认识，即一方面青年教师的教学科研工作必须把握正确的政治立场，另一方面应切合西部社会发展实际，立足于国家战略需要和学术前沿，不断提高服务社会的能力。

关键词：青年教师 思想政治工作

兰州大学是国家"985工程"和"211工程"重点建设高校之一。由于地处西北的特殊地理位置，兰州大学成为国家高等教育格局中具有重要战略地位的一所大学，并由此确立了"做西部文章、创一流大学"的办学目标。

"十二五"时期，我校在提出"内涵提升，创新驱动，质量优先，结构调整"发展思路的同时，坚持走"有特色，高水平"的发展道路，建设国际知名的高水平研究型大学。在我校建设高水平研究型大学的道路上，师资队伍是基本的依托，而青年教师基于自身特点和肩负的重任，成为学校实现发展目标的一支极其重要力量。

中央委员会总书记、中华人民共和国副主席、中央军事委员会主席、中央政治局常委习近平在第二十次全国高等学校党的建设工作会议上强调，高校是教育培养青年人才的重要园地，也是用社会主义核心价值体系武装青年的重要思想阵地。高校党的建设要紧紧围绕培养中国特色社会主义事业合格建设者和可靠接班人这个根本任务，为建设能够培养高质量大学生的社会主义大学提供坚强的思想、政治和组织保证。加强青年教师思想政治工作，增强他们的政治坚定性和思想成熟性势在必行。

高校青年教师思想解放，视野开阔，富于进取，勇于开拓。就大多数青年教师来说，其思想状况主流积极向上，政治立场坚定，对中国特色社会主义事业充满信心,积极投身党和国家的教育事业,具有较强的事业心和责任感,他们中的不少人已成为教学科研工作的骨干。但是往往我们对青年教师业务上的发展和提高十分关注,而对其思想政治素质的提高重视不足,这使青年教师的思想政治动向容易在政治素质、品德修养、治学态度、思想作风等方面存在一些问题。

为了最终实现我校建设国际知名的高水平研究型大学的目标,应当进一步加强教师尤其是青年教师的思想政治工作,要全面贯彻落实中央精神,以社会主义核心价值体系为引领,坚持把加强高校青年教师思想政治工作与加强党的基层组织建设相结合,与推进教师队伍建设相结合,通过政治上主动引导,专业上着力培养,加强青年教师队伍建设,为我校高水平研究型大学建设奠定坚实的基础。

作为一名民族学学科的青年教师,笔者结合自身的教学科研工作,谈谈对加强青年教师思想政治工作的认识。

兰州大学地处多民族地区的甘肃,西接新疆,南连青、藏、川、滇,北接宁夏、内蒙古,自古以来就是连接西部少数民族地区的纽带,是内地与边疆民族地区的桥梁。在当前面对西藏、新疆民族分裂势力、宗教极端势力、恐怖势力活动的形势下,兰州大学所处的地缘优势,使我校民族学研究具备得天独厚的研究条件,研究特色鲜明。基于兰州大学将建设高水平研究型大学与做西部文章二者相结合的办学特征,在民族学专业的教学科研工作中,我们将教学科研工作的开展,与服务西部民族地区社会与发展相结合,在取得一定成就的同时,反思与教学科研工作息息相关的青年教师队伍的思想政治工作,对于教学科研的进一步发展与推进有着重要影响。

一、青年教师的教学科研工作必须把握正确的政治立场

长期以来,我国高校教师发展中存在着"重业务、轻政治"的现象,即业务意识的增强与政治信念的淡化,甚至有极少数青年教师政治意识淡薄,我校青年教师队伍也不例外。毋庸置疑,业务意识在青年教师队伍中的增强,对于推动研究型大学教学科研水平的提高起到了至关重要的作用,兰州大学每年在科研项目立项、科研经费、科研成果以及各类科研教学成果奖等各项教学科研衡量指标上所获得的成绩和不断的进步与提高,就足以证明青年教师业务意识增强的积极推动作用。但同时我们也应看到,

“轻政治”现象所引起的青年教师政治信念的淡化与政治敏锐性的缺乏，一定程度上将减弱“重业务”给学校带来的明显成效，严重影响高等教育的发展。

以民族学学科为例，凭借兰州大学民族学研究的地缘优势，本学科多年来通过不断的积累，已取得了教学科研等各方面较好的成绩，科研立项，尤其是国家级、省部级项目年年攀升，科研成果推陈出新，研究生培养质量不断提高。与整个学科发展相一致，青年教师的业务意识与业务水平不断增强，每年国家级、省部级科研项目的争取与立项，新的科研成果的不断推出，在西北少数民族研究中心这一优良平台上，青年教师的教学科研水平不断提高。然而，这一学科的地缘优势，在推动学科发展、青年教师不断成长的同时，也对青年教师的思想政治工作提出了新的挑战。

甘肃作为连接西部少数民族地区的纽带，在当前“藏独”、“疆独”及三股势力依然活跃的形势下，我们的教学科研工作，必然会遇到西藏问题、新疆问题及三股势力的相关问题。如科研方面，在研究民族地区的社会发展与民族问题时，由于我国正处于社会转型期，本来就存在各种社会矛盾与问题亟待解决，而又由于民族地区是中国社会各类区域中尤其偏远落后的地区，与之相关的是部分少数民族群众的民生问题、民族传统文化的保护与传承等问题的亟待解决。这些亟待解决的社会转型期的各类问题，往往容易与民族地区社会发展存在的一些问题相交织，一旦涉及某一问题时，往往容易把握不准确、不到位，或表述不清晰而造成立场问题，从而被别有用心的人所利用。因此，在涉及此类研究时，应坚持马克思主义的民族观及其在中国的实践理论与政策，避免出现政治立场问题。尤其涉及西藏与新疆时，我们的一些言论和科研成果容易为三股势力所利用，成为国际敌对势力“反华”的口实，如民族地区的计划生育问题、民族地区流动人口问题等，这些问题的出现与我国社会转型期的复杂形势有关，而“藏独”、“疆独”及三股势力往往将之与我国的民族政策相关联，从而使这些问题出现国际化的趋势。因此，在具体研究中，作为一名青年教师，应当把握正确的政治立场，无论在研究的立意上还是措辞上，均应正确、合理地体现我国的民族政策，以防被一些不法分子及别有用心的人所利用。在教学上同样存在此类问题，民族学专业的学生有很多是来自民族地区的少数民族大学生，一些相关课程涉及我国的民族政策与当代民族地区的社会发展，青年教师授课的全过程贯穿着对学生民族理论与政策相关知识的传授、“各民族共创中华”意识的灌输与“民族平等”观念的教育，只有青年教师牢固树立正确的政治立场，才能在传授知识的同时，推动学生逐步树立马克思主义的民族观。

二、切合西部社会发展实际，立足于国家战略需要和学术前沿，不断提高服务社会的能力

西部社会发展是关系我国社会主义现代化建设的重大问题，它既是我国当前社会主义建设中的重大理论和现实问题，也是我校具有巨大优势和发展潜力的研究所在，兰州大学多年来践行“做西部文章，创一流大学”的办学思路，围绕西部社会发展的重大理论与现实问题开展相关学术研究。对于青年教师来说，加强思想政治教育的内容之一，是切合西部社会发展实际，为解决西部社会发展和现代化进程中所面临的重大理论与现实问题提供智力支持。

就民族学而言，一方面，当前中国社会正处于转型时期，但各民族、各地区社会转型的起点、机遇、社会环境、发展态势不同，形成了当代中国社会转型的不平衡性，而这种由传统向现代的变革，必定并已经在西部民族社会、文化、心理等各方面引起较大反响，引发一系列复杂而敏感的矛盾、困难与问题。因此，对于青年教师来说，把握科学研究中的一个核心任务是，正确认识和解决转型时期的各种问题，对能够促进民族社会发展与和谐的积极因素进行总结，对影响民族社会和谐与文明发展的各种社会问题进行分类和结构性分析，寻找其产生的内在根源与解决方法，以保持西部民族社会良性运行与和谐发展。在此基础上，对转型期多民族地区的社会发展与和谐社会建设开展有针对性的理论研究，为深入研究民族地区和谐社会建设探索出科学有效的路径和方法，为西部民族地区构建社会主义和谐社会提供理论支持。

另一方面，我国民族区域自治地方及少数民族聚居区，约占全国总面积的64%，而且大多为边疆地区，民族地区的稳定关系到我国边疆安全和国家的统一，影响我国和谐社会的建立及社会主义现代化的实现。尤其是西部地区，有众多少数民族居住，民族分裂主义、宗教极端主义、恐怖主义容易对我国边疆民族地区进行分化，从而挑起民族矛盾。特别是中亚地区

的三股势力，打着“同一民族”、“同一宗教”的旗号，破坏我国边疆稳定，妄图分裂中国。西部民族地区的社会稳定和国家安全已经成为我国全面建设小康社会和现代化建设进程中的重要影响因素，对该问题的研究是本学科青年教师义不容辞的责任。研究民族分裂主义、宗教极端主义对民族地区的影响，民族地区对外开放与社会稳定的对策措施，民族地区安全稳定与周边国际环境等问题，既有突出的现实政治意义，又具有重要的学术价值。

因此，对于青年教师而言，围绕西部社会发展的重大理论与现实问题开展科学研究，及时提供各类调查报告与咨询报告，能够为解决西部社会发展和现代化进程中所面临的重大理论与现实问题提供智力支持，是切合西部社会发展实际，服务社会的最好体现。

三、加强青年教师的思想政治工作，坚持思想政治工作与业务工作相结合

基于以上两点青年教师教学科研工作的实际，必须加强青年教师思想政治工作，坚持思想政治工作与业务工作相结合，解决思想问题与解决实际问题相结合，最终实现青年教师思想政治素质、教学科研水平及服务社会能力的同步提升，建设一支思想过硬、学术领先、教艺精湛，兼具服务意识与责任意识的青年教师队伍，以符合建设高水平研究型大学的现实需要。

一方面，要坚持不懈地提高青年教师对各种政治现象的分析、判断和辨别的能力，以及对各种错误的政治倾向和思潮的警惕性、免疫力，进一步增强青年教师的政治敏锐性和政治鉴别力。与此同时，要坚持不懈地在青年教师中开展社会主义核心价值体系教育，用马克思主义中国化的最新理论成果武装思想，用中国特色社会主义共同理想凝聚力量，用爱国主义为核心的民族精神和以改革创新为核心的时代精神鼓舞斗志，进一步引导青年教师切实增强服务西部社会的责任感和使命感。

另一方面，应进一步健全相关保障机制。比如，各中层党组织应成立教职工思想政治工作领导小组，定期听取青年教师思想政治汇报，定期开展青年教师思想状况调查，科学分析青年教师的思想和工作状况，实现青年教师的思想政治素质与教学科研素质的相互促进，共同提升。而党委宣传部也应通过政治引领、思想教育、文化熏染和舆论引导等途径加强对青

年教师的思想政治工作。同时,学校科研管理部门应通过宣传引导、科研立项、科研奖励等各项措施,鼓励和促动青年教师进行应用型研究,尽可能多地提交解决西部社会发展和现代化进程中所面临的重大理论与现实问题的对策建议。

以上是笔者基于自身的实践,对于加强高水平研究型大学青年教师思想政治工作的一些浅陋认识,仅供讨论。

参考文献

[1]王丹,等.浅谈加强高校青年教师思想政治工作的几个方面[J].辽宁行政学院学报,2007(8).

[2]张成华,等.高校青年教师思想政治素质现状分析与对策研究[J].华东船舶工业学院学报(社会科学版),2004(3).

[3]沈履平.加强高校青年教师思想政治工作的思考[J].学校党建与思想教育,2007(5).

加强青年教师思想政治教育工作应注意做好“四个结合”

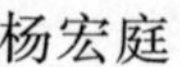

杨宏庭

（杨宏庭，兰州大学经济学院党委副书记，助理研究员）

摘要：作为高校教师中的一个重要群体，青年教师的思想政治觉悟状况，在一定程度上对于高校坚持正确的社会主义办学方向和全面贯彻党的教育方针起着根本保证的作用，是进一步加强和改进大学生思想政治教育的前提条件。加强我校青年教师思想政治教育，应当重点注意将提高政治思想觉悟与传承兰大文化精神相结合，将树立正确的价值取向同师德师风建设相结合，将显性教育与隐性教育相结合，将解决思想问题与解决实际问题相结合。

关键词：青年教师　思想政治工作　师德师风建设

高校青年教师一般是指年龄在35岁以下的教师，他们是师资队伍的重要构成部分，是培养现代社会所需高级专门人才的重要力量。作为高校教师中的一个重要群体，青年教师的思想政治觉悟状况，在一定程度上对于高校坚持正确的社会主义办学方向和全面贯彻党的教育方针起着重要保证作用，是进一步加强和改进大学生思想政治教育的前提条件。因此，不断加强青年教师的思想政治工作，是每一所高校都要面临的长期任务。青年教师思想政治教育工作是一项综合性的系统工程。从当前来看，笔者认为，加强我校青年教师思想政治教育，应当重点注意做好“四个结合”。

一、加强青年教师思想政治教育应当注意把提高政治思想觉悟与传承兰大文化精神结合起来

加强青年教师思想政治教育，首先应当立足于不断提高青年教师的政治思想觉悟。青年教师们一般学历层次高，精力充沛，思想活跃，勇于创新，视野开阔，正在或已经成为学校教学、科研和社会服务的中坚力量。但也有一些青年教师存在马克思主义水平不高，政治上欠成熟，对一些大是大非问题的认识不够全面，体现出政治思想觉悟程度不高等问题。提高青

年教师们的政治思想觉悟，就必须坚持不懈地积极组织青年教师认真学习马克思主义基本原理和中国特色社会主义理论体系，不断用中国特色社会主义理论武装他们的头脑，提高他们的理论水平，使他们学会运用正确的理论去处理各种问题，要经常组织青年教师学习党的路线、方针和政策，帮助青年教师深层次地理解党的政策，认识自己的工作在社会主义事业中所处的重要地位，增强历史责任感和时代紧迫感，使他们认识到只有通过努力为社会做出贡献，才能更好地实现自身的价值。

高度的政治思想觉悟归根结底还要落实到具体的实践行动上来。对于兰州大学的青年教师而言，如何更好地传承学校多年来形成的“勤奋、求实、进取”的优良校风学风和“艰苦奋斗，自强不息，独树一帜，争创一流”的文化精神，是高度的政治思想觉悟的重要体现之一。因此，要时刻注意把政治理论的宣传和学习同传承兰大文化精神结合起来。从学校来说，应当在加强政治思想理论学习的同时，大力加强对青年教师特别是引进或新留校的青年教师的校史、校情教育，应当大力弘扬学校事业发展过程中涌现的优秀典型，将先进的兰大校园文化精神融汇于政治理论的学习和宣传之中，从而激发青年教师的爱校、荣校之情，增强其归属感和自豪感。比如，举办青年教职工岗前培训活动，广泛开展“教书育人、管理育人、服务育人”活动，组织青年教师参观校史博物馆等等，都是新形势下将提高政治思想觉悟与传承兰大文化精神相结合的有效方式。只有这样，高度的思想政治觉悟才能在青年教师身上与本土文化情结实现有机统一，才能使学校人才培养和科学研究保证正确的方向。

二、加强青年教师思想政治教育应当注意把树立正确的价值取向同师德师风建设结合起来

青年教师大多成长于20世纪八九十年代，他们亲身感受了我国从计划经济体制向市场经济体制的转变。在我国改革开放事业的进程中，国家在不断引进西方先进的科学技术的同时，大量的西方文化也一齐涌入，且良莠不齐、泥沙俱下。在市场经济以及对外开放的条件下，受西方文化的影响，在青年教师的价值取向中，出现了诸如“重经济轻政治、重物质轻精神、重实惠轻道义”等不良现象。这样的价值取向表现在师德师风中难免偏离热爱学生、教书育人的理念和“学为人师、行为世范”的行为准则，有

的青年教师用市场的原则对待教育教学工作，承担课务超课时有报酬多多益善，无报酬推三阻四；有的青年教师对待个人晋升发展热情奔走，对待集体活动公益事业消极应付；有的青年教师只教书不育人，不遵守基本的教学常规，不认真备课，知识不更新，讲授不热情；有的青年教师为了获取更多的报酬，忙于在校外兼职或从事与教学科研无关的活动；还有的青年教师忽视学术道德建设，致使学术失范现象触目惊心。凡此种种，可谓贻害无穷。

帮助青年教师树立正确的价值观和人生观是加强青年教师师德师风建设的前提条件，同时，二者的有机统一和结合，也是加强青年教师思想政治教育的重要内容。帮助青年教师树立正确的价值观和人生观，必须通过大力加强社会主义核心价值观教育，构建青年教师的共同理想，建立弘扬符合时代要求的价值观，引导青年教师认同改革开放的伟大实践；必须通过集体主义价值观教育，激励青年教师以振兴中华为己任，把发展我国的高等教育事业，实施科教兴国的伟大战略作为自己的人生追求和价值体现。以此为基础，通过职业道德教育，鞭策青年教师爱岗敬业，教书育人，奋发向上，辛勤耕耘，让自身利益在本职工作中得到体现，使个人的合法利益与承担的社会责任相统一，把维护整体利益同实现个人利益结合起来。此外，帮助青年教师树立正确的价值观和人生观，加强青年教师师德师风建设，还必须在体制机制上下工夫。无论教学还是科研，青年教师的业务仍处于成长期，他们需要有更多的时间去学习和阅读，去亲自查资料、做实验、出野外、写论文，不断积累。而目前的体制机制易使许多青年教师疲于奔命，特别是对于我校而言，教师总量不足，再加上多校区办学格局等因素，使我校当前教学和科研在教师的年龄格局上呈现出倒挂现象。这种格局，既不利于青年教师业务能力和素质的提高，也不利于他们师德师风建设。因此，在尽快改变我校教师总量不足的现状的基础上，变革青年教师管理制度，形成老中青“传帮带”的正常年龄梯次和格局，是当前加强青年教师师德师风建设的重要内容。

三、加强青年教师思想政治教育应当注意显性教育与隐性教育相结合

显性教育与隐性教育是思想政治教育的两种不同方式。长期以来，对青年教师思想政治教育往往着重强调显性教育的作用而忽视隐性教育的

作用。从目前针对青年教师进行的思想政治教育情况来看,我们往往是通过理论灌输的方式将教育信息传递给青年教师,至于青年教师接受多少,认同与否,理解程度与贯彻得如何,往往不尽如人意。因此,提高青年教师的思想和道德觉悟,仅仅依靠理论灌输是远远不够的。而隐性教育则讲究以情感人、以情动人、以情育人,具有潜移默化的效应。要将理论扎根于青年教师的头脑当中,转化为实践的动力,就需要我们的思想政治教育工作既重视理论灌输,更注意隐性渗透,将先进的理论寓于实践当中,注重实践的指导作用。

当前,青年教师主体意识不断增强,与教育者处于平等地位,发挥隐性教育的作用,首先要强调信息的平行传递,注重人与人之间的交流互动和情感沟通，发挥青年教师在思想政治教育中的主体性作用，激发他们学习政治理论的兴趣，调动其参与政治活动的积极性和主动性，从而起到事半功倍的效果。其次,要针对青年教师的现状,针对热点问题和难点问题,着力释疑解惑、理顺情绪,发挥团体作用,推进民主管理,从而收到“春风化雨、点滴入土”的效果。再次,要积极鼓励青年教师们参加各种社会实践活动,通过实践的方式对青年教师的思想和政治素质进行培养。社会实践使青年教师在实践锻炼中增长才干,更多地接触社会、了解民情,这无疑会增强青年教师的社会责任感，使他们能用正确的思想认识来教育和感染学生。比如,组织他们中的优秀分子到艰苦的地方扶贫、支教,使其积极投身于农村的教育工作,增加青年教师参加社会实践的机会,锻炼其意志品质;开展各种文体活动,增强思想政治工作的趣味性、渗透性和感染性,寓教育于各项有益的活动之中,让青年教师在健康有益的活动中受到教育和启迪。此外,对青年教师进行隐性思想政治教育,还要利用教育方法之间的互补性,综合运用多种教育方法,借助现代教育手段和教育设备,提高教育方法的艺术性和魅力,从而提高宣传学习的实效。

四、加强青年教师思想政治教育工作应当注意解决思想问题与解决实际问题相结合

马斯洛的需求层次论揭示了人的需要的层递性。青年教师同样具有多方面的需求,他们也只有在基本需要得到满足之后,才能树立积极的科学的人生价值取向,才会追求良好的职业道德风尚。如果第一需要得不到

满足,高层次的需要是无法激发的。事实上,尊重人、关心人,解决人们的实际问题,也是思想政治教育的一个基本原则。做好青年教师的思想工作,除了以中国特色社会主义理论体系教育为重点,师德教育为中心外,还要特别注意解决青年教师生活、工作中的实际问题,用关心爱护青年教师的具体行动,来提高教育的效果,增强说服力,产生凝聚力。

在社会主义市场经济条件下,思想政治工作要在加强精神文明建设的同时,更需要采取物质利益和个人发展原则相结合的方法,充分调动青年教师的积极性,使其自觉地全面提高自身素质。青年教师往往面临从业时间短、事业刚起步,上有老、下有小,经济条件相对较差等现实处境。进行思想政治教育工作,就需要从根本上重视青年教师、尊重他们的情感和权利,理解他们的现实需要。当前,青年教师在住房、工资待遇等方面仍有许多不尽如人意之处,这给他们工作和生活带来了诸多不便,使他们难以全身心地投入工作。对此,学校应在可能的范围内给予政策的倾斜,考虑他们的切身利益。要及时听取青年教师对学校工作的意见和建议,吸引他们参与学校发展规划和改革进程,为青年创设轻松愉快、团结温暖的工作环境和创业环境,努力提高他们的生活幸福感。在青年教师的业务发展上,要从体制机制上让他们能够将教学和科研有机结合,要给予他们充分的信任,做到思想上严要求、业务上高标准、工作上压担子。要鼓励青年教师参加教学研讨学术交流活动,并对教师的成果给予积极认可和奖励,使青年教师感觉到自身存在的价值。要积极创造必要的学习条件,对那些成果突出、学术地位在国内外领先的拔尖人才要给予重点支持,在实验室用房、经费、设备、出国考察等方面给予支持和保证。要让青年教师对自己的前途充满信心,对自己的事业满怀激情,对学校的培养深受鼓舞。此外,由于我校地处西北,物质条件相对较弱,再加上多校区办学,学校更要从思想上高度重视,对青年教师的交通、就餐、住宿,子女的入托、入学等问题细致考虑,周密安排,切实解决他们的后顾之忧。只有这样,青年教师才能安心乐教,才能在学校各项事业发展中最大限度地发挥自己的聪明才智和创造力,青年教师的思想政治教育工作才能取得好的效果。

总之,当前我校青年教师的思想政治教育工作必须做到"四个结合",这既是当前我校青年教师思想教育工作的有效方法和途径,又是当前青年教师思想政治工作的首要任务。只要我们认真研究,勤奋工作,一定会使我校青年教师的思想政治工作不断取得新的成绩。

参考文献

[1]张耀灿，郑永延，刘书林.现代思想政治教育学[M].北京：人民出版社，2001.

[2]田朝晖，张美珍.加强高校青年教师思想政治教育实效性的途径[J].人力资源管理，2010(5).

[3]杨利萍.加强和改进当前高校青年教师的思想政治教育工作[J].长沙铁道学院学报(社会科学版)，2007(2).

[4]沈履平.加强高校青年教师思想政治工作的思考[J].学校党建与思想教育，2007(5).

让青年教师与"拔尖计划"共同成长

萃英学院总党支

（执笔人：杜生一，兰州大学萃英学院党总支书记，副研究员）

摘要：萃英学院没有固定的教师编制，全校的青年教师都是拔尖学生培养的生力军。在人才培养工作中，学院重视青年教师这一特殊群体，创造各种条件与机会，让他们承担育人职责，参与学生思想政治工作，让青年教师与"拔尖计划"共同成长。

关键词：青年教师　拔尖计划　学业导师　科研实践　国际合作

根据《国家中长期教育改革和发展规划纲要(2010—2020年)》和《国家中长期人才发展规划纲要(2010—2020年)》的部署，从2009年起，教育部开始实施"基础学科拔尖学生培养试验计划"(简称"拔尖计划")。该计划的目标是：在高水平研究型大学的优势基础学科建设一批国家青年英才培养基地，建立高等学校拔尖学生重点培养体制机制，吸引最优秀的学生投身基础科学研究，形成拔尖创新人才培养的良好氛围，努力使受计划支持的学生成长为相关基础学科领域的领军人物，并逐步跻身国际一流科学家队伍。实施"基础学科拔尖学生培养试验计划"，培养拔尖创新人才，是未来十年高等教育的战略目标之一，关系到国家经济社会发展和核心竞争力的提高，关系到建设创新型国家和人才强国战略目标的实现。进入"拔尖计划"的19所高校大力进行体制机制改革和教育教学改革，积极地推进着计划的实施。

基础科学研究，是兰州大学的传统优势。进入"拔尖计划"，为国家培养基础学科拔尖创新人才，是兰州大学的责任。为了把实施拔尖计划的工作做好做实，学校于2010年8月专门成立了萃英学院。作为一个跨学科的学院，我们的主要职责是具体实施"基础学科拔尖学生培养试验计划"，同时也承担着本科人才培养模式创新、教育教学方法改革试验区和示范区的任务。

学院成立一年多来,在学校领导的关怀和支持下,我们与相关学院密切配合,修订人才培养方案,加强教育国际交流,重视学院制度建设,使萃英学院的各项工作逐步走向正轨。

萃英学院没有固定的教师编制,全校的青年教师都是拔尖学生培养的生力军。在学院的人才培养工作中,我们非常重视青年教师这一特殊群体,创造各种可能的条件与机会,让他们承担育人职责,参与学生思想政治工作,让青年教师与"拔尖计划"共同成长。

一是聘请青年教师担任学业导师。根据人才培养的需要,学院主要聘请四种类型的教师,分别是:授课教师,主要负责课堂讲授;科研导师,主要负责科研训练;学业导师,负责对学生进行学业辅导;讲座教授,主要是为学生开拓学术视野。

这四种类型教师中,我们唯独对学业导师的要求必须是青年教师。学业导师主要负责学生的综合素质培养、课外能力建设,指导学生班级日常工作,指导学生社会实践活动等。要求学业导师应是有一年以上出国留学经历的博士,有充足的时间和精力,能够与学生一起交流、一起探讨,能够有效指导学生学业,促进学生全面发展。目前,经过相关学院党委推荐,萃英学院为每个班都配备了学业导师。他们都是优秀的青年教师,有些已经是学有所成的教授。

学业导师不仅要指导学生学习,更要承担育人职责,参与学生思想政治教育。针对萃英学院学生的特点,我们提出思想政治工作的基本目标是使学生"思想上积极上进、道德上严格自律、生活上情趣健康、行为上阳光和谐"。为了提高"两课"教学效果,学院建立了以"传统与传承"为主题的红色会宁教育基地,以"民族与民俗"为主题的金色临夏教育基地,以"生态与生活"为主题的绿色天祝教育基地。为了让学业导师与学院党团组织形成合力,学院每两周一次的工作例会,都邀请全体学业导师参加。在上述"三个基地"组织的实践教育活动,都请学业导师同去。学院领导赴兄弟高校学习调研,也邀请学业导师同去。学业导师在人才培养工作方面提出的建议,学院都高度重视。他们在学生学业与个人成长方面提出的建议,学院都尽快予以落实。

实践证明,学业导师在学生中的威信高,赢得了学生的信任,已经成为人才培养工作中特殊重要的力量。在担任学业导师的过程中,这些青年教师通过与学生的互动而得到了锻炼，特别是加深了他们对教师职业崇高性的认识，提升了他们的职业素养。这对很少接受教师教育的我校青年教师，在一定程度上具有“补课”意义。

二是聘请青年教师指导学生科研实践。青年教师思维敏捷，创新意识强。但青年教师的事业处于起步阶段，科研方向还处在探索阶段。为了鼓励学生尽早开展科研活动，我们组织学生成立了以科研实践为主要内容的“学生兴趣小组”，目前已全面覆盖所有学生。科研项目具有科学性、趣味性、可行性，兼容了文理科学生。每个小组都由青年教师担任指导教师。在这个过程中，学生通过感兴趣的研究初尝了科研的乐趣，丰富了知识，青年教师在与学生的交流中，更多地了解了学生，开拓了科研思路，达到了“教学相长”的效果。

三是选送青年教师赴国外一流大学旁听本科生课程，帮助学院建立国际教育合作关系。根据“拔尖计划”的要求，萃英学院非常重视人才培养的国际化程度。课程体系中一部分课程要采用外文原版教材，一部分课程要采用双语教学。教学过程强调教师启发式教学，学生探究式学习。这对承担教学任务的许多青年教师是一个很大的挑战。我校青年教师外语好、科研强，但他们在国外时大多读博士、从事博士后研究或做访问学者，很少有人在哈佛、耶鲁等一流名校的本科生课堂听课。他们具有渊博的专业知识，但是关于学习论和教学论的知识有限，教学的策略、方法和经验积累不足。教学与科研有不同的规律和不同的艺术性。为此，学院除了加强本土的培训、组织青年教师在兰大旁听世界知名教授的本科生课程以外，已经着手建立一些渠道，准备派遣一部分优秀青年教师直接进入世界一流大学的本科生课堂旁听，学习他们的教学方法、教学艺术和考试方法等。青年教师在国外期间，主要任务是旁听本科生课程，同时还要安排他们走访有关高校的学生管理与服务机构，与对方建立教学与科研合作关系，依托他们的工作为学院建立国际教育合作关系。

总之，青年教师的业务能力、思想素质和道德水平，直接关系到学生的世界观、人生观、价值观的形成和健康成长，关系到国家的命运和民族的未来。萃英学院是年轻的学院，创新创造是学院鲜明的特点，成长发展是学院迫切的需求，在这方面我们与青年教师有着相同的追求、强烈的共鸣。年轻的学院需要朝气蓬勃的青年教师，让青年教师与“拔尖计划”共同成长将是我们不懈的追求。

参考文献

[1]基础学科拔尖学生培养试验计划进展报告(2009.1—2011.12)[R].北京:高等教育出版社,2012.

[2]陈晓剑.基础研究拔尖人才的关键成长路径研究——基于973计划项目首席科学家的分析[J].科学学研究,2011(1).

[3]宗农.优秀拔尖人才成长规律探微——从改革开放后大学毕业的两院院士的高等教育经历说起[J].中国高等教育,2005(13、14).

对做好学院青年教师思想政治工作的思考

胡万军

（胡万军，兰州大学公共卫生学院党委书记，助理研究员）

摘要：本文首先分析了基层学院青年教师的思想现状，提出了几个值得我们思考的问题：对办学理念转变的认识不足，对教育观念理解上的偏差，对教师职业道德规范认识模糊，社会责任感有所淡化。提出了加强青年教师思想政治工作的几点设想：营造崇尚创新的学术环境，加强师德建设，加强管理创新，细化思想政治工作，切实体现青年教师地位，加强理想信念教育。

关键词：教育观念　道德规范　责任感　学术环境　管理创新　青年教师地位

实现由教育大国向教育强国的跨越，是国家选择和国家战略。为实现这种跨越，高等学校要全面履行好教学、科研、服务社会和文化传承与创新四项职能。教育大计，教师为本。近年学校资金投入日益扩大，办学条件日趋改善，学生人数不断增加，教师学历越来越高。目前的现实情况是青年教师已占到高校教师队伍的大部分。近年的各种统计数据表明：青年教师在我校履行办学职能过程中承担着大量具体工作任务，发挥着骨干乃至中坚的作用。但部分青年教师学术浮躁，学术诚信下降，特别在价值观上表现出有悖于社会主义价值观的私利追求。其中一个根本原因是我们忽视了精神的创造，而正是这种精神，能够在学校形成一种氛围，一种风气，促使青年教师抛开一己私利，真正为学生成长、学术进步、学校发展、国家建设而艰苦奋斗、开拓进取。要回答沉重的钱学森之问，要落实好全面提高高等教育质量的若干意见，我们都把目光汇集到高校年轻教师身上。这些问题都与年轻教师的成长成才有着千丝万缕的关系，也都需要集中学校各方智慧来探索。思想政治工作是我们党的优势，它在实现高等学校办学目标过程中提供了方向指导、精神动力和人才支撑。本文立足于学院青年教师的思想现状,谈一些看法和思考。主要目的是解决学院青年教师思想政治工作中的创新问题,从根本上促进学院青年教师健康成长,为实现国家战略跨越做出应有的贡献。

一、值得引起重视的几种思想状态

(一)对办学理念的转变认识不足

办学理念是大学发展目标与方向的指导原则，具有鲜明的历史特征和时代特征。伴随世界科技突飞猛进、知识经济方兴未艾和国际竞争日趋激烈的时代浪潮，我国提出了建设人力资源强国和建设创新型国家的宏伟目标。建设高水平研究型大学成为创新型国家建设的战略重点之一,把创新作为大学建设发展的核心和源泉,提升创新能力,成为我国研究型大学必须具备的办学理念。理念的转变是一场深刻的思想变革。为了将新的办学理念贯穿到学院的整体发展之中,学院教代会确定了"博学、实践、求是、创新"的院训,学院的思想政治工作在促进办学理念的转变方面取得了一些成效,但依然任重而道远。从实际情况来看,部分年轻教师对办学理念的根本性转变反应滞后,对提升创新力的认识不深刻,对着力加强自主创新建设高水平大学等战略思想领会不透彻,没有把主要精力放在练内功、做强特色优势走内涵发展的道路上,没有放在以创新精神引领教学、科研和服务社会的各个方面和各个环节中,而是将创新停留在概念上。

(二)对教育观念理解上出现偏差

我们长期以来更多注重教育的服务性和工具性，重视专业知识的传授和特定工作技能的掌握,很大程度上忽略了人自身发展的需求。这种观念环境和相应的体制机制抑制了学生学习的主动性和发展潜能，培养目标和课程体系不能适应新形势的要求,培养模式单一陈旧,课堂教学千篇一律,学生自主学习和交流实践严重不足,课程内容缺乏新思想、新技术、新成果。青年教师是课堂教学的主力军,承担了大量的教学工作,因而对他们提出的质疑也最多。课堂教学反映的问题最能体现教学的观念和本质。由于缺乏及时高效的沟通机制,以及职责划分模糊不清,因而对教学问题缺乏深刻的思考,对青年教师的教学理念缺乏深刻的剖析,在这方面我们的思想政治工作在着力点的选取以及工作力度的把握等方面还有许多值得探索的地方。

(三)对职业道德规范认识模糊,践行不力

教育是一个需要教师表现人格品质的专业,只有具备了优秀品质的人,才能实现教育的价值。教师不仅要有自觉的专业伦理,而且要有良好的道德品质。我们往往把教师理解为仅仅交给学生某种学科知识的人,教师的教育行动不是道德行动,而仅仅是实现有效教学的技术行为,忽视了教师的道德人格以及师生关系的道德性具有重要的教育意义。个别青年教师把教育过程仅仅看做是需要严格监控的操作流程, 湮没了教育工作的道德要求,因而不太关注自己行为的道德责任和道德后果,甚至放弃自己行为的道德追求。尽管我们有青年教师的上岗培训,也有加强师德建设的一些举措。但对什么样的教育是道德的,什么样的教师是道德的,既没有在青年教师中引起深入思考,形成明确的思想共识,也没有在学院管理中形成一套有效的师德教育的宣传、落实和评价体系。

(四)社会责任感有所淡化

大学是人类社会文明的结晶,它是一种社会的文化承诺,它需要集中一些有文化素养与精神追求的知识分子,不仅传播知识,造就人才,而且传递和发展这个社会的核心价值, 高等学校年轻教师是社会核心价值的承继者和光大者。现在有一些年轻教师忙于各种量化的学术考评,还有的忙于各种为生计所迫的社会兼职, 对自己专业领域之外的东西完全不关注,他们不关注政治,不参与社会,也很少参加文娱活动和其他集体活动。青年教师的批判能力也有待提高。这个批判不是网络上流行的随意批评,而是负责任的、反思性的批判。作为知识分子重要的聚集地,如果连大学都失去了批判的功能,那么没有任何一个机构可以承担这样的责任。

二、对加强青年教师思想政治工作的设想

(一)营造崇尚创新的学术环境

大学文化是提升大学创新力的重要保障, 也是培养创新人才的重要环境因素。我们的思想政治工作对象不仅仅是单个的青年学术骨干或某一个团队,而应该去促进营造一个宽松自由的学术环境,使创造性的思维变得可能。只有允许学术自由, 青年教师的知识品格才能得到尊重和保护。青年教师应当坦诚追求知识,挖掘新意,甚至牺牲个人利益。在我国高等教育发展历史上,西南联合大学的办学理念、治学精神和文化环境值得

我们思考和借鉴。冯友兰先生指出“联合大学以其兼容并包之精神，转移社会一时之风气，内树科学自由之规模，外来民主堡垒之称号。违千夫之诺诺，作一士之谔谔”。大力提倡敢为人先、敢冒风险、勇于实践、求真务实的精神，倡导敢于创新、自由探索、批评质疑、协同攻关、宽容失败的精神，使教师能恪守“学为人师，行为世范”的准则，潜心治学，淡泊名利，努力营造“兼容并蓄，有容乃大”的学术环境和宽松和谐的人文环境。

(二)加强师德建设

青年教师的工作对于国家和社会有道德义务，对于教育本身有道德义务，对于学生更有道德义务。教师的工作伦理必须在宏观上对国家政治文明和社会文明发展有一种批判力，对我们的政治和社会走向民主有清醒的认识和乐观的希望，了解社会的公正状况，关注社会重大问题，培养社会感受力、判断力，理性论辩能力，社会责任感，坚持社会正义等等。对于教育具有一种忠诚，坚持教育理想，尊重生命价值，以人的精神成长为目的。对于学生的伦理义务表现：尊重学生个性，善待学生，坚持公正原则、利益平等原则和学生幸福最大原则等等。学院党委和工会要按照师德为先、教学为要、科研为基的要求，加强师德师风建设，高度重视《高等学校职业道德规范》的宣传教育工作。结合学院青年教师的思想现状，细化“爱国守法、敬业爱生、教书育人、严谨治学、服务社会、为人师表”六个方面的具体内容，增强教育的针对性。要改进对教职员工的考核方式，并将结果运用到年度考核和晋职晋级等工作中去。

(三)加强管理创新

一流大学作为国家创新体系的重要组成部分，其在知识创新中的作用更主要地体现在教育创新上，知识创新和教育创新的关键在教师，在于如何充分激发青年教师的积极性和创造性，在于一代科学精英和学术大师的崛起，而激发青年教师积极性和创造潜能的关键是民主的管理制度和管理模式。

(四)细化思想政治工作

人是社会发展中最终的决定因素，以人为本是现代大学最终的办学理念，也是高校软环境建设的归宿。应该看到，再先进的现代教育手段，都不能代替面对面的思想政治工作；再发达的现代传媒，都不能忽视人与人之间的情感交流和融合；再完善的规章制度，都不能替代人文关怀的巨大

作用。在学院办学过程中,我们要牢固确立师生的核心地位,营造和谐的人际关系,以高尚的情怀去关心爱护青年教师。既要教育引导,也要关心帮助,教育与管理相结合,引导青年教师深入社会受教育。学院响应国家号召,已选派两名青年教师作为援疆干部挂职新疆维吾尔自治区疾控中心,选派教师在国家观念、职业认同、社会责任、教师使命等方面认识发生了深刻的变化,这项工作提供了许多启示,我们将结合新的教学方案对教学工作的要求以及有关政策的调整,加大青年教师深入社会受教育的工作力度。

(五)切实体现青年教师地位

进一步改善青年教师的工作生活条件,提高其工资待遇和政治地位、社会地位。使青年教师充分认识教师职业的崇高,以及作为教师所肩负的神圣职责,用政策鼓励支持优秀青年教师乐于长期从教、终身从教,心无旁骛地投入到教书育人和科研当中。培养优秀青年教师,加强学术委员会建设,保障年轻教授合法拥有学术领域的决策权,从事学术事务的决策和管理,真正发挥他们在学科建设、学术活动、招生政策、学位标准、学术人员聘任与晋级等方面的作用

(六)加强理想信念教育

"为天地立心,为生民立命,为往圣继绝学,为万世开太平"是中国知识分子的追求。我们的思想政治工作要引导和鼓励青年教师志存高远,在追求真善美的大道上迈进。利用国家的重大事件和重要人物的事迹宣传激发青年教师报效国家的热情,是十分有效的做法,在20世纪五六十年代中国和美国都有一些成功的经验,从这一点上可以看到政府激励作用的重要性。胡锦涛总书记在纪念中国共产主义青年团建团90周年大会上的讲话中对青年提出五点希望,首要的一条就是要志存高远。在我国社会转型、经济全球化和信息网络化的时代背景下,高校思想政治工作必须在青年教师中抓好理想信念教育,实践是检验真理的唯一标准,在融入世界高等学校发展潮流中,我们应该有自己的特色,有自己独特的生命力。

参考文献

[1]张典兵.教育理念的意义建构及形成策略[J].教育导刊,2012(5).

[2]李国安.新时期人民教师师德的内涵和特质[J].西南大学学报(社会科

学版),2010(5).

[3]鲜路.高校青年教师思想政治教育绩效评估体系建构的思考[J].社科纵横,2012(9).

[4]彭熙伟,廖晓钟,彭光正.高校青年教师的培养与成长探析[J].中国电力教育,2009(9).

营造风清气正的育人环境，做好青年教师思想政治工作

——以兰州大学公共卫生学院为例

魏可染

(魏可染，兰州大学公共卫生学院党委副书记，讲师)

摘要：高校青年教师的思想政治工作，为学校各项事业的发展提供了政治保证和人才队伍保证，对推动学校各项事业的发展具有重要和不可替代的作用。本文作者所在学院坚持“以人为本，一切从青年教师的利益出发”的工作宗旨，以提升青年教师的师德师风、帮助青年教师成长为工作目标，形成了有利于青年教师发展的工作机制。同时指出，今后还需在加强政治理论学习、加强业务培训和工作指导、鼓励参与学生思想政治工作、加强师德考核和入党工作、加强政策支持等方面进一步努力。

关键词：青年教师　思想政治工作

近年来，随着高层次人才引进及教师队伍的不断扩充，我校青年教师队伍不断壮大。当前，青年教师已占到我校教师队伍的大部分，承担着大量具体工作，发挥着骨干乃至中坚作用。做好青年教师的工作，为他们的成长和发展提供条件，成为关乎学校事业前行的一项重点工作。

一、青年教师思想政治教育工作的意义

做好青年教师的思想政治工作，对于维护学校正常工作秩序，推动学校各项事业的发展中具有重要和不可替代的作用。加强和改进青年教师思想政治工作，有效发挥思想政治工作的教育作用、导向作用、协调作用、凝聚作用和稳定作用，能够为学校各项事业的发展提供政治保证和人才队伍保证。①

做好青年教师的思想政治工作，有利于青年教师自身的成长。做好青年教师的思想政治工作，有利于养成青年教师扎实肯干的工作作风，提高其团结协作的团队意识，激发其工作的积极性、创造性，优化青年教师成

①《兰州大学关于加强和改进青年教师思想政治工作的若干意见(草案)》。

长环境。

做好青年教师的思想政治工作，能够带动学生思想政治教育工作的成效。青年教师对学生的思想行为具有直接的明显的影响，是开展学生思想政治工作的重要力量。①青年教师与学生年龄、经历、兴趣相近，相对易于沟通，结合课堂教学对学生进行正面引导，能够与学生工作形成合力，推动学生思想政治教育工作见成效。

做好青年教师的思想政治工作，有利于学校事业的进步。青年教师是学校教师队伍的重要组成部分，是高校发挥办学功能、实现可持续发展的重要组织保障。青年教师不仅承担着传道授业解惑的课堂教学任务，也承载着学校建设发展的亲历者、实践者、参与者、管理者的角色。青年教师要提高认识，在工作岗位上不断锻炼提高，为学校的教育事业充分发挥能力，做出贡献。

二、公共卫生学院青年教师思想政治工作现状

兰州大学公共卫生学院现有教师32人，其中具有高级职称人员20名，中级职称12名。教职工中具有博士学位的13人，具有硕士学位的19人，在职攻读博士学位的3人。其中40岁以下青年教师16人，具有高级职称人员5名，中级职称人员11名，具有博士学位的8人，具有硕士学位的8人，在职攻读博士学位的2人。青年教师比重相对稳定，拥有博士学位教师的数量逐年增加。

近年来，学院党委非常关心青年教师的发展，坚持发挥学院党委的政治核心作用，把做好青年教师的思想政治工作作为重点工作常抓不懈。学院坚持“以人为本，一切从青年教师的利益出发”的工作宗旨，以提升青年教师的师德师风、帮助青年教师成长为工作目标，在鼓励青年教师参与学院师生思想政治工作、参与社会服务工作、为青年教师提供必要的工作条件等方面开展以下工作，取得一定成效。

（一）鼓励青年教师参与学院工作

学院党委要求研究所党支部书记由学院青年教师骨干担任，副书记由高年级研究生党员担任。每月召开一次学院党委会，党委委员、党支部书记、副书记参加。会议结合工作实际，通过学习讨论、座谈动员，找准问

①《兰州大学关于加强和改进青年教师思想政治工作的若干意见（草案）》。

题，解决问题，统一思想，强化了青年教师参与学院工作的意识。在工作中，鼓励党支部书记既要坚持原则，又要结合本职岗位在活动组织上有所突破、有所创新。由学院根据工作表现审核并发放党支部书记津贴。同时，学院党委坚持做好一年一度的“七一表彰”活动，对工作积极主动、成绩突出的党支部和党员个人进行表彰奖励。坚持召开一年一度的学院教职工大会，会前充分收集学院教职工意见建议，会上充分讨论、听取学院教职工尤其是青年教师对学院工作的意见建议，分析解决学院发展中存在的突出问题，确定“博学、实践、求是、创新”为学院院训。

(二)鼓励青年教师坚持走专业与实践相结合的道路

学院积极选派青年教师骨干参加挂职锻炼，鼓励青年教师指导学生社会实践、创新创业活动，起到教学相长的作用。2010年以来，我院先后有3名青年教师和行政干部到山丹团县委、新疆维吾尔自治区疾控中心等单位挂职锻炼。学院营养与食品卫生学研究所党支部书记张格祥副教授在新疆维吾尔自治区疾控中心挂职期间，积极联系促成学院与新疆维吾尔自治区疾控中心的合作交流，同时也为学院毕业生就业牵线搭桥。不仅为所在挂职单位的工作专业化水平提升起到积极作用，同时也为地方公共卫生事业的发展做出实实在在的贡献。2010年以来，学院经费支持的学生创新创业项目数达到45项，指导教师90%以上为学院青年教师。

(三)要求青年教师参与学生思想政治教育工作

学院制定的教学、科研及实验系列人员岗位职责中明确要求，学院讲师应有任一年以上班主任或思想政治教师工作的经历，助教应有两年以上辅导员或班主任工作的经历。同时，也聘任学院副教授以上青年教师担任本科生班主任，并在院内启动班主任津贴。

近年来，学院积极为本院教师解决个人发展问题，关心教师成长。筹措资金为学院新近青年教师购买办公电脑，改善办公条件，鼓励青年教师攻读博士学位，以学院实验教学中心为平台安排青年教师、实验人员外出参加专业技能培训，极大地调动了教师及相关人员的工作积极性。

通过以上工作，学院青年教师工作积极性进一步提高，现有青年教师具有博士学位人员所占比例大大提升，青年教师与学院工作关系更加紧密，对加强自身师德师风建设的意识进一步强化，青年教师队伍整体状况有很大改善。

我们也看到,目前学院青年教师队伍整体发展趋势是好的。大部分青年教师能够爱岗敬业、扎实工作、努力学习、积极进取、为人师表。但也还有一些薄弱环节需要继续加强:一部分青年教师还存在急功近利、价值观扭曲、工作倦怠、理想淡漠的现象,这在一定程度上影响了学院青年教师整体队伍的发展。

三、进一步做好学院青年教师思想政治工作的途径

总结公共卫生学院近年来在青年教师思想政治工作中的经验教训,做好青年教师的思想政治工作,首先要在学院内部营造风清气正的育人氛围,形成有利于青年教师发展的工作机制。同时,对于教师本人也要把培养良好的师德师风,推动青年教师践行社会主义核心价值体系作为工作的重点。

(一)加强青年教师政治理论学习

青年教师是学校发展的重要力量,加强青年教师的政治理论学习是学院工作中不应忽视的内容。重视青年教师师德师风教育,结合教师在教学、科研、社会服务等工作环节中可能出现的问题,在提高教师的思想政治素质,树立职业理想,提升职业道德水平等方面,不断丰富教育的形式与内涵,培育形成宣传面广、教育效果好的工作载体。

(二)加强青年教师业务培训和工作指导

开展青年教师岗前培训,帮助青年教师树立正确的岗位意识。青年教师在实际工作中也要面临来自学校、社会、家庭等多方面的压力,这些压力如果不能得到及时的解决,将会带来一些严重后果。因此,如何帮助他们尽快适应新的环境和新的角色,学校除了要为他们提供短期的包括心理学、教育学、社会学等方面的岗前指导和培训,更要为他们适应工作、生活环境提供长期的支持与指导。关心教师的心理健康,定期开展教师群体的心理健康讲座、心理辅导;开展青年教师职业技能大赛,为他们的成长提高搭建平台;开展对青年教师的科研指导,培养其良好的科研素养、科研作风和诚信意识。

个人的成长离不开环境的熏陶,在鼓励学科融合的背景下,针对学院一部分青年教师不能很快适应工作要求的问题,要积极发挥学院中青年学术骨干教师的带头作用,为青年教师开展专门的业务培训和指导:学院

应当为新上岗的教师制定试讲和听课制度，安排专家听课指导；邀请校内外专家为学院教师开展专业讲座，进行课程培训；为初次申请科研课题的教师在申报、实施、结项等环节给予严格的指导。

(三)积极鼓励青年教师参与学生思想政治教育工作

针对一些年轻教师在工作经历方面的欠缺，学院要以加深青年教师对学校、学院工作的认识，加强对本校学生教育培养工作体系的了解为目标，安排能力较强、思想过硬的青年教师担任本科生、研究生班主任，担任学生工作兼职辅导员，鼓励青年教师直接参与到学生的教育管理实践工作中去，为加强本校大学生思想政治工作添砖加瓦，同时也通过工作锻炼培养其集体意识、组织能力，树立良好的师德师风，使其在工作中不断提高个人的思想政治水平，为其今后的发展拓宽道路。

(四)加强师德考核，做好青年教师入党工作

依据《教育部关于进一步加强和改进师德建设的意见》和学校相关文件精神，提高认识，加强领导，统一规划。紧紧围绕全面实施素质教育、全面加强青少年思想道德建设和思想政治教育的目标要求，以热爱学生、教书育人为核心，以“学为人师、行为世范”为准则，以提高教师思想政治素质、职业理想和职业道德水平为重点，弘扬高尚师德，力行师德规范，强化师德教育，优化制度环境，不断提高师德水平，造就忠诚于人民教育事业、为人民服务、让人民满意的教师队伍。[①]科学合理设置本单位师德考核标准，严格考核数据收集，注重考核实际效果，既充分体现考核结果的导向性、激励作用，对考核结果较差的教师也要有相应的警示和帮扶机制。

学院教工党支部要做好青年教师党员的发展工作，把师德考核结果作为发展党员工作的重要依据。吸纳青年教师中的优秀分子加入中国共产党，在组织中扎实学习党的理论知识，培养刻苦学习、艰苦奋斗、开拓创新的工作作风；培养锻炼青年教师党员参与基层党支部的管理工作，积累在管理岗位的工作经验；在党支部的培养下改造世界观、人生观和价值观，树立远大的理想。

(五)加强政策支持，为青年教师的个人发展提供保障

学校应当出台政策措施，规范兰州大学教师职业道德标准，制定课堂

①《教育部关于进一步加强和改进师德建设的意见》(教师[2005]1号)。

教学行为规范,为我校加强和改进青年教师思想政治工作明确目标;建立健全教师工作评价体系，切实把对师德师风的考核作为评价标准的一项内容,实行一票否决制,从引导和激励角度出发,把教师的政治思想、职业道德、个人道德纳入考核范围。同时,通过在校内设立青年教师专项基金开展教学、科研项目培育等措施,扶持鼓励青年教师开展教学、科研工作,做出成绩,回报社会。

参考文献

[1]《兰州大学关于加强和改进青年教师思想政治工作的若干意见 (草案)》。

[2]《教育部关于进一步加强和改进师德建设的意见》(教师[2005]1号)。

接地气 促发展 构和谐 切实做细做实做好青年教师思想政治教育工作

张跃进 张和平

(张跃进,兰州大学数学与统计学院党委书记,副教授;张和平,兰州大学数学与统计学院院长,教授,博士生导师)

摘要:青年教师的思想政治工作事关高校的可持续发展问题。本文从当前我国青年教师的思想特征出发,分析总结了数学与统计学院开展青年教师思想政治教育工作的认识和思考,始终坚持接地气、促发展、构和谐,做到感情连到家、意见听到家、工作做到家、实事办到家。

关键词:青年教师 思想政治教育 以人为本

青年教师是发展先进生产力和先进文化,培养造就信念执著、品德优良、知识丰富、本领过硬的高素质人才的生力军,也是学生健康成长的指导者和引路人。其思想道德素质和科学文化素质,事关教育教学质量和可持续发展问题。目前,数学与统计学院的79名专任教师中45岁(含)以下青年教师56人;获得博士学位45人,其中45岁(含)以下青年教师40人;入选教育部新世纪优秀人才支持计划的45岁(含)以下青年教师4人。面对数学学院教工队伍的实际情况,学院党委认为,决策之道千万条、以人为本第一要,只有党政齐抓共管,下大力气形成合力,只有接地气,思想政治教育工作才有底气,做出的决策才有人气,才会受到欢迎。在工作实践中,始终坚持感情连到家、意见听到家、工作做到家、实事办到家,为他们实现社会价值和个人价值创造提供条件。

一、准确把握青年教师的思想新变化新特征

改革开放尤其是1999年扩大招生规模以来,我国高等教育实现了跨越式发展,到2002年毛入学率达到15%,步入了国际上公认的高等教育"大众化"阶段。为了适应高等教育快速发展的需要,高校教师的数量也呈逐渐增长趋势,教师队伍整体年轻化,低年龄、高学历趋势明显,青年教师已成为高校教师队伍中的重要力量。据教育部统计,截至2010年底,我国

高校40岁以下青年教师人数已超过86万，占全国高校专任教师总数的63.3%。青年教师作为高校教师群体中的组成部分,既有高校教师的共性,又有年龄小、学历高、职称低、阅历浅和代际特征明显等特点。

(一)代际关系明显

不少青年教师从校园到校园,缺乏工作经验和社会实践,且大多出生于七八十年代,形成了"70后"、"80后"老师教"90后"学生的独特格局。一方面,他们比老一辈学者具有更好的成长环境和全面系统的学术训练,不少人已开始在相关领域崭露头角;另一方面,他们世界观、人生观和价值观形成的年代,听的是"文革"时期的冤假错案,阅读的是"伤痕文学",有的还具有较长的海外学习和工作的经历，受到国内外物质生活水平的差距和西方价值观的影响较为深刻。

(二)追求实用技能

广大青年教师生长、成长在社会主义市场经济和改革开放的新时代,巨大的社会竞争和环境压力，促使和造就他们的道德观念和行为准则与老一辈学者有很大不同,缺乏老一辈那种理想的、奉献型的群体本位主义者,而是倾向于做务实的、功利性的个体理性主义者。他们过度关注自我,追求实用的知识技能,敢于展现自我,渴望自我价值实现,一切努力都围绕着是否有利于个人职称晋升和职务升迁,谋求"工具合理性"。

(三)生活压力较大

当下的青年教师处在改革深入推进、社会经济转型、产业升级换代的时代,小时候面临着升学、就业的激烈市场竞争和生存压力,入职后工资和职称相对较低,申请课题经费难度较大,同时结婚、买房、买车、子女升学、赡养老人等现实问题突出,在一定程度上影响了工作积极性和对社会的认知。

(四)缺乏理性认识

部分青年教师角色转换也不到位，对某些社会现象缺乏理性思考和正确认识,不能从历史的角度、用历史的逻辑和历史的思维方式分析这些问题产生的深刻原因,萌生以偏概全的想法,将自己的不满在课堂上自觉不自觉地流露出来,或牢骚满腹或慷慨激昂地表达自己的价值主张。

总之,青年教师具有时代赋予的新特点,普遍拥有较高学历,基本上是硕士、博士,发展潜力、上升空间大,知识结构新,对新生事物的接受能

力强,与大学生心理距离近等,整体素质是比较好的。但同时,青年教师队伍中少数人思想政治水平不高,道德品质、人格特性存在缺陷,治学不严谨。

二、接地气、促发展,求真务实地做好青年教师的思想政治工作

邓小平同志说:“政治工作的根本任务、根本内容没有变,我们的优良传统也还是那一些。但是,时间不同了,条件不同了,对象不同了,因此解决问题的方法也不同。”学院党委始终坚持与时俱进,结合学院青年教师的思想实际和数学专业学科特点的地气,既包容个性的张扬,又把青年教师的思想政治工作与中心工作相结合,与青年教师的社会价值和个人价值的实现相结合,坚持用社会主义核心价值体系武装头脑,以人为本接地气,促进学院事业和青年教师的共同进步。

(一)加强情感交流机制,始终保持感情连到家

情不通、理不达。思想教育要赢得人心,必须先打动人心,欲使其在思想上被打动,就必须在情感上被感动。学院一方面积极改善政策传播机制,在坚持传统的青年教师大会、座谈会等形式的同时,积极建立多元化的传播机制,邀请党支部书记、青年教师代表参加学院的党政联席会议、中心学习组学习会议,利用电子邮件、QQ、手机短信等新媒介,及时传达学校、学院的精神要求,保证上级精神在学院的贯彻落实。另一方面,学院始终坚持以情感人、以情动人,积极创造通畅的交流平台,建立领导班子成员、党委委员、支部书记和青年教师谈心谈话、交流思想的制度,及时了解青年教师的思想动态,积极解决青年教师的实际问题,促进和谐发展。2011年,某一青年教师,因家庭感情破裂而离异,而且当时其父母病重,他的情绪低落,学院专门派人赴其老家去看望拜访他的家人,在其感到万般困难和无助的时刻,学院积极主动地把温暖、关怀送到了家。

(二)畅通思想沟通机制,始终保持意见听到家

思想政治工作的对象是人,是有思想、有情感的活动主体。学院通过定期召开青年教师座谈会、个别谈话、走访慰问等形式,认真听取青年教师的想法和意见。开展决策听证制度,凡涉及青年教师切实利益的事项,都要反复征求他们的意见,并在决策时邀请青年教师代表参加,保证他们有知情权、参与权、决策权,保证学院重大决策、重要干部任免、重大项目

安排和大额度资金使用的科学性。学院严肃财务监管制度,推进财务公开制度,选拔青年教师担任院工会成员,定期查看学院财务和账务运行情况,确保合理、节约、有效地运用经费。健全民意监测网络,开通了书记、院长电话热线,及时了解掌握情况,引导理性表达,协调解决问题。积极发挥研究所长作用,引导青年教师立德树人、教书育人、严谨笃学、自尊自律,促使其思想道德水平和工作业务水平同提高。修订完善考核程序和职称评定相关制度,激励广大青年教师立德树人、潜心研究、认真育人、科学发展。

(三)强化培养发展机制,始终保持工作做到家

加大对青年教师的培养、激发他们的工作热情,不仅促进了青年教师的发展进步,也提升了学院的教育教学质量,推进了各项工作的持续稳步发展。学院始终坚持对青年教师使用和培养并重,政治上对其放手使用,业务上对其帮助提高,注重在实践中使其砥砺品质、增长才干。比如:①认真选拔青年教师担任本科生或研究生班主任,并将其作为晋升职称的必要条件;选配思想觉悟高、政策水平强、业务能力好的党员青年教师担任党支部书记;②实施青年教师教学水平提升计划,定期开展教学水平展示;③坚持院领导班子成员听课、老教授听课等制度;④加强实践教学环节,鼓励青年教师担任全国、美国数学建模大赛,全国数学竞赛,挑战杯大赛,创新创业行动计划以及社会实践等活动的指导教师;⑤实施青年教师科研水平提升计划,不仅从创收中以立项形式为青年教师提供5000~10000元的科研启动费用,而且请老教师和有经验的教授、博士生导师等指导其如何选课题、如何撰写项目申请书等。一系列有针对性的举措,使青年教师健康成长,促进了学院的发展。引进的青年教师王智诚老师,因科研业绩突出被破格晋升为教授,并入选教育部新世纪优秀人才支持计划。2008—2010年,全院45岁(含)以下青年教师在SCI/EI刊物上共发表论文198篇(一区刊物6篇、二区刊物42篇),占全院发表论文总数的56.7%。学院发表SCI论文国际影响力显著提升,学科排名(引用量)提升至2012年的全球80名,位列国内高校和研究机构数学学科第4名。

(四)完善关心关怀机制,始终保持实事办到家

现实的人是社会的人、具体的人。现实的具体的人都是有情感的,有生理和心理的各种欲求。学院始终将解决实际问题与思想政治工作相结合,加大对青年教师生活上的照顾,积极协调解决他们的住房、子女入托

等问题。根据事业发展需要,积极引进青年教师,大力营造想干事、能干事、干成事和团结协作、积极向上的和谐氛围。在榆中校区工作的班主任和青年教师,学院创造条件为他们提供电脑,并且千方百计解决他们的住宿问题。从上海大学引进的青年教师邓伟华,在学校的帮助支持下,学院不仅在旺盛小区为其解决了住房问题,解除了其后顾之忧,而且加强培养,现在邓伟华老师已是教授、博士生导师,同时担任教工党支部的书记。同时,注重采取切实措施使青年教师在政治上得以锻炼,在先进性教育、学习实践科学发展观和创先争优等活动中,学院积极组织青年教师开展实践活动,重走长征路,学习考察会宁、腊子口等革命教育基地。

三、做好青年教师思想政治工作的几点体会

一是青年教师的思想政治工作必须与业务水平提高相结合,在业务培养中加强政治培养,坚持党对青年教师的思想引领。

二是青年教师的思想政治工作必须与解决实际问题相结合,把社会价值实现与个人价值实现统一起来,建立关爱关怀和培养制度。

三是青年教师的思想政治工作必须与培养关怀锻炼结合起来,坚持使用和培养并重,促进他们的全面发展。

四是青年教师的思想政治工作必须与制度的创新完善相结合,把激发青年教师的积极性、主动性、创造性和约束规范他们的行为统一起来,创造青年教师发挥才干的和谐文化环境。

总之,青年教师的思想政治工作是一个长期的系统工程,不可能一蹴而就。数学与统计学院将认真贯彻落实中国特色社会主义核心价值体系,学习借鉴兄弟学院的成功经验,凝聚人心,促进和谐,推进发展,努力造就一支师德高尚、业务精湛、结构合理、充满活力的高素质专业化教师队伍,为高水平研究型大学的建设发挥应有的作用。

参考文献

[1]廉思.高校青年教师思想状况调查[N].学习时报,2011-10-24.

[2]胡琦.高校青年教师思想政治状况调查及思考[J].国家教育行政学院学报,2009(8).

[3]邓小平文选:第2卷[M].北京:人民出版社,1994.

探析青年教师现状　加强思想政治工作

孙　毅　谢益群　畅兆锋

(孙毅,兰州大学药学院党委书记,讲师;谢益群,兰州大学药学院党委副书记,助理研究员)

摘要:教育是一个启人心智、育人心德的过程。高校的青年教师不仅担负着“传道授业”之重任,还肩负着“教书育人”之职责,他们的言行对于大学生情操的培养起着潜移默化和榜样示范的作用。青年教师之师德师风建设对于加强高校的精神文明建设、促进教学质量的提升具有重要的推动作用。高校基层党组织应该对青年教师的业务、生活和思想等进行全面客观的调研分析,在实践中创新工作方法,不断加强青年教师队伍的思想政治建设,充分发挥党组织在本单位事业发展中的政治核心和保证监督作用。

关键词:高校　学院　青年教师　思想政治　党建

育人先育师,育师先育德。当前,青年教师作为高校教师的主体,加强其师德师风建设已显得非常必要。伴随着高校教师队伍的不断壮大,青年教师在给高校注入新鲜血液,增强教师队伍的活力,改善教师队伍的年龄、学历和学缘结构的同时,也受到了社会经济发展和多元文化的影响和冲击,他们的世界观、人生观和价值观正在发生着变化。在新形势下,客观全面地探析青年教师的现状,有针对性地加强青年教师思想政治工作,已经成为我们基层党务工作者的重要研究课题。

一、探析青年教师现状

要做好我院青年教师的思想政治工作,首先应该清楚地了解青年教师的现状。为了了解青年教师的思想素质及业务素质,并以《高等学校教师职业道德规范》为切入点,找出在师德师风方面青年教师的表现与时代对青年教师要求之间的差距所在,探讨学院思想政治教育工作的对策,使青年教师的综合素质和学术水平不断提高,我们设计了《药学院青年教师思想状况调查问卷》,向院内 45 岁以下全体青年教职工发放问卷 42 份(占全体教职工的 70%),因为部分教师在国内外访学或出差,最终收回 35 份问卷,全部为有效问卷。调查对象的基本情况为男教师 14 人,女教师 21 人;30 岁以下 2 人,31～35 岁 21 人,36～40 岁 5 人,41～45 岁 7 人; 博士(含在读)28 人,硕士(含在读)6 人,学士及以下 1 人;全部学位来自本校的 18 人,全部学位来自外校的 6 人,学位分别来自本校与外校的 11 人;教学科研人员26 人,党政管理人员 6 人,实验技术人员 3 人;正高级职称 1 人,副高级职称 14 人,中级职称 18 人,未定级 2 人。

从调查结果来看,青年教师业务素质较高,在教书育人和严谨治学等业务方面表现较佳。教学科研岗位的青年教师中 93%的人员已经具有或正在攻读博士学位,40%以上的人员具有国外访学或进修经历,50%的人员拥有了副高及以上职称,68%的人员能够经常参与对学生的科研指导、课后答疑、聊天谈心或学生文体活动,86%以上的人员对教学工作充满兴趣,基本愿意承担 51～100 学时/学年的教学任务,86%的人员认为对“学术严谨”是药学人最应该具备的精神,人均参与校外学术交流 2 次以上,人均发表学术论文 9 篇 (其中 SCI 论文 3.5 篇)。同时也发现了一些新情况,因为一方面学校提出建设高水平研究型大学的目标,另一方面在教师的职称评定和年终考核中科研工作较教学工作更易量化指标, 教师在教学与科研中的精力投入比例正在从 1:1 转向 1:2; 在回答未来 5 年内的个人发展目标时,90%的教师选择了“加强科研能力”,只有 38%的教师选择了“提高教学水平”。在科研工作中,能够独立承担校外纵向或横向课题的我院青年教师还不足 50%, 能够对他人论文抄袭行为进行积极举报的教职工比例仅为 20%(含党政管理人员和实验技术人员)。针对如何进一步提高教学质量,大家认为应依赖加大“教学设备经费投入(58%)”、理顺“教学管理运行机制”(38%)、提高“师资自身水平”(34%)和调整“教师管理制度(考核和薪酬)”(31%)。

从调查结果来看,青年教师爱国守法、敬业爱生,能够为人师表,积极服务社会。接受调研的 35 位青年教工中已经入党的有 24 位,已经申请或正准备申请的有 5 位,只有 6 位不打算入党(不到 18%);有 11 位青年教师曾经或正在担任学生辅导员、班主任,3 人正在担任学院党委委员、支部书记或工会委员,还有 11 位青年教师承担了服务政府、企业的横向科研课题;“爱岗敬业” 是全体青年教工公认的一名卓越的大学教师必备的素质之一;89%的青年教师认为“师德师风建设”很有必要或较有必要;全体受访青年教工都能够经常在公交车上或者公共休息区给老弱残孕让座;94%的青年教工即便在拥挤的售票大厅有人插队时仍然会继续按照秩序排队;只有不到9%的青年教工认可“宁在宝马上哭,不在单车上笑”的观点。当然,我们还发现了一些问题,如青年教工“在公交车上看到扒手行窃”,能够“主动制止或偷偷提醒被扒者”的只有50%左右,见义勇为的精神还需要大力提倡;因为“职业高尚”而选择从教的比例只有33%,而因为“工作比较稳定”或“时间可自由支配”而选择从教的则超过了65%;“如果可以选择”,“更愿意从事” 纵向研究和横向研究的青年教师比例为3:1,大部分青年教师的科研仍然围绕职称评定和年终考核来开展, 主动服务社会的氛围还不浓厚。总的来说, 青年教师们认为,“团队合作精神不强”(51%)、“学术功利化严重”(40%)和“育人意识淡漠”(26%)是当前学校和学院师德师风建设中存在的主要问题。

从调研结果来看,青年教师对事业和生活的满意度较高,大部分人感觉幸福快乐。91%以上的青年教师对目前的工作待遇“满意”或“基本满意”,大家关心的最主要是“专业发展问题”(57%),而不是“收入待遇问题”(29%)、“住房问题”(17%)和“子女上学问题”(9%);近70%的青年教师能适应当前的科研与职称评定方面的压力;69%的青年教师相信自己经过努力在学术方面最终能够成为“知名学者”和“国内外领军人物”;感觉在单位受人尊重的程度“非常高”和“比较高”的约占50%;感觉在家里受人喜爱的程度为“非常高”和“比较高”的占77%;“非常同意”和“比较同意”自己活得有价值有尊严的占66%;只有11.4%的人认为自己“比较不快乐”和2.8%的人认为自己“很不快乐”。

二、加强青年教师思想政治工作

当前来看, 我院青年教师思想政治工作的重点是要进一步克服学术功利化倾向,培养团队合作精神,强化教书育人意识,畅通专业发展途径,提高服务社会能力。这里需要学院、学校、政府乃至社会从多个层面开展工作,形成合力。但限于研究范围,本文仅从学院党组织层面探讨如何在青年教师思想政治工作中充分发挥好党组织的政治优势, 紧紧围绕学院中心工作,选好角度、扮演好角色。

(一)充分发挥学院党组织在本单位事业发展中的政治核心和保证监督作用

第一,倡导确定学院发展的共同愿景。学院发展的共同愿景就是实现学院的办学目标,是一切工作的出发点和归宿。青年教师的成长是与学院发展密不可分的,很大程度上依赖于学院各项事业的发展,因而学院的发展与个人的专业发展一样,都是青年教师最为关心的问题。如果学院的发展没有共同愿景或愿景不清晰,青年教师就会对学院缺乏归属感和认同度,就会使他们很难将个人的发展与学院的发展紧密地联系起来,从而产生迷茫和不安之感,不利于学院的事业发展,也不利于青年教师个人的专业发展,更不利于培养青年教师的团队合作精神。学院党委应该与行政一道倡导广大教职工就学院发展的共同愿景展开充分讨论,并以党政联席会研究决定的程序来确定,以达到激励斗志、激发热情、凝聚人心、聚集力量之目标。

第二,推动实施发展性教师评价[①]工作。发展性评价是一种形成性评价,是一种面向未来的评价,它不仅关注教师的过去成绩,而且还根据教师过去的工作表现,确定教师个人未来的专业发展需要,制定教师个人未来的专业发展的努力方向。与之相对应的是现行的奖惩性教师评价,即以奖励和惩处为最终目的,通过对教师工作表现的评价,做出解聘、晋升、调动、降级、加薪、减薪、增加奖金等决定。这种教师评价势必影响教师的坦诚态度,很难指望全体教师的积极参与,还容易导致青年教师中出现"大利大干、小利小干,无利不干"的学术功利化倾向。而发展性教师评价以提高教师的工作积极性和专业水平为目的,以此促进学院的发展。评价中需要确立个人发展目标,建立多元评价主体,实施多维评价内容,强调教师评价的真实性和准确性,注重教师的个人价值、伦理价值和专业价值。从落实高校党管干部和党管人才要求的角度,学院党委应该切实履行职责,与行政一道积极争取学校支持,在学院内部推动发展性教师评价在教职工考核评价与职称职务评聘制度中的广泛应用,以期消除"对内的公平性不够、对外的竞争性缺乏、对个体的激励性不足"等现有制度的弊端。

①郝振君,周福盛:《高等学校发展性教师评价体系的构建研究》,载《北京城市学院学报》2010年第4期,第4–10页。

第三,引导驾驭高校内部的“显规则”和“潜规则”。[①]地方高校作为一种社会组织,其青年教师受“显规则”和“潜规则”的双重约束。“显规则”指学校管理部门和学院制定的明文规则，属于正式规则，如各种党政文件等,它通过正式的政策文本为青年教师发展提供了行为指南。“潜规则”是一种非正式规则,指那些虽无明文规定却是个体“在价值取向和行为选择中共同认知的‘默会性’规则”,它表现为学校的文化习俗、价值观、思想道德、关系网络等,往往通过经验事实得以巩固和强化。青年教师如何在大学场域中理解并恰当地把握与运用这两种规则，不仅关系着其学术职业发展的高度与进展，也为地方高校构建一个良好的学术生态环境提供了一个新的视角。对此,学院各级党组织一方面应该牵头完善各项工作细则和工作程序,积极落实党务公开和院务公开,帮助青年教师熟悉政策要求与工作流程等“显规则”,最大限度地避免“权力”、“人情”等“潜规则”对工作的消极影响;另一方面,还应该加强青年教师与高年资、高水平教师的交流,发挥后者在“文化传承”与“价值观”等“潜规则”方面的“传帮带”作用,引导青年教师以人格魅力赢得良好的关系网络,在高水平的教学科研中体现自我价值,在道德自律下合理追求待遇和名誉。

(二)增强学院党组织服务教学科研、广大党员和青年教师的功能

第一,帮助青年教师回归“精神贵族”。在当前市场经济的条件下,我们发现部分青年教师的人生价值趋向中性,人生理想趋向实际,个人幸福追求实在,价值标准趋向实用,行为选择偏重实惠。与此同时,也有学者研究表明,青年教师公共性呈现较低水平,面临着个人公共情怀与世俗生活之间的抉择与徘徊,高校青年教师已逐渐从传统的富有公共性的“精神贵族”向后现代的颇具专业性的“知识工人”转变。[②]对于青年教师中的这种现象,学院各级党组织不能只是一味地进行苍白的批评和空洞的说教,而应该通过深入调研弄清青年教师急需解决的生活实际困难，并建立党员干部联席青年教师机制，为青年教师营造舒心的工作环境和体面的生活环境。马斯洛的需要理论认为,人的基本需要的满足才能产生高层次的发

①宋秀林,郭丽君:《显规则与潜规则:地方高校青年教师的发展智慧》,载《福建教育研究》(高等教育研究版)2011 年第 5 期,第 12-15 页。

②廉思:《“理念人” 的消逝与彷徨——政治与世俗语境下高校青年教师公共性研究》,载《中国青年研究》2012 年第 2 期,第 26-32 页。

展的需要。只有生活无压力，工作有信心，青年教师才能够回归为"精神贵族"，成为"社会良心"。

第二，引导青年教师走出"象牙塔"。我们的青年教师受教育环境普遍单一，缺少社会实践锻炼。从他们的成长轨迹来看，基本是出了校门又进校门，教育环境与社会环境是同一的，这就难免不同程度地存在着对国情民情接触不深，对社会的理解和对人生的思考中不容易形成辩证的结论。对此，学院各级党组织可以结合教师专业优势联系设立党员教师服务社会基地，引领青年教师在人民关心、社会急需的食品药品安全、中药现代化和新药创制等领域开展校外高级培训和科研开发。

(三)充分发挥青年教职工党员在学院教学科研、管理服务中的骨干带头作用

第一，发挥党员教师的示范作用。爱与责任是师德的内核，学识魅力与人格魅力的交融是师德的境界。教师的魅力源于对学生的博大爱心、对学术的精益求精、对事业的不懈追求、对名利的平静淡泊。但是，部分青年教师初为人师，尚未形成明确的角色意识和规范行为，表现为对工作投入不足，刻苦钻研精神较弱，对个人价值和利益看得较重。同时，受西方文化冲击，还有部分青年教师理想信念淡漠，或推崇尼采学说，宣扬虚无主义；或信仰宗教，自认为看透一切，信奉"一切皆空"，不再追求任何目标；或是不信仰任何东西，过着所谓"顺其自然"的生活，正在失去或者已经失去价值抉择和权衡的能力，因而也就失去了其自身的根基和人性。对此种种现象，我们各级党组织应该不断完善学院教工"优秀党员"的评选和表彰办法，大力宣传优秀党员教师在意识形态、师德师风和业务实绩方面的先进事迹，在青年教师中营造"见贤思齐"的自励氛围。

第二，强化青年教师的育人意识。无论是从调研结果来分析还是通过平时的观察，我们都发现有部分青年教师只注重专业知识的传授，上课来，下课走，对学生的思想关心不足，导致教学效果不佳；还有部分青年教师面临职称晋升等压力，把过多的精力投入到自己的科研工作中，直接在思想上降低了对教学工作的重视程度，教书育人的观念逐渐淡薄。为此，学校从职称评定等环节强调青年教师在晋升高一级职务时，需要有从事学生思想政治工作的经历，从入职之初就开始强化青年教师的育人意识。学院党组织应该在近几年的学生工作实践中，加强对青年教师兼任辅导员和班主任工作的研究，为兼职人员提供指导，实施考核，务求取得实效。

参考文献

[1]郝振君，周福盛.高等学校发展性教师评价体系的构建研究[J].北京城市学院学报，2010(4).

[2]宋秀林，郭丽君.显规则与潜规则：地方高校青年教师的发展智慧[J].福建教育研究(高等教育研究版)，2011(5).

[3]廉思."理念人"的消逝与彷徨——政治与世俗语境下高校青年教师公共性研究[J].中国青年研究，2012(2).

点面结合 “对症下药”

——浅析青年教师思想政治工作的创新与发展

李加忠

(李加忠,兰州大学药学院讲师,兰州大学药学院2009级兼职辅导员)

摘要:高校的基本职能之一是培养社会主义现代化事业的合格建设者和接班人。而高校教师是完成这一任务的主体力量。教师不仅需要具备丰富扎实的科学文化知识,更要具备较好的政治修养和高尚的道德修养。对青年教师进行思想政治教育,是保证青年教师自身成长的需要,也是对高校学生进行思想政治教育的必然要求。我们的思想政治工作者,首先自己要具备良好的政治素养,在充分了解青年教师的特点和发展规律的基础上,点面结合,既有广泛性的思想教育,又要有针对性的个体教育,两者相互结合,才能得到较好的效果。

关键词:青年教师　思想政治教育　点面结合

“师者,传道授业解惑也”。作为师者,既要给学生传授知识,自身要具有较高的科学文化素质,又要给学生讲授道理,要具有很高的道德水准和道德修养。此外,邓小平同志说过,科学技术是第一生产力。所以现代社会的高校教师,还多了一项职责就是进行科学研究和科技创新。而青年教师是学校的未来与希望,要想全面提高高校青年教师的综合素质,以上几个方面不是孤立存在的,而是相辅相成、协同发展的。做好青年教师的思想政治工作,培养和造就一支既有良好的思想政治素质又有较强的教学科研能力的优秀青年教师队伍,对于学校的发展来说,具有十分重要的战略意义和深远的历史意义。正如加里宁所说“加强对培养人的人的培养比直接培养人更重要”。笔者认为,要想创新和发展青年教师思想政治工作,需要从以下几个方面点面结合,对症下药。

一、提高学校思想政治工作者的自身素质

一般来说,学校的思想政治工作者,都会是学校各层次的管理者。思

想政治工作者必须自身具备较好的政治素质，才能在青年教师中树立很好的榜样和威信，对青年教师的影响才大，才能产生较大的效应力。换言之，思想工作者的自身素质，是做好青年教师思想政治工作的重要思想基础和前提。

作为一个思想政治工作者，首先要具有强烈的事业心和责任感。事业心和责任感是做任何事情都必须具备的个体素质，尤其对于教育人来说，显得尤为重要。一个没有事业心和责任感的人，是不能做青年教师的思想政治工作的。一个对教育事业具有奉献精神的思想政治工作者，应时时刻刻牢记党和人民赋予的历史使命，始终坚持全心全意为人民服务的理念，为了祖国教育事业尤其是高等教育事业的发展，任劳任怨。

作为一个思想政治工作者，要具有与时俱进的思想和意识，时时刻刻与党中央的思想保持高度一致，随时关注并深刻理解中央的最新策略与方针政策。历史的车轮滚滚向前，不断地催生着新的理念和想法，不断地有新情况出现，国际环境也在不断地变化中。目前，国内民众最关心的食品安全问题、黄岩岛事件、钓鱼岛问题、“疆独”分子热比娅还有达赖的国际反华活动等，对于这些问题，党中央和中国政府都能正确地处理和对待，类似的事情层出不穷。高校思想工作者在这方面更要认真正确地解读党中央的观点和思路，作为思想政治工作的内容之一，传递给充满热情和激情的青年教师，这对于提高青年教师的政治素养，具有非常重要的意义。

此外，要具有创新意识和管理能力。江泽民同志指出：创新是一个民族的灵魂，是一个国家兴旺发达的不竭动力。而现代教育的目的也就在于通过教育改革，加速对创新人才的培养。因此，一个思想政治工作者，自身要具有创新意识，要确立新的教育质量观，勤于思考新形势下学校思想政治工作的特点，有针对性地开展工作，并不断地推陈出新，这样才能跟上时代发展的步伐。

二、制定政策和方案，做好针对全体青年教师的思想政治工作

要想做好青年教师的思想政治工作，必须有一系列的政策和实施方案。在各方面做到周全的考虑，要明确指导思想，确定目标和任务，制定具有较强可行性的措施。

明确指导思想。新形势下要加强学校思想政治工作,必须以邓小平理论、"三个代表"重要思想、科学发展观和党的十七届六中全会、第十二次全国党建工作会议等有关精神为指导，结合学校自身的特色和教育工作面临的新情况,在继承和发扬优良传统的基础上,努力在形式、内容、方法、手段、机制等方面进行改进和创新,努力提高学校思想政治工作成效,办人民满意的教育。

确定目标和任务。做好新时期学校思想政治工作,首先要加强教职工的政治学习,使教师们在思想上、行动上与党中央保持一致,使校园和谐,师德师风良好。教师从教行为规范,爱岗敬业,潜心育人,关心学生,讲政治、讲正气、讲大局;学校办学规范,教育整体形象提升,使我校教育事业持续稳定健康发展。

制定具有较强可行性的措施。第一,突出思想政治工作的重点,始终把政治理论学习放在首位,坚持不懈地加强教师的思想教育工作,要开展学习贯彻邓小平理论、"三个代表"重要思想、科学发展观和党的十七届六中全会等精神。针对新形势下出现的新情况、新问题,要加强教师的理想和信念教育,引导教师健全正确的世界观、人生观、价值观;要加强教师的职业道德教育,也就是师德教育。高校师德建设事关高等教育的成败,影响教育的改革和发展,进而影响公民道德建设和社会发展。高校青年教师师德建设是摆在高校面前的一项重大而迫切的任务。要加强师德师风建设,充分调动教师爱岗敬业、教书育人的积极性,不断增强教师的责任感和使命感。教师的思想政治素质、职业道德水平和教书育人能力直接关系到广大青少年的健康成长。最好能够建立师德师风建设监督保障机制。学校要将师德师风建设作为教师队伍建设的一项常规工作,常抓不懈,并进一步落实师德师风建设责任制。学校建立规范的师德档案,建立师德师风建设责任追究制度,对群众投诉的师德师风问题,一经查实,将视其情节及负面影响,由学校或教育行政部门做出严肃处理。同时,要加强宣传和交流,广泛宣传思想政治工作的先进典型,总结交流学校思想政治工作的经验做法,以切实提高学校思想政治工作的层次和水平,不断开创学校思想政治工作的新局面。

第二要加强领导，确保思想政治工作落到实处。可以建立领导责任制。一是要从讲政治的高度,充分认识、加强和改进学校思想政治工作的重要性和紧迫性。二是建立失职追究制度,对于因重视不足、疏于管理等原因出现的问题,领导、教师都要依规各负其责。此外,要建立激励、监督机制。学校思想政治工作自觉接受监督,努力形成上级监督、师生监督、社会群众监督的多层次、全方位的监督体系,促进学校思想政治工作落到实处。

三、深入研究青年教师的发展规律,有针对性地开展思想政治工作

高校青年教师不同于一般的社会青年,他们学历层次较高,接受过高等教育,具有系统的知识结构。对社会尤其是对大学生有较大的影响力。因此,要想做好高校青年教师思想政治工作,必须首先了解青年教师的发展规律和特点,有针对性地采取行动,才能达到事半功倍的效果。

要做好青年教师的思想政治工作,首先必须了解他们。对他们了解得越多、越透,做起工作来就越主动、越有针对性。青年教师往往具有扎实的理论基础和专业知识,容易接受新鲜事物,思维敏捷,从事教学科研工作往往有新的思路和想法,对学术观点或现实问题能很快做出反应和判断。他们求知欲强,勤于思考,思想开放,具有开拓精神,敢于提出自己的见解。高校青年教师作为高级知识分子,都有着远大的理想,总想成就一番事业,以实现自己的人生价值。从事教学和科研工作的教师,大都努力跟踪学科发展的前沿,常常成为各学科的学术骨干,为高校的教学和科研发展做出很大的贡献。此外,青年人大都具有忧国忧民的情结,尤其现在很多青年人都曾有出国深造进修的经历,这更加增强了他们的爱国主义情结。他们的政治热情普遍很高,关心政治,关心时事,他们常常以社会、民族、国家大事的参与者的姿态活跃在高校校园内,积极为学校和国家的发展建言献策。

要给予青年教师足够的重视和尊重。青年教师的成长有循序渐进的规律,所以思想政治工作要有紧迫感,但绝对不能急于求成。要从客观实际出发打好做青年教师思想政治工作的基础,认真调查研究,正确认识青年教师的思想状况。青年教师年龄小、资历浅、位卑言轻,有时候大家对青年教师的成长急功近利,要求过高,往往出现相反的效果。青年教师有时候不被重视,得不到应有的信任与尊重,使他们的自尊心、自信心受到不同程度的伤害,作为思想政治工作者,必须设身处地,从细微处体察他们

的心情，给他们以应有的理解与尊重。这种尊重包括重视他们的心理情感、人格和爱好等。在大方向正确的前提下,允许个性的存在。思想政治工作者是做人的工作,首先就要学会尊重人,要通过尊重达到与青年教师双方的相互信赖。首先要以平等的身份对待他们,把自己与他们摆到同一位置上,以同志、同事、朋友或兄弟姐妹的姿态出现,不可居高临下。其次,对待青年教师要以诚相待,以情感人,以理服人。只要心意到了,充分注意理与情的运用,尊重就能成为开启青年教师心灵之窗的一把钥匙。

要给予青年教师足够的理解。青年教师缺乏社会生活经验,有时显得幼稚、毛手毛脚,遇事不知如何处置。思想政治工作者要善于体察他们的真情实感或苦衷,并及时指导他们。理解是人与人之间心灵的沟通,它倾注着人与人之间真挚的情意和充分的信任。理解青年教师,首先要有坦荡的胸怀,敢于和善于向对方展开自己的心扉,以心换心,将心比心,以自己的坦诚和炽热的爱心去消除他们的心理屏障。以达到对方从感情上接受自己。其次,要注意聆听他们的心声,设身处地为其着想并注意避开对方情感上的“暗礁”,搜索对方情感中的症结所在,只有这样,工作才能做到点子上,收到药到病除的效果。

让青年教师感受到来自领导和前辈的关心。思想政治工作是否有效,关键是是否能够赢得青年教师的信赖。热情关心是得到信赖的主要途径。思想政治工作者既然是医治人们心灵创伤的白衣天使，就不能不关心自己的工作对象。关心青年教师,首先要关注他们的心态变化、情感起伏和言行倾向,找准关心的切入点,在他们最困难、最需要的时候出现在他们面前。其次,关心应当是全方位的,体现在方方面面,他们学习中的困难、工作中的失误、生活中的苦恼、思想上的苦闷等等,无不在实施关心的范围之内。再次,关心还应该是多层次、多角度的。可以从物质上去关心,也可以从精神上去鼓励。其中,思想排解和精神鼓励,要特别注意语言工具的运用。批评、规劝、疏导都要注意语言的准确性、逻辑性和感染力。

对青年教师进行思想政治教育，不仅是保证青年教师自身成长的需要，也是对高校学生进行思想政治教育的必然要求。我们思想政治工作者,首先要具备良好的自身政治素养,然后在充分了解青年教师的特点和发展规律的基础上,点面结合,既要有广泛性的思想教育,又要有针对性的个体教育,两者相互结合,才能达到较好的效果。

参考文献

[1]孙立波.高校青年教师培养工作中的问题及对策[J].教学研究,2008(3).

[2]王忠.困境与出路:对高校青年教师思想政治教育的思考[J].三峡大学学报,2011(5).

[3]孙玉珍.加强高校青年教师思想政治教育的探索[J].华章,2011(3).

[4]田朝晖,张美珍.加强高校青年教师思想政治教育实效性的途径[J].人力资源管理:学术版,2010(5).

围绕高校教师职业道德规范促进青年教师思想政治建设

李鹏君

（李鹏君，兰州大学人事处师资科科长，助理研究员）

摘要：2011年12月，教育部会同中国教科文卫体工会全国委员会下发了《高等学校教师职业道德规范》，要求各高校认真抓好学习宣传，全面落实师德规范要求，并制订、修订符合本校实际的师德规范实施细则，切实加强师德教育，改进和完善师德考核。这对于高校青年教师思想政治建设无疑一个良好机遇，我们应该围绕《高等学校教师职业道德规范》，进一步加强我校青年教师队伍建设，塑师表形象，树文明校风，建和谐校园，把青年教师师德建设推上一个新台阶。

关键词：高校教师　职业道德　思想政治建设

"文以载道，邦藉才兴。青年益进，事业日新。青年兴则校兴，青年强则国强。"近年来，随着高校办学规模的扩大，大量青年教师进入教学、科研和学生管理领域工作。青年教师成了学校发展的生力军。如何提高青年教师的适应能力，加强青年教师的思想政治建设，促进青年教师快速成长，成为高等教育发展中的迫切课题。2011年12月，教育部会同中国教科文卫体工会全国委员会下发了《高等学校教师职业道德规范》(以下简称《规范》)，我们以学习贯彻《规范》为契机，在围绕《规范》促进青年教师思想政治建设方面做了一些初步思考，提出一些建议供大家参考。

一、坚持三项原则，营造良好环境

(一)坚持以人为本的原则

青年教师的成长成才是一个不断实现自我价值的过程，受到尊重、得到承认是事业发展的基础。我们要大力营造尊师重教的良好环境，将教师权益保障与责任义务要求相结合，科学引导和规范教师言行；要树立"尊重教师，依靠教师，服务教师"的理念，充分发挥广大青年教师的积极性、主动性、创造性,把教师职业道德建设、思想政治素质建设与青年教师个人发展结合起来,为广大青年教师教学、科研、学习和生活提供良好的条件,全心全意为他们服务。

(二)坚持实效性原则

要从我校青年教师的实际情况出发,紧密联系青年教师的工作和生活实际,提高青年教师职业道德建设的针对性和实效性。各职能部门和各基层单位要针对不同岗位、不同专业和不同类型青年教师的工作特点,提出青年教师职业道德的具体要求;要在符合学校工作实际、符合教育教学规律的基础上提出和不断完善青年教师职业道德的内容、形式和方法,使师德建设更加贴近实际、贴近青年教师,更富有成效。

(三)坚持知行统一原则。

我们要把提高青年教师职业道德认识和自觉践行道德规范结合起来,不但要重视师德的宣传教育,更要注重引导青年教师在实际工作生活中主动履行职责,在道德认识和道德实践的相互作用中提升道德素养,修养高尚品格。要引导青年教师爱岗敬业,教书育人,在师德建设中成为既有学识魅力,更有人格魅力的楷模。

二、加强组织领导,强化青年教师职业道德观念

学校要形成青年教师职业道德建设工作统一领导制度。学校党委、各中层党组织、各党支部书记要把青年教师的职业道德建设工作放在重要位置,各级党组织要确定专人专门负责青年教师职业道德建设工作,明确分工,落实责任。要注重青年教师职业道德建设工作的分层管理,校院两级党政领导班子其他成员要积极抓好分管范围内与青年教师职业道德建设工作相关的工作;各职能部门要通过对相关具体工作的组织实施,充分发挥青年教师职业道德建设工作的统筹协调作用,不断提高服务管理水平。

三、加强组织学习,提高青年教师职业道德素养

学校应认真组织学习党的路线、方针、政策,深刻领会《国家中长期教育规划纲要》重要思想和根本要求,认真组织学习《教育法》、《教师法》,尤其是《规范》等文件,坚持集中学习与平时学习相结合、集体学习与个人学习相结合、重点学习和全面学习相结合。把学习师德规范纳入青年教师培

训计划,作为新留校教师岗前培训和青年教师在职培训的重要内容。积极探索典型宣传和警示教育相结合的有效形式,全面加强和改进师德教育。

各级党组织要把青年教师职业道德建设工作摆上重要议事日程,定期召开座谈会、听取专题汇报和开展讨论,统一思想认识,做到青年教师职业道德建设制度化。各级党组织定期开展青年教师职业道德建设调研活动,形成青年教师职业道德建设调研报告,根据实际情况对下一阶段的工作做出安排部署。

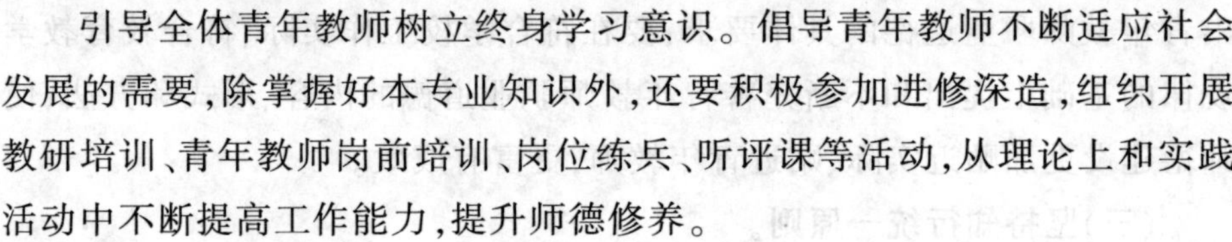

引导全体青年教师树立终身学习意识。倡导青年教师不断适应社会发展的需要,除掌握好本专业知识外,还要积极参加进修深造,组织开展教研培训、青年教师岗前培训、岗位练兵、听评课等活动,从理论上和实践活动中不断提高工作能力,提升师德修养。

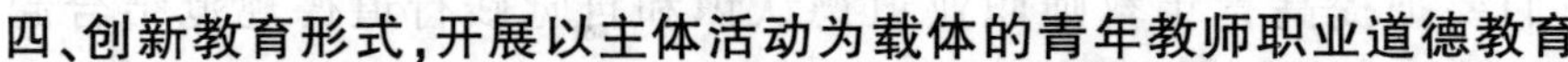

四、创新教育形式,开展以主体活动为载体的青年教师职业道德教育

坚持师德师风建设与提升教师业务素质相结合。积极开展以"热心从教、依法执教、安心乐教"为主题的相关活动,从提高师德修养、增强执教能力、强化业务水平、转变教育理念、增强身心素质等方面提升青年教师的综合素质,增强教书育人、以身立教的社会使命感和尊重学生、爱护学生、保护学生的责任意识,引导青年教师争做德艺双馨的优秀教师。

建立师德师风建设目标责任制度。各学院(研究院)针对实际,与每一位青年教师签订师德师风建设目标责任书。开展师德师风目标责任建设互助活动,各学院(研究院)要从全体青年教师中选拔出业务能力强、思想道德修养高、有一定管理能力的青年教师作为负责人,建立师德师风目标责任互助小组。各小组定期结合教学科研业务,开展目标责任自查和目标责任考核,并撰写个人师德师风自我剖析材料。

五、树立师德建设典型,充分发挥示范作用

在各种评优活动中,突显《规范》的重要性,促进青年教师道德思想水平的提升。结合各类表彰活动,充分利用网络、校报、电视、广播、宣传栏等传播载体,通过表彰先进、宣传优秀典型、曝光反面事例等方式,为师德师风建设创造良好的舆论氛围和人文环境。同时,按照《规范》的要求,进一步完善《兰州大学"三育人"先进个人和"师德标兵"评选办法》,开展"三育

人"先进个人和"师德标兵"评选表彰活动,以此激励广大青年教师自觉遵守师德规范,树立青年教师良好职业形象。

六、完善教育教学规范,构建良好学术道德风气

继续实施和完善教学事故认定及处理办法、学术规范及违规处理办法以及研究生学术道德规范等办法,充分发挥自然科学学术委员会、社会科学学术委员会和学风建设委员会的作用,按照《规范》的精神严格执行相关规定,不断规范教育教学过程和青年教师学术行为,加强职业精神教育,严查学术不端行为,使青年教师树立高尚的职业情操和正确的学术道德观。通过青年教师严谨治学的态度,诚实守信、不骄不躁的品质来引领社会风尚,促进和谐社会建设。

七、结合基层党组织建设,深入推进师德师风建设

基层党组织要把党的政治优势和组织优势转化为加强师德师风建设、促进学校发展的推动力量,把师德建设作为党组织发挥作用的主要战场,根据本单位的实际情况谋划和推动师德建设,紧密结合各项工作任务,采取切实可行的措施,不断提高组织领导师德建设的能力和水平。基层党组织要把学习作为加强师德建设的基础工作和内在动力,广泛开展社会主义核心价值体系学习教育活动,把社会主义核心价值体系内化为青年教师正确的价值取向和行为准则。各基层党组织要采取有效措施,不断激发教职工的工作热情,支持和帮助青年教师改进工作方法,提高履行岗位职责的能力,努力完成各项目标任务。各基层党组织要重视对师生的人文关怀,情系师生的切身利益,千方百计地为师生办实事、解难题,不断改善师生的工作、学习和生活条件,为教师的教书育人和学生的成长成才提供和谐融洽的良好环境。

八、完善师德建设制度,形成师德督查机制

把《规范》作为师德考核的基本要求,从学校实际出发,把师德考核与教学科研日常管理相结合,与青年教师年度考核、聘期考核相结合,并与青年教师岗位聘任、晋职晋级、评优、绩效工资分配等教师切身利益挂钩,实行师德"一票否决制"。通过自评、互评、学生参评、领导测评等多种形式

对青年教师的师德进行全面评价。同时,建立并不断完善教师师德考核档案,实行年度考核通报制,对师德表现突出的,予以重点培养、表彰奖励;对师德表现不佳的,进行劝诫、督促整改;对师德表现失范的,依法依规严肃处理。

完善师德师风督察、追究制度。健全教师相互监督、学生监督、社会监督、舆论监督等多种师德师风建设监督体系,青年教师有违反师德师风规范行为的,要及时报告、及时查处,并进行责任追究。

参考文献

[1]罗金平.强化当代青年的主流意识形态[J].社会科学论坛(学术研究卷),2008(4).

[2]蔡晓良,陈少平.高校思想政治教育三大前沿课题研究的回顾与展望[J].思想理论教育导刊,2011(5).

[3]郭西木.做好以师德建设为核心的思想政治工作[J].成才,2001(9).

[4]张芝英.关于教师师德修养建设的几点思考[J].教育革新,2006(3).

[5]张锐.师德体现在细节中[J].青年教师,2007(2).

创造条件 促进青年教师思想素质和教学科研水平同步提升

——我所期望的青年教师思想政治工作

孟凡雪

（孟凡雪，兰州大学地质科学与矿产资源学院2011级地质和地球化学专业班主任，讲师）

摘要：青年教师是学校的中坚力量，是学校的未来与希望，是教书育人的生力军，在学校教学、科研、管理等方面发挥重要作用，青年教师的思想政治工作尤为重要。思想政治工作者要充分了解和理解青年教师，有的放矢的开展工作，敢于创新，解决思想问题与解决实际问题相结合，建立健全长效机制，开展多元化思想政治工作，引导青年教师在思想素质和教学科研水平上提高，提高人才培养质量，实现学校发展良性循环。

关键词：以人为本　创新　多元化

百年大计，教育为本；教育大计，教师为本。邓小平同志曾指出“一个学校能不能为无产阶级培养合格人才，德智体全面发展，有社会主义觉悟的有文化的劳动者，关键是教师”。加里宁也曾指出“加强对培养人的人的培养比直接培养人更重要”。因此，教师队伍的思想政治工作是重要一环。青年教师是学校的未来与希望，是教书育人的生力军，加强青年教师思想政治工作，建设一支思想过硬、师德高尚、学术领先、教艺精湛、学生喜爱的青年教师队伍，是提高师资队伍整体水平，促进师资队伍可持续发展的重要内容，是提高人才培养质量、建设高水平研究型大学的现实需要。

作为一个刚刚加入高校教师队伍的新人，我深刻体会到加强青年教师队伍思想政治工作的重要性。我们青年教师有开拓创新精神，有热情，有干劲，但缺乏主动的政治学习，导致个别青年教师政治意识淡薄。作为青年教师，我们不仅要教书，更要育人。因此，我们不仅要有优秀的教学科研能力，更要有良好的思想政治素质。

从个人角度出发，我所期望的青年教师思想政治工作要以人为本，换

位思考，深入、细致地了解青年教师的思想动态，并注重将思想政治工作与解决实际困难相结合，这样才能从根本上帮助青年教师树立正确的人生观、价值观、培养良好的师德师风。

一、了解和理解

青年教师接受新事物快，思想活跃，有主见，自我意识强，但工作上缺乏经验，思想上有时并不成熟，对于基本政治理论理解不够深入，缺少实际运用。因此，需要思想政治工作者深入、细致地了解青年教师群体的优势与不足，在此基础上开展切实有效的思想政治工作，建立健全长效机制，提高青年教师队伍整体水平，促进师资队伍可持续发展，从而培养一支爱国守法、教书育人、为人师表的青年教师队伍。在了解的基础上开展工作将更主动，更有针对性，青年教师也更能够接受，起到事半功倍的效果。理解是人与人之间心灵的沟通。思想政治工作者如果能换位思考，将心比心，聆听青年教师的心声，是增加工作实效性的关键。

二、平等和尊重

尊重是开启心灵之窗的一把钥匙。青年教师年纪轻、经验少、资历浅，往往感觉不被重视。因此，要在大前提正确的条件下，多鼓励青年教师。青年教师有时容易浮躁、急于求成，这主要是内因和外因的结果。针对青年教师自身原因，要加强青年教师的思想政治工作，引导青年教师正确认识自我、评价自我、提高自我，促进青年教师在思想上和业务上全面提高。好的校园氛围很重要，置身于良好、向上的校园环境，就能在潜移默化中规范自己的言行。加强学术道德与学术诚信教育，提升科研创新能力，引导青年教师端正态度，潜心科研，锐意创新，不断完善学术人格，自觉维护学术尊严，坚决摒弃学术失范和不端行为。使青年教师从根本上认识到自身的责任，成长为科研优秀、思想过硬的中坚力量。此外，应当给青年教师创造良好的生活和工作环境，关心青年教师的需要，尊重知识尊重人才，从各方面激励青年教师的主人翁意识。经常召开青年教师座谈会，认真听取青年教师的意见与建议；鼓励青年教师在科研上唱主角，年长的教师要多帮助年轻教师，老教师的治学态度、教学经验对青年教师有很大的帮助。青年教师有热情，公平、健全的科研激励体制可以激发他们创优争先的意识，适当地给青年教师一些压力和担子，可以帮助他们快速成长。作为青年教师，期望思想政治工作者对他们在思想上关心重视，在业务上悉心培养，在工作上严格要求，在生活上关心照顾，使我们能够全身心投入到教学科研中。

三、思想政治工作多形式、重实效

青年教师都学习过一些基本理论，但学习不够深入，且缺乏主动学习的意识，因此加强青年教师的政治理论学习很必要。学校可以组织青年教师认真学习马列主义、毛泽东思想、邓小平理论和“三个代表”重要思想。深入开展社会主义核心价值体系教育活动，切实以马克思主义中国化最新成果武装青年教师头脑，使其树立正确的、科学的世界观、人生观和价值观，增强责任感和使命感，用科学发展观武装自己，增强主人翁意识，提高对各种错误的警惕性和免疫力。此外，还应开展师德教育，引导广大青年教师以身作则，为人师表。要改进青年教师的政治教育不应局限于空洞的说教，而应采取切实有效的形式，可以组织青年教师广泛开展学习考察、调查研究、座谈等多种形式的实践活动，让每个人参与其中，结合社会一些热点事件因势利导，还可以多开展社会实践，让每个青年教师更全面生动地接触社会，增强责任感。学校还应多组织健康向上的文体活动、联谊活动，积极鼓励青年教师参加，让青年教师融入集体，增进友谊，消除隔阂，陶冶性情，从中互相学习、互相促进、共同进步，增强教育效果。同时，可以宣传树立一批先进典型，有先进力量感染带动群体发展，进一步提升师德水平。

四、解决思想问题与解决实际问题相结合，为青年教师创造良好的成长空间

邓小平同志指出：要调动科学和教育工作者的积极性，光空讲不行，还要给他们创造条件，切切实实地帮助他们解决一些具体问题，解除他们的后顾之忧。

思想政治工作是否有效，关键是能否赢得青年教师的信赖。要关注青年教师的心态变化、情感起伏，找准关心的切入点，有的放矢地去帮其所需、解其所惑，帮助他们排忧解难。在工作、生活上关心青年教师，解决他们的实际困难。用真心和善意去打动他们、感化他们、启发他们、引导他

们,赢得他们的信赖,使思想政治工作赢得良好的效果。

同时,要形成“关注青年教师就是关注学校未来”的共识,坚持正确的政策导向,着力解决实际问题,掌握青年教师的思想工作生活状况,支持他们开展科学研究、进行访学研修,为青年教师成长发展创造有利条件。加强学风、教风、作风建设,形成尊师重教的良好氛围。

总之,青年教师思想政治工作不可或缺,《中国教育改革和发展纲要》中指出:“振兴民族的希望在教育,振兴教育的希望在教师。建设一支具有良好政治业务素质、结构合理、相对稳定的教师队伍,是教育改革和发展的根本大计。”因此,全面关心青年教师的成长,做好青年教师的思想政治工作具有十分重要的意义。但思想政治工作应该在了解、尊重、关心的基础上有效地监督、教育、塑造我们青年教师,要因人而异,不能教条主义。江泽民同志指出“创新是一个民族的灵魂,是一个国家兴旺发达的不竭动力”。思想政治工作亦需要创新,要审时度势,建立健全合理有效机制,不能急于求成、一蹴而就。青年教师思想政治工作需要使青年教师思想政治素质和教学科研水平同步提升,创造健康向上的校园环境,激发青年教师教书育人的主动性、积极性和创造性,全面提升教师队伍水平,使全体青年教师符合《高等学校教师职业道德规范》规定的“爱国守法、敬业爱生、教书育人、严谨治学、服务社会、为人师表”的要求。

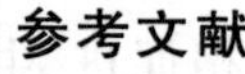

参考文献

[1]邓小平文选:第3卷. 北京:人民出版社,1993.

[2]王晓红.青年教师思想政治工作探析. 科技信息,2012(4).

[3]薛如珍.分析青年教师现状,加强思想政治工作.西安航空技术高等专科学校学报,1991(1).

新形势下做好学院青年教师思想政治工作的几点思考

王伟国

（王伟国，兰州大学法学院党委副书记，助理研究员）

摘要：当前，青年教师在各高校已成为生力军和骨干力量。因此，做好青年教师的思想政治工作意义重大。本文结合兰州大学法学院在青年教师思想政治工作中的一些实践和经验，探讨了在新形势下如何更好地做好学院青年教师的思想政治工作，解决青年教师面临的实际困难和问题，从而营造青年教师成长成才的良好外部环境。

关键词：青年教师　思想政治工作

近年来，随着法学院各项事业的发展，师资队伍中青年教师的比例不断增加，学院现有45岁以下青年教师占全院教师总数的比例超过了72%。因此，青年教师队伍是学院实现基本功能的主要力量，其发展关乎学院的未来与希望。做好青年教师思想政治工作，建设一支思想政治素质过硬、师德高尚、学术领先、教艺精湛、学生喜爱的青年教师队伍，是提高学院师资队伍整体水平，促进师资队伍可持续发展的重要内容，也是提高人才培养质量、建设研究型学院的现实需要。

目前，学院青年教师中的绝大多数政治信念坚定、学识渊博、爱岗敬业、治学严谨、为人师表，但也有极少数青年教师出现了理想信念淡漠、政治意识淡薄、敬业精神不强、育人意识不够、学风教风浮躁等现象，这些虽属个别现象，但对学院的人才培养有着不容忽视的负面影响，必须高度重视并采取切实措施加以解决。同时我们看到，在校内外当前形势和政策前提下，青年教师的自身发展面临诸多实际困难和问题。为此，我们认为，要充分认识做好学院青年教师思想政治工作的重要性，切实加强对学院青年教师思想政治工作的领导，努力营造青年教师思想政治工作良好外部环境，在此基础上，只有坚持青年教师思想政治工作与学院党建工作相结合，坚持思想政治工作与业务工作相结合，坚持解决思想问题与解决实际

问题相结合,坚持教育与管理相结合,坚持教育与自我教育相结合,坚持继承传统与改革创新相结合,才能开创学院青年教师思想政治工作的新局面。

一、坚持青年教师思想政治工作与学院党建工作相结合

一方面,通过学院党委及青年教师所在党支部,努力加强青年教师政治素质及职业道德等方面的教育;另一方面,通过加大青年教师队伍中发展党员的力度,进一步增强学院党委及所在党支部的吸引力、凝聚力和战斗力。

(一)加强政治素质教育

通过落实学院教职工政治理论学习制度,加强青年教师思想政治理论学习。系统学习中国特色社会主义理论体系,学习党的基本理论、基本路线、基本纲领和基本经验,努力提高青年教师的思想政治理论素养,并通过举办座谈会、研讨会、撰写交流心得体会等形式,深化政治理论学习的效果。

(二)加强社会主义核心价值体系教育

通过各种途径和形式,坚持不懈地在青年教师中开展社会主义核心价值体系教育,特别是以爱国主义为核心的民族精神和以改革创新为核心的时代精神教育,引导青年教师树立社会主义荣辱观,切实增强责任感和使命感,以立德树人的成绩报效祖国和社会。

(三)加强职业道德教育

积极开展《高等学校教师职业道德规范》教育,使青年教师普遍认同和自觉践行师德规范,引导青年教师忠诚党的教育事业,以人才培养、科学研究、社会服务和文化传承为己任,以高尚师德、人格魅力和学识风范教育感染学生。

(四)加强公民道德教育

不断加强青年教师公民道德教育,引导青年教师自觉遵守公民道德基本规范,养成良好的社会公德、家庭美德和个人品德。加强网络道德教育,引导青年教师正确使用网络工具,健康地进行网络交往,正确处理好虚拟社会与现实生活的关系,养成网络自律精神。

(五)加大青年教师中发展党员的工作力度

学院目前青年教师党员占全院教师党员总数的 50%，青年教师党员占青年教师总数的 75%。今后我们还要继续努力,摸清青年教师政治思想状况,努力扩大青年教师入党积极分子队伍,进一步提高青年教师中党员的比例。

二、坚持思想政治工作与业务工作相结合

根据当前形势及学科特点，要求学院青年教师必须同时做好教育教学、科学研究、社会服务和文化传承工作。为此,学院要将思想政治工作与业务工作相结合,切实提高青年教师的业务水平和能力,积极搭建青年教师成长发展的平台。

(一)切实提高青年教师的教育教学能力

鼓励并资助部分无博士学位的青年教师考取并攻读博士学位，支持青年教师参加各类进修、培训及公派出国留学;发挥中老年教师的“传帮带”作用,指导和带动青年教师提升教学水平;健全教学督察机制,学院党政领导及教学指导委员会委员不定期听课,及时发现、精心指导青年教师克服和解决教书育人过程中存在的问题，有效帮助青年教师提升教育教学水平。

(二)切实提高青年教师的科学研究能力

鼓励并资助青年教师参加各类高水平学术会议,进行学术交流;通过邀请校内外相关专家、领导来学院,面向青年教师开展培训和讲座,介绍相关科研政策、信息及项目申报技巧,扶持青年教师开展科研工作;结合学院实际,在现有研究所基础上,重新优化组合,构建老中青相结合的科研团队,带动青年教师提升科研能力。

(三)切实提高青年教师服务社会的能力

鼓励青年教师结合专业及社会实际,积极参与立法咨询、论证,开设法制讲座,开展法制宣传和教育,提供法律援助等社会服务,将法学理论与实践有机地结合起来,在丰富法学理论的同时切实提高服务社会的能力。

三、坚持解决思想问题与解决实际问题相结合

在当前形势下,青年教师在生活中面临职称评聘、婚姻家庭、住房分

配、薪酬待遇、孩子入托上学、自身深造、心理健康等诸多实际问题。因此，学院要坚持以人为本，增强人文关怀，在关心、关爱青年教师成长发展、解决其思想问题的同时，经常通过个别谈心、群体座谈等方式，调查了解青年教师的实际生活状况，摸清他们面临的实际困难和问题，并努力在政策和原则允许的范围内，通过学校相关职能部门，帮助他们解决生活中的实际问题，尽可能地为他们解决后顾之忧，为他们创造良好的成长空间。

四、坚持教育与管理相结合

一方面，学院要积极开展正面的宣传教育，热情关怀支持引导青年教师的成长发展；另一方面，要在国家和学校相关政策制度的基础上建立健全学院的奖惩机制，评选表彰教书育人过程中的青年教师优秀代表，营造公平竞争、人尽其才、各显其能的工作氛围；同时，严格要求青年教师，坚决执行学校教学事故认定与处理、科研诚信建设、学术道德等方面的规章制度，规范青年教师的教学和学术行为，严谨治学，为人师表，杜绝学风浮躁、弄虚作假、学术不端、师德失范等丑恶现象，把教育和管理、自律和他律有机结合起来。

五、坚持教育与自我教育相结合

青年教师本身即是教育者，同时也是受教育者。因此，在青年教师思想政治工作中，既要充分发挥学院的教育引导作用，又要充分调动青年教师自我教育的积极性、主动性，引导青年教师正确认识自我、评价自我、提高自我。

六、坚持继承传统与改革创新相结合

长期以来，学校党委和各学院党委在做好青年教师思想政治工作方面有着优良的传统和一些好的经验、做法，但同时我们也应该看到，新形势下，新的问题层出不穷，青年教师思想政治工作面临新的挑战。因此，我们要在坚持继承优良传统的同时，坚持解放思想、实事求是、与时俱进，不断改革创新青年教师思想政治工作的观念、内容、方法与机制，增强青年教师思想政治工作的时代感和实效性。

参考文献

[1]刘建.论新形势下高校青年思想政治工作[J].中国青年研究,2008(4).

[2]沈履平.加强高校青年教师思想政治工作的思考[J].学校党建与思想教育(高教版),2007(5).

[3]潘从义.高校青年思想政治状况调查与对策思考[J].青海社会科学,2007(3).

当前高校青年教职工思想政治工作的发展研究

刘艳民

（刘艳民，兰州大学图书馆，助理馆员）

摘要：青年教职工作为现代高校教职工的主力军，其思想政治工作态度及其发展极其重要，已经成为影响高校教职工总体水平的重要因素，因此，关注其发展对学校的整体发展和培养合格人才具有深远的意义。首先对目前高校青年教职工的思想政治发展现状进行研究，总结经验，提出新时代青年教职工思想政治工作发展的新型路线。

关键词：青年教职工　思想政治工作　高校

随着学生规模的急剧扩大，青年教职工在高校教职工队伍中已成为一支重要的力量，在学校的教学、科研、管理中发挥着越来越重要的作用，青年教职工是大学生成才的引路人，其思想政治素质关系到大学生的健康成长，是学校的未来与希望，关系到国家的前途和民族的未来。

一、高校青年教职工思想政治工作现状及存在的问题

当前，高校青年教职工大多数具有坚定的政治信念和强烈的爱岗敬业精神，他们不同于一般的社会青年，他们学历层次较高，接受过高等教育，且具有硕士、博士学位，具有渊博的知识，对社会、对青年人尤其是对大学生，有较大的影响力。高校教职工具有一些鲜明的特点，比如，思想开放，他们知识面比较广，基础理论和专业知识扎实，涉猎面较广，对新技术、新学科思维敏捷，且求知欲强，勤于思索，具有开拓精神；自我意识强，高校青年教师自我意识强烈，以自我为中心，开拓自我，实现自我价值；忧国忧民，青年教师从改革开放取得的巨大成就中深刻体会到，没有共产党就没有祖国的繁荣富强，因此，青年教师政治热情普遍较高，关心政治，关心时事，具有忧国忧民意识。但也存在一些问题，如有些青年教师政治意识淡薄，对国家时事政治的关注度不够高，觉得没必要开展教职工思想政

治教育工作，认为政治学习意义不大。价值观呈现多元化趋势，青年教职工中大多具有正确的人生信仰和追求，但也在部分人中存在信仰金钱、实用主义的价值取向，通过对青年教职工在对待本职工作的态度、领导对下属的关心、培训深造等措施、住房条件、实行岗位津贴制度、同事间的尊重、领导的言行、同事间的互相帮助、晋升职称、团结凝聚力等方面的调查研究发现，青年教职工对这些方面的满意度普遍较低，这些说明青年教职工比较注重个人物质生活条件，对报酬的追求较多，对工作环境比较挑剔，比较突出强调自我价值的实现。当代青年教师在面对利益时，想自己如何实现得多，想别人如何实现得少，对集体如何满足自己要求多，对自己如何满足集体要求少，面对挫折，认为社会或集体存在问题的多，认为自己存在问题的少。

二、新时代青年教职工思想政治工作发展的新路线

首先，要做好青年教职工的思想政治工作，必须对他们有较深的了解。对他们了解得越多，做工作就会有主动性。青年教职工思想活跃、较容易接受新事物、工作热情高、有理想和追求，他们关注改革开放，期望国家繁荣富强，刻苦学习，勇于实践，注重务实，乐于平等竞争，人生观、价值观处于日趋成熟的阶段。

其次，尊重青年教职工，这是开启他们心灵之窗的一把钥匙，青年教师年纪轻、资历浅、位卑言轻，往往不被重视，有时得不到应有的信任与尊重，这使他们的自尊心、自信心受到不同程度的伤害，作为思想政治工作者，必须设身处地，从细微处体察他们的心情，给他们以应有的理解与尊重，尊重他们的心理、情感、人格和爱好。以平等的身份对待他们，把自己与他们摆到同一位置上，以同志、同事、朋友或者兄弟姐妹的姿态出现，不可居高临下。

最后，关心青年教师是赢得信赖的关键。找准关心的切入点，有的放矢地去帮其所需、解其所愚、救其所危、排其所难，在他们最困难、最需要的时候出现在他们的面前，关心他们工作中的失误、生活中的苦恼、婚恋上的失意、人际关系上的矛盾、健康上的不幸、思想上的抑郁、经济上的纠纷，从日常生活中去关心，不仅可以从物质上去关心，也可以从精神上去鼓励。

参考文献

[1]十阿哥的哥哥.试论如何做好青年教师的思想政治工作[EB/OL].http://wenku.baidu.com/view/e4adef85bceb19e8b8f6ba7a.html.[2012-05-25]

[2]王月芬,赵春苗.针对当前高校青年教职工思想现状的工作对策研究.黑龙江教育学院学报,2009(12).

[3] 奎静. 高校青年教师思想政治教育的现状及对策研究[EB/OL].http://wenku.baidu.com/view/6d01cacfda38376baf1fae61.html?from=rec&pos=0&weight=10&lastweight=3&count=5.[2012-05-25]

以科学发展观为指导，推进高校青年教师思想政治工作的创新与发展

——以兰州大学草地农业科技学院为例

王 宣 王 平 王 丹

（王宣，兰州大学草地农业科技学院党委副书记，助理研究员；王平，兰州大学草地农业科技学院辅导员，助理实验师）

摘要：随着我国高等教育事业的改革与发展，青年教师在高校中的表现日益活跃。本文从青年教师思想政治工作的重要性、青年教师思想政治现状存在的问题以及新形势下青年教师思想政治教育的特点三个方面，论述了目前国内青年教师的思想政治工作的基本情况，并以兰州大学草地农业科技学院为例，提出要以科学发展观为指导，坚持社会主义核心价值观，从人才培养机制、职业道德教育、社会实践锻炼、激励机制的完善四个方面出发，做好新时期高校青年教师的思想政治工作。

关键词：科学发展观 青年教师 思想政治工作

随着我国高等教育事业的改革与发展，目前国内高校中活跃在科研教学管理等一线的青年教师迅速增多，由于青年教师群体与大学生们年龄相近，师生间的交流频繁，他们不仅能在学术和学业上对大学生产生较大的影响，而且还能通过言传身教，对大学生的世界观、人生观和价值观等方面产生较大影响。以科学发展观为指导，做好青年教师群体的思想政治教育工作，全面提高他们的思想政治素质和业务素质，是高校以社会主义核心价值观为内涵，坚持社会主义办学方向，提高人才培养质量的重要保证。

一、青年教师思想政治工作的重要性

当前在高校中，改革开放后成长起来的青年教师逐渐成为高校教学、科研、管理工作的主力和骨干，他们中有不少人是教学科研单位的负责人或者是国家重大科技攻关项目的主持人，在实施科教兴国和高等教育改革和发展中，起着重要的骨干作用，在整个高校师资队伍中已成为一支举足轻重的力量。

新时代高等教育的改革与发展，不但要求包括广大青年教师在内的科技人才拥有精湛的业务水平，还要求他们拥有辩证唯物主义的思想方法,只有这样,才能不断吸收国内外的优秀成果,提高自己的业务素质和科研水平。而要坚持社会主义办学方向,则必须坚定建设有中国特色社会主义的信念和理想，把发扬爱国主义精神同坚持社会主义方向紧密结合起来。

高校的青年教师担负着培育社会主义事业建设者和接班人的重任，而他们自身又是高校科学研究的生力军。由于青年教师教学和科研的双重角色，他们的思想政治素质不仅影响着青年教师队伍自身的成长和发展,还影响着他们所培养的大学生的思想素质和价值取向。以科学发展观为指导,坚持社会主义核心价值观,做好高校青年教师思想政治工作,是目前推进高校师资队伍建设,坚持社会主义办学方向的必然要求。

二、青年教师思想政治情况存在的问题

目前，不断推进的高校教育体制改革为青年教师的成长和发展提供了广阔的舞台和美好的前景,青年教师的基本素质在不断提高,①他们中绝大多数都具有坚定的政治信念和崇高的敬业精神;他们思想活跃,工作热情,富于开拓创新;他们学历层次高,知识面广,科研能力强;他们传承师德,拓展内涵,应对挑战,发挥应有的作用。但是,随着国内外形势、思想潮流和价值观念的多元化，高校青年教师的思想政治工作开始面临诸多新情况、新问题。②

(一)政治意识淡薄,理想信念动摇

受当前多元化思潮的冲击，部分青年教师开始对政治理论的学习漠不关心,对学校和单位组织的各项政治类活动敷衍了事。长期的意识淡薄和缺乏必要的正确引导教育,必将导致社会理想和个人信念的动摇。在这种状态下，他们将难以通过教学授课和师生交流等渠道正确引导大学生树立正确的世界观、人生观和价值观。

---

①吴秋凤:《高校青年教师思想政治工作的创新》,载《思想政治教育研究》2006 年第 3 期,第 58-60 页。

②王瑞:《高校青年教师思想政治教育工作存在的问题及对策》,载《科教导刊》2010 年 10 月(上),第 123 页。

(二)敬业精神下滑,价值取向倾斜①

受目前国内世俗功利主义的影响，部分青年教师的价值主体发生了变化,由社会本位向个人本位转移,个人的价值取向转向世俗功利,对教育事业的荣誉感下降,奉献敬业精神下滑,在付出与索取、理想与现实的矛盾中陷入误区。

(三)职业道德淡薄,师表形象欠佳

教师作为教育学生、培育人才的人,自身的思想观念、品德修养、治学态度、行为习惯都会对学生产生直接或间接的影响。特别是青年教师,和学生的年龄差距较小,师生交流频繁,如果职业道德淡薄,职业荣誉感下降,对于教学马马虎虎,对于科研敷衍了事,更容易对大学生产生消极和负面影响。

三、新形势下青年教师思想政治教育的特点

(一)青年教师思想政治工作的高起点

青年教师是实现科教兴国战略的主导力量和生力军，高校青年教师的高学历、高层次决定了他们思想政治工作的高起点。另一方面,青年教师肩负着教育大学生成才的重要任务，对他们自身的思想政治水平和驾驭能力的要求必然要高于大学生思想政治教育的目标。

(二)青年教师思想政治工作的综合性

高校的青年教师往往是教学、科研的复合型人才,其中不乏各学科领域的专家学者,因此,对他们思想政治教育工作的开展不能简单地以提高思想政治素质为目的,而应当以科学发展观为指导,在科教兴国、人才强校的战略背景下,以提高其思想水平、科研能力、教学水平、创新能力等各方面素质的全面协调发展为目标。

(三)青年教师思想政治工作中的自觉性

高校青年教师都接受过长期系统的专业教育，具有良好的知识储备和科学素养,具备严谨的逻辑思维能力和分析解决问题的能力,这些特点决定了青年教师思想政治工作的自觉性，这就要求高校青年教师进行思想政治工作要以自我教育为主,主动地接受先进思想和正确行为,达到教

①董振力,高峰:《新形势下高校青年教师思想政治工作存在的问题与对策》,载《集美大学学报》(哲学社会科学版)2001年第2期,第12–15页。

育的目标和要求，形成良好的思想品德和行为，做到为人师表。

四、以科学发展观为指导，做好青年教师思想政治工作

科学发展观，是对党的三代中央领导集体关于发展的重要思想的继承和发展，是马克思主义关于发展的世界观和方法论的集中体现，是同马克思列宁主义、毛泽东思想、邓小平理论和“三个代表”重要思想既一脉相承又与时俱进的科学理论，是我国经济社会发展的重要指导方针，是发展中国特色社会主义必须坚持和贯彻的重大战略思想。高校的青年教师思想政治教育工作应以科学发展观为指导，将科学发展观渗透到青年教师思想政治教育的每一个环节、每一个步骤，以人为本，促进青年教师的和谐发展。

以兰州大学草地农业科技学院为例，在建院短短的10年时间里，学院老、中、青三代学术集体发扬团结协作、集中力量办大事的“两弹一星”大集体大协作团结奋斗精神，秉承“道法自然，日新又新”的院训和“承百年积淀，攀草业珠峰”办学目标，紧紧围绕建设开放性、高水平、研究型学院的中心任务，辛勤工作、奋力开拓，在反映学院核心竞争力的重要指标上连年取得重大突破，为发展我国的草业科学做出了应有的贡献，实现了跨越式发展。特别在青年教师思想政治教育环节中，学院以科学发展观为指导，坚持社会主义核心价值观，敢于实践，勇于创新，为青年教师队伍的成长与发展形成了一套独具学院特色的培养模式。

（一）明确指导思想，以不断完善的人才培养机制为保障，做好青年教师的思想政治工作①

高校青年教师肩负着教书育人与科学研究双重重任，他们的成长和发展关系着高校教育和科研事业的发展和改革，他们的思想政治素质，直接关系到高校人才培养的方向和质量。高校青年教师的思想政治工作应从科教兴国和高等教育改革的大战略出发，以科学发展观为指导，把青年教师队伍的建设作为重点工作来抓。同时，还要加强对青年教师思想政治工作的领导和监督，切实建立行之有效的人才培养机制。

以兰州大学草地农业科技学院为例，该学院拥有全国仅有的两名草

---

①李周平：《青年教师思想政治工作浅探》，载《陕西国防工业技术学院学报》2010年第3期，第35-36页。

业界工程院院士，学院在严把青年教师入口关的同时，作为人才培养机制的重要环节，每年都要举办院士与青年教师的座谈交流会，旨在为引导青年教师树立正确的事业信念，更好地继承学术集体的优良传统，更快地成长成才。通过座谈交流的形式，两位院士将多年来积淀的人生感悟、道德素养、学术修养最直接地传递给青年教师，使青年教师在感受大师风范与胸襟的同时，认识到文化建设与传承是个人的光荣使命，更应有战略性思维，立足当前，找到切入点，放眼高远，做到"顶天立地"。

作为青年教师人才培养机制的又一重要环节，学院利用国际交流活跃、学术交流频繁的优势，搭建平台，让每一位青年教师都有在岗期间出国进行为期不少于半年的学术访问与交流的经历，以打开思路，使其既具国际视野，又有本土情怀；让每一位青年教师都能积极参与国内外学术会议、聆听业内专家高端前沿讲座，在浓郁的学术氛围中不断提升专业素养。

（二）坚持社会主义核心价值观，加强理论学习，以职业道德教育为依托，做好青年教师的思想政治工作

社会主义核心价值观就是以人为本、共同富裕、民主法制、公平正义、团结和谐、开放包容。社会主义核心价值体系是兴国之魂，是社会主义先进文化的精髓，决定着中国特色社会主义发展方向，建设社会主义核心价值体系是推动文化大发展大繁荣的根本任务。[①]高校的青年教师思想政治教育工作应坚持社会主义核心价值观，加强青年教师的政治理论学习，有计划、有重点、有针对性地组织他们认真学习马列主义、毛泽东思想、邓小平理论、"三个代表"重要思想和科学发展观，让他们学会运用正确的立场、观点和方法观察问题、分析问题和解决问题，帮助他们树立和增强正确的世界观、人生观和价值观。在此基础上，培养青年教师良好的职业道德意识，这不仅是社会发展的需要，也是个人发展的必然要求。青年教师思想积极、精力充沛、社会责任感强，要加强对青年教师的职业道德教育建设，不断激励他们投身于教育事业，爱岗敬业，乐于奉献，增强他们对于高校教育事业的光荣感、使命感和责任感，树立良好的师德风范。

兰州大学草地农业科技学院以社会主义核心价值观为引领，采取集

①柯缇祖：《社会主义核心价值观研究》，载《红旗文稿》2012年第2期，第4-7页。

中学习、分组讨论、经验分享、爱国影片展播等多种方式对青年教师开展理论学习。同时,注重知行合一,在坚实的理论素养之上开展教师职业道德教育,每年积极响应学校号召,组织青年教师赴革命根据地——甘肃会宁接受爱国主义教育,以弘扬革命传统,深入学习宣传和贯彻落实《高等学校教师职业道德规范》,从而提升青年教师的职业道德素养,使职业道德素养潜移默化地贯穿于青年教师的教学与科研当中,让他们给学生树立起优秀的楷模形象。

(三)加强实践锻炼,增强社会责任感,做好青年教师的思想政治工作

高校的青年教师绝大部分有较高的学历层次,但对他们来说参加高校的教师工作是毕业刚出校门就业又回校园,因此,他们所经历的社会实践不足,对改革开放的伟大实践理解不够深刻,对偏离社会主旋律的错误思潮的抵御能力较弱。以科学发展观为指导,通过有组织有计划的政治理论学习,再结合相应的社会实践锻炼,让青年教师在社会的大课堂中拓宽视野,转变观念,从而加深对中国社会的整体认识,使他们能够深刻地感受到党和国家赋予的重大历史使命,认识到社会和人民需要他们努力工作实现科教兴国的伟大战略,从而极大地增强青年教师的社会责任感、荣誉感和使命感,调动起青年教师的工作热情和奉献精神,并使他们自觉地用正确的思想认识去教育和感染学生。

兰州大学草地农业科技学院为加强对青年教师思想政治教育工作在实践环节中的锻炼,引导他们树立服务意识,增强社会责任感,从青年教师的社会服务工作入手,学院引领青年教师真抓实干,不出虚招,赢得了良好的社会效益。通过学院特有的平台——农业部牧草与草坪草种子质量监督检验测试中心(兰州)继续为退耕还林提供服务,仅2011年就承检种样442个、1728项次,代表种批4510吨。学院还与珠海鹤洲草原科技有限公司签订了实施草地农业产业化合作协议、在新疆戈宝红麻有限公司设立"兰州大学阿勒泰戈宝麻工作站",为青年教师搭建了服务社会的广阔平台。

学院还对他们委以重任,让每一位青年教师都有担任本科生班主任的经历,通过对学生的教育,进一步提升自身素质与修养。在上述工作中,由于多校区办学的特点,青年教师除了面对面地与学生开展工作外,还充分利用网络思想政治教育的平台,与学生建立飞信群、QQ群,通过网上班会、网上交流等学生喜爱的方式与学生进行交流沟通，起到了良好的效果。

(四)切实解决实际问题，创造良好的激励机制，做好青年教师的思想政治工作①

青年教师参加工作后，最为关心的就是学校的发展前景、学科专业建设等与个人发展息息相关的问题。高校应坚持以人为本的原则，重视青年教师的发展需求，通过建立良好的激励机制充分调动青年教师的积极性，激励他们将教学科研和个人发展相结合，使他们将高校教师的职业需要从生存层次提升到事业层次，将他们培养成骨干教师和学科带头人，从而实现青年教师个人发展和教学科研事业的和谐发展。

兰州大学草地农业科技学院鼓励青年教师刻苦钻研、创新发展，专门为青年教师出台奖励办法，激励他们争取国家自然科学基金面上或青年项目、在SCI一区发表高质量文章等，使青年教师在科研与教学领域不断谋求进步。

通过建院10年的努力，学院以科学发展观为指导，紧密结合文化传承、教学科研与社会服务，在实践创新中卓有成效地开展青年教师思想政治工作，使青年教师在思想、工作与学习中深层次融入学术集体，成为学院整体发展中的中坚力量。

参考文献

[1]吴秋凤.高校青年教师思想政治工作的创新[J].思想政治教育研究，2006(3).

[2]王瑞.高校青年教师思想政治教育工作存在的问题及对策[J].科教导刊，2010(10).

[3]董振力.新形势下高校青年教师思想政治工作存在的问题与对策[J].集美大学学报(哲学社会科学版)，2001(3).

[4]李周平.青年教师思想政治工作浅探[J].陕西国防工业技术学院学报，2010(3).

[5]魏玉华.基于人才强校背景下的青年教师思想政治教育[D].哈尔滨工程大学硕士学位论文，2008.

①魏玉华：《基于人才强校背景下的青年教师思想政治教育》，哈尔滨工程大学硕士学位论文，2008。

发挥“五老”作用 做好青年教师思想政治工作

院中科

（院中科，兰州大学离退休教职工党委副书记，兰州大学关心下一代工作委员会办公室主任，助理研究员）

摘要：本文通过对高校“五老”队伍建设和发挥“五老”作用的阐述，提出了高校可以通过组织老教授、老专家、老领导等结合学科发展开展青年教师的思想政治工作，在新的历史条件下，符合高校青年教师师德师风建设的要求，同时，通过“五老”群体和青年教师的就近结对帮扶，可以促进思想上和学术上的共赢，是开展青年教师思想政治工作的有效途径。

关键词：“五老”　青年教师　思想政治

中共中央十六号文件明确指出：“大学生是十分宝贵的人才资源，是民族的希望，是祖国的未来。”习近平同志在第二十次全国高校党建会议上指出：“高校是教育培养青年人才的园地，也是用社会主义核心价值体系武装青年的重要思想阵地”，“教师是人类灵魂的工程师，是青年学生成长的引路人和指导者”。青年教师肩负着培养学生的重任，是教书育人的中坚力量。教书育人，德育为先，教师队伍建设是一个高校的系统工程，只有建设一流的教师队伍才能培养一流的学生。我国具有几千年的高等教育历史，百年来的大学教育也涌现出了一大批德高望重的老教授、老专家、老领导、老教育工作者，他们是大学精神的创造者，也是大学理念的实践者，是中华民族核心价值体系的传承者，发挥他们的作用，对传承文化精神，做好青年教师的思想政治工作具有积极的现实意义和指导意义。

高校的“五老”指老教授、老专家、老领导、老干部、老教育工作者。兰州大学作为国家科教兴国和人才强国战略的主战场具有得天独厚的人才资源和教育资源，现有离退休老教授、老专家、老干部千余人，他们在离退休人员中占有一定比例，具有较高的威望、修养和专业水平，是学校事业发展的人力资源，也是党和人民最可信赖的可靠力量。做好青年教师思想政治工作要结合我校实际情况，积极搭建平台，发挥“五老”作用，根据不同需要有针对性地开展工作。

一、组建"五老"师德建设关爱小组

兰州大学具有"勤奋、求实、进取"的光荣传统，一百年来兰大人追求真理，献身科学，淡泊名利，乐于奉献，形成了以"自强不息、独树一帜"为核心的兰大精神。"五老"是兰大精神的创造者和传承者，也是兰大取之不尽的精神财富，学校要组织这部分老同志在师德师风建设中发挥作用，充分利用社会主义核心价值体系，结合青年教师的专业发展，利用我校无形资产和老专家、老教授的学术声望，结合《国家中长期教育发展纲要》，根据实际需求，与时俱进、不断创新、春风化雨，开展深入细致的工作，关心青年教师的健康成长。关心青年教师的成长是学校事业后继有人的保障，是老同志"老有所为"的重要内容，也是最有意义的"老有所为"，因此，老同志应该肩负起这一历史使命。青年教师也要明确地认识到，兰州大学之所以取得今天的辉煌，是无数老一辈的兰大人不懈奋斗换来的，要怀着感恩之心关爱老同志的健康和幸福，尊敬老同志的劳动，这样老的关爱小的，小的尊敬老的，使关爱成为相互行为，达到老少双赢。

二、建立离退休党支部和青年教师党支部结对互助机制

我校离退休教职工党委以党支部为核心的基层组织建设已经取得了可喜的成果，以原来的学院为基本单位，本着就近、方便的原则建立了15个基层支部，基本辐射到了所有的离退休教职工，这样所有的离退休教职工都通过基层党支部纳入到了党组织的管理范围，这些党支部是我校老龄工作的中坚力量，开展离退休党支部和青年教师党支部"一对一"结对互助活动无疑是关心青年教师健康成长的有效组织方式。通过党支部"一对一"活动将离退休党支部建设和青年教师党支部建设结合起来，利用老同志的政治优势、组织优势和科技文化优势帮助青年教师，通过党支部活动开展革命理想教育和爱国主义教育，开展青年教师成长成才教育，开展青年教师师德师风教育以及成功人生教育。近年来，我校青年教师的学缘结构有较大的变化，青年教师呈现高学历、高职称趋势，且有在不同大学受教育的经历，通过党支部活动将当代最新的社会理念和社会信息交流给老同志，通过他们的互帮互学促进老同志的可持续发展，提供相互关爱

和共同成长的机会,对于青年教师来说也通过与老同志的接触,了解学校建设和发展的历史,这对于我们这样一所百年名校来说具有极大的历史意义和现实意义。离退休党支部是以学院为基础组建的,具有相对的独立性,各党支部和党小组对应各个学院的青年教师党支部,开展党支部活动,有利于建立感情纽带,形成专业学习和研究上的共同进步。

三、建立互相关爱机制,搭建“大手拉小手”平台

积极搭建关爱平台使青年教师的思想政治工作通过“五老”传承到每个个体。如果党支部之间结对是组织对组织,那么“大手拉小手”就是个体对个体或个体对群体的结对活动。学校相关部门要通过调查了解,结合老教授、老专家的研究领域和专业优势,倡导以学院为单位,尽量地能够在专业学习和研究方面找到共同点,搭建平台,促成结对。可以是一个老专家和一个青年教师结对,也可以是一个老专家和一个专业、一个学院的青年教师结对,促成“大手拉小手”结对关系,促进“五老”对青年教师思想政治工作的可持续发展。需要指出的是,这种结对是互相关爱,老同志要关爱青年教师,青年教师也要通过交流关爱老同志,老同志们利用专业知识、丰富阅历关心帮助青年教师,青年教师也要利用自己的年轻优势适当地帮助老同志学习电脑、学习外语,讲述大学里的各种教育活动、学术活动和文体活动,讲述大学生活是为了让老同志了解目前教育形势和学校发展的现状,青年教师要广泛听取老同志有益于我们学习和成长的意见,促进交流和发展。

四、开展兰大传统教育

老同志是我们国家和学校的财富,也是中华民族的精神财富。社会的和谐首先是人的和谐,老同志为国家的发展奋斗了一辈子,有的老同志虽然已退休但是工作热情很高,渴望继续为国家和学校发展做贡献,我们要搭建平台、提供机会,让老同志们继续发挥余热。建议学校在青年教师上岗培训中增加兰大传统教育,邀请对兰大历史文化和精神传统有较高造诣的老教授、老专家讲解兰大历史,阐发兰大精神,弘扬兰大文化,用兰大的精神文化激发青年教师对学校的了解和热爱。要充分发挥我校老教授协会的作用,开展文化科技研究开发,成立咨询机构、研究机构,建立发明专利捐助体系,增加科技产品的转化和开发利用,有效促进学校文化的大发展和大繁荣。但是有的老同志年纪大了,遇到了生活上的困难和疾病的困扰,我们要关心帮助,使其晚年生活幸福温暖。通过如上工作,建立一项新老结合的青年教师思想政治工作长效机制,为学校减轻负担,为社会建立和谐,促进经济社会的可持续发展。

青年教师是大学的未来、民族的希望,青年教师的思想政治工作关系到他们人生理想的实现,关系到培养下一代的质量和政治素质,这是关系国家前途命运的战略工程,是关系党的事业和中国特色社会主义兴旺发达的希望工程,是关系亿万家庭切身利益的民心工程,是关系社会主义精神文明建设的基础工程。因此,我们要从国家和民族发展的高度肩负起历史的责任,认真贯彻落实十七届六中全会精神,注重“五老”队伍建设,发挥老同志老专家的作用,建立科学的可持续发展的老龄工作和青年教师思想政治工作机制,适应新形势,寻找新机遇,为国家繁荣、民族振兴做出应有的贡献。

参考文献

[1]中共中央国务院.关于进一步加强和改进大学生思想政治教育的意见[N].光明日报, 2004-10-15.

[2] 习近平. 第二十次全国高校党建会议讲话.www.news.cn,2012-01-04.

[3]关心下一代中的“五老”指老干部、老专家、老教师、老战士、老模范.www.news.cn,2012-06-15.

兰州大学学生工作队伍专业化建设刍议

贾海燕

（贾海燕，兰州大学学工部综合科科长，助理研究员）

摘要：高校从事学生工作的人员是开展大学生思想政治教育的骨干力量。经过多年的探索实践，兰州大学学生工作队伍专业化有了长足的发展，但离中央16号文件要求的专业化目标仍有很大差距，专业化建设仍任重道远。

关键词：学生工作　专业化　现状问题　对策建议

学工人员是开展大学生思想政治教育的骨干力量。加强学工队伍专业化建设是做好高等学校学生思想政治工作的重要保证，也是促进学工人员自身成长与实现更高层次发展需要的必由之路。

一、兰州大学学生工作队伍专业化建设现状

（一）学工队伍人员构成情况

兰州大学现有专职学生工作人员132人，其中专职辅导员（含分管学生工作党委副书记）97人，学工部17人，研工部5人，团委8人，其他学生工作人员5人。从学生工作队伍年龄结构来年，40岁以下的青年学工人员113人，占学工总人数的86%；从学生工作队伍学历结构来看，硕士及以上学历者77人，占学工总人数的58%。学生工作队伍年轻化、高学历化的发展现状迫切要求我们加强学工人员专业化建设。

（二）学工队伍专业化建设现状

多年来，兰州大学不断探索和研究学生工作队伍专业化建设的途径和方法。

第一，调整辅导员选聘模式。学生工作人员专业化，先要从专职学工人员的准入制度开始。近年来，兰州大学一直在改革、探索辅导员的选聘制度，前后经历了“2+3”、“2+3+3”、“面向全国招聘硕士研究生”等多种选

聘模式。从2007年开始即面向全国招聘硕士研究生，招聘过程注重职业测试、心理测试、面试答辩、集中见习、集中实习等环节，细化了选聘过程与流程，选聘周期长达一周，目的就是为了把更适合从事学生工作、有志于在学工队伍长期发展的毕业生选聘到学生工作队伍中来，从学生工作人员入口处为学生工作专业化打好基础。

第二，开展学生工作课题研究。从2007年开始，学校设立学生工作人员专项研究课题，提升学生工作人员研究问题的能力。每年组织1次学生工作课题立项，鼓励学生工作人员积极参与申报。截至目前共立项30余个、参与人数达到200多人。组织“辅导员标兵”，分组就班主任工作职责、兼职辅导员工作职责等问题开展专题研究，已完成项目8个。

第三，虚拟中心和工作室建设。虚拟中心和工作室是兰州大学学生工作队伍专业化建设的重要尝试与探索。虚拟中心是大学生思想政治教育工作专职人员在从事现有工作的基础上，按照兴趣和能力倾向组织起来，针对需要长期投入、持续发展的问题开展工作的新组织，它有确定的年度计划和中长期目标，有相对确定的组织形式。工作室则是专职工作人员个人选定一个业务方向，开展相对专业的教育管理服务工作的组织，带有综合分析统计、培训交流、宣传激励、积累研究等多个特征。工作室可以外请同事和学生助理协助。从2011年3月起，已有8个学生工作虚拟中心成立并运行，分别隶属于学校就业指导中心和学生工作指导委员会；另有10个辅导员工作室成立并运行。

第四，开展学生工作人员培训。培训是专业化的重要手段之一，由于目前学工队伍结构的多样化与复杂化，“一刀切”的统一培训模式已经不符合当前工作的实际。目前，学校更多地是有针对性地鼓励、支持在学生工作某一领域有发展意愿的人员参加个性化的培训。如支持对GCDF、团体辅导员、心理咨询等有兴趣、有意愿、有发展意向的学工人员进行专题的培训，支持他们在该领域内有更多的培训机会，有更多的发展基础，间接地使这部分人在学工队伍中更长久、更专业地工作。

第五，专业技术职务评聘。近年来，学校一直在研究、探讨专职学生工作教师专业技术职务评聘序列问题，目前已经基本成形。这将为专职学工人员专业化提供更广阔的发展平台与发展空间，也必将成为我校学工人员专业化建设的里程碑。

二、兰州大学学生工作队伍专业化建设存在的问题

总的来看,兰州大学学工人员的工作能力、状态以及专业技术水平基本可以满足学生工作顺利和正常进行,正在向专业化目标迈进,但是离学校预期的目标还有很大的差距,仍然存在众多问题。

(一)专业化理念尚未深入人心

"专业化"是一个社会学概念,其含义是一个普通的职业群体在一定时期内,逐渐符合专业标准、成为专门职业并获得相应的专业地位的过程。学生工作队伍专业化主要体现在三个方面:从事学生工作是职业,其社会地位得到认可;学工队伍经过长期的专业训练,有完善的知识体系作为从业保障;有完善配套的规范,包括学工队伍的职业行为和有利于学工队伍可持续发展的管理制度,如从业资格的管理规定、职称条例、行政职务晋升的规定、培训发展的管理规定等。但是目前学工队伍专业化的理念还未在全校范围内深入人心,虽然有一部分人逐步开始重视这个理念,但是社会认可度仍旧不高,在很多人眼中,学生工作仍被看做是人人都能干的工作,学生工作者是可替代的,其地位依旧远远低于学科专业教师,在学生工作领域长期发展的机会也较少,学工队伍专业化建设还处于初级阶段。

(二)缺乏学工人员教育管理的系统学科体系

兰州大学学工队伍中58%以上的人员具有较高学历(硕士以上),但是部分人员专业背景与学生工作内容基本不相关,加上学生工作琐碎繁杂,使得学生工作人员用于提高教育管理等方面的专项能力的时间少,学工队伍难以获得专业水准的工作指导,难以形成学科研究的合力,更无法谈及逐步形成系统的学科体系。这种情形下,学工人员大都凭借经验开展工作,在面对当前思维活跃、思想开放的大学生时,专业背景的欠缺必然带来一些人生观、价值观等方面的差异,为师生间的交流带来一些阻隔,这在影响学工人员成长发展的同时,也间接影响大学生的成长成才。

(三)学工队伍管理机制不够完善

学生工作纷繁复杂,实际工作中有时职责界限不明,只要与学生有关的事情,许多人首先想到的就是学生工作人员,而不管事情是否属于他们的职责范围。学工人员每天忙于应付各种事务,无法真正静下心来研究自己的本职工作。同时,客观原因还会为部分年轻学工人员带来较大的工作量,自然地剥夺了其走专业化和专家化道路的时间和精力。此外,由于管理机制不完善,学工人员在职务晋升、职称评定、外出培训时会遇到一些困难,影响部分学工人员的工作热情。

(四)学工人员对个人发展目标和前途存在误区

在学生工作队伍专业化和专家化建设过程中,还有一个急需解决的问题,就是改变学工人员自身的心态和想法。一些错误的认识和想法直接影响到学工队伍的专业化建设。例如,部分学工人员对岗位的认知存在误区,认为一直做学生工作不利于个人发展而且前途渺茫,学生工作在他们看来只是一种历练自己的方式和职业生涯规划的跳板,其目标不是长久地从事学生工作,更不会在意学生工作的专业化建设。

三、兰州大学加强学生工作队伍专业化建设的对策建议

学生工作队伍专业化是大学生思想政治教育发展的必然选择,有着百年历史沉淀的兰州大学如何顺应信息时代教育改革大潮,重塑学生工作者新形象,为从业者提供长久、良好的发展平台是摆在我们面前的重大课题。

(一)加强宣传,普及学生工作人员专业化发展理念

观念决定行动和发展。要推进学生工作队伍建设的进程,首先,要在全校范围内形成学生工作是一门专业、学生工作是一门可以长期发展的职业的认识,并在决策和制度层面提供学生工作队伍专业化的有力支撑;其次,要引领学生工作队伍专业化建设的导向,将学工队伍专业的理念在全校甚至更广的范围普及,学生工作专业化需要全校各级部门在认识上和工作上的支持与推动。

(二)搭建平台,帮助年青学工人员尽快实现角色转换

高校学生工作人员专业化理念普及与学工人员尽快实现角色转换相辅相成,帮助学工人员认识到学生工作具有的艺术性与科学性,能从事这项工作的人是具有很高的业务素质与水平的专业化人员。高校的学生工作者,应该与其他学科的专业教师一样,是高校教师的重要组成部分,要让学生工作者把学生工作作为个人事业来发展,长期地、全身心地投入到学生工作中。

(三)抓好培训,引导学工人员不断走上专业化道路

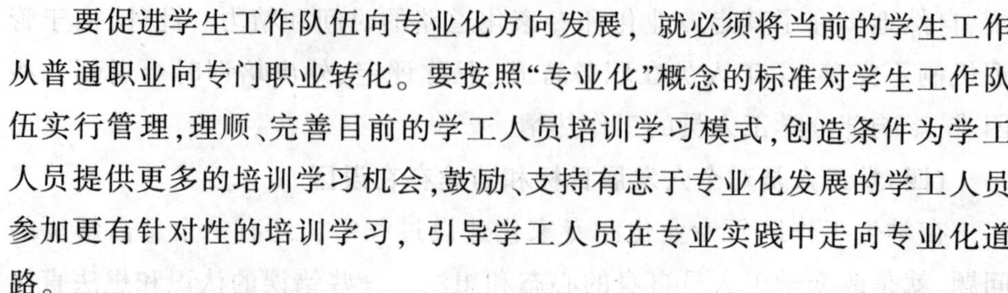

要促进学生工作队伍向专业化方向发展，就必须将当前的学生工作从普通职业向专门职业转化。要按照“专业化”概念的标准对学生工作队伍实行管理,理顺、完善目前的学工人员培训学习模式,创造条件为学工人员提供更多的培训学习机会,鼓励、支持有志于专业化发展的学工人员参加更有针对性的培训学习，引导学工人员在专业实践中走向专业化道路。

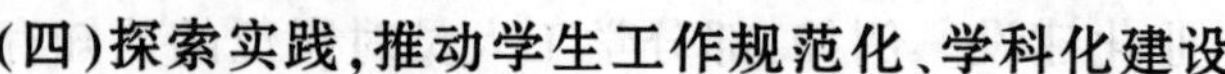

(四)探索实践,推动学生工作规范化、学科化建设

学生教育管理是一个系统,同时也是一门科学,它涉及社会学、政治学、行政学、管理学、教育学、心理学、伦理学、组织行为学等各门学科和专业,综合性很强。因此,要逐步把学生工作作为一门学科纳入到学科建设中,对学生工作进行学科化研究,并开设一些课程,逐步规范学科体系,组成专门学术机构,为学生工作人员提供专业的、专门的、针对性强、日常化、持久化的学习和培训,不断引领学生工作专业化进程。

(五)强化考核,修改完善学生工作队伍管理机制

完善的管理机制是学生工作队伍专业化建设的重要政策保障。学校要致力于推动专业技术职务评聘制度的尽早出台，配套好相关的评优奖励制度等。同时,要强化考核,明确考核内容、确定考核指标、扩大考核主体、增加考核途径。考核结果要与职务聘任、奖惩、晋级挂钩,做到用事业留人、用待遇吸引人。同时,在队伍出路方面应给予相适应的政策倾斜,把学生工作队伍作为党政后备干部培养和选拔的重要来源,根据工作需要,向校内管理工作岗位输送或向地方组织部门推荐。

参考文献

[1]赵岚.学生工作专业化与高校辅导员队伍专业化建设[J].北京交通大学学报(社会科学版),2008(4).

[2]张博文.学生事务管理专业化与辅导员队伍专业化发展[J].中国高等教育,2009(23).

[3]许姝,符少辉.中英两国高校学生工作队伍建设的比较及其启示[A]//第二届全国农林院校教育科学类研究生学术论坛论文集[C],2010.

[4]刘天.对职业化、专业化高校学生工作队伍建设的思考[J].经济研究导

刊,2010(32).

[5]田东林,张毅,起建凌.高校学生工作队伍建设研究——以云南农业大学为例[J].当代经济,2011(9).

[6]张岚,林芸.专业社会学视阈下的高校学生事务管理专业化[J].中国地质教育,2007(3).

[7]黄永乐.高校学生工作专业化发展初探[J].辽宁教育研究,2004(7).

[8]刘子真.高校学生事务管理专业化的内涵与特点[J].现代教育管理,2009(6).

[9]王军.我国高校学生工作专业化发展的新视野[J].黑龙江高教研究,2007(8).

[10]曲慧敏,李春家.由高校学生管理的现状探讨学生工作专业化问题[J].潍坊学院学报,2006(3).

兰州大学副班主任制度建设刍议

马世英

(马世英,兰州大学学生处就业办公室主任,助理研究员)

摘要:兰州大学副班主任制度实施已届10年,副班主任优秀学长的身份和先进榜样的力量,帮助新生顺利完成了从高中到大学的转变,逐步养成了自立自强、积极进取、健康向上的精神风貌。这与兰州大学副班主任制度建设的道德基础密不可分,亦即绝大多数副班主任均富有“朋辈情谊”,待人以诚、诲人以爱、爱人如己,自觉以新生为中心思考、处理问题和纠纷。副班主任的培训还应包括公民道德教育、民主法治教育、婚恋辅导等课程,以保证副班主任更好地满足新生日益复杂的需要。

关键词:高等学校　兰州大学　副班主任　制度建设

兰州大学偏居西北,多年的历史文化积淀使兰州大学形成了“自强不息,独树一帜”的品格。在兰州大学的学生中,西部生源占总人数的50%,农村生源占总人数的60%。2001年,兰州大学榆中校区启动。对于远离城市,教师住校少,没有高年级学生的新环境,新生显得一时难以进入大学的状态。为了切实帮助新生成长,尽快适应大学的学习生活,兰州大学学工部和部分学院学工组深入调研,集思广益,从解决新生人际适应入手,创造性地推出了副班主任制度。

从2002年9月,第一批副班主任正式上岗至今,兰州大学副班主任制度已走过十个年头。兰州大学自2002年开始设置副班主任制度以来,副班主任队伍的规模不断扩大,影响力不断提升。副班主任由最初的4个学院,19名班主任,发展到现在的覆盖19个学院,102名副班主任。副班主任成为了兰州大学学生思想政治教育队伍中一支充满活力,富有朝气,热情服务新生成长的可靠而坚实的力量。

一、兰州大学副班主任制度的道德根基

兰州大学副班主任制度有其坚实的道德根基，即以学生为中心的人文关怀。这种人文关怀体现在制度设计的方方面面，学工部会同各学院学工组、班主任、副班主任等各方面都做了具体细致而又扎实可靠的工作。

首先，兰州大学学工部以学生需要出发，提出并不断完善副班主任制度的具体内容。基于本科生距本部较远，同老师交流不便的现状，兰州大学学工部创立副班主任制度。同时，在实际运作过程中适时改善管理，完善副班主任制度的各项具体内容。最初，兰州大学副班主任的培训内容仅为校纪校规的学习、学院学生管理制度及概况、专业特色和前景、班级管理和文化建设、大学生职业生涯规划等方面，具体要求也仅为辅助班主任和辅导员工作，妥善处理新生的思想问题。随着新生尤其是独生子女学生在思想和情感方面的变化，学工部又适时地加入了对副班主任妥善处理新生思想问题、诚信廉洁的专门培训，副班主任要以榜样的力量、以同学朋友的身份影响同学，增进民主氛围，形成良好的班风，成为新生的学长、朋友和指导者。

其次，副班主任同新生建立起了深厚的友谊，通过切实的、活生生的人文关怀彰显出优秀学长的道德光辉。副班主任们从低年级一路走来，同新生有着更为亲近的情感距离，易于成为他们的朋友，获得其信赖。[①]而在实际生活中，副班主任们的确做到了一切以新生的需求为行为的指南，他们待之以诚、诲之以爱、爱之如己，自觉以新生为中心思考、处理问题和纠纷。在很多情况下，副班主任们必须付出自己的时间和精力，甚至是宝贵的健康来帮助新生。例如，2010 年，历史文化学院张滢(化名)同学所带班级有位同学，晚间突然心脏病发作，心脏停止跳动。她不避风寒，在5 分钟之内赶往其住处。在救护车来到后，她还随其远赴兰州接受治疗。正是因为有众多有爱心的副班主任奉献自己的光热，新生的世界才能如此“阳光”。

最后，班主任的适时引导，化解新生专业难题。兰州大学学工部在副班主任制度设计时，预设了副班主任在新生培养教育方面的主体地位，并在经费、政策方面予以倾斜。副班主任的工作虽不繁重，但是仍须经常保

①吴雪琴:《论学生助理班主任队伍建设》，载《职校论坛》2008 年第 35 期，第 663 页。

持同新生的交流，须经常到新生宿舍探访，并及时帮助解决新生在专业方面的难题。为此，学工部为每位副班主任同学配有专项经费，以保证其同学生的有效交流，实现教学相长的目的。

此外，为增加副班主任同新生的交流，兰州大学学工部正考虑在餐费或话费方面给予副班主任专门的补助。这借鉴自国外的相关经验，如台湾新竹清华大学为保证老师同学生的有效交流，即规定每位老师每年必须邀请学生共进饭餐两次以上，花费按照每生250元新台币的标准报销。兰州大学学工部的这一尝试，无疑有其进步意义，细微处体现着对新生、对副班主任的浓浓关怀。

二、兰州大学副班主任制度的具体设计

国内有关研究发现，多数学生遇到心理困扰，最先向朋友倾诉和寻找帮助，极少数人寻求专业的帮助。因此，“朋辈辅导”在心理干预中的优势逐渐受到重视和运用，副班主任制度则是首次将这一成果运用于高校。① 兰州大学学工部在深入研究的基础上，迅速对副班主任群体的定位、功能、目标进行了有针对性的调整。从朋辈辅导的角度出发，明确副班主任的定位、功能和目标，充分发挥副班主任在新生教育管理中的朋辈群体优势，建立了成套的制度和规范。

(一)副班主任的定位

新生入校后，首先要接触到的人便是副班主任，副班主任拥有更多与新生进行沟通交流的机会。促使新生尽快完成从高中生到大学生，或者是由乡村生活到都市生活的转变，既是辅导员、班主任的工作，更离不开副班主任这一特殊群体的鲜活经历。副班主任从低年级走来，在大学期间学习、生活的各个方面具有较多具体鲜活的经历和对经验的反思。通过副班主任现身说法式的适当引导，新生基于“朋辈情谊”对副班主任的信服，其经验教训将可有效指导新生少走弯路，尽快适应新环境，解决新问题。

因此，“学长、朋友和指导者”也是对兰州大学副班主任日常工作的最佳描述，这也是兰州大学学工部给予副班主任的基本定位。

---

①芦茜：《大学校园中朋辈互助的实践研究》，载《高等农业教育》2010年第12期，第31-33页。

(二)副班主任的目标

《兰州大学副班主任条例》中对副班主任的工作目标明确规定:“副班主任工作是以培养新生养成生活上自立、学习上积极思考、人格高尚、思想敏锐、积极进取等素质为目标。”这是在对副班主任学长身份的一种肯定,并希望他们以学长的身份、榜样的力量,为新生树立起真正的大学生和大学生活的绝佳标杆。

实际上,副班主任在新生融入大学生活过程中扮演了“奇理斯玛权威”的角色(“奇理斯玛权威”指能与最神圣——产生“秩序”的——泉源相接触的行为、角色、制度、符号以及实际物体)。真正的个人自由与“奇理斯玛权威”密不可分。一个人的思想和行为总要有所根据,如果一个文化圈中没有强有力的“奇理斯玛权威”起着示范作用,那么人的内心势必非常贫乏。副班主任这一“奇理斯玛权威”,无疑极大地影响了很多新生的日常生活,促成了他们个体人格的养成。

(三)副班主任的工作界限

必须指出,副班主任制度仅为兰州大学学生工作系统中的部分内容,副班主任有其工作界限。副班主任在其工作界限内完成规定工作,便是对兰州大学学工系统最大的支持。此工作界限的存在既是出于对副班主任的保护,也有利于协调学生工作系统,从而更好地为同学们服务。

副班主任的工作界限表现在:

第一,副班主任在很多工作领域都只有建议权。例如,在新生班干部选拔任命、评奖评优、经济困难学生确认等领域,副班主任可以建议,但最终的决定权在辅导员或班主任。

第二,副班主任是班级活动的积极参与者,但主要是作为班级管理团队的顾问和参谋,而不是活动的设计者和倡导者。

第三,副班主任不能介入心理问题的领域,此类问题应在报告班主任或辅导员后,由专业人员处理。

工作界限的存在,在很大程度上是为了保护副班主任,避免他们承担过多的责任,带来不必要的冲突。

(四)副班主任的支持系统

副班主任做好本职工作,须有相应的支持系统。班主任、辅导员以及分管学生工作的副书记、学工部都是副班主任的支持力量。副班主任可以在专业领域、思想政治教育和管理方法、技能培训等方面获得来自他们的支持和帮助。副班主任上岗前需要经过严格的筛选。各学院学工组会根据自身的情况对副班主任进行业务培训。学工部也会安排专门的机构组织副班主任的培训,以帮助副班主任提升工作技能。

三、兰州大学副班主任工作的效果

经过十年的积累和历练，副班主任成为了促进兰州大学学生思想政治教育工作的又一支强大的力量。综合多年来副班主任工作的成绩,我们认为,以下几个方面可以反映出副班主任的工作成效:

(一)促使新生尽快完成从高中向大学的转变

一位副班主任在工作心得中这样写道:“大学是与高中在生活学习形式上不同的教育领域。高中生的生活主要是围绕着学习展开,学习生活单调,并且所有的时间都是由老师统一安排进行。然而在大学里,学习固然重要,但是吸取多元文化,成为一名全方位人才以及发挥自我特长,展现自我,充实自我,实现自我价值更为重要”,“副班主任作为一名学长,作为一名新生的引导者,以自身的经验,现身说法式地向新生展示了大学与高中的不同,使新生更容易从副班主任的成长经历中看到发展的经验,促使他们更快更好地融入到大学生活中”。的确,能够促进新生的转变,使新生尽快融入大学生活,是副班主任工作中最重要的内容。

(二)副班主任成为辅导员、班主任和学生之间的桥梁

副班主任的第一身份是学生，和新生一样经历过进入大学后转变的过来人。他们对新生的判断更真实,和新生的接触更直接,更能从新生的立场上观察、判断新生的心理和行为。正是这些来自于学生的副班主任,用最贴近学生的方式了解和掌握了学生的思想动态,成为辅助辅导员、班主任更好地推动思想政治教育的得力助手。[①]

(三)副班主任成为新生发展的目标和方向

副班主任的选拔是有严格的程序和要求的。在《兰州大学副班主任工作条例》中,对副班主任的遴选做了如下的规定:

第一,政治方向坚定,品行良好;

---

①朱昌彪等:《浅谈助理班主任在新生入学教育中的重要作用》，载《教育教学论坛》2010 年第 19 期,第 35 页。

第二,学习成绩优良,无不及格科目;

第三,热爱学生工作,有高度的责任感和奉献精神;

第四,有过主要学生干部经历;

第五,学生党员或有文体特长者优先考虑。

符合上述条件的学生还要经过面试答辩和培训等环节才能成为副班主任。通过这些渠道成为副班主任的人,都是在学业、生活、社会活动等方面的佼佼者。他们的成功天然地对新生具有感染力,成为新生入校后接触到的校园优秀人群,是新生的榜样和发展目标。正是有了副班主任的带动作用,各学院的社会实践、科研创新项目、志愿服务项目和组织都成为新生竞相参与的重点。

(四)副班主任成为优秀学生成长的平台

副班主任在促进新生发展的同时,也极大地促进了副班主任自身的发展。在全面开展副班主任培训工作以后,兰州大学学工部希望通过副班主任平台总结工作的经验,探索更有效的教育手段。期间,学工部提出请副班主任提交一个关于"如果大一可以重来你要做的十件事"。很多副班主任都认真总结了自己的大学经历,从学习、社会活动、人际关系、亲情友情等方面提出了自己的意见。一位副班主任说:"看到新生中那些优秀的学生,我不禁慨叹我在大一时浪费的时间和精力,如果我可以重新经历一次大学一年级,我会过一个更充实的大一生活。事实是,我不可能有这样的机会,那就让我的后半段大学生活变得更充实吧!"副班主任工作也促使担任副班主任的学生认清自我,不断进步。

四、兰州大学副班主任工作的历史经验

兰州大学副班主任制度历时十年的发展和完善,在副班主任工作的目标、定位、职责、界限、考核、评价等方面积累了一定的经验,并进行了积极的、有益的尝试。在过去的十年中,逐步形成了具有学校特色的副班主任工作制度,总结这些经验,有如下几个方面:

第一, 副班主任是兰州大学学生思想政治教育系统中的一个组成部分,他所承担的任务是有限的。因此,副班主任的职责任务应当适合副班主任的特点,发挥副班主任的专长,与原有的工作系统形成协调配合的良性互动,才能发挥学生教育管理各支队伍的整体作用。

第二,副班主任制度具有双重的教育功能,既具有引导新生发展的职能,又是锻炼和提升副班主任的工作平台。副班主任的产生是基于朋辈辅导的理论和实践经验,是新形势下运用朋辈辅导理论开展的新实践。副班主任与新生年龄相仿,经历相似,在相同的文化环境中成长,有较多的共同经验,便于沟通,容易理解,是可以互相影响的两个群体。

第三,副班主任培训是确保副班主任工作顺利开展的保障。兰州大学从建立副班主任制度之初就开展了对副班主任以学院为单位的基本工作培训。例如,熟悉学校的贷款资助政策、学业管理规定、行为规范和纪律处分条例等。随着工作的不断深入,以工作技能为主的培训也逐渐成为培训的主要内容。培训主题涉及人际沟通、特殊问题的鉴别、寻求工作支持等。2011 年,学工部将分散的培训进行了整合,由学校学生事务培训中心专门开设了副班主任的培训课程模块。培训内容包括了心理辅导、资助政策、班级建设、职责定位等内容。培训中还设置了有关的主题由副班主任结成小组共同完成。

但是,值得注意的是,副班主任培训中还未将公民道德、民主法治教育、婚恋辅导等内容予以应有的重视,培训内容还有待进一步加强,不断适应新生思想政治工作的需要。随着中国民主法制建设步伐的逐步加快,民主观念和公民意识日益为人们所强调。而新生生活中的情感问题又时时发生,甚至影响到其正常的学习生活,为副班主任的工作增加了许多负担。因此,适时地加入此项内容,应是当务之急。

五、结语

兰州大学副班主任工作制度推行十年,有经验,有收获,也有不足。在不断加强和改进大学生思想政治教育工作的大背景下,探索贴近实际、贴近生活、贴近大学生的有效的工作手段,是兰州大学坚持创新、勇于探索的不竭动力。副班主任的出现,既是对当前如何做好大学生思想政治工作的回答,也是对新理论、新方法的实践。

兰州大学副班主任工作理应在以下方面做出完善:

一是进一步探索以朋辈辅导为切入点的副班主任工作机制。继续发挥副班主任高年级学长的特殊身份,建立高年级学生与新生的联系机制,帮助新生全面、协调、持续发展。

二是进一步完善副班主任培训机制，将公民道德教育、民主法治教育、婚恋辅导等课程纳入副班主任培训体系，以保证其更好地满足新生日益复杂的需要。

三是加强副班主任团队建设。不断壮大和提升副班主任工作团队的规模和影响力，逐步使副班主任成为校园内有影响力的品牌工作团队，吸引更多的学生参与到这项工作中，共同成长，共同进步。

总之，历经十载的不断探索，兰州大学副班主任队伍由小到大，由弱到强，发挥了积极的作用。这是兰州大学在加强和改进大学生思想政治教育领域中建立的具有开拓性和实验性的新举措。展望未来，坚持从学生实际需要出发，贴近学生生活、贴近学生思想仍将是兰州大学做好学生思想政治教育工作的指导方针。

参考文献

[1]吴雪琴.论学生助理班主任队伍建设[J].职校论坛，2008(35).

[2]芦茜.大学校园中朋辈互助的实践研究[J].高等农业教育，2010(12).

[3]朱昌彪，等.浅谈助理班主任在新生入学教育中的重要作用[J].教育教学论坛，2010(19).

[4]谭磊，等.高校新生助理班主任管理模式探索[J].当代教育理论与实践，2009(1).

浅议加强和改进高校辅导员思想政治工作的对策

王 昀

(王昀,兰州大学学生处综合科副科长,助教)

摘要:加强和改进高校辅导员思想政治工作对于提高大学生培养质量具有重要意义。文章分析了当前高校辅导员思想政治工作存在的主要问题:辅导员队伍年轻化,工作经验不足,队伍呈现不稳定状态;辅导员角色认同感不高;辅导员工作及生活压力较大;网络时代对辅导员的影响。根据问题,文章提出了加强和改进高校教师思想政治建设的对策,建议从以下四个方面着力改进:做好对辅导员的关怀;加强辅导员的理论学习;加强专业化假设以拓宽辅导员发展路径;提升辅导员的服务意识与业务能力。

关键词:辅导员 思想政治工作 队伍

高校辅导员作为大学生思想政治教育最基层的实践者，承担着造就信念执著、品德优良、知识丰富、本领过硬的高素质人才的重要职责。正如教育部副部长李卫红曾在全国高校辅导员工作创新论坛上的讲话中所说:一批好的教师就能造就一所好的学校,一名好的辅导员可能影响一群学生的未来。

随着我国社会经济社会的一系列变化，高校教师的思想政治观念和价值取向也呈现出多样化的趋势,辅导员也不例外。在新时期新形势下,加强和改进高校辅导员思想政治工作是全面贯彻党的教育方针的根本保证,是进一步加强和改进大学生思想政治教育的迫切要求。

一、新时期高校辅导员思想政治工作中存在的主要问题

(一)辅导员队伍年轻化,工作经验不足,队伍呈现不稳定状态

很多高校的辅导员都是从毕业学生中选留的，现有的制度配置还不能满足辅导员对晋升和发展的要求,其结果是辅导员的工作周期很短,导致了辅导员队伍的年轻化和不稳定性。对于辅导员来说，往往是使用的

多,关心的少,要求的多,给予的少,经费困难,待遇较低,使他们很难安心工作,人心不稳的现象普遍存在。

因为年轻，辅导员很容易贴近学生，能够及时准确地把握学生的思想动态，保证学生思想政治教育工作的开展。但同时问题也很突出,年轻的辅导员刚刚从高校毕业又到高校工作,几乎是大学生的同龄人,甚至个别辅导员比有些学生还小,人生观、世界观也并没有完全定型。加之他们从事思想政治教育工作的时间较短，理论功底不深且缺乏实践经验，所以很多辅导员还不能对工作得心应手，更难做到在实践中思考，在研究中改进工作。

(二)辅导员角色认同感不高

“年轻教师可以从助教、讲师发展到副教授、教授,而辅导员最后只是个老辅导员。”经常有辅导员无奈地如此说。社会对辅导员的认同与当下的价值评估体系密切相关。对于担任教学工作的高校教师来说,其学术论文、学术成果可以慢慢积累起来,但辅导员的成果只能说是带过了多少学生而已,很难为外界所认可,学生工作相比起学术研究,社会认可度不高。辅导员对职业认同感不高，这也是因为长期以来外界对辅导员工作的认识进一步影响了辅导员自身对该职业的认识与看法。同时,加上目前各高校在实践过程中对辅导员岗位职责划分、工作内容定位的不清晰,使得辅导员自身也对该职业的性质及发展空间存在质疑。

(三)辅导员工作及生活压力较大

选择做一名辅导员便选择了这样一种生活模式:24 小时开机、时刻为学生安全操心、上下班界限模糊、烦琐的各类事务性工作、多校区值班……而且收入较低,辅导员们在结婚、买房等实际的生活问题上也面临着较大压力。

(四)网络时代对辅导员的影响

随着信息技术的迅速发展，互联网越来越成为辅导员工作中不可缺少的部分,并对辅导员的学习、工作、生活和思想观念以及行为方式产生了广泛的影响。现如今,新型的网络方式如飞信、微信等已经成为辅导员与学生传递信息、进行沟通不可或缺的方式之一。这种工作方式的转变较之以往更加快捷,但缺乏了人与人面对面的交流,失去了一部分情感的联结。同时,网络也给辅导员从事思想政治工作带来一些新的问题,如网上良莠混杂的信息,可能对辅导员的理想信念带来冲击。

二、加强和改进高校辅导员思想政治工作的对策

(一)感人心者,莫先乎情——用关怀传递关怀

关心人是最大的思想政治工作。辅导员工作在一线,对于学生来讲是学校的代言人,更是学生的贴心人。学生从辅导员身上看到的、听到的,从辅导员工作中感觉到的、体会到的应当是关注、关爱、理解、扶持,是做人的准则,是对学校制度的维护。而要想使辅导员怀有极大的热情将对学生的关怀通过工作和一言一行传递给学生,首先要使辅导员自身感受到关怀。在提倡提升服务意识、加强服务育人的同时也要反思对育人工作者的关心和服务是不是到位。对于辅导员的工作应当从控制取向转向真诚服务上来,倾听辅导员的建议和意见,解决辅导员的实际困难,把思想政治教育做到辅导员的心坎里去。将“居高临下说教式”的刚性管理方法转变成“以人为本”的柔性管理模式,相信会激发辅导员更大的工作热情和创造性。

(二)教育者必先受教育——辅导员要加强理论学习

“其身正,不令而行;其身不正,虽令不从。”为人师表,以身作则,带给学生的无形说服力和感召力要远远强于说教。做好辅导员的思想政治工作,提高辅导员的思想政治素质,是完成高等教育任务、保证人才培养质量的重要前提。因此,辅导员本身具备的素质在学生教育管理工作中起到很大的作用。引导辅导员树立科学的思想观点、方法,崇高的理想道德情操,正确的人生观、价值观,才能提高辅导员的思想觉悟,转变其观念,继而化为实际行动。辅导员要全面贯彻党的教育方针,坚持育人为本、德育为先、能力为重、全面发展,着力增强学生服务国家、服务人民的社会责任感,勇于探索的创新精神,善于解决问题的实践能力,努力培养德智体美全面发展的社会主义建设者和接班人。辅导员要坚持政治学习制度,采用灵活多样的学习方式,不断更新学习内容,贴进高校实际,解决问题。

(三)海阔凭鱼跃——专业化建设拓宽辅导员发展路径

目前,创造更为广阔的行政上升通道固然是各个高校都在努力争取的,但是这个过程是复杂的可能还是漫长的。因此,在现有的制度环境下,如何拓展辅导员的发展路径,增强辅导员的成就感和发展潜力是值得探

讨的有价值的问题。专业化建设无疑是一种解决途径。《中共中央国务院关于进一步加强和改进大学生思想政治教育的意见》和教育部《普通高等学校辅导员队伍建设规定》提出,要建设一支高素质的、精干的学生辅导员队伍,使学生辅导员队伍逐渐实现职业化、专业化、专家化。从工作的角度来说,专业化将同质性的工作分离出来,提升了人力资源的利用率,同时实现了术业有专攻,使工作更具科学性并被赋予了更多的价值。对于辅导员个人来说,选定一个工作角度投入持续的思考、研究和实践,无疑是个人价值与教育质量要求的结合,既满足了个人生涯发展的兴趣要求又为个人发展提供了一种可能。

(四)教之以事而喻诸德——提升辅导员的服务意识和业务能力

思想政治工作只有与辅导员的业务相结合,才能提高思想政治工作的针对性。辅导员只有提升服务意识和业务能力才能在良好的"教之以事"的过程中传授德的要求,才能更好地为学生服务。辅导员要树立一切以学生为本、一切为了学生的意识,切实解决学生的实际问题。提高服务意识,就要求辅导员在日常的管理工作中应从点滴小事入手,为学生办实事,使学生得到关爱和帮助。提升业务能力,就要求辅导员简化办事流程、畅通沟通渠道、注重理论研究与实践相结合、应用科学的工作办法。通过关心学生、爱护学生、教育学生、服务学生、管理学生,营造一个宽松、和谐、积极向上的师生关系。

百年大计,教育为本。青年辅导员是高校思想政治教育工作的重要力量。辅导员思想政治工作不可能一蹴而就,更非纸上谈兵,而需要的是长期的发展和各方面的支持。辅导员定能在基层的砥砺中,不断提高为学生服务的能力,为国家培养勤于学习、善于思考、勇于探索、敏于创新的高素质人才贡献力量。

参考文献

[1]马庆发.中国职业教育新进展[M].上海:华东师范大学出版社,2008.

[2]孙跃平.浅议青年辅导员在高校教育管理中的重要性[J].中国科教创新导刊,2010(8).

[3]钟惠英.高校教师思想政治工作需要创设柔性管理模式[J].中国高教研究,2002(3).

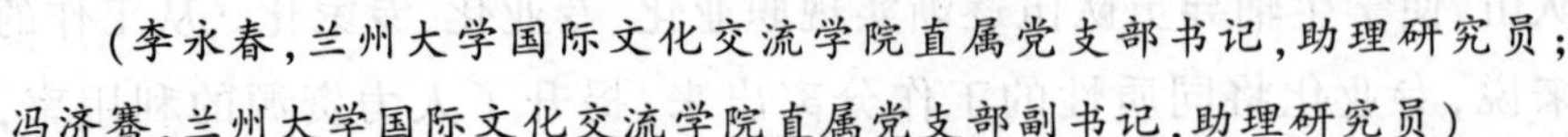

浅谈对高校青年教工思想政治工作的认识

李永春　冯济骞

（李永春，兰州大学国际文化交流学院直属党支部书记，助理研究员；冯济骞，兰州大学国际文化交流学院直属党支部副书记，助理研究员）

摘要：随着全国性高等教育规模的迅速扩展，教职工队伍通过引进、选留等多种渠道得以不断充实，其中，青年教工的比例明显提高，尤其对于部分新兴学科和工作领域。本文在分析青年教工整体的思想、工作、生活状态的基础上，以兰州大学国际文化交流学院的青年教工为例，探讨如何做好青年教工思想政治工作。

关键词：高校　青年教工　思想政治工作

现阶段，随着全国性高等教育规模的迅速扩展，教职工队伍通过引进、选留等多种渠道得以不断充实，尤其是青年教工的比例明显提高，他们不仅是学校教育教学的重要力量，更是学生思想政治教育和日常管理服务的主要力量。目前，在规模发展的基础上，国家推动高等教育向内涵式发展道路迈进，青年教工的政治思想素养和工作状态、水平对高等教育内涵式发展目标的实现具有重要作用，加强青年教工的政治思想工作就显得尤其重要。

一、高校青年教工状态分析

青年教工思想政治工作应紧密结合他们的思想实际，因势利导，有针对性地开展，这样才能有效地帮助青年教工不断提高思想政治素养，所以必须全面了解他们的思想状态。

首先，高校青年教工总体上是当代青年中知识水平高、思想素质好、事业心强的群体。绝大多数青年教工具有坚定的政治信念和敬业精神，具有对党和国家的建设发展的历史使命感和责任感。在政治上呈现出健康、积极、向上的态度，能够看清和认同发展主流，能够客观冷静地分析发展问题。青年教工在具体的教育教学管理工作中表现出紧迫感、责任感和使命感,同时也展现了青年群体与个人自身的优势。他们思想解放,思维敏锐,具有积极的开拓创新精神;工作有热情,有活力,有追求进步的动力;学历层次高,关注面广,知识面宽。有的青年教工已经在学术科研领域做出显著成绩或走上重要教育管理岗位,他们关注祖国的改革与发展事业,对学校和高等教育的发展充满信心和期待。

其次, 我们也应当看到, 青年教工思想处于成长和培养的发展过程中,思想政治教育工作要常抓不懈。尤其在改革开放30多年,社会经济发展强化物质生活,多元价值观并存的社会背景下,在教育改革大发展,从扩大规模向内涵发展转变的过程中, 青年教工的思想政治工作面临着巨大挑战。青年教工的思想状况呈现多样化,部分青年教工思想政治表现存在一些不容忽视的问题:

第一,理想信念相对淡化。青年教工在获得高学历和深化专业知识的成长过程中,不同程度地存在忽视思想政治持续培养、提升和巩固的内外因素,导致政治意识弱化,缺乏大局意识,甚至排斥政治学习,辨别大是大非的能力降低。在教学工作中向学生传授知识的同时,不能促进学生树立正确的世界观、人生观和价值观,甚至出现过分宣扬社会黑暗面,针对一些社会热点或敏感问题发表一些偏激乃至错误观点的现象, 对学生的思想产生非常不利的影响。 在思想教育管理工作中,不能用正确的思想理论分析问题、解决问题,不去教育、纠正学生错误认知,不能引导学生正确分析和对待现实问题,构建正确的思想体系。

第二,价值取向相对倾斜。受社会出现的重利思想,尤其是在成功渠道多元化下成功创业者的年轻化现象影响, 部分青年教工重功利、轻事业。出现以自我为中心,讲功利,图实惠,不能潜心钻研工作,急于向职务职称晋升等急功近利的价值取向偏移。他们用市场原则对待教育教学工作,关注课时、加班报酬,淡化工作实效追求,缺乏奉献精神,只限于课内传授知识和上班时间处理事务, 把课外辅导和深入学生当中看做额外劳动。在工作集体中,降低了对集体活动和公益事业的参与热情,精力集中在为个人晋升筹划奔走上。

第三,敬业精神相对不足。高等学校的教职工要通过教学、管理、服务完成育人使命,培养祖国需要的合格建设者和接班人。但是。部分青年教师却重科研轻教学、重教书轻育人; 部分青年党政管理干部缺乏工作热

情,“照本宣科”,不能深入学习、思考、探索教育管理服务工作的规律和工作对象的特点。对教育教学和管理服务工作,自身前期学习准备不足,过程中忽视学生成长需要及调研分析与思考总结,对重复性工作没热情,对新情况新问题因缺少分析判断把握能力而胆怯避让,对岗位职责缺乏深刻认识和勇挑重担的意识。甚至有的教师忙于在校外做兼职授课或从事赢利活动而影响教学和教育管理工作。

第四,发展压力相对增加。近年入校工作的一代青年教工很多是独生子女,大部分从小享有家庭的宠爱和丰富的社会资源。他们习惯于受家庭能力保障的良好物质生活条件,一方面希望工作后独立保障高质量的生活水平,愿意通过各种途径来提高自身的竞争力,成为单位骨干并快速进步;另一方面存在理想化认识与实际工作之间适应和转变的困难,向往舒适宽松的工作环境,表现为克服不适与困难的思想准备不足,脚踏实地持续努力的耐力不足。不少青年教工存在着两方面的压力:不能正确认识和适应岗位工作与发展过程的内在压力;与周围成功或发展顺利的同龄人对比产生的外部压力(习惯与优势人群比较是青年可取之处,也是压力来源之一)。这些压力既有需要依靠客观发展逐步缓解的,又有许多是主观思想认识造成的,从青年教工发展阶段、发展过程和需求增长矛盾等方面看,其思想认识的成长都显得更为重要。

二、创新与加强青年教工思想政治工作的思考

高校青年教工不仅本身是社会建设发展的生力军的组成部分,而且,由于肩负着全面培养青年学生的使命,其自身的思想政治素质的持续培养和提升尤显重要。做好青年教工的思想政治工作是一项长期而深入的工作,既要坚定正确的思想政治方向,又要联系社会发展、岗位工作的实际;既要建设健康向上的集体思想文化氛围,又要紧密结合青年教工的成长过程、思维习惯和角色状态。所以应当根据时代特点,不断创新、调适青年教工思想政治工作的方式、方法及渠道,力求提高青年教工思想政治工作实效。

(一)高扬旗帜

要始终坚持马克思主义思想、毛泽东思想、邓小平理论和“三个代表”重要思想在高校青年教工思想政治工作中的指导地位,合理运用高校在

理论方面的学科优势和各种教育经验和方式方法，组织引导广大青年教工认真学习。不仅要为青年教工创造学习的条件,还有结合实际引发青年教工深入学习的兴趣，促使青年教工深刻领会理论内涵和基础理论的科学魅力。只有坚定地以正确的思想理论引领和武装青年教工,才能促使青年教工有力地抵制各种不良思潮,不断内化正确的人生观、世界观和价值观,提升个人思想政治素养。从而,在进一步学习掌握党和国家的方针政策中做到深刻领会和准确把握，并从宏观的角度和理论的高度正确理解和分析现实问题,成为促进解决问题和大局发展的积极力量,成为青年一代思想成长和集体主义精神塑造的践行者和工程师。

国际文化交流学院26名教职工中多数是青年教工,作为来华留学生教育和管理单位,学院直属党支部高度重视思想政治工作,坚持用正确的思想理论武装青年教工，引导青年教工深入学习和理解中国传统文化精髓、中国特色社会主义理论和国情发展。这不仅促使青年教工深刻领会提升国家软实力、推进汉语文化推广、培养知华友华力量的工作目标与价值，也保证了青年教工在多国文化交流互动中始终坚定不移地树立中国特色社会主义价值观念,毫不动摇。

(二)围绕实际

实事求是，探索青年教工成长进步的规律是做好青年教师思想政治工作的前提。在具体工作中,加强青年教师的思想政治工作,要有紧迫感,又不能急于求成。青年教师的思想成长要经历一个从纷呈、矛盾到成熟的过程,这个过程是在青年教工个体实践过程中渐进发展的。可以从热爱本职工作的教育入手,逐步上升到职业道德规范、工作价值追求、事业理论支撑，促使青年教工在实践中自觉思考和提升思想认识和理论素养。同时,也要看到青年教工思想成长中不稳定的因素,容易受到各种社会思潮和现实问题、困难的影响,成长轨迹往往表现为一条螺旋上升的曲线,这提示我们对青年教工的思想政治教育要反复抓、经常抓,引导他们以自身的积极因素不断地去克服消极因素，还要正确对待他们思想和行为上的波动,不灰心,不气馁,准确分析,及时帮助。

结合实际还要求我们紧密联系青年教工的岗位工作特点开展思想政治教育工作,一方面运用理论帮助青年教工分析、解决工作、学习、生活中遇到的问题和困难,示范理论的科学性和应用价值;另一方面,促使青年

教工在教学、管理、服务过程中运用理论帮助学生解决思想认识问题,努力学习和锻炼,更好地成长成才,在充分实现教书育人、管理育人、服务育人的过程中,实现自身在理论运用中提升和内化思想政治素养。

国际文化交流学院直属支部一方面研究青年教工特点,通过组织学习和讨论涉外教育工作有关事务,广泛交流思想和工作认识与经验,有针对性地与个别青年教工或对个别事项开展深入交流和跟踪指导,力争使青年教工的思想政治素质在工作中得到提高,顺利成长,减少矛盾困惑。另一方面,学院党支部结合工作特点,提倡青年教工在教学、管理、服务工作中积极运用中华传统文化精华和中国特色社会主义价值理论,这本身也促进了汉语文化的推广。不少青年教工表示在理论的运用过程中,深刻感受了中华理论与价值观念的正确性和博大精深,坚定了自身的爱国思想和政治追求。

(三)打造环境

在青年人成长的过程中环境因素不容忽视,一方面,弘扬正气、积极向上的环境对工作在其中的青年人具有重要的带动作用;另一方面,青年人习惯于从身边现实中考量理论的正确性,所谓"言传不如身教",公正、公平、以事业为重的环境是青年教工思想政治成长的沃土。因此,我们要努力打造三个环境:一是积极向上的思想环境,通过组织学习、积极分子培养、党员发展、党员作用发挥等各项工作及其间的深入交流,建设起思想和政治追求进步的良好氛围;二是公正、公开的工作环境,在工作分工、考核奖惩、推优发展等工作做到公正,将日常行政管理事务和财务等重大事项进行公开;三是团结愉快的集体氛围,积极引导青年教师发扬热爱集体、团结协作的精神。充分发挥工会作用,组织健康向上的文体活动、联谊活动,积极吸收青年教师参加,让青年教工融入温暖集体,增进友谊、消除隔阂、陶冶性情,用集体的共同理想和信念潜移默化影响青年教师,从而达到润物细无声的教育效果。

国际文化交流学院直属支部现有党员16名,占教工总数的60%,并在不断加大青年教工入党培养工作力度,在教学科研、管理服务工作中充分发挥党员的骨干和带头作用。引导广大青年教师自觉履行《教师法》规定的道德要求,以身作则,率先垂范,为人师表,以个人良好的行为素养向留学生展示中华文化优秀内涵。学院对重大事项和关乎教工切身利益的各项工作坚持公平、公正、公开的原则，做到机会均等、多劳多得、鼓励上进、表彰优秀，在明确分工的基础上，倡导团结协作，尤其在开展诸多高层次、大规模留学生教育、文化与实践活动的过程中。充分发挥青年教工的积极性、主动性和创造性，保证了学院繁多而复杂的大量工作的顺利完成，并不断走向规范化与科学化。学院党支部和工会在积极组织参加学校教工活动的同时，组织策划了多项寓教育于娱乐的教工文化活动，使青年教工在团结愉快的集体氛围中，增强了归属感和主人翁意识，更加全身心地投入于事业的追求中。

(四)真切关心

青年教工在工作上、生活上乃至思想认知上，都处在爬坡阶段，会遇到一定的困难、压力和矛盾，要增强青年教师思想政治工作的实效性，很重要的一点就是切实关心、帮助他们解决和克服遇到的困难，把青年教工的需要当做高校思想政治工作者的第一信号，注重感情投入，尊重知识，尊重人才，主动关心他们的生活和工作条件。青年对国家、对党、对集体情感的深入和升华是一个需要互动的过程，用我们细致的工作让青年教工感受到集体的温暖，这也是我们做好思想政治工作的有效途径和契机。经常召开青年教工座谈会，听取他们的意见与建议；制定政策时充分考虑青年教工的利益；在住房、福利待遇、经费管理等方面给予他们必要的照顾；以进修培养等方式促进青年教工在教学科研管理等方面能力提升；健全激励机制，激发青年教工的创先争优意识。把思想上关心重视、业务上悉心培养、工作上严格要求、生活上关心照顾结合起来，解决好关系到他们切身利益的实际问题，使他们能够全身心地投入到工作和事业发展当中。

国际文化交流学院直属支部坚持将关心教工发展与生活作为重要工作内容。在工作方面，学院推出“青年教师提升计划”，安排青年教工参加培训和会议交流，举办授课比赛等方式帮助青年教工提升业务水平；通过为青年教工配备笔记本、激光笔和订阅书刊、杂志等改善其工作阅读条件。在生活方面，关心和帮助青年教工解决生活困难，尤其是积极帮助解决好外派孔子学院工作教师的家中困难；学院形成制度，对教工家中重大事项给予关心、慰问或祝贺，并在每位教工生日时送上鲜花和生日蛋糕表达祝贺。青年教工在思想上遇到困惑，随时可以和学院领导交流探讨以得到疏解。这些工作促使学院成为一个团结奋进的和谐团队，成为学院青年教工思想政治成长的良好基础和有力推动。

总之，做好青年教工的思想政治工作是一项系统工程，需要坚持不懈，长期努力。青年教工思想政治素质的培养和成长关系到高校的健康发展，关系到人才培养和国家的稳定健康发展，我们必须高度重视，狠抓落实，务求实效，使高素质青年教工队伍成为高教发展的不竭动力，使青年教师更好地肩负起国家赋予高等教育的历史使命。

参考文献

[1]赵新燕.浅析高校思想政治工作的机制创新[J].思想政治工作研究，2006(12).

[2]田建国.构建和谐校园的理性思考[N].光明日报，2007-02-22.

[3]王雪引.强化高校青年教师思想政治工作[N].甘肃日报，2002-09-18.

[4]崔国发.当前高校青年教师思想政治工作中存在的问题及对策[J].铜陵社会科学，2003(2).

以青联组织建设为载体 进一步加强我校青年教师思想政治工作的几点思考

李华龙

（李华龙，兰州大学团委副书记，助理研究员）

摘要：高校青年教师是高校育人工作的重要队伍，青年教师的思想政治态度，关系到高校能否坚持社会主义办学方向，关系到人才培养的目标能否实现，并最终关系到能否贯彻落实科教兴国、人才强国以及建设创新型国家的战略。做好青年教师思想政治工作，努力培养一支高素质的青年教师队伍，具有重大意义。总体上看，高校青年教师呈现出积极、健康、向上的人生态度。他们坚决拥护中国共产党的领导，坚定中国特色社会主义信念，关心中华民族的伟大复兴，具有较强的事业心和良好的职业道德，对教育教学工作有责任感和使命感，爱岗敬业，关心学生。同时，在社会转型期经济体制深刻变革、社会结构深刻变动、利益格局深刻调整、思想观念深刻变化的背景下，高校少数青年教师也或多或少地出现了理想信念发生偏差、职业倦怠感较强、价值观有所“偏离”等问题。作为党的助手和后备军，坚定不移地用社会主义核心价值体系教育和引导青年教师，使青年教师坚定跟党走社会主义道路的信心，是新时期赋予共青团的使命和责任。我们将坚持党建带团建，以青联组织建设为载体，以组织发展覆盖青年教师，以辉煌成就凝聚青年教师，以服务行动吸引青年教师，以先进典型带动青年教师，进一步加强我校青年教师思想政治工作。

关键词：青联组织　青年教师　思想政治工作

一、当前青年教师群体现状分析

高校青年教师的思想政治态度，关系到高校能否坚持社会主义办学方向，关系到人才培养的目标能否实现，并最终关系到能否贯彻落实科教兴国、人才强国以及建设创新型国家的战略。因此，做好思想政治工作，努力培养一支高素质的青年教师队伍，具有重大意义。总体上看，高校青年教师呈现出积极、健康、向上的人生态度。他们坚决拥护中国共产党的领

导,坚定中国特色社会主义信念,高度认同中国特色社会主义制度和中国特色社会主义理论体系;关心中华民族的伟大复兴,表现出强烈的爱国主义情怀,拥有中国知识分子忧国忧民的传统美德;具有较强的事业心和良好的职业道德,对教育教学工作有责任感和使命感,爱岗敬业,关心学生。当代世界各种思想文化交流、交汇、交锋更加频繁,当代中国正处于社会转型期,经济体制深刻变革、社会结构深刻变动、利益格局深刻调整、思想观念深刻变化,在这样的背景下,高校少数青年教师在思想上也或多或少地出现了一些问题。例如,重学术、轻政治,缺乏崇高的理想信念;重个体、轻集体,以自我为中心,集体意识淡薄;重教书、轻育人,重做经师,轻做人师等等。

(一)理想信念出现偏差

传统教育过程注重对于专业技能的培训,对思想政治教育工作忽略。在处理业务能力与政治素质的关系上,青年教师往往重业务能力的提升,轻思想政治素质的提高。在当前情况下,我国青年教师基本上都能意识到自己参加工作的时间不长,教学、科研工作能力还比较欠缺,所以能够比较主动地提升自己的各项业务能力;但对于自身的思想政治素质的提高,则摆在相对次要的位置, 错误地认为只有专职的两课教师才需要不断加强思想政治学习,并由此产生了思想信念的偏差。在政治生活上,由于市场经济中某些实用主义、功利主义的影响,使得少部分青年教师的思想信念逐渐淡薄,有的不讲政治、不讲大局、不讲唯物主义,缺乏应有的政治敏锐性和政治鉴别力;有的只求索取,轻视奉献,过分强调个人的利益;有的考虑个人得失多,关心集体少;有的不积极参加学校的各项政治活动,忽视政治理论学习,在人生、理想、信念、道德等方面不求进取;有的甚至在政治上缺乏成熟的思考,对改革的期望过高过急,容易产生偏激和失望情绪。在社会生活上,由于在市场经济负效应的影响下,极少数教师在物质利益的面前没有能处理好自我价值与社会价值之间的关系, 在追求自我价值实现时,只强调个人利益,在面对收入的反差时,心理失去平衡,不能自觉地去遵守学校的各项规章制度以及教学基本规范。同时集体观念、团结协作能力差,不能积极主动地完成各项工作。

随着改革开放的不断深化、中西方文化的不断交融以及社会环境的趋于宽松,人们的价值取向日益多元化,主体意识随之增强,而其负面心理影响也相应产生。由于市场经济竞争和利益机制的驱动,人们讲求经济效益,市场意识和竞争观念也普遍增强,一定程度上助长了急功近利的心理。从科技、文化方面看,知识经济时代迫切需要社会成员不断更新自己的知识结构,提高多方面的适应能力和创新能力,这就极大地激发了人们的求知欲、进取心。从主观上来看,高校青年教师处于青年晚期向成年的过渡时期,他们具有知识青年共同的年龄特征。在认知方面,感知敏锐,思想开放,思维敏捷,易于并乐于接受新事物。但认识能力和知识结构尚不完备,对社会现实的认识缺乏历史感和全面性,对人生的理解明显带有理想色彩。并且青年教师的理论知识与工作实践往往脱节,工作经验也不足。在意志方面,自我意识强,追求独立人格和行为自主,对困难和挫折认识不足,缺乏坚强的意志和自控能力,有时不能严格遵守行为规范。所有这些方面,在高校青年教师身上都有着不同程度的反映。

(二)职业生涯规划不明晰,职业倦怠感较强

青年教师大多出生和成长在20世纪七八十年代,这一时期正是国际风云突变、思想教育处于薄弱的时候,许多人的世界观、人生观、价值观表现为一种混沌的状态,对党的理想、信念缺乏系统的学习和思考。这导致青年教师对自身发展定位倾向于实际和功利化,职业生涯规划不明晰,职业倦怠感较强。部分青年教师比较注重眼前利益,不能把个人价值的实现与社会价值的实现统一起来,很关注自己的职称评定、工资级别、教学成绩以及眼前物质利益的获得。追求在本学科研究上有所建树,当然是好的方面,但另一方面却忽视了思想水平的提高,对参与公益活动不够热情,传道授业、为人师表的自觉性比较欠缺,不能与学生很好地沟通,不能主动地做学生的良师益友,对学生的健康成长漠不关心,只是把教学作为任务完成了事。

高校青年教师学历层次和社会地位均较高,职业稳定,在年龄和知识上均具有优势,所以往往很自负。但由于刚毕业就走向高教岗位,和中老年教师相比,教学经验不足,工作能力不强,科研成果不丰,学术职称不高,还由于投入与回报的不相称,因而在教学、科研和经济等方面都容易产生自卑感。这种种优越感与自卑感的并存,使有些青年教师心不安、业不专,往往热衷于第二职业,甚至弃教从商,跳槽下海。

(三)面临生活压力较大,价值观产生"偏离"

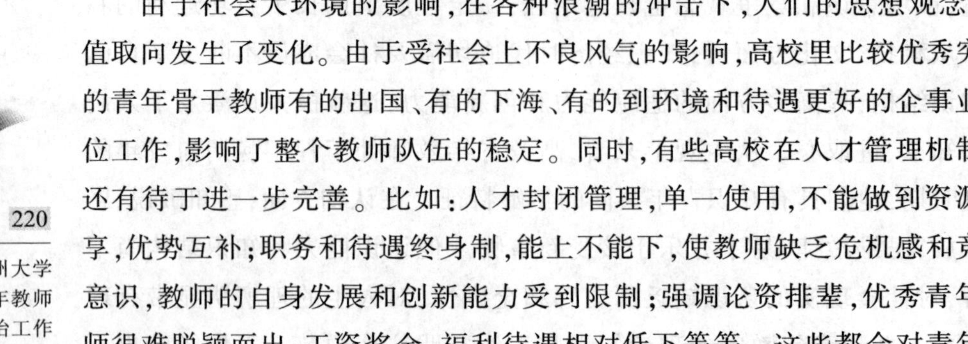

由于社会大环境的影响,在各种浪潮的冲击下,人们的思想观念、价值取向发生了变化。由于受社会上不良风气的影响,高校里比较优秀突出的青年骨干教师有的出国、有的下海、有的到环境和待遇更好的企事业单位工作,影响了整个教师队伍的稳定。同时,有些高校在人才管理机制上还有待于进一步完善。比如:人才封闭管理,单一使用,不能做到资源共享,优势互补;职务和待遇终身制,能上不能下,使教师缺乏危机感和竞争意识,教师的自身发展和创新能力受到限制;强调论资排辈,优秀青年教师很难脱颖而出;工资奖金、福利待遇相对低下等等。这些都会对青年教师队伍的稳定产生一定的影响。

(四)既是共青团的工作对象,又承担了教书育人的重任

随着改革开放的不断深入,市场经济秩序的确立和多种所有制经济的发展,传统的一元主导的社会意识形态格局发生了深刻变化。青年教师的思想和价值取向多元化日益明显,他们不再认为主流意识形态所倡导的观点是唯一正确的,而是倾向于认为,大到社会的发展,小到个人的发展都有多种可能,重要的是按照自己的意志,独立地思考和决定自己的人生选择。需要指出的是,价值取向上的多元化绝不意味着反对主流价值取向,而目前出现的一些情况是有些青年教师对主流意识形态表现出冷淡和不关心,并对主流意识形态的宣传教育表现出反感和抗拒。他们在内心深处认为,自己要首先成为自己想做的人,而不是成为"意识形态的工具"。

共青团作为党的助手和后备军,必须坚定不移地用社会主义核心价值体系教育和引导青年教师,使青年教师坚定不移跟党走。青年教师在意识形态领域的离心因素,必然导致共青团思想政治教育工作开展困难;特别是受到种种客观条件的限制,团组织的这种职责不仅很难实现,还容易导致一些青年对共青团组织"敬而远之"。

二、全国高校青联组织的有益探索

高校成立青年联合会旨在联系引导青年教师、整合校内外资源,是对高校共青团组织模式的大胆探索。近年来,武汉大学、暨南大学、复旦大学、河北大学、西南大学等一些高校通过成立大学青年联合会等方式,探索出了一条加强青年教师思想政治工作的新路子。高校青联的基本职能包括三方面:一是积极搭建交流平台,团结引导广大青联委员实现自我成长成才,如武汉大学青年联合会按界别划分青年教师,定期组织茶话会、座谈会等多种形式的沟通交流活动,有效地推动了青年教师的相互交流与共同发展;二是充分发挥青联联系团结青年教师和校友资源的功能,积极服务学校改革发展,如武汉大学青年联合会吸收企业家、政府官员、知名学者等成为社会知名人士的优秀青年校友,鼓励青年校友为学校事业发展献计献策,贡献智慧和力量;三是发挥青联的人才智力优势,促进经济发展和社会和谐,如河北大学青年联合会组织校内专家、学者积极对接社会需求,为地方发展提建议、献对策,有效地服务了地方经济发展和社会和谐。

三、我校青联组织发展思考

高校青年教师的思想政治态度,关系到高校能否坚持社会主义办学方向,关系到人才培养的目标能否实现,并最终关系到能否贯彻落实科教兴国、人才强国以及建设创新型国家的战略。因此,做好思想政治工作,努力培养一支高素质的青年教师队伍,具有重大意义。

(一)以组织发展覆盖青年教师

共青团组织是先进性与群众性的统一,既服务大局,也服务青年。作为共青团组织的重要组成部分,高校青联切实服务好直接面对的青年教师群体,就是服务大局的最好体现。我们的组织为了谁,谁就凝聚在我们周围。在高校,培养人始终是中心工作,高校青联组织必须牢牢把握"为青年教师的长远发展服务"这一核心,做好"青椒"的思想引领和成长服务工作,既要保证青年教师成长成才的方向是正确的,也要保证青年教师成长成才的素质是过硬的,还要保证青年教师成长成才的过程是愉快的。

组织建设是凝聚力的基础和依托。从工作实践的角度来看,组织建设要始终坚持党建带团建,坚持党领导团,团紧跟党,党重视团,团依靠党。针对目前青年教师的特点,除了强化共青团这个主渠道之外,还可以通过建立青联组织联系优秀青年群体,同时通过建立青年领袖沙龙等方式将青年自组织纳入到团的工作体系中,加强引导和影响。此外,要立足于信息技术迅猛发展的实际,充分运用信息化手段扩大共青团工作的覆盖面,

重点是依托微博、手机短信等信息化基础平台，建立起一种基于网络、与传统组织动员方式互为补充、覆盖广泛、互动性强的快速动员和响应机制，全方位“拉近”组织和青年之间的距离。

要依托青联组织，切实发挥其在思想政治工作中的作用，不断增强团组织在青年教师中的凝聚力和号召力。重视在青年教师中的团建工作，对于教学科研骨干、学术带头人、优秀留学归国人员，要选择党性强、业务水平高、在青年教师中有影响的党员专家教授和领导干部专门联系培养，把更多优秀青年教师吸纳到青联队伍中来。经常性地开展思想交流、学术活动、文体活动、社会实践等，增强青年教师归属感，提升其责任感，充分调动青年教师参与学校管理、为学校改革建设献计献策的积极性。

(二)以辉煌成就凝聚青年教师

中国共产党的奋斗历程和改革开放的辉煌成就，是吸引青年的根本。要积极引导青年教师感受党的90年奋斗历程是一种强大的和持续的引导力量，让光荣的传统、历史的伟业，时时转化为现实的教育资源，感动和激励青年教师。更应该通过青年教师成长中亲身体验的改革开放的辉煌成就，增强党组织对青年教师的吸引力。

(三)以服务行动吸引青年教师

要把解决实际问题与解决思想问题结合起来，增强思想政治工作的说服力。通过解决实际问题来解决思想问题，是我们党开展思想政治工作的优良传统。毛泽东同志指出：“一切群众的实际生活问题，都是我们应当注意的问题。假如我们对这些问题注意了，解决了，满足了群众的需要，我们就真正成了群众生活的组织者，群众就会真正围绕在我们的周围，热烈地拥护我们。”做好高校青年教师的思想政治工作，要把培养人与关心人、理解人、尊重人结合起来，善于把青年教师关心的问题作为思想工作的切入点，以青年教师的利益为重，以青年教师的期盼为念，避免空洞的政治说教；深入到青年教师中去，认真听取他们的意见与建议，从青年教师最需要的事情做起，帮其所需、解其所惑、排其所难，使他们感受到集体的温暖，增强高校的凝聚力和向心力，促使广大青年教师以更加积极的姿态、更加饱满的热情投入到党的教育事业中去。

(四)以先进典型带动青年教师

要在青年教师中树立和宣传先进典型，形成坚持真理、崇尚文明、爱岗敬业、乐于奉献的良好风气。“榜样的力量是无穷的。”先进典型体现了时代精神，是社会主义核心价值体系的模范践行者。高校要高度重视挖掘典型、宣传典型，以选树先进典型为抓手，提升青年教师思想政治工作的效果。要善于发掘先进典型，坚持真实性原则，既不人为拔高，也不求全责备，做到可亲、可敬、可学；既要发掘在教学、科研上做出突出贡献的先进典型，也要发掘那些默默无闻、勤勤恳恳为教育事业无私奉献的先进典型。要善于宣传先进典型，充分发挥报纸、电视、广播、网络等宣传阵地的作用，做到平面媒体、影视媒体与网络媒体之间的互动，多角度、多样化地宣传先进典型。

参考文献

[1]王晓红.青年教师思想政治工作探析[J].科技信息，2012(1).

[2]吴秋凤.高校青年教师思想政治工作的创新[J].《思想政治教育研究》，2006(3).

[3]陈绵水.加强高校思想政治工作　培养高素质青年教师队伍[N].江西日报，2012-04-30.

[4]武汉大学.我校成立青年联合会构建高校青年工作新格局[N].团中央工作简报，第24期.

[5]吴朝国.采取多种措施加强青年教师思想政治工作[J].中国高等教育，2001(2).

[6]王瑞.高校青年教师思想政治教育工作存在的问题及对策[J].科教导刊，2010(28).

认真学习胡总书记两个讲话精神
切实提高高校党校教育培训质量

赵泽斌　胡玉霞　杨　刚

（赵泽斌，兰州大学党校副校长，副研究员；胡玉霞，兰州大学党校办公室主任，助理研究员）

摘要：本文结合高校党校工作实际，阐述了学习胡锦涛总书记“两个讲话”的体会及对工作的思考，提出要把"两个讲话"精神落实到高校党校的工作实践中，就是要努力提高培训质量。联系我校实际，应该在培训方向、内容、师资、方式、方法、激励约束机制等方面不断创新，走出适合自己的路子。

关键词：学习　讲话精神　联系实际　不断创新　提高培训质量

胡锦涛总书记在庆祝中国共产党成立 90 周年大会上的重要讲话和在庆祝清华大学建校 100 周年大会上的重要讲话，高屋建瓴，总揽全局，内涵丰富，思想深刻，对推动包括高校党校教育在内的高等教育事业科学发展具有重大的指导意义。

一、认真学习，深刻体会

胡总书记在庆祝中国共产党成立 90 周年大会上的重要讲话，总结了党和人民创造的宝贵经验，提出了新的历史条件下提高党的建设科学化水平的目标任务，阐述了在新的历史起点上把中国特色社会主义伟大事业全面推向前进的大政方针，是一篇马克思主义的纲领性文献。

胡总书记在庆祝清华大学建校 100 周年大会上的重要讲话，深刻论述了全面提高高等教育质量的内涵和要求，为推进新时期我国教育事业特别是高等教育事业改革发展进一步指明了方向，为广大青年学生健康成长成才指明了正确的道路。

结合党校工作，我们的主要体会是：

第一，“七一” 讲话总书记强调在新的历史条件下提高党的建设科学化水平，首先必须按照建设马克思主义学习型政党的要求，抓紧学习，提高全党思想政治水平。总书记指出：“理论创新每前进一步，理论武装就跟进一步，这是我们党加强自身建设的一条重要经验。我们必须按照建设马克思主义学习型政党的要求，抓紧学习人类社会创造的一切科学的新思想新知识。全体党员、干部都要把学习作为一种精神追求，深入学习和掌握马克思列宁主义、毛泽东思想，深入学习和掌握中国特色社会主义理论体系，牢固树立辩证唯物主义和历史唯物主义世界观和方法论，真正做到学以立德、学以增智、学以创业。"这是总书记就加强学习新的表述，内涵深刻，要求明确。我们体会，这是对新形势下全体党员干部加强学习的新要求，从另一个角度讲，也是对干部培训工作的新鞭策。结合工作实际，如何在高校党委的统一领导下协助全体党员干部要把学习作为一种精神追求，如何在培训工作中真正做到学以立德、学以增智、学以创业？就具体问题具体分析而言，还是要从提高培训质量着眼。这必然是党校在今后工作中思考的重大问题和努力的方向。

第二，"4·24"讲话突出强调了提高高等教育质量的重要性，并进一步指出，全面提高高等教育质量，首先必须大力提升人才培养水平。胡总书记明确指出："高等教育的根本任务是人才培养。要坚持把促进学生健康成长作为学校一切工作的出发点和落脚点，全面贯彻党的教育方针，坚持育人为本、德育为先、能力为重、全面发展，着力增强学生服务国家服务人民的社会责任感、勇于探索的创新精神、善于解决问题的实践能力，努力培养德智体美全面发展的社会主义建设者和接班人。要注重更新教育观念，把促进人的全面发展和适应社会需要作为衡量人才培养水平的根本标准，树立多样化人才观念和人人成才观念，树立终身学习和系统培养观念，造就信念执著、品德优良、知识丰富、本领过硬的高素质人才。"党校作为培养大学生党员、入党积极分子的主阵地，当然应该是学校人才培养特别是思想政治教育的重要组成部分，如何不断提高党校教育质量，加强理想信念教育，是我们学习贯彻讲话的根本出发点和落脚点。对此，我们党校必须要有清醒的认识。

二、深化认识，明确责任

我们党成立已经90周年，在世情、国情、党情发生深刻变化的新形势下，面临许多前所未有的新情况新问题新挑战。执政考验、改革开放考验、市场经济考验、外部环境考验是长期的、复杂的、严峻的。精神懈怠的危

险,能力不足的危险,脱离群众的危险,消极腐败的危险,更加尖锐地摆在全党面前,落实党要管党、从严治党的任务比以往任何时候都更为繁重、更为紧迫。我们党有一条宝贵经验,就是每当革命和建设处在重大历史关头,总是特别重视理论指导,总是结合不断发展的实际加强党员、干部的理论学习。党的十七大做出继续大规模培训干部、大幅度提高干部素质的重大决策, 党的十七届四中全会提出建设马克思主义学习型政党的战略任务,“七一”讲话又对加强党员干部学习做出了新表述,这对干部教育培训工作提出了新的更高要求。干部教育培训是建设高素质干部队伍的先导性、基础性、战略性工程,是加强党的执政能力建设和先进性建设的重要途径,是推动科学发展、促进社会和谐的重要保证。党校要按照建设学习型党组织的要求,紧密结合改革开放和现代化建设的实践,加强党员、干部理想信念教育和思想道德建设, 使广大党员干部成为实践社会主义核心价值体系的模范, 做共产主义远大理想和中国特色社会主义共同理想的坚定信仰者、科学发展观的忠实执行者、社会主义荣辱观的自觉实践者、社会和谐的积极促进者。同时,必须高度重视青年马克思主义者的培养工作。邓小平同志曾深刻指出,青年一代的成长,正是我们事业兴旺发达的希望所在。江泽民同志强调,青年兴则国家兴,青年强则国家强,青年有希望,未来的发展就有新希望。胡锦涛总书记在“4·24”讲话中专门提出三点希望,为青年的成长成才指明了方向。着眼于党的事业后继有人,兴旺发达,我们必须高度重视大学生党员、入党积极分子的培养。高校党校作为培养党员、干部和入党积极分子的主阵地, 必须在新形势下深化认识,明确责任,主动思考,创新工作,努力做到理论武装跟进一步,责任感使命感深化一步。

三、努力提高工作的科学化水平,不断提高培训质量

学习的目的全在于应用,学习的成效在于解决实际问题。把两个讲话的精神落实到高校党校的工作实践中,归根结底就是一句话,努力提高培训质量。大学的全部工作都是为了培养人,我们要自觉地把党校工作放到高校人才培养和党建科学化的大局中去把握、去推进。要注意遵循党校“姓党是校”的原则,紧紧围绕学校改革发展,坚持“一个中心四个方面”,以不断提高培训质量为主旨,遵循思想政治教育规律、干部成长规律和高校

教育教学规律,结合实际创新路,加强培训求实效。联系我们兰州大学的实际,我们认为,在当前的工作中应该注意把握好以下要点。

第一,在培训方向方面:始终坚持党校姓党的主旨,不断加强党性锻炼熔炉的作用,党性教育要贯穿于党校教学全过程。这是必须念兹在兹,一以贯之的原则和本质特征。当然,党性教育也应该是历史的、具体的、鲜活的。高校党校要注意结合本校核心精神传承加强党性教育。

第二,在培训内容方面:培训主题上扭住一个关键——始终紧紧围绕学校党委中心工作开展教育培训。在坚持"一个中心四个方面"的大前提下,必须注意因需施教,强化培训需求导向,加强针对性实效性,真正做到高校科学发展需要什么就培训什么,党员、干部成长缺什么就补什么。

第三,在培训师资方面:内引外联,切实加强师资队伍建设。"名师出高徒"是教育的基本规律之一,毛主席说过,教改的问题,主要是教员的问题。胡锦涛总书记也深刻指出:"教育改革和发展的关键在于教师。"提高教育质量,关键在教师。高校党校教师的特殊性在于兼职,那么该如何切实加强建设?还是要因校制宜,有条件地全方位开展,重在以科研促教学。条件尚有欠缺的可以多考虑"就地取材",与地方社科院、省党校加强联系;"就近取材",充分发挥高校党校研究分会的联系作用,建立互惠式的区域师资信息联盟。

第四,在培训方式方面:要注重多种方式的综合应用。培训内容决定培训方式,培训方式为培训内容服务。培训内容的多元化,也决定了培训方式的多样性。仅靠单一的某种培训形式,很难适应多项内容培训的需要。必须改进培训班次设置方式,推广专题研究、短期培训。对我们兰州大学这样深居内地的学校而言,特别要注重综合应用好网络培训方式,加强对干部在线学习规范管理;同时,要有强烈地"走出去"意识,加强外向型实践培训,坚持开放式办学。

第五,在培训方法方面:加强体验式教学和案例式教学。我们知道,思想政治教育属于价值认识的范畴,更多侧重于实践理性。因此,价值观的教育基本路径应是"情感接受"—"理性接受",必须注意理论与实践相结合、激情与理性相结合、灌输与自省相结合,"感染"、"感动"、"震撼"、"影响"和"融渗"、"平实"要相得益彰,然后才是"不愤不启",理论自觉。一定要避免"自话自说",要增强实践说服力。

第六,培训激励约束机制方面:进一步加强干部培训工作与干部管理工作之间的沟通协调,把干部理论素养、学习能力、学习作风等培训情况定期反馈给有关部门,作为选拔任用、考核干部的重要依据。

总之,贯彻讲话精神,不断提高培训质量,是高校党校今后工作的中心内容。我们只要深刻领会,联系实际,遵循规律,创新教学,就一定能走出适合自己的路子来。

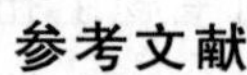

参考文献

[1]胡锦涛.在庆祝中国共产党成立90周年大会上的讲话[J].求是,2011(13).

[2]胡锦涛.在庆祝清华大学建校100周年大会上的讲话[N].中国教育报,2011-04-25.

[3] 中办印发《2010—2020年干部教育培训改革纲要》.中央政府网站,2010-08-17.

[4]叶永烈.寻访毛远新.领导文萃[J],2008(7).

青年教师入党积极分子培训的实践与思考

胡玉霞　杨　刚

（胡玉霞，兰州大学党校办公室主任，助理研究员；杨刚，兰州大学党校办公室副主任，助理研究员）

摘要：本文总结了近几年我校青年教师入党积极分子培训的主要特点，提出了今后青年教师入党积极分子培训的思考：加强培训调研，建立适应我校特点的青年教师入党积极分子培训模式；完善培训制度，保证青年教师入党积极分子教育培训质量；丰富培训手段，增强青年教师入党积极分子培训的吸引力和感染力。这样才能不断提高青年教师入党积极分子培训的针对性，取得培训实效，为学校党建思想政治工作做出贡献。

关键词：青年教师　入党积极分子　培训　特点　思考

在青年教师中培养入党积极分子，是高校党的建设和教师队伍思想政治建设的一项重要任务。高校教师尤其是青年教师的思想政治素质和道德情操对大学生具有很强的影响力和感染力，他们不仅是传播知识的表率与楷模，还是学生理想、信念和思想、道德的表率与楷模，是学生成长的引路人和指导者。加强教师队伍特别是青年教师思想政治建设，对加强学生德育工作具有重要意义。

习近平同志近日在视察北京部分高校时指出，高校是重要的教育阵地，也是重要的思想文化阵地。各级党委要切实加强和改进高校思想政治工作，强化教师队伍特别是青年教师队伍的思想政治建设，不断提高高校党建工作科学化水平。党校作为培养干部、党员和入党积极分子的学校，应充分认识到做好青年教师思想政治工作的重要性和紧迫性，紧密围绕学校中心工作，切实做好青年教师入党积极分子的培训工作，为学校的改革发展发挥积极作用。

一、我校青年教师入党积极分子培训的基本情况

在学校党委的高度重视和各级党组织的共同努力下，近年来，我校入

党积极分子培训在扩大规模、稳步发展、规范管理、保证质量方面做了很多有益的实践探索,取得了良好的效果。入党积极分子中,学生占绝大多数,但因教工入党积极分子大部分为青年教师,所以备受各级党组织关注。鉴于此,2004 年,我校教工入党积极分子培训实行了单独编班,共举办培训班 17 期,培训 531 人。在教工入党积极分子的培训中,我们始终坚持围绕主线、紧跟形势、联系实际、提高质量的培训理念,积极探索具有我校特点的教师入党积极分子培训模式,为我校青年教师发展党员工作提供保证。

二、我校青年教师入党积极分子培训的主要特点

(一)围绕主线,突出重点

在青年教师入党积极分子培训中,始终以理想信念教育为主线,坚持用中国特色社会主义理论武装学员。以学习党章,掌握党的基本理论、基本路线、基本纲领和基本经验为核心设计主干课程。通过学习,使青年教师入党积极分子达到较系统地掌握党的理论和路线,进一步端正入党动机,坚定理想信念,树立起党的观念和党员意识。

(二)紧跟形势,精心设计

在青年教师入党积极分子培训中,除了设置主干课程之外,我们始终紧密结合当前形势,坚持将党的最新理论成果和方针政策及时补充到党课学习中,增设形势政策学习课,或以专题讲座形式,或以主题讨论、配发学习材料形式等。近几年,根据党的十七大和十七届四中、五中、六中全会精神,我们在青年教师入党积极分子培训中,设计了以“高举中国特色社会主义伟大旗帜,坚持走中国特色社会主义道路”为主题的十七大精神学习辅导讲座,及“深入领会和全面落实科学发展观”、“牢固树立社会主义核心价值体系”、“新时期青年马克思主义者的使命”等专题讲座。2008 年,根据当时发生的“3·14”事件,请历史文化学院教授以“凉州会谈与爱国主义”为主题开展了专题讲座,将西藏的真实历史向学员作了讲授,增强了学员分辨是非的能力,坚定了理想信念,提高了自觉维护安全稳定的意识。结合建党 90 周年,安排了以学习党史为主要内容的“复兴之路,民族先锋”等专题讲座。通过这些课程的学习,学员们关注时事,及时学习、理解党的最新理论成果。

(三)联系实际,立足岗位

在青年教师入党积极分子培训中,始终结合我校特点,围绕学校的中心工作,开发党课校本课程。或结合学校的发展思路、目标任务,或结合校史校情等,使青年教师进一步熟悉校情,了解身边优秀共产党员的先进事迹,从而加深对党的感情,增强热爱兰大、建设兰大的热情。如:2009 年,结合百年校庆,增设了“百年兰大的发展与启示”的专题讲座,还增设了我校“十一五”、“十二五”建设与发展展望的专题讲座,邀请优秀青年教师党员与学员交流自己成长成才的体会等。使青年教师入党积极分子了解学校的发展历史,当前我校“内涵提升,创新驱动,质量优先,结构调整”的发展思路,以及学校阶段性发展的目标任务,激发了他们在教书育人和科学研究中不断进取,勇创佳绩的决心和信心,为他们更好地成长提供帮助。

同时,在主题讨论中,紧密围绕学校中心工作和青年教师岗位实际,设计讨论主题。如:“结合实际谈谈如何学习雷锋精神,践行全心全意为人民服务的宗旨”、“青年教师如何做践行社会主义核心价值体系的模范”等。使青年教师能将党课的学习与自己工作实际紧密结合,与身边的人和事结合起来,将党课的理论知识内化为自己的行动,不断改造主观世界,实现自我完善、自我提高。

(四)方式灵活,保证质量

在青年教师入党积极分子培训各个环节的设计上,始终坚持增强培训实效,提高培训质量的原则,做到“三个结合”,即集中讲授与个人自学相结合、现场教学与实践活动相结合、小组讨论与大会交流相结合。理论课程的学习根据青年教师入党积极分子的特点,与学生入党积极分子培训实行有分有合的方式进行。即部分课程与学生入党积极分子培训一起进行,部分课程与青年干部培训班、党支部书记培训班等一同进行,少部分课程单独授课。教学实践活动由党校统一组织青年教师入党积极分子到红色教育基地、现代化企业、先进基层党组织参观学习,使其接受革命传统教育,感受改革开放的成果,坚定走中国特色社会主义道路的理想信念。

(五)严格管理,服务为先

在青年教师入党积极分子培训管理中,坚持《入党积极分子管理条例》的有关规定,做到严格管理和周到服务相结合。坚持科学量化的过程

考核,设置了考勤、学习笔记、学习总结、结业考试与社会实践五个环节的考核。由班长和班主任做好基础考核,在此基础上做好评选优秀学员和优秀干部工作,培训结果送交各中层党组织。坚持在学员中进行教学效果反馈工作,注重教学各个环节的动态管理,追求最佳的综合效果,培训结束后征求学员意见,不断改进培训工作。在整个培训过程中,始终坚持服务为先的理念,尽量做好各种协调、服务工作,尽可能地满足学员的要求,最大限度为学员学习提供服务和帮助。

三、对我校青年教师入党积极分子培训工作的思考

青年教师入党积极分子学历层次、知识水平普遍较高,有些还有国外留学经历,有其独特之处。但因他们忙于工作和业务学习的时间多,政治理论方面的学习少,对党的理论理解不够深刻,因此,在青年教师入党积极分子培训中,要结合他们的思想和工作实际,以创新精神、创新思维谋划培训工作。通过培训学习,使他们能够用马克思主义的基本立场、观点和方法分析问题、解决问题,从根本上提高拥护和执行党的基本路线的自觉性,为青年教师党员队伍建设提供扎实基础和可靠保证。根据目前我校青年教师入党积极分子培训的情况,应做好以下几方面的工作。

(一)进一步加强培训调研,不断完善具有我校特点的青年教师入党积极分子培训模式

党校培训的质量是党校工作的生命线,在对青年教师入党积极分子的培训中,要做好调查研究工作,较为准确地了解、掌握青年教师入党积极分子的思想、工作状况,以及他们的意愿诉求,将组织要求、工作需求和个人实际结合起来,不断创新培训理念,改进培训方式,提高培训的针对性。制定符合实际、科学合理的培训目标、授课内容、授课方式、组织形式等,围绕中心,突出重点,关注热点,不避难点,切实解决青年教师入党积极分子的思想困惑,提高其思想认识和政治觉悟,加快其向党组织靠拢的步伐。

(二)进一步完善培训制度,切实保证青年教师入党积极分子教育培训质量

制度是做好一切工作的有力保证。要根据工作实际,不断完善、细化入党积极分子培训的相关管理制度。可根据青年教师入党积极分子的职

称、职务及理论学习的情况等,在理论学习中,采取不同的学习方式,或集中学习,或集中学习与个人自学相结合,或个人自学与撰写学习总结相结合等方式。同时,建立激励机制,充分调动基层党组织的积极性,将党校培训与基层党组织的日常培养有机结合起来,共同做好青年教师入党积极分子培养教育工作。

(三)进一步丰富培训手段,不断增强青年教师入党积极分子培训的吸引力和感染力

高校青年教师知识面广而新,思维活跃,更易于接受新事物在培训中,要充分利用现代科技手段,为他们提供内容更为丰富、使用更加便捷的学习资源和学习平台。选择或制作党课精品课程视频,上传到网上,为青年教师入党积极分子提供党课视频学习资料,方便学习,力求使他们做到工作、学习两不误,两促进。同时,将启发式、体验式、案例式、现场教学等灵活多样的方式贯穿于党课教学中,不断丰富实践活动的内容,提高党课教学的吸引力和感染力。

青年教师入党积极分子是高校党校教育培训中一支不可忽视的学员队伍,我们一定要按照胡锦涛总书记提出的“联系实际创新路,加强培训求实效”的要求,不断探索青年教师入党积极分子培训的新方法新途径,不断增强教育培训工作的针对性和实效性,提高青年教师入党积极分子的马克思主义理论水平和运用理论解决实际问题的能力,为推动我校党建思想政治工作做出贡献。

参考文献

[1]习近平.高校党建要继续坚持和贯彻好正确指导原则[N].人民日报,2012-06-21.

[2]何光林.在青年教师中培养入党积极分子的探索与实践[J].改革与开放,2011(8).

[3]王蔚宇.依托网络教育　创新党校培训模式[J].湘潮(下半月),2012(2).

[4]胡锦涛强调不断增强干部教育培训工作的针对性和实效性.中央政府网站(http//www.gov.cn),2006-03-20.

试论青年教师的个性特征与思想政治工作

牟运清

（牟运清，兰州大学基础医学院党委副书记，助理研究员）

摘要：百年大计，教育为本；教育大计，教师为本。青年教师队伍关乎学校的未来与希望，是教书育人的生力军；加强青年教师思想政治工作，建设一支思想过硬、师德高尚、学术领先、教艺精湛、学生喜爱的青年教师队伍，是提高师资队伍整体水平，促进师资队伍可持续发展的重要内容，也是提高学校人才培养质量、促进内涵式发展、建设高水平研究型大学的现实需要。青年教师是学校教师队伍中最具活力、最有创新精神的群体，做好青年教师的思想政治工作，必须客观分析和准确判断青年教师的思想状况和个性特点，针对性地进行教育引导和服务管理。本文试从对青年教师成长环境和个性特点进行分析的基础上，结合"兰大精神"的引领前行，就学校做好青年教师思想政治工作的切入点和突破口，提出意见建议，以对学校青年教师思想政治工作提供参考。

关键词：思想政治教育　青年教师　个性化

青年教师是学校的未来与希望。高素质的青年教师队伍不仅关系学校的竞争力，而且关系到人力资源强国和中华民族伟大复兴战略目标的实现。做好青年教师的思想政治工作，培养和造就一支既有良好思想政治素质，又有较强教学科研能力的优秀青年教师队伍，对学校人才培养目标的实现及各项事业的长远发展具有十分重要的战略意义。目前，青年教师不仅在数量上已占了教师队伍的"半壁江山"，在实际教学工作中也正在逐渐挑起重担，加强高校青年教师队伍建设已是一项战略性任务。近期，学校通过多方调研，力求采取切实可行的措施加强和改进我校青年教师的思想政治工作，这是形势所迫，也是事业所需。

高校青年教师的思想政治素质状况既体现着当代青年知识分子群体的一般特点，又有高校这个"特殊环境"的个性特点。要促进青年教师思想政治工作取得实实在在的效果，前提是要认真研究和了解青年教师的个性特点。

一是青年教师密切关注时事及党的路线、方针和政策。青年造时势，时势亦造青年。青年的创新、奋进与激情，无疑是国家民族的宝贵财富，但若无社会大环境的激赏与鼓励，难免会青春虚掷，才华东流；人力资源强国的建设，需要的是科学精神的宣扬和科学事业的开创，这更是年轻人实现抱负的广阔舞台。无数有志青年的成长和大时代背景的关系一再表明，青年教师的成长成才和事业成功与国家整体的社会环境、青年教师的生活环境有着密切的联系。所以，青年教师对国家在经济、政治、科教、文化以及外交等方面的政策调整高度关注，认真学习和掌握未来的发展走向。掌握和运用这一特点，是做好青年教师思想政治工作的基本切入点。

二是当代青年教师重视实干，鄙夷空谈，敬重有为。崇尚清谈曾是我国传统文人的突出顽疾，但随着改革开放的不断深入，这种现象从知识分子的灵魂深处渐渐涤荡。今天，越来越多的青年教师开始看重实干，敬重务实和有所作为的人，他们对国家、对学校、对领导给予的期望更多更高，也容易表现出对空谈不干的领导和学校不良行政文化的不满。

三是当代青年教师反对盲目崇拜、因循保守，具有强烈的创新意识。当代青年教师大多出生在改革开放初期，他们受过良好的教育，思想政治素质好，知识面广，业务知识扎实，思维敏捷，进取心强，富有自尊心、荣誉感和创新精神，容易接受新鲜事物。所以，青年教师反对盲目崇拜、因循保守，注重个人思想的展示和价值的实现，期待拥有自己成长的一片天地。

四是当代青年教师理念务实，注重个人事业和人生价值的实现。整体而言，大学教师是一份学有所成、奋斗有目标、工作比较稳定的职业；青年教师大都忠于职守，踏实认真，甘愿通过自己的努力为中国特色社会主义建设培养合格建设者和可靠接班人。他们关注自身利益，如职称、待遇，特别是生活待遇和工作待遇是青年教师关注的热点。他们迫切希望国家增加对教育的投入，改善办学条件；希望学校加快改革与发展的步伐，为自己的成长创造良好的外部环境；希望学校关心青年教师工作和生活待遇，使自己能安心治学治教。他们往往会从务实的理念出发，评价人、事、物，急切盼望个人事业和人生价值的实现。

从某种角度而言，青年教师的个性特点是他们干事创业的优势所在；

但不容忽视的是,青年教师作为敏感的文化群体,随着社会主义市场经济体制的不断完善,他们的价值观念在鲜明的个性特点基础上,发生着深刻的变化。部分青年教师追求名利,在价值目标的选择上重业务轻政治;有些青年教师片面强调自我价值的实现,理想信念不足,奉献意识淡化;有些青年教师缺乏团结协作、取长补短、相互尊重的集体精神,阻碍了教学科研水平的整体提高;少数青年教师责任心不强,受市场经济的冲击,精力外流,在教学、科研上毫无建树;有极少数青年教师急功近利,在学术和科研上投机取巧;有些青年教师工作不深入、学习不刻苦,却热衷于拉关系、自我牟利等等。针对青年教师的个性特点和不良倾向,应在青年教师的思想政治工作中着力做好以下几个方面的工作。

一是加强沟通了解,促进信息交流,及时掌握青年教师的心理动态,开展极具特色的价值观教育。要加强思想政治工作的针对性,做到有的放矢,有效开展对青年教师的价值观教育。结合我校青年教师思想动态的实际情况,发挥中层单位党组织广泛的群众基础和富有专业凝聚性的传统优势,深入青年教师当中开展调查研究,了解青年教师在价值观方面存在的问题。要通过向青年教师发放调查问卷、举办相关的价值观教育论坛和座谈会等形式,认真倾听青年教师的呼声和愿望,根据他们反映的热点和难点,探索工作的切入点;对症下药,针对性地开展具有兰大特色、适合青年教师成长成才的价值观教育。

二是组织开展形式多样、生动活泼的精神文明建设活动及时调整青年教师的价值标准。对岗位的认识和工作的定位来自于价值观的确立,而价值观来源于对社会生活的切身感受。正确的价值观是在改造世界的实践中逐渐树立起来的,若没有对实践的深刻了解,没有经过艰苦环境的锻炼,没有切身体会到几代兰大人扎根西部、无私奉献的高尚品格,就难以树立正确的事业观念。学校应采取切实措施,加强以“兰大精神”为引领的价值观教育,要以丰富多彩的活动为载体,吸引广大青年教师的参与。积极引导青年教师在实践中经受锻炼, 深化认识, 不断校正自己的价值坐标。

三是深度挖掘先进典型, 鼓舞和激励广大青年教师的奉献精神和工作信心。榜样的力量是无穷的。百年兰大,孕育了宝贵的精神财富,一批批前辈先贤呕心沥血的光辉事迹,是当代兰大人的力量源泉。要通过多角度的宣传报道,树立一批先进人物形象,让广大青年教师学有榜样、赶有目标;要定期举办各类教书育人先进事迹报告会和教改经验交流会等。特别是学校的管理干部要多调查研究,深入教学单位,去挖掘、总结、推广基层教师的先进事迹和先进经验,在全校范围内广泛宣传和弘扬,积极营造崇尚优秀的良好风气,不断改变不适应现代大学治理要求、时代发展和人才培养规律的行政文化。

四是关心青年教师的生活和工作,为他们排忧解难、做好服务。目前,高校青年教师所处的社会环境和年龄阶段,面临的工作、学习和生活上压力较为突出,教学科研任务繁重、住房紧张、收入较低,职称问题、家庭问题等等都会影响到青年教师的思想状况;与此同时,除此之外,社会上不良风气也无时不在影响着青年教师价值观的形成。因此,学校各级组织要密切和青年教师之间的联系,进一步发挥教代会的作用,努力帮助解决青年教师工作、学习和生活中遇到的实际困难,在情感和事业上关心他们、爱护他们、培养他们,为青年教师创造一个良好的生活环境和工作条件,以使青年教师把更多精力投入到教学科研中去。

五是推进体制机制改革,加强干部作风建设,努力提高青年教师对学校的信任感和凝聚力。青年教师关注社会动态,更关注自身所处社会单元的生机和活力。学校要加强体制机制的改革,利用现代大学制度建设的契机,更加突出青年教师在学校建设发展中的地位和主人翁意识。要切实提高学校管理干部的工作作风和能力水平,通过高标准、细致化的服务管理工作,凝聚青年教师的爱校热情。学校管理干部要多了解新时期高等教育发展面临的机遇和挑战, 充满对人才培养工作的神圣感、责任感和使命感,做好对青年教师的服务工作。

人才培养是高等学校的根本任务, 青年教师是人才培养工作的生力军。青年教师的思想政治素质和业务水平,从某种程度上决定着一所大学的前途未来。我们相信,有学校的高度重视和广大教师员工的齐心努力,“兰大精神”必将会在新一代兰大人身上熠熠生辉,我们的办学事业必将蒸蒸日上、硕果累累。

参考文献

[1]沈履平.加强高校青年教师思想政治工作的思考[J].学校党建与思想

教育,2007(5).

[2]杜思静.青年教师的特征分析与培养模式研究[J].时代教育(教育教学版),2009(6).

[3]张克非.一百年积聚起的兰大精神[J].甘肃日报,2009-09-19.

化学化工学院开展青年教师思想政治教育工作的实践与思考

代全顺

(代全顺,兰州大学化学化工学院党委副书记,讲师)

摘要: 加强青年教师思想政治教育工作十分必要,化学化工学院在该项工作上投入了大量的精力,形成了适合自己特色的举措和方法,也取得了一些成效。但随着形势的发展,青年教师的思想政治教育工作愈加显得复杂和紧迫,如何结合工作实际,开展较有成效的青年教师思想政治工作业已成为学院各项事业科学发展的主要课题。

关键词: 青年教师　思想政治工作　实践　思考

青年教师是学校教育教学的主力军,也是高校实现基本功能的主要依靠力量。他们的业务水平特别是思想政治素质的高低直接影响着高校的教育事业是否能长远发展。因此,大力加强青年教师思想政治工作,对于提高教育教学质量,提升科学研究水平,增强服务社会能力,拓宽文化传承广度都有着极其重要的现实意义。

据统计,化学化工学院共有教师 151 人,青年教师有 108 人,占教师人数的 71.5%。青年教师中教授有 17 人,副教授 41 人,讲师 50 人。他们中有 47 人承担本科生的授课任务,有 46 人承担或参与国家自然科学基金项目。从上述数字可以看出,青年教师在化学化工学院各项事业的发展中起着举足轻重的作用。对于他们的思想引领和周到服务,是学院工作的重中之重。化学化工学院在党建工作上一直有着良好的传统,尤其在青年教师业务水平提高和思想政治教育上有着自己的特色和做法。

一、严把入口关,吸纳德才兼备的青年才俊加入到教师队伍中来

学院在选留或引进青年教师上有着一套严格的选拔制度,既在教学科研上高标准严要求,又在师德师风、思想政治素质上毫不放松。在青年教师的选拔过程中,教学指导委员会组成专家小组,考核申请人的教学水

平和教学潜力;学术委员会组成专家小组,考核申请人的科研成果和科研能力;专门成立的人才建设委员会除了讨论制定人才建设规划外,还负责考核申请人的品德表现和政治素质。无论是教学、科研还是品德都实行一票否决制,这样既能保证青年教师的业务水平,也能保证青年教师的思想政治素质。

二、实施“老帮青”扶助计划

学院适时邀请一些德高望重、教学科研突出的老教授,让他们“以老带新、师徒结对”,充分发挥老教师的“传帮带”作用,通过老教授指导的青年教师授课大赛,使青年教师得到了锻炼,尽快适应了教学科研环境。老教师有丰富的教学经验和较高的政治思想素养,他们对青年教师的健康成长能产生良好的影响和促进作用。在教学上,老教师能时时刻刻影响和带动年轻教师,年轻教师多听老教师的课,取长补短,提高教学水平。在科研上,老教师利用科研小组和课题申报来带动青年教师的成长。在思想教育上,老教师对青年教师的人生观、世界观和价值观进行指导,增强青年教师的紧迫感和责任感。

三、实行青年教师担任本科生班主任或兼职辅导员制度

学院要求,每位青年教师都要担任本科生班主任或兼职辅导员。本科生班主任和兼职辅导员既要对本科生进行学业辅导,还要在本科生的思想引领、价值追求、政治信仰上进行教育和帮助,这无形中对青年教师的思想政治素质是一个锻炼和提高。通过这样的方式,担任过本科生班主任或兼职辅导员的青年教师无论在专业素养还是在政治思想上均有了明显提高。

四、坚持以人为本,在周到服务中体现人文关怀

在事业上多支持,在生活上多关心,这已经成为学院做好青年教师思想政治工作的共识。在实际工作中,学院始终关注青年教师的个人需要和个性发展,并坚持在青年教师中积极发展党员,做到了成熟一个发展一个。除此之外,学院还从实际情况入手,始终站在青年教师的立场上去思考他们关心的疑点和难点问题。理解尊重青年教师的合理诉求,关心爱护

青年教师的事业发展。青年教师刚步入社会,还有诸多不适应的地方。对此,学院通过各种方式引导他们,使他们尽快适应角色转换。青年教师最关心的是工作上如何发展进步和生活中的实际困难。因而,在做青年教师思想政治教育时,学院在业务上为他们发展创造条件,主动帮助其发展和进步,同时针对青年教师收入偏低,生活压力较大,养老、抚子与购房等最关心的问题,学院党政主要负责人时常找他们谈心,了解他们的日常生活,帮助他们解决实际困难。对于暂时不能解决的,也不敷衍塞责,尽量做好说服和解释工作,以获得他们的支持和理解。

通过上述的工作,学院青年教师思想上积极进取,教学科研上表现突出,他们当中先后涌现出了一批教学能手、科研新星、育人模范,这为学院的长远发展和未来规划奠定了坚实的人才基础。

不可否认,学院青年教师自身和针对他们的思想政治工作也存在一些薄弱环节。诸如:青年教师理想信念不够坚定,对中国特色社会主义基本理论认识不深刻,对外来非主流思想的影响抵御性差,注重专业发展轻视思想建设和师德建设的现象时有发生等等,这都需要我们引起足够的重视。再如:对于青年教师思想政治教育的手段和方法过于陈旧,相关配套制度也相对匮乏,青年教师思想政治教育的有效性和针对性仍需加强,工作的长效机制还没有建立,缺少开展工作所需的人力和物力支持等等,需要我们基层党组织认真反思,找出破解难题的途径和方法,也需要学校党委的大力支持。

加强和改进高校青年教师思想政治建设的途径浅析

赵文瑞

（赵文瑞，兰州大学党委组织部组织科科长，助理研究员）

摘要：“高校是教育培养青年人才的重要园地。教师是人类灵魂的工程师，是青年学生成长的引路人和指导者。青年教师是高校教书育人的重要力量，关乎学校的未来与希望。青年教师的思想政治素质和道德情操，对青年学生具有很强的影响力和感染力。”将青年教师思想政治建设作为高校党的建设的一项重大课题，不断探索加强和改进高校青年教师思想政治建设的新途径，对于坚持社会主义办学方向，实现人才培养目标，推动高校事业科学发展具有重要意义。本文试从理论武装、价值导向、发展引领和生活关怀等方面阐述对加强和改进高校青年教师思想政治建设途径的浅略思考。

关键词：高校青年教师　思想政治建设　途径浅析

2012年1月4日，习近平同志在第二十次全国高校党建工作会议上指出：“要把加强青年教师队伍思想政治建设作为高校党的建设一个重大问题来抓……”再次强调了青年教师思想政治建设在高校党建工作中的重要地位，体现了加强和改进高校青年教师思想政治建设的重要性和紧迫性。我国高等教育正在进入内涵式发展和全面提高质量的新阶段，提高质量是高等教育发展的核心任务，是建设高等教育强国的基本要求。教育部、财政部关于“高等学校创新能力提升计划”（“2011计划”）的启动实施，为推动高校新一轮改革发展带来新的机遇。主动适应高等教育改革发展新形势，积极探索加强和改进青年教师思想政治建设的新途径，对于坚持社会主义办学方向，实现人才培养目标，推动高校事业科学发展具有重要意义。

一、当前高校青年教师队伍的基本现状和特点

高校青年教师一般指年龄在45 岁及以下的教师群体。高校青年教师一般具有高学历,部分还具有海外留学经历,他们思想活跃,视野开阔,善于接收新事物新观点,乐于通过网络了解社会信息,对社会热点问题具有较强的敏感性和关注度。近年来，许多高校教师队伍年轻化趋势比较明显。以兰州大学为例,截至2012年9月,学校45岁以下的青年教师已占到师资队伍总数的80%。青年教师已成为高校教师队伍中的一支重要力量。

高校青年教师队伍中的绝大多数政治信念坚定,师德师风良好。他们在教学科研岗位上努力工作、刻苦钻研、教书育人,取得了显著的成绩,有的逐步成长为学术骨干和学科带头人,受到了广大师生的肯定,为学校改革发展做出了重要贡献,充分体现了青年教师队伍的生机与活力。

与此同时,经济全球化和信息网络化深入发展,我国社会深刻转型时期出现的思想多元化、文化多样化等各种因素对高校的影响更加凸显,这种影响在青年教师队伍中比较明显。从目前状况来看：

一是少数青年教师政治意识不强。少数青年教师重视业务学习、轻视理论学习,对政治理论学习不够重视,理想信念比较淡化,集体主义观念淡薄,政治立场不够坚定。

二是少数青年教师思想认识模糊。少数青年教师受到西方思想文化的影响或社会各种复杂声音的干扰,或仅凭在国外短期学习交流的经历,简单地认为“国外的月亮比中国的圆”,不能客观历史地看待中国社会主义改革发展的历程,思想上产生了一定的模糊和混乱。

三是少数青年教师师德学风下滑。受市场经济环境的影响,部分青年教师功利主义明显,自身修养不够,治学不够严谨,师德师风、学术诚信、学风教风有所下滑。

这些问题虽属个别现象,但在一定程度上损害了教师的形象,影响了学生对教师的评判，对高校教育教学和人才培养具有不可忽视的负面影响。针对这些问题,必须进一步深化对新时期高校青年教师思想政治工作的理解和认识,从理论武装、价值导向、发展引领、生活关怀等方面开辟加强和改进高校青年教师思想政治建设的新途径，进一步提高青年教师的思想政治素质、道德情操和教书育人水平,为新时期高校改革发展提供坚

强的思想、政治和组织保证。

二、坚持理论武装——加强和改进高校青年教师思想政治建设的根本

“思想政治工作是以人为对象,解决人的思想、观点、政治立场问题,提高人们思想觉悟的工作,具有鲜明的党性、实践性和群众性。思想政治建设的目标是要求得教育对象对政党政治立场、政治理论体系和主流意识形态的高度认可。”[①]因此,牢牢把握政治理论武装这一根本手段,是加强和改进高校青年教师思想政治建设的必然要求。高校青年教师正处于政治理念不断成熟的关键阶段,对于政治理论学习具有一定的心理需求。开展全面系统的政治理论学习和教育,有利于帮助青年教师形成成熟的政治理论认知,有助于我们党影响青年、赢得青年、赢得未来。党的十七大报告强调:“建设社会主义核心价值体系,增强社会主义意识形态的吸引力和凝聚力。社会主义核心价值体系,是社会主义意识形态的本质体现。”[②]高校要充分发挥各类教育主体的作用,全面推进中国特色社会主义理论体系进教材、进课堂、进头脑,充分运用社会主义核心价值体系引领和教育广大师生。

党支部是做好青年教师思想政治工作和党建工作的主阵地。要充分发挥教师党支部在政治理论学习教育中的主体作用。把加强和改进青年教师思想政治工作和做好青年教师党建工作紧密结合和有机统一,通过基层党建工作带动和引领青年教师思想政治工作,通过青年教师思想政治工作来维护、巩固和发展基层党组织的吸引力、凝聚力、战斗力。教师党支部处于教学科研第一线,是党联系师生的重要桥梁和纽带,是加强和改进青年教师思想政治工作的重要依托和载体。教师党支部要紧密结合青年教师学习工作的实际和特点,着重加强对党的路线方针政策的宣讲、重大决策部署的学习、重大理论问题的解释、热点难点问题的分析,深入组织开展形势政策教育、国情教育、革命传统教育、改革开放教育、国防教育等,帮助青年教师知晓历史、了解国情、把握形势。鼓舞和激励青年教师增强理想信念,引导青年教师正确认识党领导中国人民建设中国特色社会

---

①思想政治工作[EB/OL]. http://baike.baidu.com/view/618247.htm。

②王沪宁,魏礼群等:《党的十七大报告学习辅导百问》,党建读物出版社 2007 年版,第 31 页。

主义伟大事业的深远意义。

三、重视价值导向——加强和改进高校青年教师思想政治建设的核心

“党的思想政治工作是以社会主义、共产主义思想体系教育人民，启发人们的觉悟，提高人们认识世界和改造世界的能力，动员人们为实现当前和长远的革命目标而奋斗的实践活动。它不仅要解决人们的政治立场、政治观点、政治行为等问题，还要解决人们的世界观、人生观、道德观问题。”①注重价值引领和灵魂塑造是思想政治建设的核心之义。“随着我国社会对外开放的广度和深度不断拓展，多元文化并存的思想格局在深刻影响和改变着青年群体的世界观、价值观和人生观。在意识形态领域，青年群体成为马克思主义和非马克思主义两大意识形态争夺的重点和焦点。”②如何引导青年教师树立正确的世界观、人生观和价值观，是当前高校青年教师队伍思想政治建设的重要任务。教育规划纲要指出，提高质量是高等教育发展的核心任务，是建设高等教育强国的基本要求。提高高等教育质量，关键是要提升教师队伍素质。青年教师是高校教师队伍的一支重要有生力量，他们具有怎样的理想信念、奋斗目标、责任感、使命感，直接影响着高校人才培养的质量。

高校教师既是高层次人才的培养者，也是学校学术声誉的奠基者和知识的传播者，是优良校风、学风的建设者和示范者。青年教师思想政治工作要紧密结合青年教师的群体特点和工作实际，从青年教师的角度出发，重点研究从心理疏导、认知思考、道德品行等方面加强对青年教师世界观、人生观和价值观的引导。一是学校党委、院(系)级党组织、党支部要分层次开展教育引导，在青年教师中加强社会主义核心价值体系教育，帮助青年教师理清思想困惑，全面理解社会主义核心价值体系的深刻内涵，从而进一步坚定理想信念；二是通过召开青年教师思想政治工作论坛、座谈、沙龙，以及建立青年教师思想政治网络交流空间等形式，不断激发广大青年教师对思想政治工作的关注度和理解度，吸引青年教师认真思考和反省自身价值；三是注重发挥大学精神和校园文化的感召力，通过组织

①思想政治工作[EB/OL]. http://baike.baidu.com/view/618247.htm。

②江文：《多元文化视野下高校青年教师思想政治教育工作新机制建设问题思考》，载《成都中医药大学学报》(教育科学版)2012年第1期，第64页。

开展青年教师师德师风建设大讨论等活动，进一步加强师德师风教育，推动青年教师成为师德标兵和教书育人表率；四是进一步丰富和改进教育方式，强调党建和思想政治工作协调共建，“在找准开展活动、发挥作用的着力点，在扩大党员参与面、提高实效性上下工夫，增强创造力、凝聚力、战斗力”，①组织开展更加丰富多彩的青年教师思想政治教育活动，增强青年教师思想政治工作的针对性；五是充分发挥优秀青年教师党员及优秀青年教师代表的典型示范作用，运用典型案例现身说法，引导广大青年教师见贤思齐；六是大力加强对党务工作者队伍和思想政治工作者队伍的培训，提高思想政治教育工作的水平和能力，以适应青年教师思想政治工作形势发展的客观需要。

四、注重发展引领——加强和改进高校青年教师思想政治建设的关键

获得自我发展是个体实现人生价值的重要途径和必然需求。高校青年教师正处于人生发展起步的重要阶段，对实现未来美好人生价值充满期待。一方面，不断提升自身能力和素质，努力向专业化发展，是高校青年教师实现自我人身发展的主观诉求。另一方面，引导和促进高校青年教师向教师专业化发展，加强高校青年教师能力和素质建设，是实现高校人才培养目标的客观需求。“教师专业化发展是提高教育教学质量的有效手段，主要包括教师专业理想的建立、专业知识的拓展、专业能力的发展和专业自我的形成。”②深刻认识高校教师专业化发展趋势，理解高校青年教师自我发展的诉求和高校人才培养目标的客观要求，是做好新时期高校青年教师队伍思想政治建设的前提。

高校青年教师处于教学科研等一线，承担着大量教学和科研工作任务。因此，必须紧密结合教学科研工作实际，契合青年教师学习、工作和生活规律，从引领青年教师自我发展的高度去思考和设计青年教师思想政治工作载体。一是结合青年教师教学课题组和科研项目团队的建设实际，组织开展既符合思想政治教育需求又符合青年教师特点的思政教育活

①王沪宁，魏礼群：《党的十七届四中全会〈决定〉学习辅导百问》，党建读物出版社 2009 年版，第 18 页。

②李友生，陈阳君：《培养创新型人才对教师素质的新要求》，载《中国高等教育》2011 年第 13、14 期，第 63 页。

动,促使思想政治工作触角及时延伸至青年教师教学科研环节。二是充分发挥教师党支部的战斗堡垒和凝聚人心作用，通过积极开展思想政治教育引导,促使青年教师心往一处想、劲往一处使,齐心协力、团结协作,在教学科研工作中做出实绩,从而真正体现青年教师思想政治工作的价值。三是组织开展形势政策理论、人生发展规划、教学科研动态讲座等受青年教师欢迎的党支部活动，引导青年教师了解掌握国家和学校有关政策部署,帮助青年教师获得人生发展的知识理论,启迪青年教师紧密结合学校发展规划个人发展,为推动个人发展创造良好条件。四是充分关注青年教师的政治发展,认真做好青年教师的联系工作,积极动员和发展青年教学骨干和学术科研带头人入党，鼓励青年教师担任党支部书记、委员等职务,及时选拔素质优秀、热心管理的青年骨干教师到管理岗位上工作,为高校事业发展储备后续力量。

五、给予生活关怀——加强和改进高校青年教师思想政治建设的重点

青年教师大都处于人生起步期、家庭初建期、事业初创期。良好的学习工作环境和家庭生活环境是青年教师心态稳定、干事创业的重要基础。坚持以人为本工作理念，搞好青年教师生活关怀应是高校青年教师思想政治工作的一个重点内容。在青年教师思想政治工作中,一是要贴近青年教师的实际与生活,既统一青年教师的思想认识,又尊重差异、包容多样,既发挥组织的主导作用,又发挥青年教师自我教育的作用。二是切实建立起青年教师分类联系机制,充分掌握青年教师的思想动态,了解青年教师的生活实际，及时帮助反映他们的问题，协调解决他们生活中的实际问题。三是积极改善学习、工作和住房等生活条件,为青年教师创造一个良好的生活环境。四是加强对青年教师艰苦创业教育,帮助其克服思想和生活中的暂时性困难,增强创新精神和开拓意识,努力干事创业。

胡锦涛同志在清华大学百年校庆讲话中指出,青年是民族的希望、国家的未来,青年学生是国家的宝贵人才资源。党的十七届六中全会强调,“社会主义核心价值体系是兴国之魂,是社会主义先进文化的精髓,决定着中国特色社会主义发展方向”。①加强和改进青年教师思想政治建设,必

①中共中央关于深化文化体制改革推动社会主义文化大发展大繁荣若干重大问题的决定[EB/OL].www.gov.cn。

须以中国特色社会主义理论体系为指导，以弘扬和践行社会主义核心价值体系为重点，从理论武装、价值导向、发展引领和生活关怀等四个方面细致做好各项工作，“引导广大青年教师切实肩负起立德树人、教书育人的光荣职责，关爱学生，严谨笃学，淡泊名利，自尊自律，加强师德建设，弘扬优良教风，提高业务水平，以高尚师德、人格魅力、学识风范教育感染学生，做学生健康成长的指导者和引路人”。[①]这既是国家对高校青年教师的殷切期望，更是新时期高校青年教师思想政治工作的方向。

参考文献

[1]王沪宁，魏礼群.党的十七大报告学习辅导百问[M].北京：党建读物出版社，2007.

[2]江文.多元文化视野下高校青年教师思想政治教育工作新机制建设问题思考[J].成都中医药大学学报(教育科学版)，2012(1).

[3]王沪宁，魏礼群.党的十七届四中全会《决定》学习辅导百问[M].北京：党建读物出版社，2009.

[4]李友生，陈阳君.培养创新型人才对教师素质的新要求[J].中国高等教育，2011(13、14).

[5]胡锦涛在庆祝清华大学建校100周年大会上的讲话[N].中国教育报，2011(4).

---

①胡锦涛：《在清华大学百年校庆上的讲话》，载《中国教育报》2011年第4期。

深层次探究高校青年教师思想政治工作

祁晓红

（祁晓红，兰州大学核科学与技术学院党委书记，副研究员）

摘要：高校青年教师是高校中一支最具有活力、影响力、感染力、爆发力和潜力的不容忽视的群体。正确认识和把握这一群体的思想基本特征是做好思想政治工作的前提。深层次探究消极特征的成因、优良品质的养成以及如何在高度重视他们的尊重需要和成就需要的基础上科学搭建高水平思想政治教育平台，以激发他们的优良品质和潜能，才能全面推动高校青年思想政治工作上台阶、上层次、上水平。

关键词：青年教师　思想政治工作

高校青年教师在高校中是一支最具有活力、影响力、感染力、爆发力和潜力的不容忽视的群体，他们在高校中越来越占具相当大的比例，关注这一群体的思想状况，直接关乎着能否很好贯彻落实教书育人、全面发展的教育方针，能否为社会输送大批高素质、高层次、高质量的合格人才的问题。

作为高层次、高素质、高智商的特殊群体，他们不仅具有年轻人的一般特点，同时也具有其独特的特性，当今社会发展与经济大潮下的高校，个体不可避免地受到不同世界观、价值观、人生观的冲击，不同程度地感染上社会不良习气，如何正确看待思想意识的变化，正确分析和评价高校青年教师的思想与行为，是做好思想政治工作的前提。

一、正确认识高校青年教师思想政治状况

高校青年教师思想政治状况一直以来备受关注，问题突出，众所周知，在一部分年轻人中间存在着对思想政治问题不关心不敏感，对教育本职工作漠视、不负责任，对学生缺少应有的热情和激情，看问题悲观消极片面，行为自由散漫，缺少进取心，缺少朝气，拜金主义泛滥，斤斤计较，缺

少合作与协作精神，缺少无私奉献精神等等现象。这些现象尽管表现在少部分年轻人身上，但确实能够反映出这一代年轻人的基本价值观混乱，人生观迷惑，以及世界观不完善，这种状况对同龄人，尤其对学生，甚至对社会都将产生相当大的影响。

如何正确看待当今社会历史条件下的高校青年教师思想政治状况，是探索适应当代高校青年教师的思想政治工作方法，创新教育形式的前提。

高校青年教师具有一般年轻人的普遍特点，他们富于热情，思维敏捷，勇于接受新思想新事物，敢于冒险，敢于挑战，具有社会批判意识，视野开阔，同时时代的烙印、职业的特性又为他们增添了许多独具特色的思想与品质特征，加上他们所受高等教育的背景，社会进步、发展与改革，高校办学理念、办学思想、办学规模等较大幅度调整，种种因素使得高校青年教师原有的世界观、价值观、人生观均受到不同程度的冲击，常表现出突出的双面特征，即视野开阔，思维能力、批判能力超群，但容易极端偏激；对社会具有强烈的责任感却带有理想主义色彩；具有强烈的自尊心和自我成就感却心理脆弱易挫折悲观。正确认识高校青年教师思想政治状况，首先理应看到在这种形势下出现负面思想是不可避免的，我们在看到年轻人的冲动偏激高傲等消极特征时，更应该看到他们纯真、善良、进取，以及潜在的社会责任感、远大抱负、集体荣誉感等积极特征，有必要深入探究其消极特征的成因，有必要探究其优良品质的养成，更有必要探究如何激发其优良品质，挖掘其潜能，推动高校思想政治工作上新台阶。

二、抓住高校青年教师思想政治工作中的主要矛盾

人生观、价值观、世界观的形成与社会环境、教育、个性特征都具有密切联系，这些因素之间也是相互影响、相互作用的，即社会环境对教育理念、教育方式、教育思想无时无刻不产生影响，教育也承载着引领社会发展、推动社会进步的重任，同时个性差异对于环境和教育的反映又各具特色，不尽相同，个体、环境与教育之间不停调适，相互适应，进而达到和谐一致。

高知识、象牙塔、自我价值是高校青年教师人生观、价值观、世界观形成的轨迹和主要成因，也因此决定了他们不仅具有年轻人所具有的一般

特性同时还具有追求自我价值、成就事业、社会责任感及理想主义色彩。在把握这个规律,基于这种认识的基础上,深刻分析目前高校青年教师思想政治工作的主要矛盾,如理想追求多元化与主流价值观滞后的矛盾,思想活跃与宣传教育工作方法滞后的矛盾, 思想政治形势发展与工作内涵与机制局限的矛盾等,在抓主要矛盾的基础上全面规划,因势利导,开拓创新,才能有效保障该项工作的科学性、有效性、针对性,才能保证当代思想政治工作有感染力、吸引力和说服力。

三、找准高校青年教师思想政治工作的突破口

如何有效地开展高校青年教师思想政治工作, 使青年教师对思想政治素质的教育能够心悦诚服地接受, 其突破口是如何激发他们发自内心的认同感。

教书育人是职业认同感最强的核心价值观, 青年教师刚开始职业生涯的最初始阶段,尽管已具有教书育人的基本职业素养,对党的教育方针和政策,对高等教育的目标,对高校教师的基本职责,对传授知识的方式方法等都有一定的认识与把握,但对怎样教育合格的人才,怎样才能使教书与育人协调一致、有机结合,怎样处理教育教学活动中一些突出矛盾与棘手问题,怎样针对大学生特点发展他们的心智,发掘他们的潜力等等问题都还处于比较迷惑的阶段,这也受到教师个人素养的限制,在自我人格养成和完善的阶段,青年教师急需引导和教育,急需与实践相结合,在实践中发展与完善自我。

多年来, 青年教师思想政治工作将解决生活待遇问题摆在了一个重要位置,这对青年教师的稳定与发展起来到了非常重要的作用,然而新的阶段如果仅仅将解决青年教师生活待遇等基本问题作为重要任务, 带给他们的只有满足感,同时使得更重要的认同感缺失,进一步的问题就是永远在不满足与满足之间纠葛。

加强认同感,必须在正确认识和把握主要矛盾的基础上,高度重视他们的尊重需要和成就需要,搭建适用于当今社会高校青年教师基本特点,高度体现专业与学科魅力、个性魅力的高水平思想政治教育平台,以此挖掘与激励他们在高等教育事业中的热情与才能, 让他们在人才济济的环境中能够凸显自我、发展自我、完善自我和成就自我,由此产生的高度认

同感才能让他们自觉接受意识领域的教育，主动维护校园文化，深切感受校园博大精深的优良传统，真正体会到现代教育与思想的魅力所在。

四、搭建高水平高校青年教师思想政治工作平台

（一）主流价值观教育平台

开展主流价值观教育，完善学校思想政治形势与理论学习制度，拓宽平台，开拓思路，开辟适用于青年人，适用于各学科，适用于高校的具有高度融合性和适用性的主流价值观教育平台。创新方式方法，尤其要全面更新教育内容，高度体现时代特征、高知识密集特征、前沿特征、个性特征以及核心价值特征等，将各个特征科学合理并有机地融为一体，保证教育内容的教育性、科学性、艺术性，增强教育内容的说服力、吸引力和感染力。

（二）管理价值体现平台

参与度是高校教师尤其是青年教师主人翁意识的重要体现，作为教书育人这个神圣岗位的一员，除履行基本的职责外，更有着国家富强、社会和谐稳定、校园环境优良等强烈愿望、他们高度关注国际国内焦点问题、社会问题、高校教育发展的重点难点问题等，其视角也更趋于理想化，也呈现出独特性、多样化的特点。引导他们参与学校管理，参与学校各项事务，参与学校发展战略与规划，有针对性地参与管理的各个环节，将有助于提高他们的思辨能力，锻炼他们辨别是非的理性思维，有助于他们产生认同感，并提高思想境界。

同时管理各层将青年教师作为主体，发挥他们在管理工作中的参谋咨询作用，如学校发展规划、学科建设、人才队伍建设、教学与科研管理、研究生教育管理以及校园网络建设、校园文化建设和校园建筑道路规划设计等，职能部门根据管理职能组成青年教师研讨组或者咨询组，一是高度体现以人为本，以教师为主体的理念；二是多方听取意见，增强相互交流，相互理解；三是信息公开共享，改善信息不够畅通等问题。强化青年教师的主人翁意识，发挥青年教师在学校管理中的主观能动性，改善教育行政管理的盲目性，将思想政治工作有机融入高校教学科研各个环节中。

（三）专业技能竞赛平台

通过校园网、校报、晚会、竞赛、研讨、沙龙、协会等等，搭建以展示与发展专业才能为基本内容的思想政治工作平台。专业是高校青年教师的立业之本,也是他们获得肯定和发展自我的重要途径,他们始终捍卫和维护专业思想和精神,如果失去专业色彩,或者独立于专业之外,高校的工作就失去了核心,就失去了认同的基础。而专业信心不仅来自同行之间的默许,更多的来自于社会服务效应,还来自于不同行之间的合作协作与竞争竞赛成果。因此,搭建体现他们专业精神与专业思想,不同专业精神交融的思想政治交流平台,让他们在专业才能发展中获得极大的成就感与满足感。

(四)个性魅力展示平台

特长、兴趣、爱好是高校青年教师获取自信、获得认可、体现个性魅力的重要个性因素,个性魅力在教育教学的各个环节中潜移默化地影响和教育着学生。为此,除了注重学术平台建设外,还应从青年教师的兴趣爱好和特长出发,关注建设与学术平台具有同样效应、同样投入、同样认可度的个性魅力展示平台,让青年教师尽情抒发浪漫情怀,畅想美好,感受人文精神,弘扬校园文化,拓展知识视野,提升素养与品格,使他们能够在认可和肯定中树立正确导向,体会大学精神、大学文化,自觉接受健康积极向上的大学文化熏陶。

参考文献

[1]张耀灿,陈万柏.思想政治教育原理[M].北京:高等教育出版社,2007.

[2]李世平.关于改进高校思想政治理论课教育的思考与对策[J].中国高教研究,2006(10).

[3]彭雷生.高校青年教师的心理压力与调试[J].湖北教育学院学报,2001(7).

新形势下高校辅导员队伍专业化建设的难点问题与对策研究

王 晶

（王晶，兰州大学新闻与传播学院党委副书记，讲师）

摘要：本文从观念障碍、专业意识薄弱和发展不平衡等影响辅导员队伍专业化建设的难点问题入手，从学校层面对新形势下加大高校辅导员队伍专业化建设进行了思考，主张通过建立起高标准重素质的培养机制、高要求重实效的管理机制和高水平重激励的发展机制，实现建设一支适应高等教育改革发展和学生成长成才需求的一流辅导员队伍的目的。

关键词：辅导员 专业化 难点 对策

“高校辅导员是学生思想政治工作的骨干力量，承担着纷繁复杂的工作，对学生进行教育、管理和服务，是一项以心育心、以德育德的事业。”2004年《中共中央国务院关于进一步加强和改进大学生思想政治教育的意见》（中发[2004]16号文件）、2005年《教育部关于加强高等学校辅导员班主任队伍建设的意见》、2006年《普通高等学校辅导员队伍建设规定》三个文件相继出台之后，高校辅导员队伍建设进入了一个新阶段，辅导员队伍专业化的发展方向已然明确。

一、辅导员队伍专业化建设情况整体评价

工作在大学生思想政治教育一线的辅导员，在思想教育、班级管理、学风引领、技能培养、心理健康、生活扶助和安全稳定等诸多方面发挥了积极的、不可替代的专业作用，他们不计得失、勤勉务实、细致入微、甘于奉献，做出了卓越贡献，是一支有战斗力的专门人才队伍。

在新的形势下，复杂多变的国际环境、持续冲击校园的各种社会思潮、多元多样的文化碰撞，不断深入的高等教育改革、日益鲜明的学生个性化成长成才需求，对高校辅导员队伍专业化建设提出了新的要求和新的挑战。由于辅导员与青年学生在心理和行为特征等诸多方面比较接近，

思想上容易与学生共鸣，因而其言行举止对学生有着潜移默化的导向作用。在这个意义上说，辅导员思想状况的好坏，政治方向正确与否，直接关系到能否培养出社会主义现代化的合格建设者和可靠接班人。遗憾的是，由于外部环境的失衡和内部因素的缺陷，当前我国高校辅导员队伍专业化建设面临着尴尬的境遇。基于此，准确把握高校辅导员思想政治教育规律，认真剖析高校辅导员队伍专业化面临的困境，追寻导致当前困境的原因，进而探求走出困境的正确路径尤显必要。

二、影响辅导员队伍专业化建设的难点问题

辅导员队伍建设专业化，是针对学生思想政治教育现状提出的。所谓专业化，是指辅导员在整个职业生涯中，通过专门训练和终身学习，逐步习得知识与技能，并在工作实践中不断提高自身的理论素质和修养，从而成为一名专业的辅导员的过程。它包含双层意义：既指辅导员个体通过职前培养和职中养成，从一名新手逐渐成长为具备专业知识、专业技能和专业态度的成熟教师，从而获得可持续的专业发展的过程，也指辅导员队伍这个职业整体从非专业职业、准专业职业向专业性质进步的过程。当前，主要有以下三个方面的难点问题影响辅导员队伍专业化进程。

（一）专业化评价受到观念障碍的制约

教育部《普通高等学校辅导员队伍建设规定》（教育部 24 号令）明确规定，辅导员是高等学校教师队伍和管理队伍的重要组成部分，具有教师和干部的双重身份。这一规定，回答了长期以来人们对高校辅导员承担角色的困惑。在此背景下，学生工作实效由隐而显、积微成著，辅导员队伍在学校教育管理体系中地位有所提高，主要体现在领导更加重视，经济待遇逐步改善，职务晋升更加顺利。然而，在整体教育环境中，辅导员队伍的专业地位还比较薄弱。学校职能部门、院系、后勤部门，乃至辅导员所带班级的任课老师，都认为辅导员应对自己的工作负责。甚至在一些人的观念中，辅导员被视为保姆、管理员、信息联络员。每当学生问题增多，教育质量下降，辅导员就会首当其冲被质疑。有人认为，辅导员工作的价值在于不让学生出乱子，“无事就是功，有事功全无”；辅导员的工作谁都可以做，只要花时间跟着学生就行，不具有不可替代性；还有的根本瞧不起辅导员，认为专业不行才不得不干这一行，不具有学术和技术含量，不需要很深的教

育理念。显然,这是对教育和辅导员工作的肤浅认识,这种认识,使得辅导员的社会认同感不高,影响了辅导员队伍专业化评价。

(二)专业化定位受到专业意识薄弱的限制

受社会认同度影响, 一些辅导员对于学生思想政治教育工作的专业认同感不强,影响了自身专业化定位。通过与身边的一些辅导员交流,得知有很大一部分辅导员对自身职业缺乏认同感,内心归属感不强。究其原因,主要是专业意识模糊,具体表现在两个方面:一是专业精神不足。没有专业意识支撑,一些辅导员在工作中找不到意义和价值,将辅导员工作视为一种临时职业,当做短期跳板,只要有机会,就选择离开队伍。这种专业定位,导致了辅导员队伍的高流动性。二是专业基础薄弱。辅导员队伍整体年轻,走上工作岗位时间不长,不少是刚刚结束专业学习生涯就面临指导学生学习的任务。就学生工作而言,经验的累积要求高,很多教育思想和热点难点问题,需要在一线接触和总结,需要在日常学习和反思,进而形成完善的思路与规划。不少辅导员由于一时放松,经验不足,表现在学生工作中,就会沉浸于琐碎的细节,缺少深度的专业探究,从而导致发展的随意性、偶然性较多,目的性、必然性较弱。

(三)专业化环境受到现实中不平衡性问题的影响

一是工作量不平衡。教育部 24 号令规定:专职辅导员总体上按 1:200 的比例配备。而事实上,在学校有不少一线辅导员所带学生数达到 400～600 人。对于所带学生数合理的辅导员,他们能够抽出时间和精力开展更多的创新性工作和专业化、个性化教育, 而那些所带学生数超量的辅导员,则将大量时间和精力耗费在很多事务性工作的机械重复上。二是社会价值与个人价值观念失衡。高校辅导员普遍认为, 人的价值包括两个部分:个人对社会的责任和贡献、社会对个人的尊重和满足。这充分表现出高校辅导员已经由单一强调社会奉献向社会奉献与个人索取二者并重的价值观转变。但讲索取,恰恰违背了教书育人的职业道德;讲奉献,又正好与市场经济原则相背离。在市场经济的负面影响下,职业与收入的巨大反差导致不少高校辅导员心理失衡。三是能力水平不平衡。辅导员是高等学校不可或缺的骨干力量,不少辅导员在工作中不断思考新办法、探索新举措,真正为高等教育和学生成长成才做出了应有贡献。但也有些辅导员,马克思主义理论素养不高, 缺少对马克思主义中国化最新成果的学习和研究，处于浅尝辄止的状态，难以有效介入大学生核心价值体系的建构与培育，面对学生关注的热点以及遇到的问题与危机，干预能力不足，点拨水平有限，工作的针对性、实效性不适应学生需求。

三、辅导员队伍专业化建设的思路与对策

随着高等教育领域的整体吸引力加大，当前辅导员队伍建设面临的问题关键已不再是"选人"的问题，而是如何"留住人"和"培养人"的问题。因此，走专业化路线，成为辅导员队伍建设的必要选择。要通过专业化，来完善高校辅导员队伍建设的长效机制，提高辅导员的专业素质、专业地位和职业声望，塑造辅导员队伍的专业价值，最终达到建设一支适应高等教育改革发展和学生成长成才需求的一流辅导员队伍的目的。

（一）建立起高标准重素质的培养机制

重点是要做好准确把握发展方向和创建工作载体两个方面的工作。在发展方向上，坚持立足当前、着眼长远的原则，制定科学合理的近期目标与远景规划，逐步推进辅导员队伍的良性发展。近期目标是要加强职业化培训，逐步扩大培训的种类和范围，对辅导员进行教育学、心理学、管理学、社会学等多学科的知识培训，帮助辅导员取得职业指导师、心理咨询师等资格。远景规划是要在学科建设上推动辅导员专业人才培养，整合现有思想政治教育、教育学、心理学、社会学、管理学等相关学科，设立高校辅导员专业培养方向，或者开展与高校辅导员工作有关的通识教育，在上述已经稳定发展的学科基础上，开展辅导员专业领域的理论研究，强化辅导员的学术支撑。

在工作载体上，开展校内辅导员培养工程，开辟辅导员工作坊，举办辅导员技能大赛，以兴趣和专长为纽带把辅导员凝聚起来，以改变松散、零碎的单兵作战状态，形成集约化、系统化的工作和研究集群。

（二）建立起高要求重实效的管理机制

关键是要理顺辅导员管理机制，实现科学管理。现有的高校辅导员队伍实行学校和院系双重领导体制，学校党委学生工作部门是管理辅导员队伍的主要职能部门，宏观指导辅导员队伍建设，各院系对辅导员进行直接领导和管理。学校党委学生工作部门应该主要从对辅导员的晋升发展和职业培训为突破口，加大对辅导员的管理力度。同时，校院两级应该对

辅导员尽量实行联动管理,从而有利于在动态平衡中稳定结构。首先,可以对专职辅导员进行有针对性的岗位实训、岗位轮换,形成一支具有梯队式骨干力量、专兼结合、动态平衡的可持续发展的优秀辅导员队伍。其次,通过整合辅导员中的骨干力量,形成在日常事务管理、心理健康教育和职业规划等专业领域内实力突出的工作团队,从而增强辅导员的专业感知和事业归属。最后,要制定科学的评价机制。要坚持定性与定量相结合,确保科学公正。要充分考虑思想政治教育工作的实际,充分评价和认定辅导员在心理咨询、党团课、学生社会实践指导、就业指导、专题讲座等教育活动中的工作量和工作实绩。

(三)建立高水平重激励的发展机制

首先,打通辅导员与专业教师、管理干部之间的发展壁垒,实现三者之间的顺利流转。既要把辅导员作为党政领导干部培养和选拔的重要来源,又要通过考核将有教学科研能力的辅导员向教学、科研工作岗位输送,更要积极鼓励辅导员成为思想政治教育等方面的专门人才,成为学者型干部,在项目申报、职称评定等方面对辅导员予以倾斜,给予制度保障。其次,应将专业化基本要求和个性化职业指导结合起来。无论辅导员走不走专业化发展道路,都要有效完成基本的本职工作,在此基础上,为有志于专业化发展道路的辅导员提供发展空间,拓宽发展渠道。通过这些举措,为辅导员的发展搭建平台,畅通渠道,让更多优秀的人才在这个岗位上大有可为、有所作为。

参考文献

[1]潘青.论高校辅导员的角色定位和工作创新[J].思想理论教育导刊,2010(6).

[2]徐晓宁.新形势下高校辅导员队伍专业化建设的难点及对策[J].思想理论教育导刊,2012(4).

以增强育人能力为目标　深化辅导员队伍建设

崔　波

（崔波，兰州大学艺术学院党总支副书记，助理研究员）

摘要：高等学校辅导员是教师队伍的重要组成部分，担负着学生思想政治教育和日常管理的重要任务，建设一支长期稳定的辅导员队伍是内在的、必然的要求。本文从辅导员队伍专业化、职业化的角度出发进一步阐述了加强辅导员队伍建设，提升辅导员育人能力的关键点和切入点。

关键词：辅导员队伍　职业化　专业化

高等学校辅导员队伍担负着教育、管理、培养学生的重要使命，已成为学生成长的直接引导者、学校教学秩序的维护者、校园文化活动的组织者和学校校风建设的实施者。中央16号文件颁布至今八年来，高校辅导员队伍建设在选拔、培养、提高、使用和管理方面建立了较为完善的制度和渠道，并且不断面向新的形势，适应新的需要，开展了一些创新性的工作，取得了明显的成效。

2010年5月，中央在16号文件颁布六周年之际又召开了大学生思想政治教育工作座谈会，提出了通过队伍建设，切实提高大学生思想政治教育工作者的育人能力，也就是说通过育人能力的提高，切切实实使大学生思想政治教育的薄弱环节有增强，难点有突破，推动大学生思想政治教育工作不断取得新进展、新成效。

围绕增强"育人能力"这一目标任务，高校需要从辅导员职业化、专业化方面进一步深化辅导员队伍建设。

一、保持辅导员队伍的稳定性

目前，辅导员队伍在高校已经成为一支担负着大学生思想政治教育和日常管理的主力军，发挥着不可替代的作用，重要性已日益显现并得到广泛认可。但是在实际工作中却存在着辅导员队伍不够稳定、流动性大的状况，一般一个辅导员从事这项工作的时间在四到八年，有的甚至更短。存在的原因有以下几点：

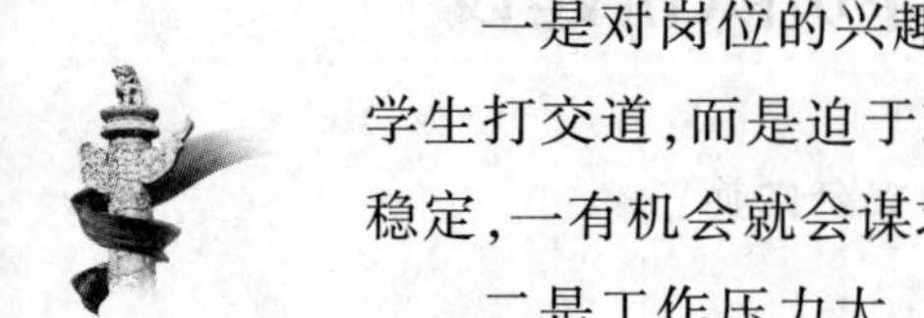

一是对岗位的兴趣不高。有些人选择这个岗位不是出于喜欢与青年学生打交道，而是迫于就业的需要，这导致这部分人从入职开始思想就不稳定，一有机会就会谋求转行。

二是工作压力大，工作节奏快。从事辅导员工作，确确实实需要付出大量的时间，需要有更多的思考，并积极付诸实践。有的研究者就将辅导员的角色定位为，做好"四个长"：兄长、家长、学长、师长。①有的研究者将辅导员角色定位为：指路者、引领者、核心者、整合者。不管怎么表述，都说明了辅导员工作的范围广、任务重，对一个大学生而言，辅导员在他们的大学生活中可以说是无所不在、无所不包。这导致辅导员思想负担重，到一定年限就有转岗的想法和打算。

三是安全感、归属感、成就感缺失。在马斯洛的需求层次理论中，安全感、归属感、成就感是人基本需求中的重要组成部分。毫无疑问，在学校中教学水平是重要的评价指标，在大学校园里人们习惯于只把专业学术人才称为教师，而把辅导员看成是教学辅助人员或一般工作人员，同样是做培养人的工作，他们却被另眼相看。辅导员忙于事务性工作，做着"无所不做"的工作，得到的关注和肯定不够，从而形成心理上的落差，进而没有安全感、归属感和成就感。

辅导员队伍流动过快，导致队伍建设的不连贯，辅导员工作成为"吃青春饭"的工作。"十年树木，百年树人"，育人工作是一项长期的工作，是通过"春风化雨"、"润物细无声"的方式来影响人、引领人、塑造人，特别是做人的工作更需要长久的岗位历练和感情积累，才能面对不同类型的学生，才有更好的方法做到心灵上的沟通，走进学生的内心，这就需要教育者与学生建立起深厚的感情。因为辅导员变动频繁，使得学生不认识辅导员，辅导员也不了解学生，相互之间没有亲近感，缺少情感积累。辅导员工作岗位也需要长期的工作经历，才可以在工作中积累丰富的经验，真正了解当今大学生的特点，形成自己独特的体会，总结出一套行之有效的工作方法。

---

①苏健鹰：《新时期高校辅导员应该具备的基本素质和角色定位》，载《山东电力高等专科学校学报》2009 年第 5 期，第 21–24 页。

二、促进辅导员岗位职业化

教育部《普通高校辅导员建设队伍规定》中明确指出:“辅导员是高等学校教师队伍和管理队伍的重要组成部分，具有教师和干部的双重身份。”在实践中,辅导员的工作仍介于党政之间,教师身份还没有根本落实,加之事务繁杂,工作分工不明确,基本上可以说是“工作范围无禁区”,这使得辅导员自己认为或是被认为就是一个学生的“保姆”,看不到发展的前途。人们常把辅导员视作一个工作岗位,即职业,而对职业化的认同度不高,所以真正把辅导员工作作为一项崇高事业持久做下去,并且用一辈子时间来做的人甚少。

辅导员职业化是高校发展的必然趋势，实行辅导员职业化是为了提高这支队伍的稳定性和积极性，使辅导员能够以老师的身份出现在学生面前,因为老师的形象既容易使学生接受又有更好的教育效果,也使得辅导员在这个岗位上能够潜心研究高等教育的规律和大学生思想政治教育工作的内容和方法,总结大学生成长的规律、特点和工作方法,提升工作内涵和层次。要促进辅导员岗位职业化,需要做到以下几点:

首先是领导要重视,要加强对辅导员岗位重要性的认识。落实辅导员思想政治教育课教师的身份，以及辅导员专业技术职务评聘和行政职级晋升的政策,即“双线晋升”的政策。完善辅导员专业技术职务评聘标准,保证辅导员在专业技术职务评聘中具有适合其岗位特点和专业发展的评聘序列。

二是辅导员要有专业的学习和培训,以适应职业需求的要求。

三是逐步建立辅导员工作的进入、考核、晋级、淘汰等机制。

四是规范高校辅导员的继续学习和培训，根据高等教育发展的需要和学生特点对辅导员进行定期的考核和淘汰。①

三、促进辅导员工作的专业化

随着国际国内形势的深刻变化，特别是我国社会经济成分、组织形式、就业方式、利益关系和分配方式的日益多元化,大学生思想活动的独

①熊书银等:《简论高校辅导员队伍建设》,载《中国成人教育》2006 年第 6 期,第 44–45 页。

立性、选择性、多元性、多变性和差异性日益增强。面对培养对象的变化,对高校辅导员的政治信仰、价值取向、文化素养、社会阅历、心理素质等方面提出了更高的要求。

目前,高校辅导员的来源还主要是应届毕业生,在本科院校虽然近几年来在辅导员的学历层次上一般已经要求是硕士研究生以上,并且这些人员在校期间都是担任过主要职务的学生干部,也积累了丰富的经验,是众多毕业生中的优秀学生,但是有辅导员工作经验的却很少,主要表现为知识结构单一,缺乏从事学生教育管理的专业素质。大学生是一个特殊的群体,问题随时都有,辅导员作为大学生的"引路人",要求一上任就应该能发挥作用,专业知识的匮乏一旦在繁忙的学生工作中暴露出来,就自然而然地制约了辅导员作用的发挥。再者,考虑到辅导员工作对象都是年轻人,许多高校都会选择年纪较轻的人员担任,年轻人与年轻人的心理相仿,便于交流,有一定的优势,但是学生多数需要的是指导性的帮助,年轻辅导员阅历少,没有丰富经验的辅导员是很难胜任的。特别是像心理咨询辅导、职业生涯规划等已成为专业化的学科,对学生指导必须具有专业化的知识。做到向专业化发展,需要做到以下几点:

一是辅导员要经过思想政治教育理论、教育学、心理学、管理学相关知识的培训,学校要针对大学生的特点和辅导员的实际,创新高校辅导员的专门人才的培养模式。

二是辅导员必须经过专业化的理论和实践能力的培养,掌握基本的专业技能,并在工作实践中不断继续学习和培训。

三是多采取"请进来、走出去"的方式,使辅导员能有更多的机会与兄弟院校、社会有直接的交流,取长补短,开阔视野,增长见识。这对于地处经济不发达地区的兰州大学来说,尤其重要。学生来自五湖四海,而多数辅导员甚至多年都没有机会出去进行业务学习和交流过,这使辅导员在信息的获取量上反而与学生不对称,难免在从事学生的教育管理工作中出现"纸上谈兵",效果不明显。

辅导员队伍的稳定性、专业化、职业化三者是互为因果、相辅相成的关系,稳定性是专业化、职业化的前提条件,专业化、职业化则是建立一支稳定的辅导员队伍的长远之计,是内在要求。建设一支稳定的具有专业化、职业化的辅导员队伍,是高校适应国际国内形势的需要,也是大学生思想政治教育工作和引领大学生成长成才的需要,更是增强育人能力的需要。

参考文献

[1]苏健鹰.新时期高校辅导员应该具备的基本素质和角色定位[J].山东电力高等专科学校学报,2009(5).

[2]熊书银,等.简论高校辅导员队伍建设[J].中国成人教育,2006(6).

关于加强青年教师思想政治工作的思考

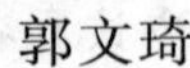

郭文琦

（郭文琦，兰州大学土木工程与力学学院党委副书记，助理研究员）

摘要：青年教师是学校教育教学工作开展的主要力量，其自身的思想认识水平对学生的引领和学校教育工作的开展有着重要影响。本文从青年教师思想政治工作的特点、现状入手，分析了当前青年教师思想政治工作的薄弱环节，并对如何加强青年教师的思想政治工作提出了一些探索性意见。

关键词：青年教师　思想政治工作

青年教师是当前学校教师队伍发展壮大的生力军，也是肩负着学生思想引领和学业指导关键任务的主要依靠。青年教师的思想认识水平和工作能力作风直接影响着学生培养质量的好坏。加强青年教师思想政治工作，是高校人才培养任务有效落实的关键。

一、青年教师思想政治工作分析

（一）青年教师群体特点

青年教师，是一支刚刚由学生身份转为教师身份的群体，他们在教授别人的同时自己也正处在不断地学习强化中，他们身上不可避免地存在一些思想认识上的不成熟与工作能力与作风上的不稳定。这是他们自身成长的规律和特点。他们急需在各个方面得到指导和引领。

（二）青年教师思想教育工作特点

青年教师是一支既不同于成年教师也不同于年轻学生的群体，对这个群体的思想教育工作自然也不能等同于一般教师和学生的工作。他们比学生更成熟，更善于思考，更有主见，但是又比成年教师较少经验、阅历和智慧。对于他们的思想教育工作需要很好地把握这一特点。

二、青年教师思想政治工作现状

(一)群体教育较多,针对教育较少

我校青年教师思想政治工作的现状基本处在半萌芽半自发的状态之中，学校依托各中层党委和职能部门开展的针对教师总体的思想政治工作较多,而对专门针对青年教师的工作较少。许多时候,青年教师的思想教育工作都是依托教师群体教育工作在开展，这样就不利于青年教师教育工作成效的实现，往往使青年教师遇到具体问题时缺少指引，难以把握。

(二)业务指导较多,思想引导较少

我校青年教师思想政治工作大多以业务能力方面的指导为主，对于青年教师授课能力、教学水平方面的指导和培训较多,但对于真正发挥青年教师主观能动作用和激发其内在创造力的思想引领较少，甚至基本是在以业务指导取代思想教育。这其实是不能从根本上解决青年教师的工作状态和工作水准的。

(三)要求管理较多,解困服务较少

我校青年教师思想政治工作的开展,基本以提要求、立标准、重考核为主,青年教师较多是在外在行为约束下的摸索实践中改造自己,然而他们更需要的是部分实际困难的解决，他们自身所需的服务等如果较少得到关注,也就难以激发出他们的内在信念和动力,他们也会因自身处境的困厄以及各种压力的承担而难以在学生中发挥较好的引领作用，更有甚者,反而会发挥负面作用。

三、加强青年教师思想政治工作

(一)加强青年教师思想政治工作,首先要加强重视

青年教师肩负学生思想教育的重要示范作用，他们自身的思想政治水平和方向，也就决定着培养社会主义合格建设者与可靠接班人目标的实现,要切实把青年教师的思想政治工作重视起来,从各方面加强此项工作,才能从长效上确保大学人才培养任务的实现和质量的充分保证。

(二)加强青年教师思想政治工作,其次要加强领导

没有好的领导,就没有有效落实的保证。要加强青年教师思想政治工

作的领导，切实从学校长远发展的大局出发，建立各部门责任明晰、协调配合，各级党委系统负责、统筹兼顾的领导机制，使该项工作蕴含在学校各项中心工作开展的过程中，时时贯彻，处处落实。

(三)加强青年教师思想政治工作，再次要加强管理

青年教师刚刚从学生身份转向教师，很多思想观念上并未完全达到标准，因此，要进一步明确青年教师思想政治工作的标准和要求，将社会主义核心价值体系为主的理想信念建设在青年教师队伍中明确提出来，并在涉及他们自身的各项制度建立中明确贯彻核心价值标准导向，使其在点滴融入中具备明确的核心价值理念。

(四)加强青年教师思想政治工作，最后要加强服务

青年教师刚刚步入工作，各方面基础尚不稳固，在工作能力、教学水平、生活实际等方面存在许多实际困难，这需要我们在开展思想政治教育工作中注重强化服务意识，在服务和解困的过程中发挥思想教育的改造功能。使其通过切实的感受，不但从理性上，也从感性上自觉融入社会主义核心价值理念的主观认知和改造上来。

总的来说，青年教师思想政治工作是一件有利于高校人才培养事业稳步发展壮大的长效工程，做好此项工作也有着未雨绸缪、不可估量的积极意义。正因为如此，我们大力加强青年教师思想政治工作的确是势在必行，我们每一个高校工作人员也承担着不可推卸的责任。做好这项工作，我们任重而道远！

参考文献

[1]兰州大学党委.关于印发《兰州大学关于加强和改进青年教师思想政治工作的若干意见》的通知，2012年6月27日.

[2]沈履平.加强高校青年教师思想政治工作的思考[J].学校党建与思想教育，2007(5).

[3]耿琪，王影.做好高校青年教师的思想政治工作[J].新长征，2010(1).

兰州大学青年教师思想政治状况调研报告

杨建文　常　虹　王　芳　朱珊珊

王兴东　张北辰　法伊莎　王锡周

（杨建文，兰州大学党委宣传部部长，助理研究员；常虹，兰州大学党委宣传部副部长，助理研究员）

摘要：采取问卷调查和召开座谈会方式，对兰州大学青年教师思想政治状况进行调研。调研报告主要调查分析了兰州大学青年教师的生活状况、对热点及时事的关注情况、对本校工作及教育工作评价状况、对学生就业的认知状况以及对网络的使用与态度情况，并在基础数据分析基础上进行了年龄、性别、职务方面的交叉分析。根据上述调查结果，调研报告对兰州大学青年教师思想政治状况及思想政治工作面临的形势进行了分析，提出了加强和改进青年教师思想政治工作的五条建议。

关键词：青年教师　思想政治　调研报告

近日，根据学校党委有关领导的意见，党委宣传部就青年教师思想政治状况进行了调研。调研活动在部分学院党委的支持配合下，采取了召开座谈会与问卷调查的方式进行。其中，于 2 月 18 日至 19 日在历史文化学院、新闻与传播学院、文学院、资源环境学院、物理科学与技术学院、公共卫生学院、生命科学学院召开教师座谈会，并开展不记名问卷调查。另又在外国语学院、管理学院、核学院、政治与行政学院、大气科学学院、信息科学与工程学院、化学化工学院开展不记名问卷调查。座谈中，7 个学院的 73 名教职工(其中专任教师 67 名)做了发言。问卷调查中，共发出问卷 145 份，收回有效问卷 145 份。问卷调查虽然没有严格随机抽样，样本分布有一定偏差，但总体上能够反映教师队伍特别是青年教师的基本思想政治状况，对于了解掌握青年教师的思想动态具有重要的参考价值。在此基础上，党委宣传部对我校青年教师队伍的思想政治状况和思想政治工作面临的形势进行了简要的分析，同时提出了加强和改进青年教师思想政治工作的几点建议。

第一部分 我校青年教师思想政治状况调查问卷统计结果

一、问卷调研基本情况

本次调查总共有145名教职工参加,绝大多数为专任教师。

(一)年龄分布情况

如图1.1所示,本次调查对象以中青年教师为主。

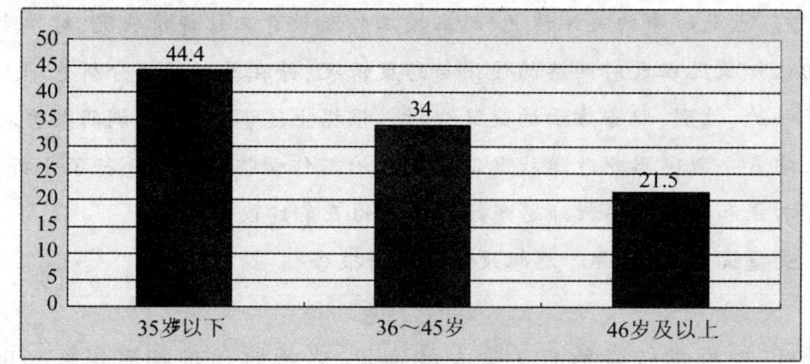

图1.1 样本年龄分布情况

(二)性别分布情况

如图1.2数据所示,本次调查对象男性占72.4%,女性占27.6%。

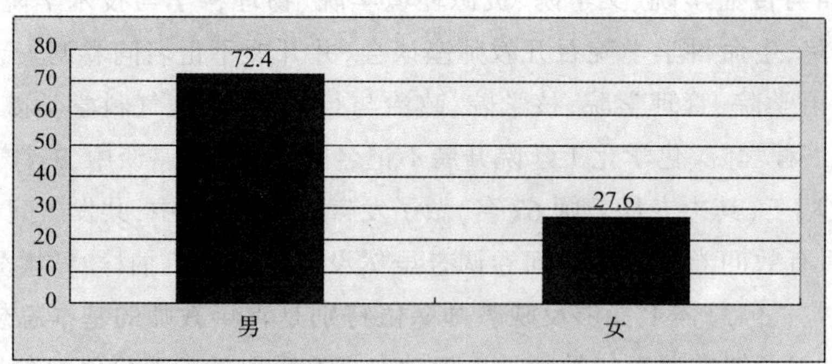

图1.2 样本性别分布情况

(三)民族分布情况

如图1.3所示,汉族占样本的94.5%,少数民族占5.5%,其中有1名藏族、5名回族、1名土家族和1名壮族。

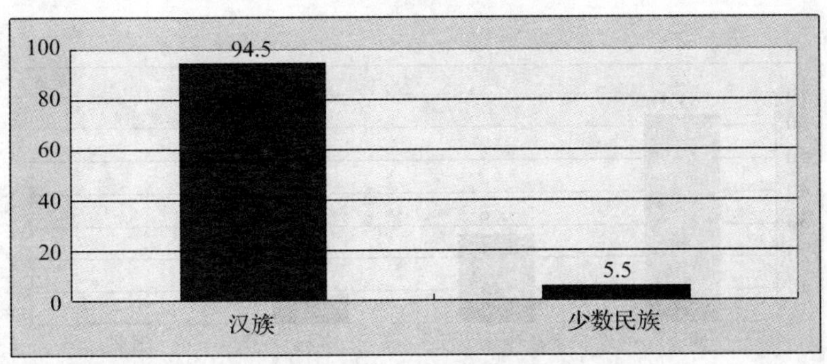

图 1.3　样本民族分布情况

(四)专业技术职务分布情况

如图 1.4 所示，在专业技术职务的调查分析中，“中级”所占比率最高，为 43.8%；其次为“副高级”和“正高级”，分别占 34.7%和 18.8%，初级职称和无职称的教师非常少。

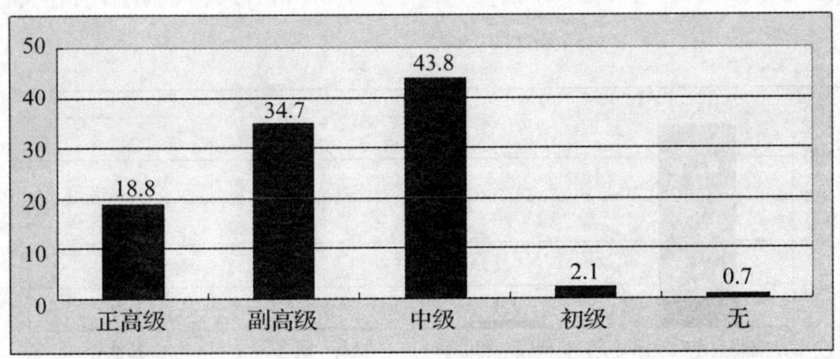

图 1.4　样本专业技术职务分布情况

(五)政治面貌分布情况

如图 1.5 所示，“中共党员”所占比率最高，为 74.5%；其次是“群众”，占 20%。“民主党派成员”和“共青团员”比例较低。

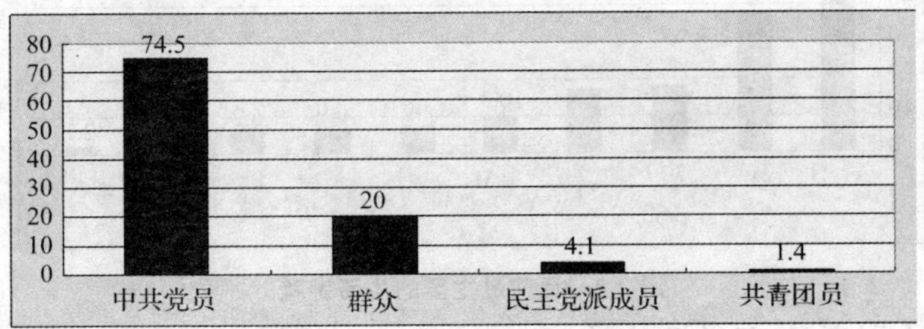

图 1.5　样本政治面貌分布情况

(六)学历分布情况

如图 1.6 所示，在被调查的教师中，博士学历所占比率最高，达到

63.4%。

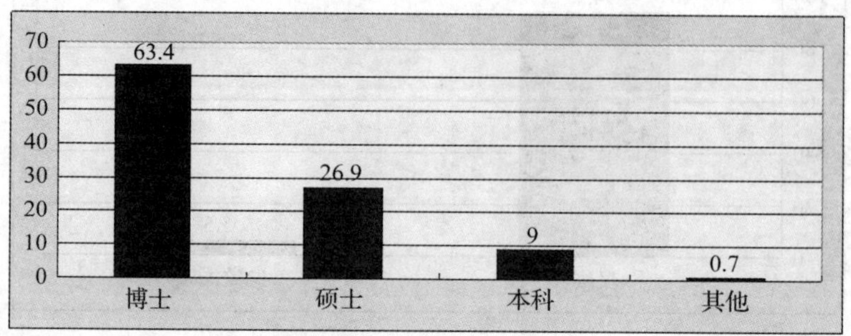

图 1.6 样本学历分布情况

二、调研结果基本分析

(一)教师生活状况分析

1.收入主要来自于工资与津贴

如图 2.1 所示,兰州大学教工收入主要来自工资与津贴,此项比例在 95.2%。

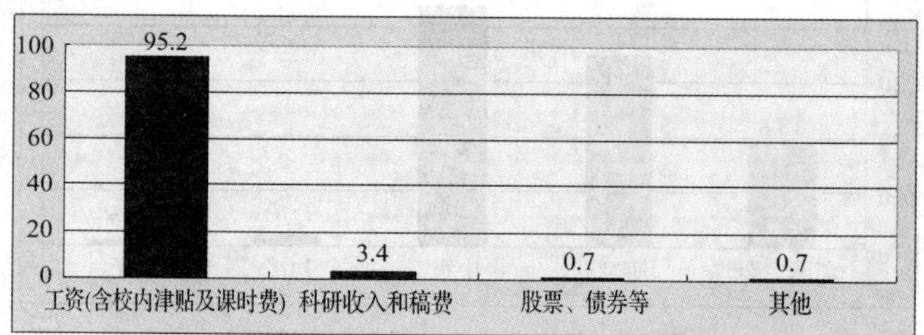

图 2.1 2011 年主要收入来源

2.工作压力和住房是最主要的生活困扰

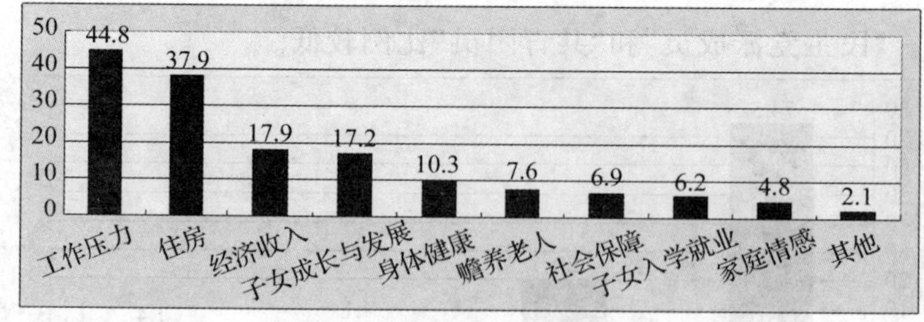

图 2.2 目前最主要的生活困扰

如上图所示,目前我校教师最主要的生活困扰首先为“工作压力”,其次为“住房”,所占比率分别为 44.8%和 37.9%;“经济收入”、“子女成长与发展”和“身体健康”所占比例也在 10%以上。

3.对目前工作的满意程度较高

如图 2.3 所示，我校大部分教师对目前工作表示“比较满意”的占 62.8%,整体满意度为 71.1%。

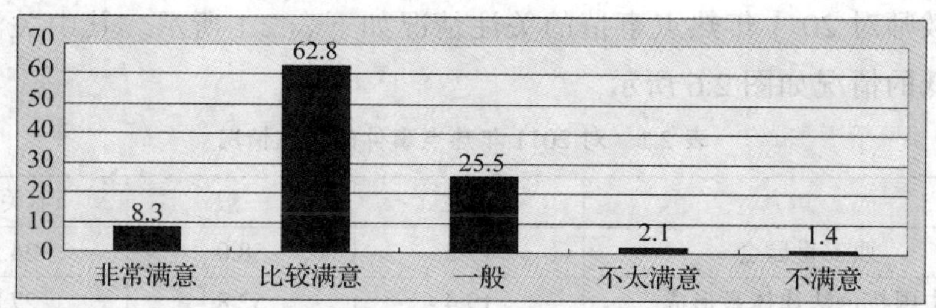

图 2.3 对目前工作的满意程度

4.在工作方面最主要的困扰是教学科研经费不足及工作负担太重、考核机制不合理(如图 2.4 数据所示)。有 29.7%的教师认为目前工作面临的最主要困扰是“教学科研经费不足”,其次依次是“工作负担太重”、“考核机制不合理”和“专业技术职务晋升困难”，这三项分别占 28.3%、27.6%和 21.4%。

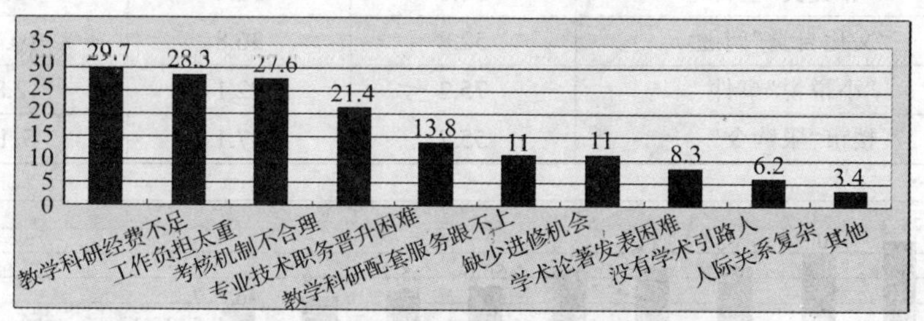

图 2.4 在工作方面面临的最主要困扰

5.注重锻炼,但大部分时间不足 2 小时

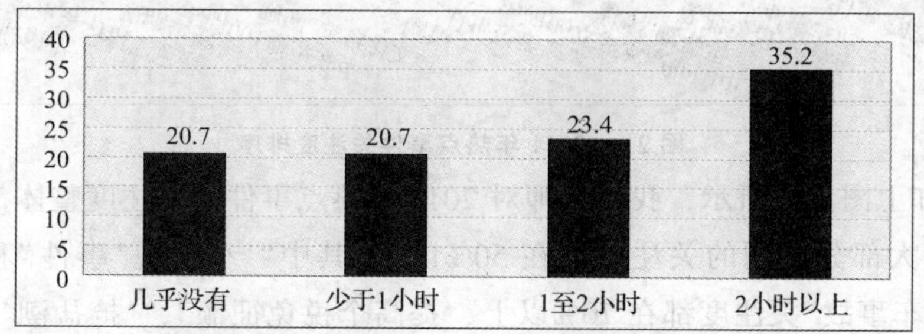

图 2.5 每周用于身体锻炼时间的调查

如图 2.5 所示，每周锻炼时间在 2 小时以上者所占的百分比较高,为 35.2%;20.7%的人选择了“几乎没有”;其他人则选择锻炼时间在“1 至 2 小

时”及“少于 1 小时”之间,因此大部分教师每周锻炼时间不足 2 小时。

(二)对热点及时事的关注情况

1.对 2011 年热点事件的关注情况

教师对 2011 年热点事情的关注情况如下表 2.1 所示。其中关注度由高到低的情况如图 2.6 所示。

表 2.1 对 2011 年热点事件的关注情况

	关注	一般	不关注
西安世园会	17.5	58.0	24.5
中国特色法律体系形成	19.4	52.8	27.8
中国共产党成立 90 周年	64.1	26.2	9.7
辛亥革命 100 周年	46.2	45.5	8.3
“抢盐潮”事件	64.6	29.9	5.6
新婚姻法	35.4	47.2	17.4
提高个税免征额	64.8	31.0	4.1
“7·23”动车事故	70.3	24.1	5.5
“郭美美”事件	56.6	32.4	11.0
“文化自觉”问题	52.8	36.8	10.4
“小悦悦”事件	75.2	22.1	2.8
楼市“限购令”	55.7	37.1	7.1

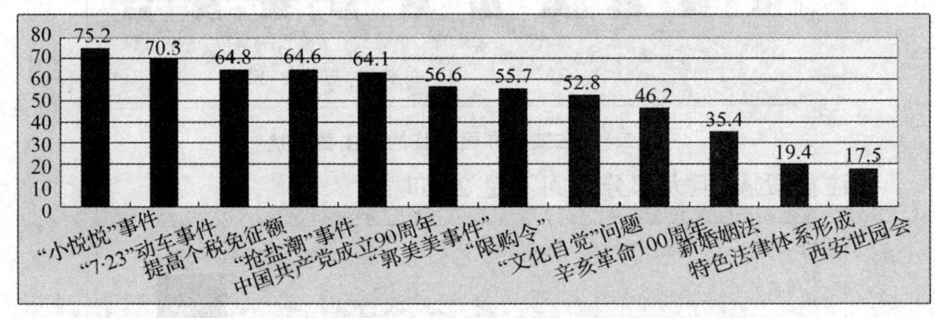

图 2.6 2011 年热点事件关注度排序

如上图和表所示，我校教师对 2011 年热点事件的关注度整体都比较高,绝大部分问题的关注度都在 50%以上,其中“‘小悦悦’事件”和“‘7·23’动车事故”关注度都在 70%以上,“提高个税免征额”、“‘抢盐潮’事件”和“中国共产党成立 90 周年”,关注比例在 60%以上。

2.对我国政治路线等重大问题的认同程度

我校教师对相关改革与政治路线认同程度由高到低排列顺序如表

2.2 所示。以上观点的认同度最高的为“我国必须坚持改革开放不动摇，而不能走回头路”，占 97.2%；其次为“中国共产党是中国特色社会主义事业的领导核心”、“汉族离不开少数民族，少数民族离不开汉族，各少数民族之间也相互离不开”和“科学发展观是发展中国特色社会主义必须坚持和贯彻的重大战略思想”，所占比例都在 90%以上。

表 2.2　对所列观点的认同程度

观点	态度		
	同意	不同意	说不清
我国必须坚持改革开放不动摇，而不能走回头路	97.2	0	2.8
中国共产党是中国特色社会主义事业的领导核心	92.4	2.8	4.9
汉族离不开少数民族，少数民族离不开汉族，各少数民族之间也相互离不开	91.0	3.4	5.5
科学发展观是发展中国特色社会主义必须坚持和贯彻的重大战略思想	90.3	0.7	9.0
中国特色社会主义理论体系是马克思主义中国化的最新成果	86.2	2.8	11.0
中国共产党有能力把自身建设好	81.9	2.8	15.3
我国必须坚持公有制为主体、多种所有制经济共同发展的基本经济制度，而不能搞私有制和单一公有制	81.4	4.1	14.5
只有社会主义才能救中国，只有中国特色社会主义才能发展中国，而不能搞民主社会主义和资本主义	80.7	6.2	13.1
我国必须坚持中国共产党领导的多党合作和政治协商制度，而不能搞西方的多党制	80.7	2.8	16.6
必须坚持马克思主义在我国意识形态领域的指导地位，而不能搞指导思想的多元化	80.0	8.3	11.7
我国必须坚持人民代表大会制度，而不能搞“三权分立”	77.9	6.2	15.9

3.对我国未来发展趋势的判断

表 2.3　对我国未来发展趋势的判断

	非常乐观	比较乐观	不乐观
中国特色社会主义事业进一步发展，综合国力增强，国际地位提高	47.6	48.3	4.1
党的执政能力进一步加强	46.2	42.1	11.7
人民生活水平稳步提高	46.2	45.5	8.3
自主创新能力不断提高	40.7	41.4	17.9
21 世纪头 20 年中国能够实现全面建设小康社会的目标	35.9	49.0	15.2
我国能够实现经济持续较快平稳增长	34.5	57.9	7.6

续表 2.3

	非常乐观	比较乐观	不乐观
我国可以通过和平方式解决台湾问题	28.3	50.3	21.4
公民道德水平不断提高	27.6	39.3	33.1
社会和谐程度提高	25.7	46.5	27.8
国家周边安全环境改善	18.6	51.0	30.3

如表 2.3 所示,我校教师对“中国特色社会主义事业进一步发展,综合国力增强,国际地位提高”、“党的执政能力进一步加强”和“人民生活水平稳步提高”这三项表示“非常乐观”的比例较高,分别为 47.6%、46.2%和 46.2%。而表示“不乐观”比例最高的是“公民道德水平不断提高”和“周家周边安全环境改善”,占比率分别为 33.1%和 30.3%,对“社会和谐程度提高”表示“不乐观”的比例也较高,为 27.8%。

4.对影响我国社会稳定的最主要因素的认知

如图 2.7 中数据所示,我校教师认为目前影响我国社会稳定最主要因素是“腐败问题”和“区域发展不平衡,个人收入差距扩大”,所占比率分别为 62.8%和 51.7%。认为“敌对势力意识形态渗透”和“邪教组织活动”带来的影响最小,仅占 3.4%和 0.7%。

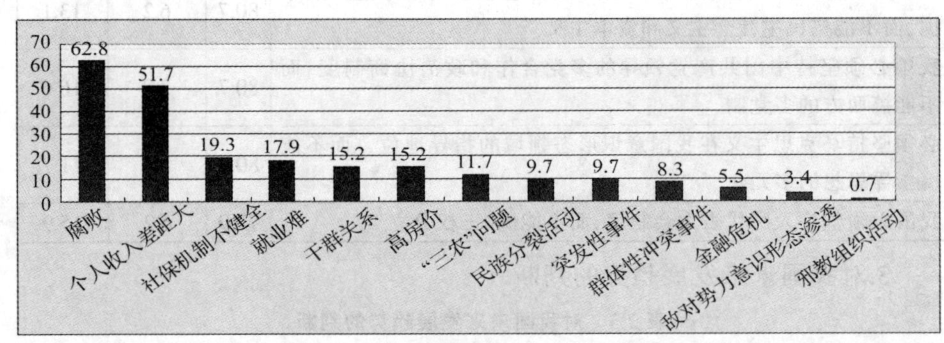

图 2.7 影响我国社会稳定的最主要因素

(三)对本校工作评价及教育工作评价

1.对影响高校发展的最重要因素的分析

如图 2.8 所示,在诸多因素中,所占比重处于前三位的是领导决策能力、国家对学校的投入和教师队伍的整体素质,选择百分比都在 30%左右;其次是学校的发展定位和学校的管理制度,所占百分比分别为 24.8%和 22.1%;大学文化和精神、学校管理人员素质也占了一定的百分比,为 18.6%;其他方面所占的比重较低。

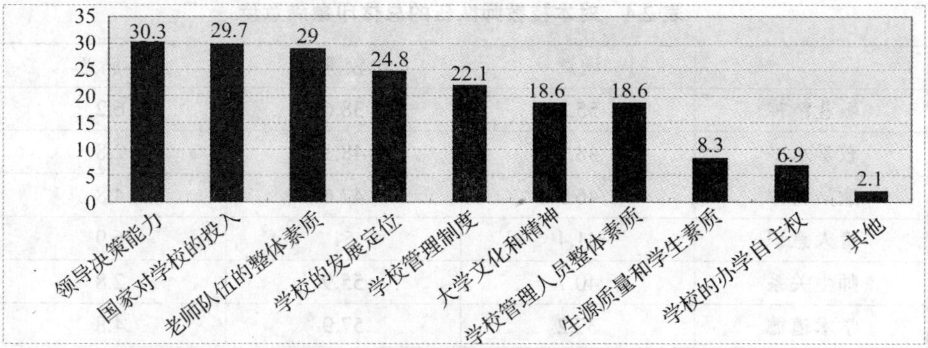

图 2.8　影响高校发展的最主要因素

2.师德建设中最重要的因素分析

如图 2.9 所示，在诸多因素中，认为师德建设中“营造良好氛围”最重要的比例最高，为 43.4%；其次是“提倡自我修养”、“学校高度重视”，所占比例分别为 31.7%，23.4%；其他的因素如“制定师德规范”、“强化考评监督”、“表彰师德先进”等亦有一定比例。

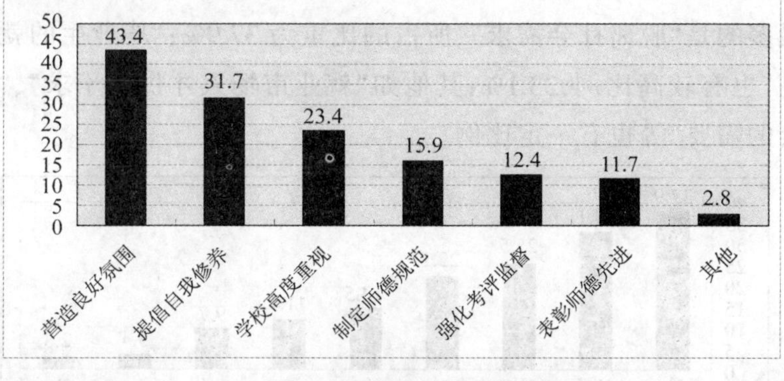

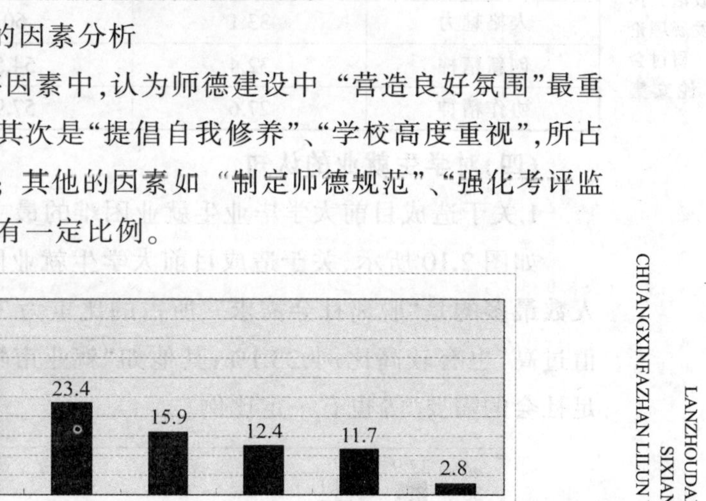

图 2.9　师德建设中最重要的因素

3.对本校教师队伍的总体印象的调查

如表 2.4 所示，在对本校教师队伍满意度的调查中，排在前三的是敬业精神、教学水平、廉洁自律，他们选择的百分比依次是 55.2%、48.2%和 46.9%；评价最低是创新精神和协作精神，不满意的比例最高，分别为 12.4%和 13.8%。

表 2.4　对本校教师队伍的总体印象满意度

	满意	比较满意	不满意
敬业精神	55.2	38.6	6.2
教学水平	48.3	48.3	2.8
廉洁自律	46.9	47.6	4.8
育人意识	41.4	51	6.9
师生关系	40.7	55.9	2.8
学术道德	37.2	57.9	4.8
学术水平	36.6	59.3	4.1
人格魅力	33.1	60	6.9
创新精神	32.4	54.5	12.4
协作精神	27.6	57.9	13.8

(四)对学生就业的认知

1.关于造成目前大学毕业生就业困难的最主要原因的分析

如图 2.10 所示,关于造成目前大学生就业困难的最主要的原因,选择人数最多的是“脱离社会需求”,所占的比重为 37.9%;“毕业生的就业期望值过高”也有较高比例,33.1%;其他如“就业市场人才供大于求”、“不能满足社会的需要”等也有一定比例。

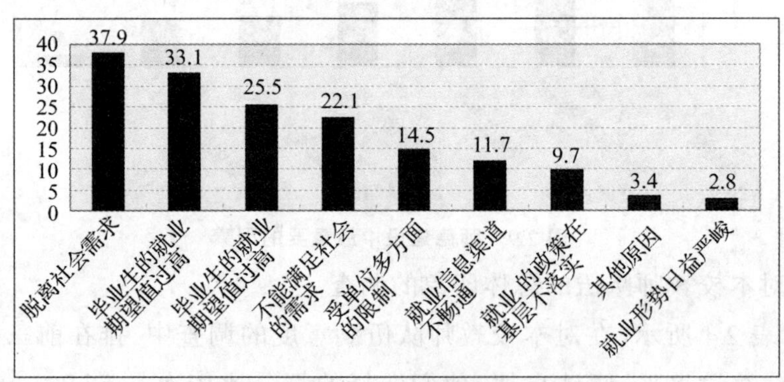

图 2.10　造成目前大学生就业苦难的最主要原因

2.关于为了更好地帮助大学生就业,教师最应该做什么

如图 2.11 所示,关于如何帮助大学生就业,教师应该做些什么,处于前三位的是“提高教学质量,强化实践环节,提升就业能力”、“教育引导学生转变就业观念”以及“适应市场需求,更新教学内容”,因此今后需要从这些方面入手,帮助大学生就业。

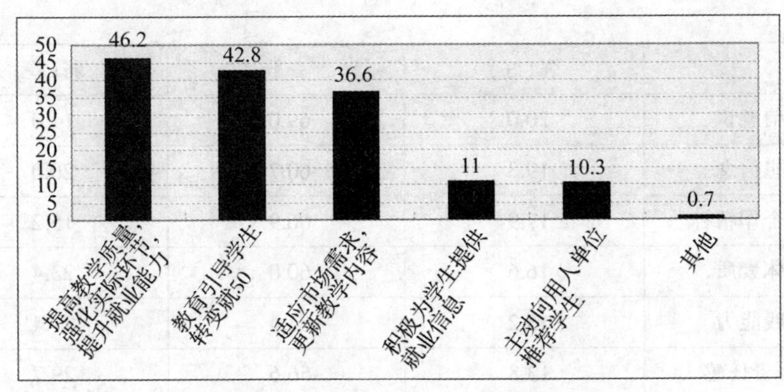

图 2.11 关于如何帮助大学生就业

3.关于学校最应在哪方面对学生进行培养的分析

如图 2.12 所示，在学校最应在哪方面对学生进行培养的分析中，选择前三项的是“学习、科研能力”、“实践能力”、“社会责任感”，选择比例在35%左右；“创新、创业能力”、“心理调适能力”也被认为很重要，所占比例分别为 29.7%、22.1%；其他如“思想道德素质”、“人际交往能力”也有所提及。

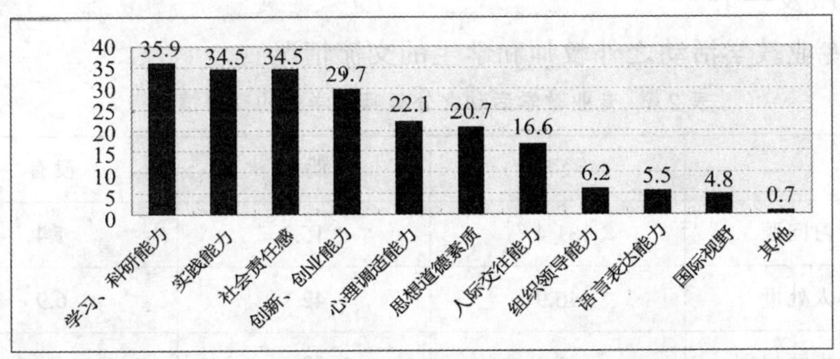

图 2.12 关于学校最应在哪方面对学生进行培养

4.关于对大学生的评价

表 2.5 对大学生的评价

	强(好)	一般	弱(差)
爱国热情	41.4	49.0	9.7
维权意识	40.0	49.0	11.0
人际交往能力	25.5	64.1	10.3
法制和纪律观念	22.8	64.1	13.1
创新精神	22.1	62.8	15.2
文明素养	21.4	68.3	10.3

续表 2.5

	强(好)	一般	弱(差)
诚信意识	20.0	69.0	11.0
理想信念	19.3	60.7	20.0
团队合作精神	17.9	66.9	15.2
身体素质	16.6	60.0	23.4
实践能力	15.2	63.4	21.4
社会责任感	13.8	56.6	29.7
吃苦耐劳精神	12.4	39.3	48.3
集体观念	11.0	69.7	18.6
奉献精神	7.6	57.2	35.2
心理素质	6.2	64.1	29.7

如表 2.5 所示,在对大学生的评价中,所有选项都不是很高,其中比例最高的为“爱国热情”和“维权意识”,分别为 41.4%和 40.0%;其他选择则都在 20%及一下。

5.专业教学活动之外教师和学生的交流情况

表 2.6　专业教学活动之外教师和学生的交流情况

	经常	偶尔	没有
学习问题	81.4	15.2	1.4
为人处世	46.9	42.1	6.9
职业生涯规划	41.4	53.1	4.1
个人生活问题	32.4	51	5.2
业余爱好	29.7	55.9	12.4
入党问题	18.6	41.4	37.2
国际国内形势	17.2	59.3	22.1

如表 2.6 所示,在专业教学活动之外,教师和学生的交流最多的还是“学习问题”,所占比例为 81,4%,其次是“为人处世”和“职业生涯规划”的交流,比例为 46.9%和 41.4%,其他方面也均有涉及。

(五)关于网络的使用及相关看法

1.绝大部分人利用手机上网

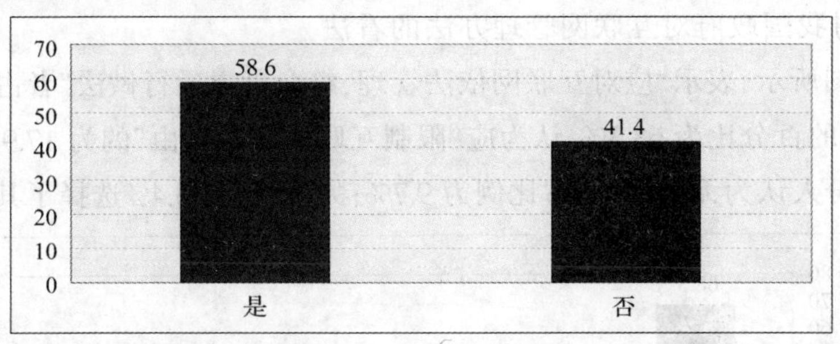

图 2.13 是否用手机上网

如上图所示,多数教师表示使用手机上网,选择使用手机上网所占的百分比为 58.6%,不使用手机上网的为 41.4%。

2.上网最主要的目的是了解新闻

如图 2.14 所示,关于上网的主要目的,选择最多的依次是"了解新闻","学习、查阅资料"和"收发邮件",所占的百分比依次是 58.6%、49.7%、30.3%,其他方面用途则较少。

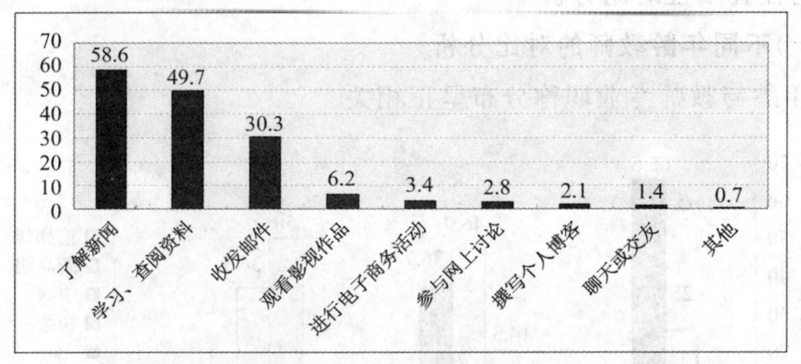

图 2.14 上网的主要目的

3.经常参加网上热点问题讨论的人员较少

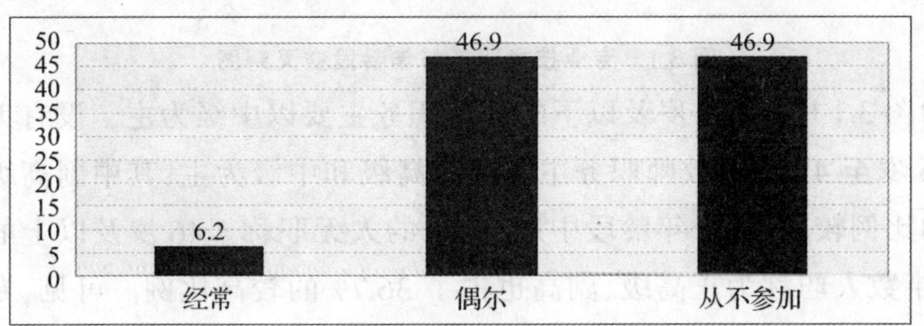

图 2.15 是否参加网上热点问题的讨论

图中数据表明，从不参加和偶尔参加网上热点问题讨论的教师所占的比例相等,均为46.9%。经常参加者所占的比例最小,为6.2%。

4.对我国政府对互联网管理办法的看法

如图所示,表示“应对互联网依法管理,符合世界通行做法”者占绝大多数,所占的百分比为68.3%。认为应“限制互联网信息自由”的为17.9%,还有一小部分人认为无所谓,所占比例为9.7%;另外,还有3.4%选择了其他。

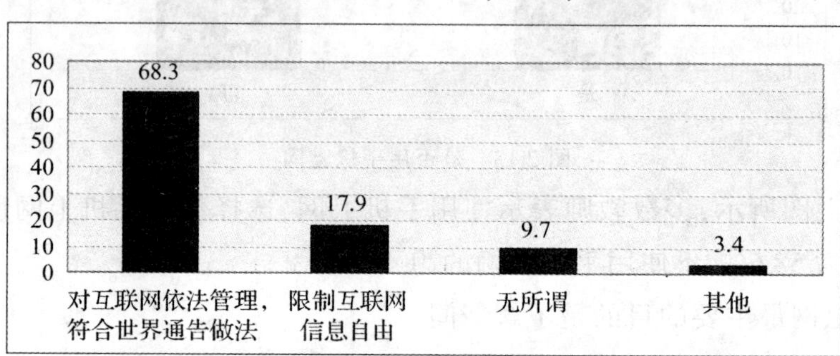

图 2.16 对我国政府对互联网管理的看法

三、不同社会属性对比分析

(一)不同年龄教师的对比分析

1.年龄与教师专业职称分布呈正相关

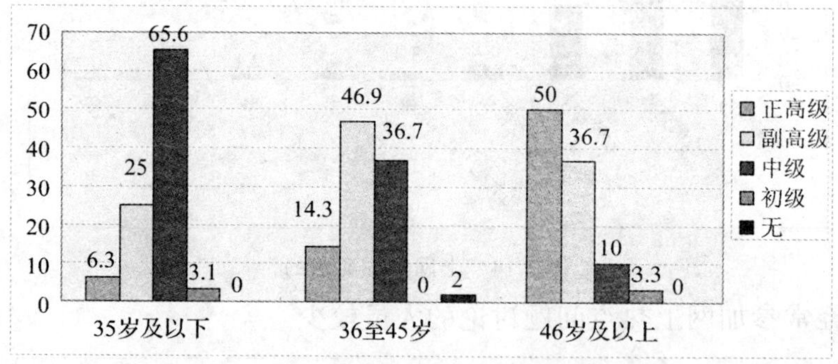

图 3.1 专业技术职务与年龄段交叉制图

如图3.1所示,35岁及以下的教师职务主要以中级为主，没有无职称者。36岁至45岁的教师职务主要以副高级和中级为主,其中副高级职称所占的比例较高,这个年龄段中还有2%的人无职称。46岁及以上的教师中,有半数人职称为正高级,副高也占了36.7%的较高比例。可见,专业技术职务的高低与年龄呈正相关。

1.不同年龄段目前主要的生活困扰有所不同

表 3.1 目前主要的生活困扰与年龄段交叉制表

目前主要的生活困扰	年龄段		
	35 岁及以下	36 至 45 岁	46 岁及以上
经济收入	21.9	22.4	3.2
住房	57.8	30.6	9.7
社会保障	4.7	8.2	9.7
家庭情感	6.3	6.1	0
身体健康	6.3	10.2	19.4
工作压力	31.3	57.1	51.6
子女入学就业	1.6	10.2	9.7
子女成长与发展	3.1	26.5	32.3
赡养老人	4.7	10.2	9.7
其他	1.6	2	3.2

如表 3.1 中数据可以看出,不同年龄段目前主要的生活困扰呈现几个趋势:45 岁以下受经济困扰较多,46 岁及以上受此影响较小;年龄越小,住房压力越大;36 岁及以上的教师工作压力大于 36 岁以下的;随年龄增加,受健康问题的困扰的人增多;年龄越大,受子女成长与发展困扰的越多。其他方面则差异不是太大。

3.对 2011 年热点事件的关注度与年龄交叉分析

表 3.2 对 2011 年热点事件的关注度与年龄交叉制表

事件	35 岁及以下	36 至 45 岁	45 岁及以上
西安世园会	21.9	4.1	30
特色法律体系形成	20.3	12.2	29
中国共产党成立 90 周年	65.6	57.1	71
辛亥革命 100 周年	45.3	46.9	45.2
“抢盐潮”事件	73.4	63.3	48.4
新婚姻法	42.2	49	54.8
提高个税免征额	75	61.2	48.4
“7·23”动车事故	68.8	75.5	64.5
“郭美美”事件	53.1	65.3	48.4
“文化自觉”问题	48.4	53.1	61.3
“小悦悦”事件	75	75.5	74.2
楼市“限购令”	71	46.8	38.7

表 3.2 数据结果表明：兰州大学各年龄阶段的教师对 2011 年发生的热点事件在关注度高低整体呈相同趋势，但有几方面呈现出与年龄的相关性。“‘抢盐潮’事件”、“提高个税免征额”与“楼市‘限够令’”随年龄增加关注度降低；“‘文化自觉’问题”和“新婚姻法”问题随年龄增加关注度增加；对“郭美美”事件 36 至 45 岁关注度最高。

4.政治取向与年龄交叉分析

由表 3.3 可以看出，政治取向与年龄相关性较弱，整体上各类观点具有较高的一致性，仅有两点表现出与年龄的相关性，一是“必须坚持马克思主义在我国意识形态领域的指导地位，而不能搞指导思想的多元化”随年龄增加，同意的比例越高；二是“中国共产党是中国特色社会主义事业的领导核心”也随年龄增加，同意的比例增加，但差别不是很大。其他方面不具有明显差异。

表 3.3　同意以下政治取向与年龄交叉制表

观点	35 岁及以下	36 至 45 岁	46 岁及以上
必须坚持马克思主义在我国意识形态领域的指导地位，而不能搞指导思想的多元化	75	81.6	90.3
中国特色社会主义理论体系是马克思主义中国化的最新成果	85.9	89.8	83.9
只有社会主义才能救中国，只有中国特色社会主义才能发展中国，而不能搞民主社会主义和资本主义	81.3	77.6	87.1
我国必须坚持人民代表大会制度，而不能搞“三权分立”	78.1	75.5	80.6
我国必须坚持公有制为主体、多种所有制经济共同发展的基本经济制度，而不能搞私有制和单一公有制	85.9	75.5	83.9
我国必须坚持中国共产党领导的多党合作和政治协商制度，而不能搞西方的多党制	82.8	77.6	83.9
我国必须坚持改革开放不动摇，而不能走回头路	98.4	93.9	100
科学发展观是发展中国特色社会主义必须坚持和贯彻的重大战略思想	90.6	87.8	93.5
中国共产党是中国特色社会主义事业的领导核心	89.1	93.9	96.7
中国共产党有能力把自身建设好	84.4	77.1	83.9
汉族离不开少数民族，少数民族离不开汉族，各少数民族之间也相互离不开	90.6	91.8	90.3

5.对我国发展趋势判断与年龄交叉分析

表3.4对我国社会发展趋势"非常乐观"态度与年龄交叉分析可以发现,随着年龄的增加,对各个方面的发展趋势的"非常乐观"的比例随之减小。

表3.4 对我国发展趋势"非常乐观"的判断与年龄交叉制表

趋势	年龄段		
	35岁及以下	36至45岁	45岁及以上
中国特色社会主义事业进一步发展,综合国力增强,国际地位提高	56.3	40.8	41.9
我国能够实现经济持续较快平稳增长	43.8	32.7	19.4
党的执政能力进一步加强	48.4	53.1	29
人民生活水平稳步提高	53.1	49	29
公民道德水平不断提高	31.3	28.6	16.1
社会和谐程度提高	31.7	28.6	9.7
自主创新能力不断提高	50	38.8	25.8
国家周边安全环境改善	25	16.3	9.7
21世纪头20年中国能够实现全面建设小康社会的目标	42.2	34.7	25.8
我国可以通过和平方式解决台湾问题	32.8	28.6	19.4

6.影响学校发展的因素与年龄交叉分析

如表3.5所示,45岁以下较46岁及以上更看重"国家对学校的投入";36岁及以上较35岁及以下更看重"学校发展定位";36至45岁较35岁及以下和46岁及以上更看重 "学校领导班子决策能力"、"教师队伍整体素质"、"大学文化和大学精神"及"学校管理人员整体素质";35岁及以下较36岁及以上更看重"生活质量和学生素质"。

表3.5 影响学校发展的因素与年龄交叉制表

因素	年龄段		
	35岁及以下	36至45岁	46岁及以上
国家对学校的投入	29.7	34.7	22.6
学校发展定位	18.8	28.6	29
学校领导班子决策能力	26.6	38.8	22.6
教师队伍整体素质	26.6	42.9	9.7
学校管理制度	28.1	14.3	22.6
大学文化和大学精神	14.1	24.5	19.4

续表 3.5

因素	年龄段		
	35 岁及以下	36 至 45 岁	46 岁及以上
生活质量和学生素质	14.1	4.1	3.2
学校的办学自主权	1.6	12.2	9.7
学校管理人员整体素质	17.2	24.5	9.7
其他	1.6	0	6.5

7.师德建设工作最重要的方面与年龄交叉分析

由表 3.6 可以看出,36 至 45 岁认为师德建设需"学校高度重视"较其他年龄段高;36 岁及以上的认为师德建设需"制定师德规范"较 35 岁及以下比例高;35 岁及以下认为师德建设需"提高自我修养"比例较高。

表 3.6 师德建设工作最重要的方面与年龄交叉制表

选项	年龄段		
	35 岁及以下	36 至 45 岁	46 岁及以上
学校高度重视	16.1	34.7	20
制定师德规范	8.1	22.4	23.3
强化考评监督	11.3	14.3	13.3
表彰师德先进	16.1	6.1	13.3
提倡自我修养	41.9	24.5	23.3
营造良好氛围	40.3	51	43.3

8.对本校教师队伍的总体印象与年龄交叉分析

由表 3.7 可以看出,随着年龄增加,教师对我校教师队伍的各项指标的"满意" 度比例随之下降。

表 3.7 对本校教师队伍"满意"度与年龄交叉制表

项目	年龄段		
	35 岁及以下	36 至 45 岁	46 岁及以上
教学水平	62.5	44.9	26.7
学术水平	53.1	24.5	19.4
学术道德	50	28.6	25.8
人格魅力	43.8	24.5	25.8
敬业精神	64.1	53.1	41.9
创新精神	39.1	29.2	22.6
协作精神	32.8	27.1	19.4
育人意识	60.9	31.3	19.4
师生关系	54.7	37.5	19.4
廉洁自律	56.3	45.8	32.3

9.每周锻炼时间与年龄交叉分析

由图 3.2 可以看出，随着年龄的增加，几乎不锻炼的比例略有下降，但锻炼 2 小时以上的比例有较大幅度增加。

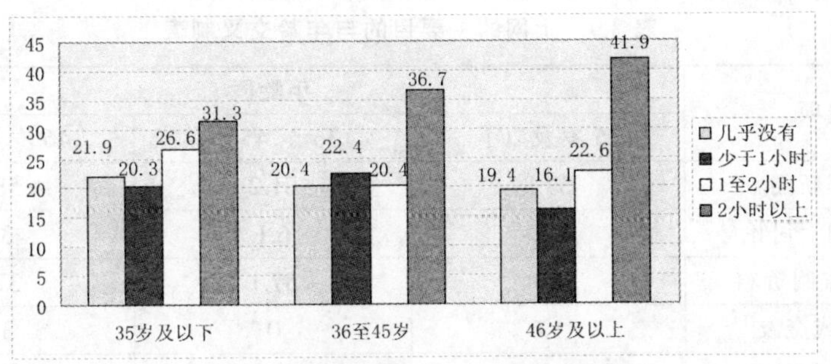

3.2 每周锻炼时间与年龄交叉制图

10.教学活动以外和学生交流情况与年龄交叉分析

表 3.8 教学活动以外和学生经常交流与年龄交叉制表

项目	年龄段		
	35 岁及以下	36 至 45 岁	46 岁及以上
入党问题	20.6	12.2	27.6
职业生涯规划	46	32.7	46.7
个人生活问题	39.1	24.5	34.5
国内国际形势	17.5	12.2	26.7
业余爱好	39.1	20.8	24.1
为人处世	48.4	49	50
学习问题	88.9	79.6	75.9

如表 3.8 中数据所示，从“入党问题”、“职业生涯规划”、“个人生活问题”、“国内国际形势”、“业余爱好” 方面经常与学生进行交流的比例来看，在年龄上呈现“两头高、中间低”的现象，即 35 岁及以下的年轻教师和 46 岁及以上的教师比例较高，而 36 至 45 岁比例较低；在“学习问题”上，35 岁以下的年轻教师与学生经常交流的比例更高。

11.是否手机上网与年龄交叉分析

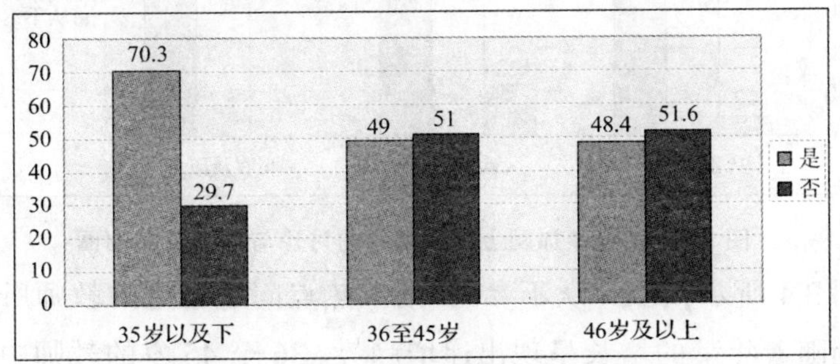

图 3.3 是否手机上网与年龄交叉制图

如图 3.3 所示,是否手机上网与年龄段交叉分析发现,越年轻的教师越倾向于使用手机上网。

12.上网的主要目的与年龄交叉分析

表 3.9 上网的主要目的与年龄交叉制表

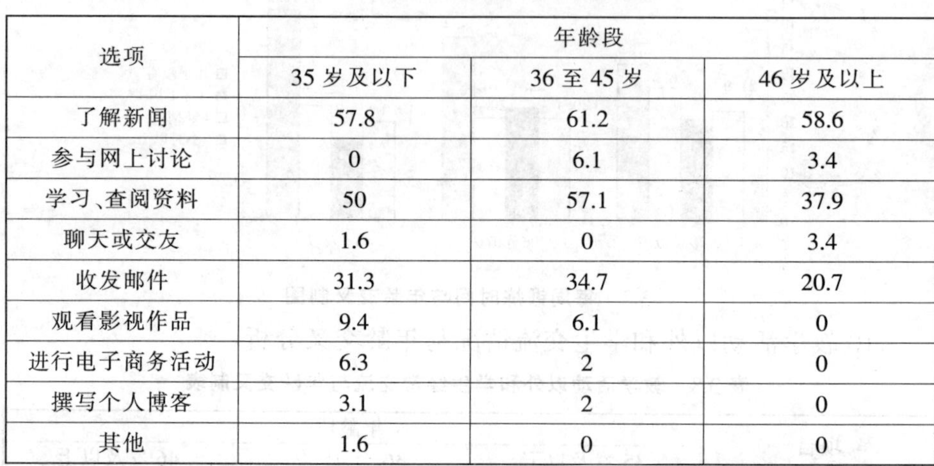

选项	年龄段		
	35 岁及以下	36 至 45 岁	46 岁及以上
了解新闻	57.8	61.2	58.6
参与网上讨论	0	6.1	3.4
学习、查阅资料	50	57.1	37.9
聊天或交友	1.6	0	3.4
收发邮件	31.3	34.7	20.7
观看影视作品	9.4	6.1	0
进行电子商务活动	6.3	2	0
撰写个人博客	3.1	2	0
其他	1.6	0	0

表 3.9 中数据显示,各年龄段教师上网的主要目的是"了解新闻"、"学习、查阅资料"和"收发邮件",这是共性;同时,"学习、查阅资料"、"收发邮件"两项在 45 岁及以下的教师中使用更加频繁。各年龄段教师上网的差异在于:年龄越大的教师,上网所从事的活动越单调。如表 3.9 所示,46 岁及以上的教师没有人选择"撰写个人博客"、"进行电子商务活动"、"观看影视作品"。相反,越年轻的教师上网参与的活动越丰富。

13.是否参加网上热点问题的讨论与年龄交叉分析

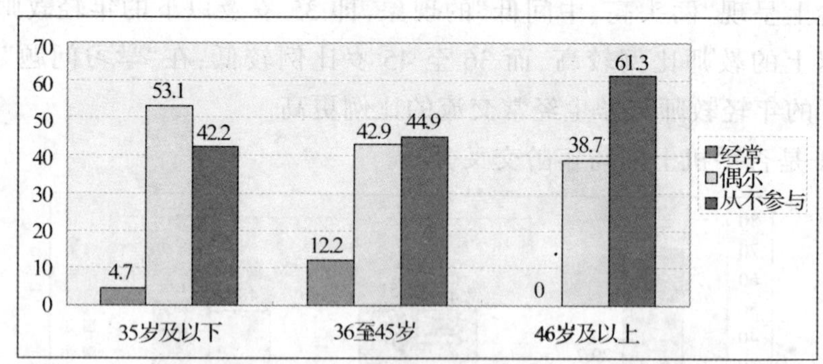

图 3.4 是否参加网上热点问题的讨论与年龄交叉制图

如图 3.4 所示,表示"从不参与"网上热点问题讨论的教师所占各年龄段的比例随着年龄的增长呈现出递增趋势。36 至 45 岁的教师中,表示"经常参与”的教师所占该年龄段的比例，在三个年龄段中最高，为12.2%。表示“偶尔”参与网上热点问题讨论的教师所占的各年龄段比例随着年龄的增长呈现出递减趋势。可见，年轻的教师更倾向于在网上参与热点问题的讨论。

14.对我国政府对互联网管理的看法与年龄交叉

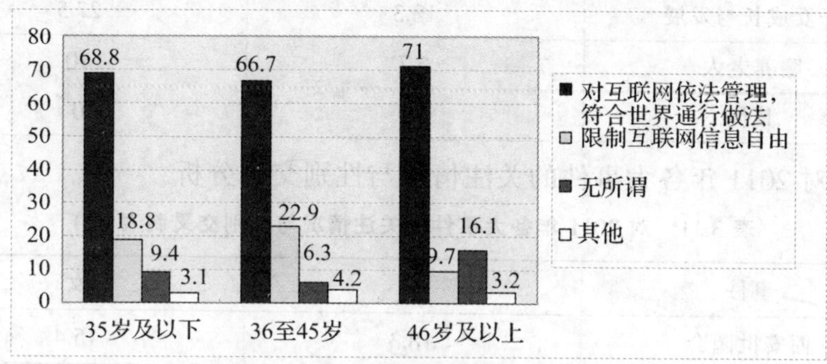

图 3.5　对我国政府对互联网管理的看法与年龄交叉制图

如图3.5所示，各年龄段教师表示“对互联网依法管理，符合世界通行做法”的人数占该年龄段的比例均最高，都在70%左右。三组年龄段中，表示“限制互联网信息自由”，45岁及以下的教师选择比例较46岁及以上比例高。

(二)不同性别教师的对比分析

1.目前最主要的生活困扰与性别交叉分析

将调查对象目前最主要的生活困扰与性别进行交叉分析，所得结果如表3.10所示。从表3.10中我们可以看出，“工作压力”、“住房”对男女调查对象来说都是较大的困扰。

不同的是，“子女成长与发展”、“身体健康”给女性带来的困扰明显高于男性。其余几个因素对两者的困扰程度差距不是很大。

表 3.10　目前最主要的生活困扰与性别交叉制表(%)

生活困扰	性别	
	男	女
经济收入	19	15
住房	37.1	40
社会保障	6.7	7.5
家庭情感	5.7	2.5
身体健康	7.6	17.5

续表 3.10

生活困扰	性别	
	男	女
工作压力	45.7	42.5
子女入学就业	6.7	5
子女成长与发展	13.3	27.5
赡养老人	6.7	10
其他	2.9	0

2.对 2011 年各大事件的关注情况与性别交叉分析

表 3.11 对 2011 年各大事件的关注情况与性别交叉制表(%)

事件	男	女
西安世园会	18.3	15.4
中国特色法律体系的形成	21.9	12.8
中国共产党成立 90 周年	64.8	62.5
辛亥革命 100 周年	50.5	35
“抢盐潮”事件	64.8	64.1
婚姻法修正案	28.6	53.8
个人所得税起征点提高	63.8	67.5
温州动车事故	69.5	72.5
“郭美美”事件	55.2	60
“文化自觉”问题的讨论	57.1	41
“小悦悦”事件	76.2	72.5
楼市“限购令”的推出	55.9	55.3

将调查对象对 2011 年发生的大事件的关注度与其性别进行交叉分析,所得结果如表 3.11 所示。从结果中我们可以看出,男性和女性在大部分事件上都有所关注。其中男性和女性关注的比例相差较大的几个事件是“婚姻法修正案”(女性关注的比例高于男性 25%)、“辛亥革命 100 周年”(男性关注的比例高于女性 15%)、“‘文化自觉’问题的讨论”(男性关注的比例高于女性 15%)、“中国特色法律体系的形成”(男性关注的比例高于女性 10%)。

3.每周用于身体锻炼的时间与性别交叉分析

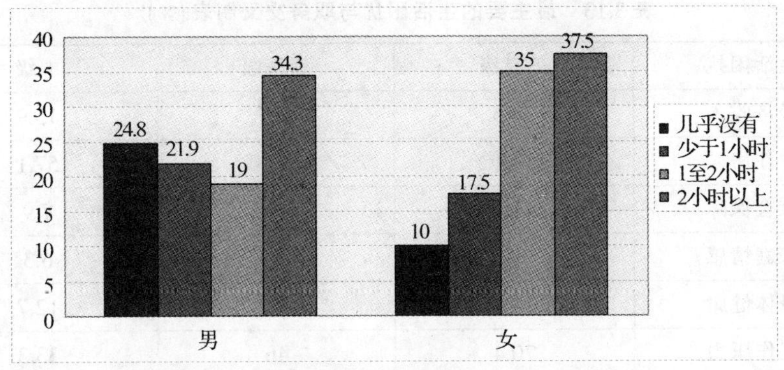

图 3.6 每周用于身体锻炼的时间与性别交叉制图

将调查对象每周用于身体锻炼的时间与其性别进行交叉分析，所得结果如图 3.6 所示。从图中我们可以看出，女性锻炼的时间明显高于男性。

(三)不同职务教师的对比分析

1.2011 年所占比例最高的收入与职务

表 3.12 目前最主要的收入与职务交叉制表(%)

	职务		
	正高级	副高级	中级
工资(含校内津贴及课时费)	96.3	96	93.7
科研收入和稿费	3.7	4	3.2
股票、债券等投资收益	0	0	1.6
其他	0	0	1.6

(注明：由于职务为“初级”和“无”的调查对象人数较少，故做交叉分析时对这样个别调查对象省略不计)

将调查对象目前收入最主要的收入与其职务进行交叉分析，所得结果如表 3.12 所示。从该表中我们可以看出，“工资”在调查对象中所占的比例都是最高的，也就是说对绝大多数人而言 ，工资是其最主要的收入来源。“科研收入和稿费”在职位为“正高级”、“副高级”、“中级”的调查对象收入中也占有一定的比例。此外，“中级”职务的收入来源较为多元。

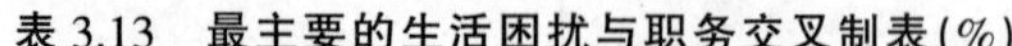

2.最主要的生活困扰与职务交叉分析

表 3.13　最主要的生活困扰与职务交叉制表(%)

生活困扰	正高级	副高级	中级
经济收入	18.5	22	15.9
住房	11.1	30	57.1
社会保障	11.1	4	7.9
家庭情感	0	2	6.3
身体健康	14.8	6	12.7
工作压力	70.4	46	33.3
子女入学就业	7.4	8	4.8
子女成长与发展	22.2	24	7.9
赡养老人	3.7	0	3.2
其他	0	0	0

将调查对象目前最主要的生活困扰与职务进行交叉分析，所得结果如表 3.13 所示。从表中我们可以看出，级别越高，“住房”方面的困扰越少，“工作压力”和“子女成长与发展”的困扰越多。

3.影响学校发展的重要因素与职务交叉分析

将调查对象认为影响学校发展的重要因素与其职务进行交叉分析，所得数据如表 3.14 所示。从数据中我们可以看出，三类不同职务的调查对象中共同认为“学校领导班子的决策能力”、“国家对学校的投入”对学校的发展起着很重要的作用的比例相对于其他因素略高些。此外，“正高级”的调查对象中认为 “领导班子的决策能力”(29.6%)、“大学文化和大学精神”(22.2%)对学校发展具有很重要作用的比例也相比高于其他两类职务的调查对象，而 23.8%的职务为“初级”的调查对象认为“管理人员的素质”对学校的发展很重要，这个比例比其他两类职务的调查对象的比例略高些。

表 3.14　影响学校发展的重要因素与职务交叉制表(%)

影响因素	正高级	副高级	中级
国家对学校的投入	29.6	28	28.6
学校的发展定位	37	26	20.6
学校领导班子的决策能力	29.6	30	33.3

续表 3.14

影响因素	正高级	副高级	中级
教师队伍的素质	22.2	26	33.3
学校管理制度	14.8	22	25.4
大学文化和大学精神	22.2	2	15.9
生源质量和学生素质	3.7	6	11.1
学校的办学自主权	7.4	12	3.2
管理人员的素质	14.8	14	23.8
其他	0	2	3.2

4.对师德建设重要的因素与职务交叉分析

表 3.15 对师德建设重要的因素与职务交叉制表

因素	正高级	副高级	中级
学校高度重视	19.2	24	26.2
制定师德规范	15.4	22	11.5
强化考评监督	11.5	16	8.2
表彰师德先进	7.7	8	16.4
提倡自我修养	34.6	20	39.3
营造良好氛围	42.3	46	44.3
其他	0	4	3.3

将调查对象对众多事关师德建设的因素与其职务进行交叉分析,所得数据如表 3.15 所示。从表中我们可以看出,对职务为“正高级”、“副高级”、“中级”的调查对象而言,其影响因素主要集中在“营造良好氛围”、“提倡自我修养”、“学校高度重视”三个方面。此外,职务为“副高级”的调查对象中认为“制定师德规范”很重要的比例略高于其他两种职务,职务为“中级”的调查对象中认为“表彰师德先进”很重要的比例也略高于其他两种职务。

5.对本校教师队伍的总体印象与职务交叉分析

表 3.16 对本校教师队伍满意状况与职务交叉制表(%)

	正高级	副高级	中级
教学水平	29.6	51	57.1
学术水平	29.6	26	49.2

续表 3.16

	正高级	副高级	中级
学术道德	25.9	34	46
人格魅力	29.6	28	39.7
敬业精神	48.1	46	65.1
创新精神	25.9	26	41.9
协作精神	18.5	24	35.5
育人意识	18.5	32	61.3
师生关系	22.2	32	54.8
廉洁自律	33.3	44	58.1

将调查对象对本校教师队伍的总体印象与其职务进行交叉分析，所得结果如表 3.16 所示。在三类职务中，对教师队伍满意选择比例最高的都是中级职称的教师。

6.每周用于身体锻炼的时间与职务交叉分析

表 3.17　每周用于身体锻炼的时间与职务交叉制表(%)

锻炼时间	职务		
	正高级	副高级	中级
几乎没有	11.1	28	19
少于 1 小时	25.9	14	23.8
1 至 2 小时	25.9	18	25.4
2 小时以上	37	40	31.7

将调查对象用于锻炼的时间与其职务进行交叉分析，所得结果如表 3.17 所示。从表中我们可以看出，三类职务的调查对象中锻炼时间“2 小时以上”的比例最大，而职务为“副高级”的调查对象中“几乎没有”锻炼的人所占的比例在三类职务的调查对象中最高的。

7.对当前大学生各方面的评价与职务交叉分析

从表 3.18 中可以看出，在“爱国热情”、“团队合作精神”、“诚信意识”、“集体观念”和“文明素养”方面，随着职称升高，评价降低。但在“社会责任感”方面，正高级评价最高。

表 3.18　对当前大学生各方面"强/好"的评价与职务交叉制表(%)

	正高级	副高级	中级
爱国热情	33.3	38	46
团队合作精神	7.4	18	19
法治和纪律观念	11.1	24	23.8
心理素质	3.7	10	4.8
维权意识	40.7	38	39.7
人际交往能力	14.8	32	25.4
诚信意识	7.4	16	27
社会责任感	41.8	12	14.3
吃苦耐劳精神	18.5	12	11.1
奉献精神	7.4	8	7.9
集体观念	14.8	20	23.8
文明素养	14.8	20	23.8
理想信念	18.5	20	17.5
创新精神	14.8	24	23.8
实践能力	11.1	18	15.9
身体素质	14.8	20	15.9

8.专业活动之外和学生的交流情况与职务交叉分析

将教师专业活动之外和学生交流的情况与其职务进行交叉分析，所得数据如表 3.19 所示。从表中可以看出，不同职称的教师与学生经常交流的各方面在比例高低上趋于一致，即主要集中在"学习问题"、"为人处世"和"职业生涯规划"。但在"职业生涯规划"方面，随着职称升高，经常与学生交流的教师比例也增加；在"为人处世"和"学习问题"方面，副高级与学生经常交流的比例最低。

表 3.19　专业活动之外和学生经常交流情况与职务交叉制表(%)

	正高级	副高级	中级
入党问题	19.2	16.3	19.7
职业生涯规划	51.9	44.9	35.5
个人生活问题	33.3	30.6	30.6
国际国内形势	18.5	14	18
业余爱好	33.3	22.9	32.3
为人处世	56	40.8	51.7
学习问题	92	78	83.9

(四)不同政治面貌教师的对比分析

1.对下列观点的态度与政治面貌交叉分析

从表 3.20 可以看出,除“汉族和少数民族互相离不开”这项之外,其他各项“党员”表示同意的比例均比“非党员”高。

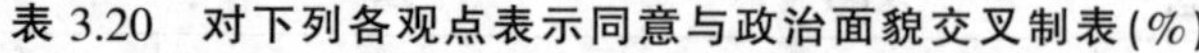

表 3.20　对下列各观点表示同意与政治面貌交叉制表(%)

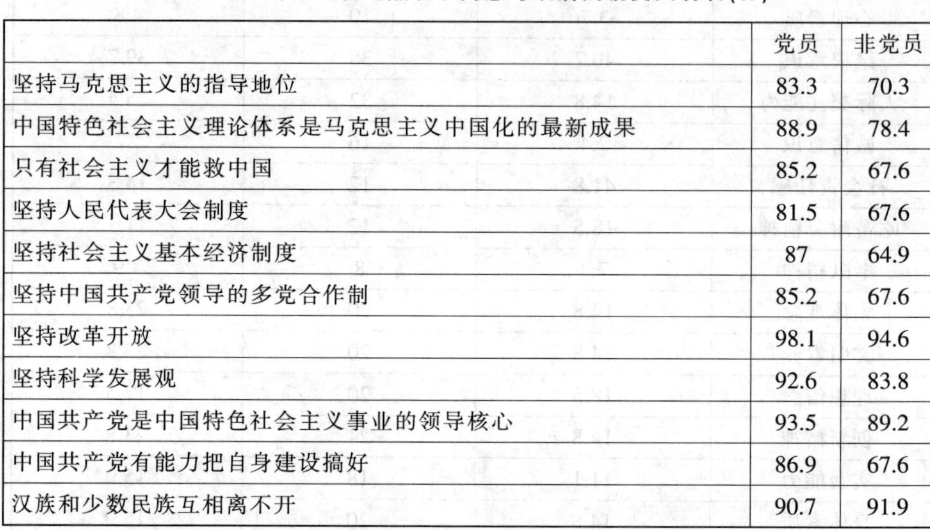

	党员	非党员
坚持马克思主义的指导地位	83.3	70.3
中国特色社会主义理论体系是马克思主义中国化的最新成果	88.9	78.4
只有社会主义才能救中国	85.2	67.6
坚持人民代表大会制度	81.5	67.6
坚持社会主义基本经济制度	87	64.9
坚持中国共产党领导的多党合作制	85.2	67.6
坚持改革开放	98.1	94.6
坚持科学发展观	92.6	83.8
中国共产党是中国特色社会主义事业的领导核心	93.5	89.2
中国共产党有能力把自身建设搞好	86.9	67.6
汉族和少数民族互相离不开	90.7	91.9

2.对我国未来发展趋势的判断与政治面貌交叉分析

将调查对象对我国未来发展趋势表示非常乐观的判断与其政治面貌进行交叉分析,所得结果如表 3.21 所示。从表中可以看出,除“自主创新能力不断提高”这一项,党员和非党员表示非常乐观判断的比例相同,其他各方面都是“党员”比“非党员”表示非常乐观的比例高。

表 3.21　对我国未来发展趋势的乐观判断与政治面貌交叉制表(%)

	党员	非党员
中国特色社会主义事业进一步发展,综合国力增强	51.9	35.1
能够实现经济持续较快平稳增长	39.8	18.9
党的执政能力进一步加强	50.9	32.4
人民生活水平稳步提高	49.1	37.8
公民道德水平不断提高	30.6	18.9
社会和谐程度较高	28.0	18.9
自主创新能力不断提高	29.7	29.7
国家周边安全环境改善	22.2	8.1
21 世纪头 20 年中国能够实现全面建设小康社会的目标	37	32.4
我国可以通过和平方式解决台湾问题	30.6	21.6

第二部分　我校青年教师思想政治状况座谈会整理结果

7个座谈会均以"教师最近关注的事件与关心的问题"为主题切入。从召开座谈会调研的情况看，结果应该说与上述问卷调查反映的状况基本吻合。经过对座谈会发言的整理,座谈会发言大约涉及116个话题。话题类别分布见下表：

教师思想政治状况座谈会话题分布统计表

话题类别	话题统计结果(条)
学校建设与发展	35
国内政治与文化	22
个人现实利益	17
学院建设与个人职业发展	15
国际政治与经济	12
学生成长成才	8
国内经济与民生	7

值得一提的是,许多青年教师一致反映,他们缺乏向学校提出意见和建议的渠道,教代会代表似乎没有听取青年教师的意见,青年教师难于参与学校公共性政策的制定,表达他们的愿望诉求。

第三部分　我校青年教师思想政治状况及思想政治工作形势分析

一、我校青年教师思想政治状况主流积极健康向上

从调研情况看,我校青年教师总体思想政治状况呈现出积极、健康、向上的良好态势。广大青年教师充分认同中国共产党是中国特色社会主义事业的领导核心,拥护党的领导;充分认同我国必须坚持改革开放不动摇,科学发展观是必须坚持和贯彻的重大战略思想,对坚持走中国特色社

会主义道路充满信心；充分认同马克思主义在我国意识形态领域的指导地位,对社会主义核心价值体系认识比较明确;对国内外发生的大事予以积极关注和评价,对我国政治经济发展形势持乐观态度,普遍关注我国高等教育事业的发展,关心学校的建设发展和学生的成长成才。同时,教师们也普遍关注和期待个人的职业发展，大部分教师对本人的工作表示满意或比较满意;期盼社会能够公平和谐发展,期盼住房、收入、物价等一些现实问题得到有效解决。

二、值得学校注意和重视解决的几个问题

从问卷调查的结果和座谈调研的情况看，我校青年教师在思想政治方面还存在一些值得注意的问题。主要有以下五个方面：

一是高度重视一些教师在重大理论问题上存在的模糊认识。少数教师对“必须坚持马克思主义在我国意识形态领域的指导地位,而不能搞指导思想的多元化”、“只有社会主义才能救中国,只有中国特色社会主义才能发展中国,而不能搞民主社会主义和资本主义”、“我国必须坚持人民代表大会制度,而不能搞‘三权分立’”、“我国必须坚持中国共产党领导的多党合作和政治协商制度,而不能搞西方的多党制”、“中国共产党有能力把自身建设好”等重大问题表示“不同意”或“说不清”,而且其中不乏党员教师。

二是充分了解、把握大多数教师对于影响社会稳定因素的认知状况。大多数教师认为“腐败问题”、“个人收入差距大”是“当前影响我国社会稳定的最主要因素”。这既表明教师们对腐败问题和个人收入差距大的高度关注,体现教师们对这些问题与社会稳定之间的关系的认识判断,同时也反映出教师们对腐败问题和个人收入差距大的一种不满，对党和政府解决这些问题给予很高期望。

三是积极借鉴参考教师对学校建设发展的评价状况。学校的建设发展与教师的思想政治状况紧密相关、辩证统一。根据调查,教师们对我校后勤保障与服务、教师考核体系、服务当地经济社会发展方面的意见比较突出,反映了教师们希望进一步着力解决这方面问题的愿望。同时,相当一部分教师认为 “领导决策能力”、“国家对学校的投入”、“教师队伍的整体素质”是影响学校发展的最重要因素,表明教师们对这几个问题有较高

的期待。

四是认真对待教师反映出的工作压力、住房、教学科研经费不足、工作负担太重、考核机制不合理等困扰因素。根据调查,许多教师认为最主要的生活困扰在于工作压力和住房，最主要的工作困扰在于教学科研经费不足、工作负担太重、考核机制不合理。而大部分教师每周用于锻炼身体的时间不足2小时。这些困扰因素无疑会影响教师们主动性、积极性、创造性的发挥。

五是注意听取和解决青年教师的诉求。青年教师是学校可持续发展的重要战略支撑，也是学校办学功能发挥的重要活跃力量。在座谈调研中,年轻教师(大约40岁以下)普遍对住房、职业发展等问题感到压力很大,同时觉得参与学校民主管理、表达愿望诉求的渠道比较缺乏;年轻教师身上多种生活与工作困扰因素集聚耦合，思想状况与社会心理多元多变多样,渴望学校关注和解决他们面临的一些现实问题。

三、全面把握我校青年教师思想政治工作面临的挑战与形势

我校青年教师思想政治工作面临的形势可以从以下四个方面简要分析:

一是国内社会转型给教师思想政治工作带来大量新问题。部分教师注重追求经济效益和眼前利益,职业操守、道德观念淡化,社会心理受到腐败、分配不公等现象的冲击而失衡。有的教师个人欲望膨胀,教师间利益冲突现象时有发生。少数教师由于工作、生活的压力及各种因素的困扰,情绪较为低落,心理忧虑加重,身心感到疲惫。

二是全球化背景下国际交流深化给教师思想政治工作带来新挑战。由于社会主义、资本主义两种社会制度的对比更趋复杂,一些教师理想信念产生模糊动摇。西方思想文化和价值观念不断渗透,不少教师受其影响并产生认同。教师队伍中相当一部分具有海外求学经历,这教师队伍的思想观念更加多元多样。

三是互联网和现代通信技术发展给教师思想政治工作带来新环境。网络成为人们思想交汇、情感碰撞、信息传播、情绪宣泄的新的生活世界,对人们的生活方式、工作方式、思维方式、价值观念产生了极大的影响。网络思想政治工作中信息开放、平等互动、即时交流、技术属性等特征,要求

建立新的教师思想政治工作体系和模式。

四是我校教师思想政治工作本身还存在不少问题，需要采取有力措施加以改进。主要是：思想认识上对教师思想政治工作还不够重视，往往是说起来重要，做起来次要；对教师思想政治工作的领导还不够坚强有力，学校层面分工不够明确，协作不够紧密，工作责任制没有得到很好的落实，工作考核体系还不完善，人财物保障还不够有力；理论学习的方式方法比较陈旧，新闻宣传的阵地载体比较单薄，工作创新不足，适合教师特点、适应网络时代的工作体系和模式还很不完善；有关教师切身利益的一些现实问题长期得不到有效解决，制约着教师思想政治工作的发展，工作中人文关怀、心理疏导方面比较欠缺，工作的影响力、实效性不强。

第四部分 关于加强和改进我校青年教师思想政治工作的几点建议

一是加强对教师思想政治工作的领导和组织。重申各级党组织在教师思想政治工作方面的责任制；把教师思想政治工作明确列入学校党委和各中层党组织的议事日程；把教师思想政治工作明确纳入学校领导和各中层干部的考核体系中；认真执行教师政治理论学习制度，进一步加强和改进教师党员发展工作；定期召开教师思想政治工作会议和工作研讨会。

二是加强对教师思想政治工作的保障。建立健全学校领导、各中层领导干部联系一线教师的制度；明确学校教师思想政治工作的主管部门，建立职能部门教师思想政治工作联络协调机制；增加教师思想政治工作的经费投入，建立兼职教师思想政治工作人员专项补贴，建立教师思想政治工作奖励制度。

三是探索建立面向教师的网络与手机信息推送与互动平台。建立学校与教师互动交流的网络及手机信息发布平台；依托平台建立理论教育、新闻传播、工作服务、生活服务、通知公告等信息的编辑发布推送与反馈信息处理工作体系；建立和维护好网络手机信息推送与互动体系上的教师数据库。通过该平台，可以有效克服个体教师现实状况下难于集中组织产生的一系列问题，同时把教育、服务和管理教师通过网络有机结合起来。

四是加强以社会主义核心价值体系为主线的校园文化建设。围绕学术、学者、学生、学习、学风，进一步加强大学精神文化建设，营造良好的校园文化生态；突出加强师德师风建设，搞好师德师风典型评选和宣传工作，在师德师风建设上引入学生评价、网络评价和社会评价机制；进一步加强校园媒体建设，在管好校园媒体宣传阵地的同时，创作、开发和传播丰富优秀的校园文化作品；广泛开展校园精神文明创建活动，既弘扬主旋律，又丰富教师业余文化生活；不断推进文明校园、绿色校园、平安校园、和谐校园建设，为教师创造良好的学习工作生活环境。

五是注重解决教师的现实问题，加强人文关怀和心理疏导。广泛听取教师对学校各项工作的意见和建议，进一步畅通教师民主参与学校管理的渠道，扩大青年教师代表在教代会中的比例；进一步采取措施帮助教师提高教学科研能力，为教师争取和创造更多职业发展的平台和机会，优化教师干事创业的外界环境；注重解决教师的住房、福利待遇、子女入托入学等现实问题，对部分教师加强人文关怀、心理疏导和压力辅导。

参考文献

[1]荆惠民.思想政治工作概论[M].北京：中国人民大学出版社，2007.

[2]中共中央宣传部理论局.划清“四个重大界限”学习读本[M].北京：学习出版社，2010.

[3]李俊伟.思想政治工作[M].北京：中共党史出版社，2008.

[4]朱锦平.宣传工作[M].北京：中共党史出版社，2008.

[5]祝灵君.新形势下做好群众工作的艺术与方法创新[M].北京：中共中央党校出版社，2011.

兰州大学第一医院(第一临床医学院)2012年青年教师基本情况调查分析报告

郭鹏军

(郭鹏军,兰州大学第一临床医学院学生党总支书记,副研究员)

摘要:由于我院作为大学的医学院和省级大型三甲综合医院的双重身份,青年教师在承担大量临床工作的同时还要完成教学任务,因此本文结合医疗和教学等方面对部分青年教师的思想政治情况进行了问卷调查,对发现的问题进行了分析,并收集了一些建议,为学校和医院管理部门加强青年教师的思想政治工作,提高医学教学水平提供决策参考。

关键词:医学院　青年教师　思想政治

为深入学习贯彻党的十七届六中全会、第二十次全国高校党建工作会议有关精神,深刻认识当前医学教育面临的形势、挑战与机遇,坚持解放思想、实事求是、与时俱进,积极研究新情况、解决新问题、总结新经验,进一步推动我院思想政治工作的创新与发展,切实加强和改进青年教师思想政治工作,积极促进大学文化建设和人才队伍建设,我院组织相关人员对院内青年教师思想政治工作基本情况,特别是以青年教师在承担繁重临床医疗工作的同时,承担临床教学工作中面临的问题为重点展开调研,形成了这篇调研分析报告。

本次调查发放问卷100份,收回71份,有效问卷71份。调查对象基本情况如下:

性别构成:男性42人,女性29人

年龄构成:30岁以下27人,31～35岁有21人,35岁以上23人

职称结构:初级职称32人,中级职称33人,高级职称6人

教龄情况:5年以下33人,6～10年18人,10年以上20人

学历情况:本科34人,硕士37人

专业情况:调查涉及23个科室,其中内科12人,外科10

人,妇产科7人,儿科7人,医技11人,护理12人,其他12人。

通过分析调查问卷,发现了当前普遍存在的制约我院乃至我校临床医学教育发展的,涉及临床、教学、科研、管理和思想政治工作等多个方面的一些现实问题,通过分析查找问题产生的原因,提出了一系列解决问题的对策建议,供学校决策参考。

调查内容主要包括三个部分:一是青年教师基本情况调查;二是临床教学情况调查;三是解决问题的建议和对策等。

一、青年教师基本情况调查

问卷的第一部分,我们主要对青年教师的基本情况展开调查,主要涉及青年教师对当前我们国家、兰州大学、兰大一院的发展状况、医务人员工作的价值体现、目前社会对医务人员评价不高的原因、承担的工作压力、对身边党员教师的评价、收入状况对比等问题。

通过分析,有69%的青年教师对我国的发展状况总体评价较好,说明大多数人肯定了我国的发展成绩。有25%的人认为一般,特别有6%的人不满意,说明我们要高度重视思想教育工作,使这部分青年老师能够正面地、客观地评价我国改革开放以来所取得的成就。有80%的青年教师肯定了兰州大学的发展状况,仅有3%的人表示不满意,说明我校重视青年教师工作,并取得了较好的成绩,各方面发展状况良好,受到青年教师高度认同。有76%的青年教师肯定了我院事业的发展,说明我院青年教师对医院的工作还是比较满意的,但其中有17%的人评价一般,特别还有7%人评价不满意,这部分需要在今后的工作中进一步重点关注。绝大部分我院青年医务人员的价值观是受人尊敬、对社会贡献大、同行认可,仅有3%的人将挣钱多少作为价值的体现,这说明我院青年教师的价值观是积极的。97%的青年教师认为体制问题、政府投入问题与社会环境问题等外部因素是目前医患关系紧张的根本原因,这需要政府在医改中采取更积极的措施,特别是要发挥医务人员的积极性。

有87%的青年教师认为工作压力大,其中认为很大的有45%,所占比例最大,没有人认为工作压力不大,这需要高度重视,并应当采取切实有效的措施为青年教师减压,使其保持身心健康,以利于个人和医院的持续发展。青年教师最苦恼的因素依次是工作压力太大、发展机会太少、医患

关系紧张、收入太低。缓解工作压力,创造更多发展机会,是提高青年教师满意度的主要措施，特别需要学校在教师队伍培养中充分考虑临床教学师资的培养。只有37%的青年教师对身边的党员有肯定评价,56%的认为一般,特别是有7%的人对身边的党员不满,这需要高度重视,必须加强对党员的教育与管理,保证党员在群众中发挥先锋模范作用。仅有51%的青年教师非常执著地热爱医疗专业，特别是有33%的青年教师对从事的专业表示后悔,这与前面调查的医务人员社会评价低、工作压力大等因素有密切的关系;在今后的工作中,医院应当加强对青年教师的职业荣誉感培养。42%人的认为自身收入比其他医院低,说明我们医院在青年医务人员收入方面还需要适当的提高。

二、临床教学情况调查

针对临床教学方面的问题,主要从我院目前的教学水平总体评价,学生对青年教师专业教学水平总体评价,科室医务人员的临床带教任务量,青年医生是否重视临床带教工作,指导学生对青年教师有何好处,如何激励医务人员临床带教的积极性,制约我院临床教学水平的关键因素,个人教学津贴标准,教学中遇到的最主要困难,对于个别学生评价很差、责任心不强的临床教师应该如何处罚等多个方面的问题展开调查。

通过调研分析,有大约44%的人对我院的教学水平评价不高,这与目前医院领导和教学管理部门的感受是一致，也是目前我校医学教学体制改革应当重点关注的内容。大多数青年教师对本专业的教学水平基本满意,但也有34%的青年教师评价一般,说明青年教师的教学水平还有很大的提升空间,需要采取措施进一步提高教学质量。大多数青年教师认为教学任务可以承受,这与内科、外科等专业课程分散,涉及亚专业较多有关。对于教学责任心的评价方面,只有37%的人评价重视,特别是10%的人认为青年教师们普遍重视临床带教工作，这需要在教学管理中增加相应的考核,最好与科室绩效管理挂钩。84%的青年教师认为指导学生可以提高个人能力，这说明临床带教工作对促进青年教师个人的综合素质发展是有好处的;但仅有6%的青年教师认为指导学生的好处是有带教费,也说明了我院目前的带教费标准太低，与临床医疗工作相比较同等时间内收益太小,对青年教师没有吸引力。我们不能只是一味宣扬青年教师要有奉献精神，而长期忽视教学收入也是个人价值的重要体现，长此以往效果是很有限的，特别是在当今社会的大环境下，带教津贴太低会挫伤青年教师带教积极性，希望学校加大对临床教学的资金投入，切实提高青年教师的待遇。

为了提高青年教师的带教积极性，建议学校应当提供更多发展机会、增加教学编制、加强考核等多种措施并举。特别是学校应当加强临床青年教师在教学能力与个人素质方面的培训，进一步提高教育教学质量。有75%的青年教师认为医疗工作太忙是临床教学水平的关键制约因素，在现行医疗体制下医务人员工作量只有增大的趋势，学校必须增加教学编制，才能确保临床教学质量。如果实行脱产教学，对青年教师有吸引力的还是教学津贴与科室奖金一致这一选项。医疗工作繁忙、教学资源不足、进修学习机会少和教学方法欠缺是青年教师在教学中遇到的主要困难，特别是在教学资源的整合上和教学方法的培训上是最有可能在较短的时间内所突破的。对于学生评价很差、责任心不强的临床教师处罚主要是暂停其带教资格，同时加强对其思想教育，只有3%的教师选择了全院通报，说明绝大多数教师害怕影响声誉，这也许是最严厉的一种惩罚措施，可以在必要时考虑在小范围实行，以激励部分青年教师加强带教责任心。

三、调查结论

通过分析调研数据，结合我院医学教育面临的形势与任务，我们得出以下结论。

当前，我院青年教师思想政治工作开展较好，大多数青年教师对国家、学校和医院的发展状况持肯定态度，青年医务人员的价值观是符合社会主流的，指导学生的态度也是积极的，思想政治建设取得了较好成效。

然而，当前青年教师临床带教工作也面临着一系列亟待解决的问题，主要是临床医疗工作任务繁重，医患关系紧张，工作压力大，与其他医院同行相比收入不高。教学资源和教学津贴偏少，吸引力较低，教师带教积极性普遍不高，有待于学校从体制机制层面上调整，以利于进一步提高学生培养质量。

四、解决问题的建议和对策

为了解决存在的问题，进一步激发青年教师临床带教积极性，全面推动我院医学教育水平和质量再上新台阶，向学校提出如下建议：

增加教学编制，减轻教学人员医疗工作压力；增加教学津贴，提高临床带教积极性；加强青年教师培养，提供发展机会，促进个人教学能力与综合素质提高；加强对优秀青年教师的表彰，提高职业荣誉感；制定教学绩效考核评价体系，定期对教研室教学管理与教师教学资格认定与评价，奖优罚劣，确保教学质量；加强对党员教师的思想政治教育，切实起到表率作用。

参考文献

[1]何海龙.教学医院中青年教师队伍建设的思考[J].白求恩军医学院学报，2007(5).

[2]常生伟.临床教学医院的教师队伍建设的探讨[J].中国医药指南，2008(10).

[3]徐艳.注重青年教师队伍培养深化教学医院教学改革[J].卫生职业教育，2008(26).

附件：

第一临床医学院青年教师基本情况调查问卷

尊敬的各位老师：

您好！

为了进一步推动我院思想政治工作的创新与发展，切实加强和改进青年教师思想政治工作，积极促进大学文化建设和人才队伍建设，探索解决当前青年教师在承担繁重临床医疗工作的同时，承担临床教学工作中面临的问题和矛盾，为更好地推动我院医学教育各项工作提供决策依据，我们组织人员设计制作了本问卷，请您抽出10分钟时间作答。

感谢您的配合！

第一临床医学院

一、基本情况调查

1.您对我国的发展状况总体评价如何？

A.很好　　　　B.较好　　　　C.一般　　　　D.不满意

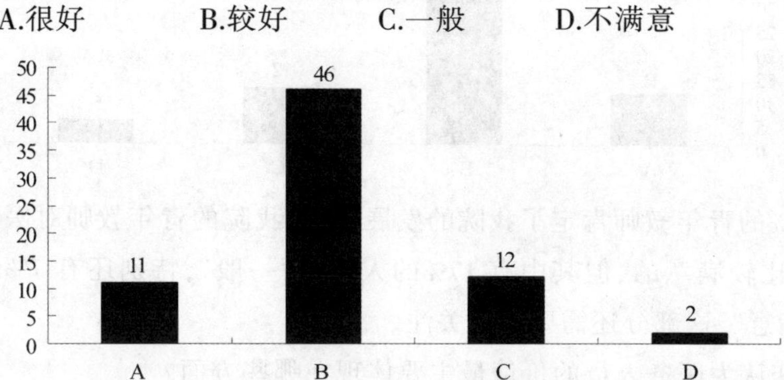

67%的青年教师对我国的发展状况总体评价较好，说明大多数人肯定了我国的发展成绩。有25%的人认为“一般”，特别有6%的人“不满意”，说明我们要高度重视思想教育工作，使这部分青年老师能够正面地、客观地评价我国改革开放以来所取得的成就。

2.您对兰州大学的发展状况总体评价如何？

A.很好　　　　B.较好　　　　C.一般　　　　D.不满意

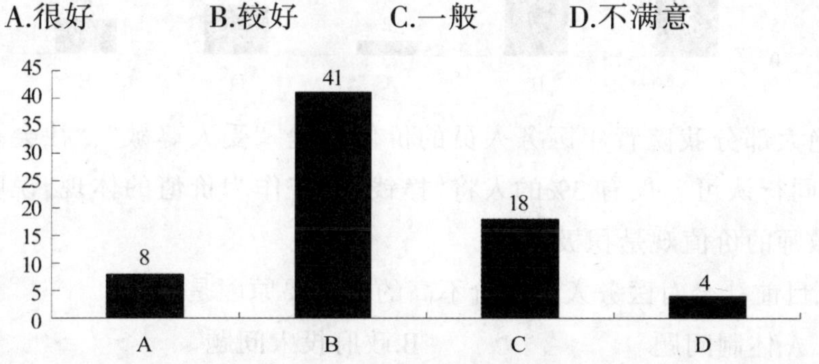

80%的青年教师肯定了兰州大学的发展状况，仅有3%的人表示“不满意”，说明我校重视青年教师工作，并取得了较好的成绩。

3.您对兰大一院的发展状况总体评价如何？

A.很好　　　　B.较好　　　　C.一般　　　　D.不满意

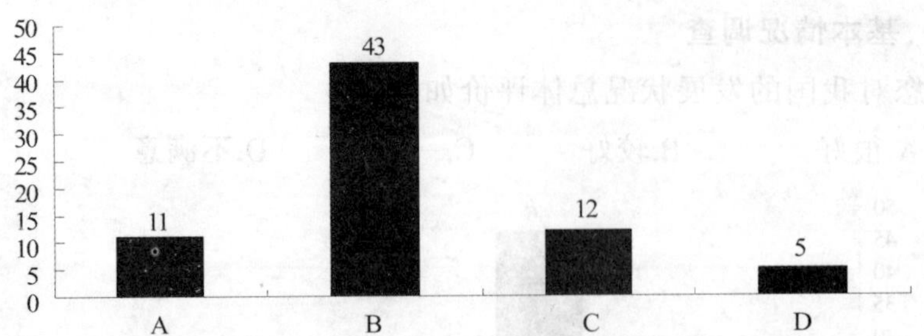

76%的青年教师肯定了我院的发展，说明我院的青年教师对医院的工作还是比较满意的，但其中有17%的人评价“一般”，特别还有7%的人评价“不满意”，这部分还需要重点关注。

4.您认为医务人员的价值最主要体现在哪些方面？

A.社会贡献大小　B.受人尊敬　C.挣钱多少　D.同行认可　E.其他

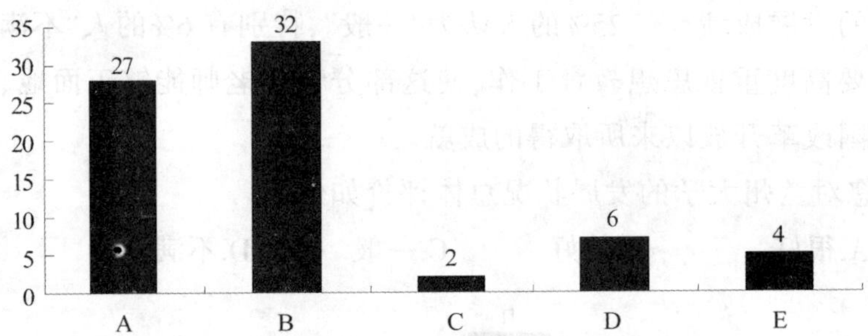

绝大部分我院青年医务人员的价值观是“受人尊敬”、“社会贡献大小”、“同行认可”，仅有3%的人将“挣钱多少”作为价值的体现，说明我院青年教师的价值观是积极的。

5.目前社会对医务人员评价不高的最主要原因是什么？

A.体制问题　B.政府投入问题

C.社会环境问题　D.医务人员自身问题

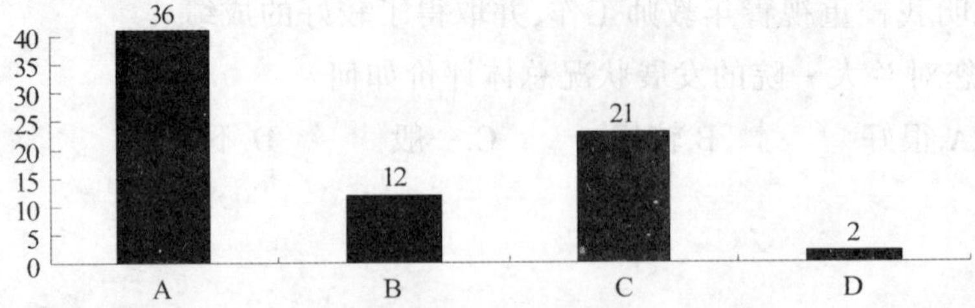

97%的青年教师认为“体制问题”、“政府投入问题”与“社会环境问题”等外部因素是目前医患关系紧张的根本原因，这需要政府在医改中采取

更积极的措施,特别是要发挥医务人员的积极性。

6.您的工作压力大吗?

A.很大　　　　B.较大

C.一般　　　　D.不大

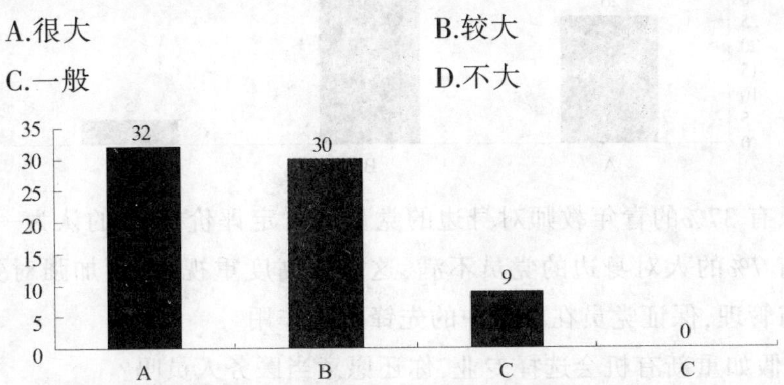

87%的青年教师认为工作压力大,其中认为很大的有45%,所占比例最大,没有人认为工作压力不大,这需要高度重视,并应当采取切实有效的措施为青年教师减压,使其保持身心健康,以利于个人和医院的持续发展。

7.您现在最苦恼的是什么?

A.工作压力太大　　　　B.发展机会太少

C.收入太低　　　　D.医患关系紧张

E.其他

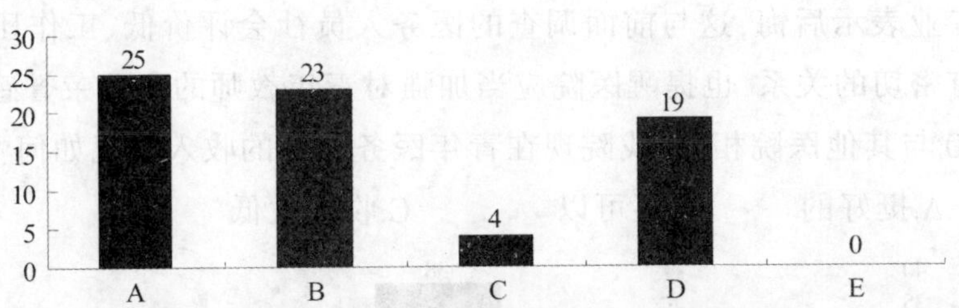

青年教师最苦恼的依次是"工作压力太大"、"发展机会太少"、"医患关系紧张"、"收入太低"。缓解工作压力,创造更多发展机会,是提高青年教师满意度的主要措施,特别需要学校在教师队伍培训中要充分考虑临床教学师资的培养。

8.您对身边的党员总体评价如何?

A.很好　　B.一般　　C.较差

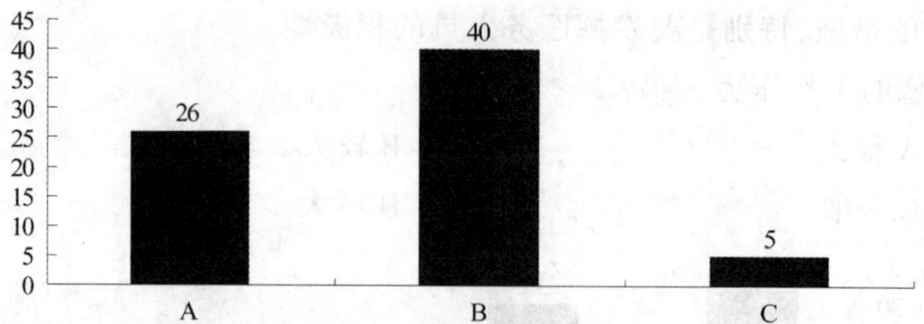

只有37%的青年教师对身边的党员有肯定评价,56%的认为一般,特别是有7%的人对身边的党员不满,这需要高度重视,必须加强对党员的教育与管理,保证党员在群众中的先锋模范作用。

9.假如重新有机会选择专业,你还愿意当医务人员吗?

A.愿意　　B.无所谓　　C.不愿意

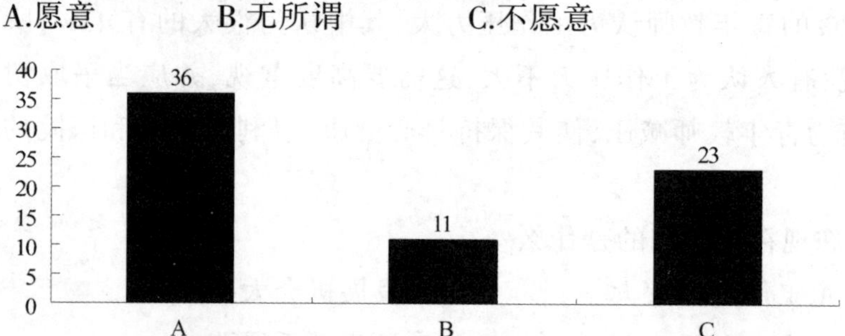

仅有51%非常执著地热爱医疗专业,特别是有33%的青年教师对从事的专业表示后悔,这与前面调查的医务人员社会评价低、工作压力大等因素有密切的关系,也提醒医院应当加强对青年教师的职业荣誉感培养。

10.与其他医院相比,我院现在青年医务人员的收入状况如何?

A.挺好的　　B.还可以　　C.收入太低

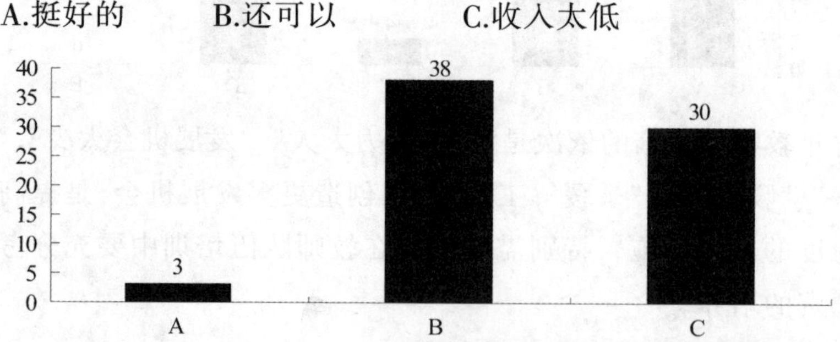

42%人的认为收入比其他医院低,说明我们医院在青年医务人员收入方面还需要适当的提高。

二、临床教学情况调查

11.您对我院目前的教学水平总体评价如何？

A.很好　　　B.较好　　　C.一般　　　D.不满意

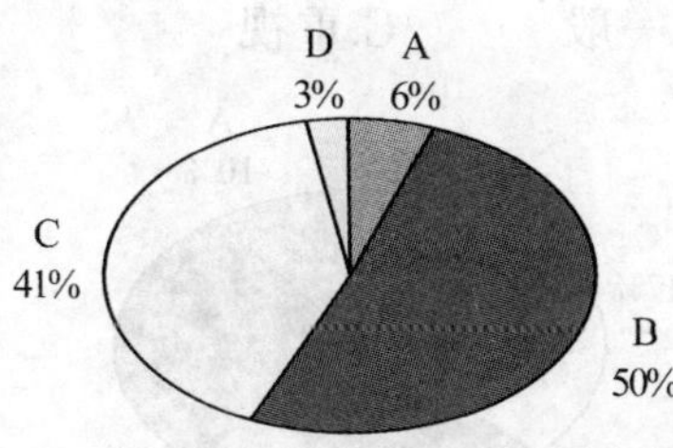

44%的人对我院的教育水平评价不高，这与目前医院领导和教学管理部门的感受是一致，也是目前学校医学教学体制改革应当重点关注的内容。

12.您认为学生对你们专业教学水平总体评价如何？

A.很好　　　B.较好　　　C.一般　　　D.不满意

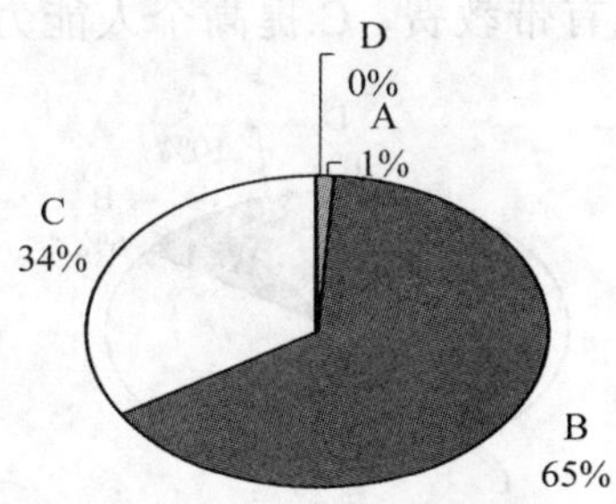

大多数青年教师对本专业的教学水平基本满意，但也有34%的青年教师评价一般，说明青年教师的教学水平需有很大的提升空间。

13.你们科室医务人员的临床带教任务重吗？

A.非常重　　B.可以承受　　C.不重

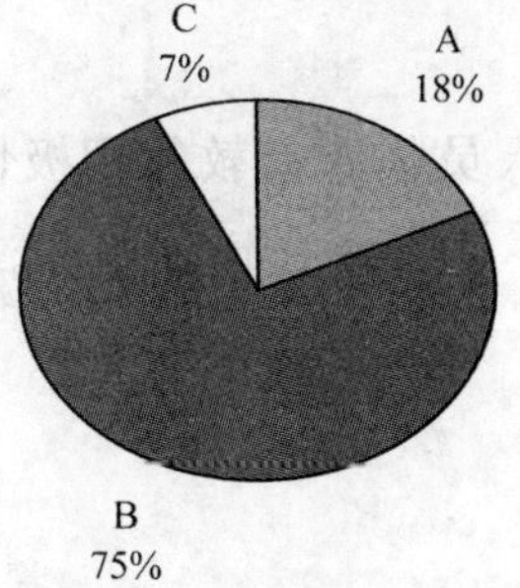

大多数青年教师认为教学任务可以承受，这与内科、外科等专业课程分散，涉及亚专业较多有关。

14.您觉得您的同事们普遍重视临床带教工作吗？

A.不重视　　B.一般　　C.重视

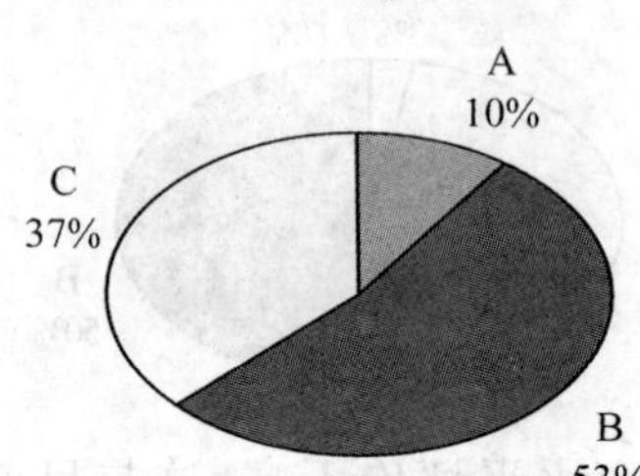

对于教学责任心的评价方面，只有37%的人评价重视，特别是10%的人认为同事们普遍不重视临床带教工作。这需要在教学管理中增加相应的考核，最好与科室绩效管理挂钩。

15.您认为指导学生对青年教师有何好处？

A.帮助干活　B.有带教费　C.提高个人能力　D.没有好处

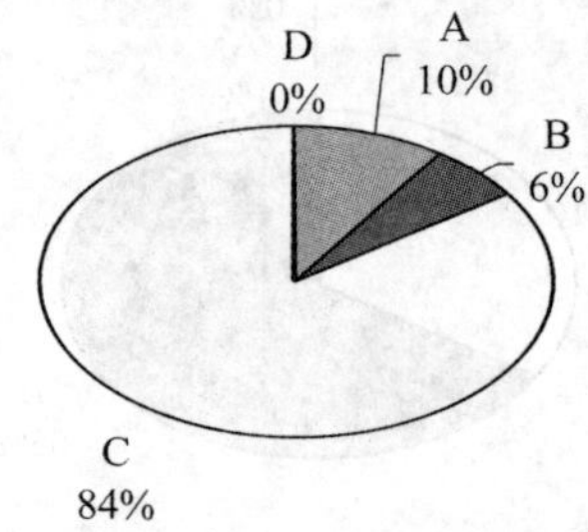

84%的人认为指导学生可以提高个人能力，这说明教学还对教师个人的发展有好处的。但仅有6%的青年教师认为指导学生的好处是有带教费，这也说明了我院目前的教学费标准太低，对青年教师没有吸引力，长此以往将会降低教学的吸引力。希望学校加大对临床教学的资金投入，切实提高青年教师的待遇。

16.如何能够激励医务人员临床带教的积极性？

A.增加发展机会　　B.增加教学津贴

C.增加科室人员　　D.加强考核

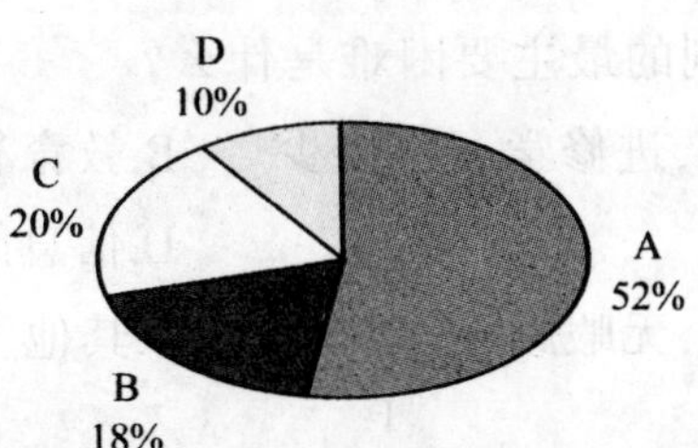

为了提高青年教师的带教积极性,应当将提供发展机会、增加教学编制、加强考核多种措施并举。特别是学校应当加强临床青年教师在教学能力与个人素质方面的培训。

17.您认为制约我院临床教学水平的关键因素是什么?

A.医疗工作太忙　　　　B.教学津贴太少

C.教师责任心不高　　　D.学生太差

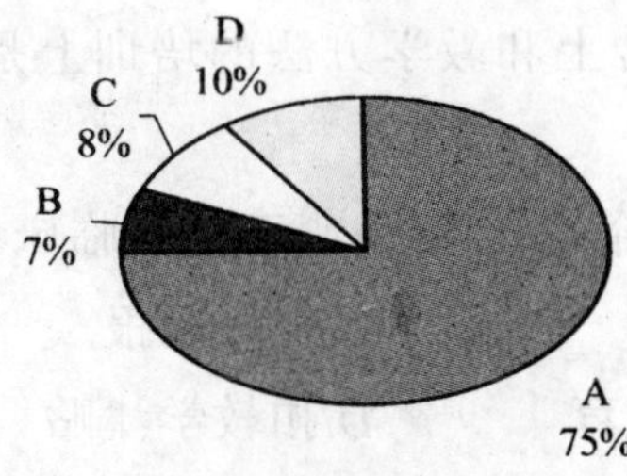

75%的青年教师认为医疗工作太忙是临床教学水平的关键制约因素,在现行医疗体制下医务人员工作量只有增大的趋势,学校必须增加教学编制,才能确保临床教学质量。

18.如果要求您脱产一年带教学,除工资外,学校应给个人教学津贴标准是多少?

A.与兰大标准一致　　　B.达到科室当年奖金

C.医院平均奖金数

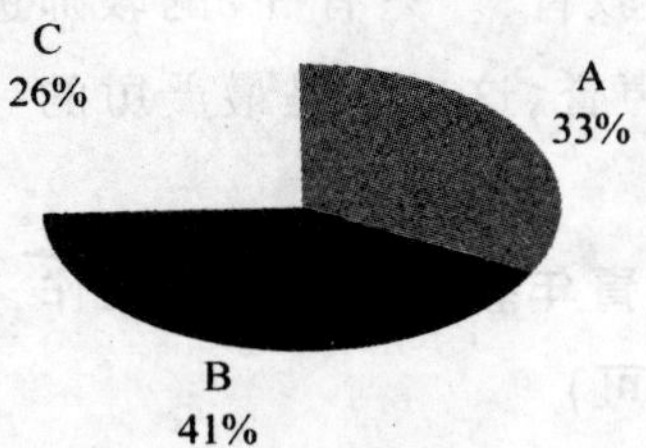

如果实行脱产教学,对青年教师有吸引力的还是教学津贴与科室奖金一致。

19.您在教学中遇到的最主要困难是什么？

A.学科知识陈旧，进修学习机会少　　B.教育教学方法欠缺

C.教学资源不足　　D.信息闭塞

E.医疗工作繁忙，无暇顾及　　F.其他

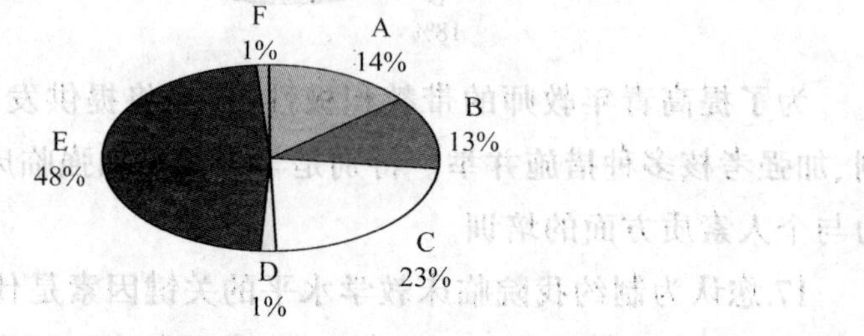

"医疗工作繁忙，无暇顾及"、"教学资源不足"、"学科知识陈旧，进修学习机会少"和"教育教学方法欠缺"是青年教师在教学中遇到的主要困难，特别是在教学资源的整合上和教学方法的培训上是能够在较短的时间内所突破的。

20.对于个别学生评价很差、责任心不强的临床教师，如何处罚？

A.暂停带教资格　　B.全院通报

C.加强思想政治教育　　D.扣教学津贴

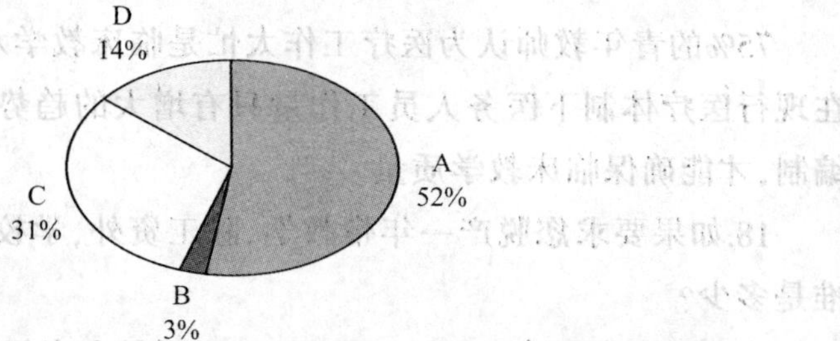

对于学生评价很差、责任心不强的临床教师处罚主要是"暂停带教资格"，同时"加强思想政治教育"。只有3%的教师选择了"全院通报"，说明绝大多数教师害怕影响声誉，这也许是最严厉的一种惩罚措施，可以在必要时考虑。

三、您对加强和改进青年教师思想政治工作，努力提高教学工作水平有何建议？(简单作答即可)

青年教师提出的建议主要有：

1.增加带教津贴。

2.增加教学考核权重。

3.增设教学岗位。

4.加强有关奉献精神教育，使得教育不为经济所导向。

5.与兰大同等待遇。

6.加强教学管理。

7.增加教学资源。

8.加强学生纪律，减少无故缺勤。

9.增加交流，增加学习与外出进修的机会。

10.严格师资队伍建设。

11.提高青年教师教学荣誉感。

12.须有新一轮教育体制改革，加强新理念的培训，须对教学双方均加强考核(制定量化标准)。

13.加强教学培训，增加知识层面，建设适宜奖励机制，建立信息获得渠道。

14.改善医患关系。

15.带教学期间，减少临床工作任务。

16.目前，带教时间与下夜班休息时间还没有较满意的政策，经常下夜班继续带教，这样教学效果也不佳，因此合理化的带教时间很重要。

17.我院青年教师的工作责任心都很强，但是医疗工作繁重，对医学教学方法的学习和实践还有待加强。

18.重视带教老师的选择、培训、奖罚、工作总结及述职。

19.重视选择带教老师，加强老师的再学习机会，对带教老师进行全方位的考核。

20.建议各专业设置专职带教人员，让其尽可能少地承担临床工作，保证教学工作高质量完成，并提供培训与发展机会。

21.多给予进修与评优机会，提高积极性。

22.相关教学领导应加强带教工作，积极鼓励带教老师学习相关知识，给予适当补贴。

23.减轻临床工作量，提供更多时间准备教学内容。

24.资源共享，将精品课件视频传上网络，以节约老师们做课件的时间。

关于我校理科青年教师思想政治状况的调研报告

——以兰州大学物理科学与技术学院为例

杨 毅 王 斌 高 尚

(杨毅,兰州大学物理科学与技术学院党委书记,副研究员;王斌,兰州大学物理科学与技术学院党委副书记,助理研究员)

摘要:伴随着时代的发展,青年教师在我国高校的教学和科研工作中发挥着越来越大的作用,同时有关青年教师思想政治教育的工作也越来越重要。本文试图通过在兰州大学物理科学与技术学院青年间开展调查并以此为案例来说明在新时期如何做好理科青年教师思想政治工作,并就此工作做出相关思考。

关键词:理科 青年教师 思政工作思考

2012年1月4日中共中央组织部、中共中央宣传部、中共教育部党组在北京召开第二十次全国高等学校党的建设工作会议。中共中央政治局常委、中央书记处书记、国家副主席习近平在会前会见会议代表并在讲话中指出:“教师是人类灵魂的工程师,是青年学生成长的引路人和指导者。他们的思想政治素质和道德情操,对青年学生具有很强的影响力和感染力,在思想传播方面起着十分重要的作用。这就要求我们的高校教师以高度的社会责任感坚持教书育人、为人师表,以良好的思想道德品质给大学生以潜移默化的影响。青年教师作为高校教学的重要力量,与学生沟通互动多,对学生影响很大。要把加强青年教师队伍思想政治建设作为高校党的建设一个重大问题来抓,深入细致地做好青年教师的思想引导工作,加大在青年教师中发展党员的工作力度,优化高校党员队伍结构。”①

兰州大学是国家“985工程”和“211工程”重点建设高校之一,而兰州大学物理科学与技术学院作为兰州大学学科版图中的重要部分,一直高度重视青年教职工的思想政治工作,并积累了一定的工作经验。鉴于认识到青年教师是学校的未来与希望,做好青年教师的思想政治工作,培养和

①《人民日报》,2012年1月5日。

造就一支既有良好的思想政治素质又有较强的教学科研能力的优秀青年教师队伍,具有十分重要的战略意义和深远的历史意义,是学院党组织的一项紧迫、长期而又艰巨的任务。为深入学习贯彻此次高校党建工作会议的有关精神，同时作为深入学习贯彻党的十七届六中全会有关精神的又一项活动,兰州大学物理科学与技术学院结合自身实际在我院青年教职工中开展了相关的调查工作，并在此基础上结合其他有关青年教师思想政治工作的情况形成了自己的一些思考。

此次调查主要采取座谈会和问卷的方式展开，共座谈和调查了我院22位青年教师,涵盖我院各研究所、实验室等单位,调查面比较广,得到的资料比较翔实、全面。

一、我院青年教师的个人基本情况

结合本次调查的情况,我院青年教师个人基本情况概况如下。

(一)较高的学历层次和较强的事业心

在做出有效回答的22份问卷中,在"文化程度"一项的调查中,被调查者的博士学位拥有率达到100%,这样的结果与学校人才引进的相关政策是息息相关的,这就反映出我院青年教师具有较高的文化基础,具有良好的学习能力，这对于我们做好相关思想政治工作是一个重要的基础。在"职称"中,拥有"中级"职称的10人,占到被调查者的45%,拥有"副高及以上"职称的12人,占到被调查者的55%,以上数据说明我院的青年教师队伍是一支年富力强、年轻有为的,并有很大上升空间的队伍。另外在座谈中,各位青年教师纷纷表示了要在兰大"奉献祖国高等教育事业,干出自我一番事业"的决心,体现出了较强的事业心。

(二)悬殊的男女比例和较低的年龄结构

在所调查的22位青年教师中,有女教师5人,男教师17人,体现出我院青年教师中悬殊的男女比例，这当然与我院的学科特点是有着密不可分的关系的,同时在所调查的22位教师中,所有教师的年龄都在35岁以下,年龄较低。总结这一批年轻教师的特点是无法与时代背景剥离的,伴随着改革开放的时代背景，社会经济快速的发展给社会带来了巨大的变化,同时也伴随着外来思想的大量涌入,带来了思想上的碰撞,同时这一时期也是新事物、新知识大量涌现的时代,因此青年教师是善于并乐于接受新思想、新事物、新知识的群体,这些都是我们在做好相关思想政治工作中要注意的一个问题。

(三)一定的境外教育背景

在调查涉及的22位青年教师中,13人有"一年及以下"的境外学习或工作时间,占59%;8人有"一至三年"的境外学习或工作时间,占37%;1人有"三至六年"的境外学习或工作时间,占4%。以上的数据说明我院的青年教师都或多或少地具有一定的境外学习的经历。当然,境外学习无论是对于青年教师开阔研究视野、接触国际研究前沿,还是对于促进青年教师科研工作的发展都有着极大的促进意义，同时我们不能忽视由于特殊的政治、历史、现实等方面的原因,青年教师在境外学习的过程中都会或多或少、自觉或不自觉地接触到某些负面信息,这是我们做好青年教师的思想政治工作中不能忽视的一个问题。

二、我院青年教师思想政治基本情况

上文主要介绍了我院青年教师个人方面的一些情况，下面将主要介绍我院青年教师的思想政治方面的基本情况。

(一)对于"社会主义核心价值体系"有关问题的认识

在对于"社会主义核心价值体系"认识的问题中,我院的青年教师都可以答出"社会主义核心价值体系是构建社会主义和谐社会的重要条件,是社会主义意识形态的本质体现，是全国各族人民团结奋斗的共同思想基础"的全部或某一方面,本次问卷调查体现出我院青年教师对于"社会主义核心价值体系"都有着一定的认识。在对于贯彻落实"社会主义核心价值体系"的活动的看法这一问题中,2人回答"很有必要,效果显著",17人回答"很有必要,但效果一般",2人回答"走过场,效果不佳",1人回答"没有必要,现在应该集中精力抓经济建设"。上面的情况说明了我院青年教师对于现阶段我国建设的关注之情，同时一些回答也反映出存在着极少数的青年教师群体对于社会主义精神文明建设和社会主义物质文明的关系缺乏正确的认识。

(二)对于社会主义建设有关问题的认识

在社会主义建设有关问题方面,我院青年教师对于"坚持中国共产党的领导"和"先富带动后富,最终实现共同富裕"两个问题都有着清晰的认识，都认为要“必须长期坚持中国共产党的领导不能动摇，不能搞西方的多党制”，认为“共同富裕”是正确的。同时，我们也应该注意到还存在少部分青年教师对于“党的基本理论、基本路线、基本纲领”表示“不清楚”，因而对于全面建设小康社会及建设共产主义的远大理想产生了一定的动摇。

（三）对于学校加强思想政治建设的认识

对于学校加强思想政治工作而言，我院绝大多数的青年教师认为自己及同事对于学校的思想政治教育工作是“非常关心”和“比较关心”的，同时认为学校开展思想政治教育工作是“非常需要”的，开展丰富多彩的思想政治教育工作有利于“提高理论和政治素养；了解党中央大政方针、统一思想，与党中央保持一致；正确认识国际国内形势，坚定社会主义信念”，但也有少数青年教师对于这一问题有着不同的看法。

（四）对于新时期师德师风的认识

在这一问题上，我院大多数的青年教师认为学校各方面关系融洽；在新时期也能保持较强的艰苦奋斗、吃苦耐劳的精神；在国家实行依法治国基本方略的形势下，拥有较强的法律意识、法制观念和依法治学的自觉性；在工作中积极发挥主观能动性；在处理个人利益和学校利益的关系时，能够做到把学校利益放在第一位，个人利益服从学校利益。另外，也有少数青年教师对上述问题持相反的态度。

从总体方面来说，我院青年教师的素质是好的，他们思想活跃、年富力强、勇于创新，拥护党的各项政策主张，政治热情高，能够积极主动与党中央保持一致；他们勤奋好学、积极上进、爱岗敬业，具有较强的基础理论知识和较高的学历层次，在我校的基础性教学、科研和教书育人工作中发挥了重要的作用，具有较强的事业心和责任心，甘心奉献于祖国的高等教育事业。但也应注意到，由于历史和现实的原因，特别是伴随着社会主义市场经济的飞速发展所引起的人们的价值观念、职业心理的变化以及来自校内外各种思潮的冲击，高校青年教师也出现了诸如小部分教师缺乏爱岗敬业精神、缺乏师德师风、缺乏奉献精神、安于现状、不求上进等一系列令人担忧的问题。

三、对于加强青年教师思想政治工作的一点思考

对于如何加强我院青年教师的思想政治工作，这是一个需要从学院

和青年教师本身双方面来考虑的问题。具体说来如下：

(一)从学院的角度来说

首先，要认识到青年教师思想政治工作的重要性，青年教师队伍关乎学校的未来与希望，是教书育人的生力军。加强青年教师思想政治工作,建设一支思想过硬、师德高尚、学术领先、教艺精湛、学生喜爱的青年教师队伍,是提高师资队伍整体水平,促进师资队伍可持续发展的重要内容,是提高人才培养质量、建设高水平大学的现实需要。青年教师的思想政治工作作为学院思想政治工作体系中的一个重要组成部分，应该从源头上予以重视。应该建立由党委领导，党政工团齐抓共管的思想政治工作体制，充分发挥思想政治工作的整体效益,具体来说,就是学院党委要统一指挥，协调全院青年教师的思想政治工作，定期进行研究，做出规划部署;学院工会要负责实施好全院青年教师的思想政治教育工作;各党支部负责实施所属范围内青年教师的思想政治工作。与此同时，学院下属各研究所要结合各自业务工作的安排、布置和考核，认真做好青年教师的思想政治工作；学院共青团组织要把青年教师思想政治工作作为自己分内的事情，切实发挥好对青年教师的教育、建议、维护与参与的职能。

在做好相关工作的过程中要特别强调党支部在加强青年教师的思想政治工作中的战斗堡垒作用，各党支部都要把青年教师的教育和培养作为考核党支部的一条重要职责，利用建立党员责任区的形式，使青年教师的思想政治工作落到了实处。以我院青年教师中党员比例为例,在问卷中所涉及的22位青年教师中,党员有12人,占到调查总数的55%,刚刚过了总数一半，结合前文中我院青年教师对于共产主义事业的认识和对于党中央的拥护，不难想象非党员的青年教师对于加入中国共产党必定有着朴素而又真挚的向往，这就要求各党支部要做好青年教师党员的教育和培养工作,加强对于青年教师党员的吸纳工作。

其次,要落实和完善加强青年教师思想政治工作的各项措施。落实和完善加强青年教师思想政治工作的各项措施是加强青年教师思想政治工作的一个重要方面。在制定相关措施时,要注重调查研究,做到实事求是,“没有调查就没有发言权”,要真正了解青年教师在工作、学习、生活中的实际问题,做好对青年教师的政治方向教育、专业素质教育和师德教育。

在保证传统教育方式的同时，结合时代特征和当代青年教师思想特点，开展灵活多样、丰富多彩的学习方式，如报告或专题讲座、相关知识竞赛和参观考察等，通过先进典型带动、良好氛围塑造、正确方向引领，坚定我院青年教师的共产主义信念和为社会主义高等教育事业奉献的精神。要切实加强和改进青年教师思想政治工作的各项措施，努力营造青年教师思想政治工作的良好外部环境。

(二)从青年教师的角度来说

首先，青年教师要从思想上高度重视对于思想政治的学习，将保持正确的政治方向视为做好思想政治工作的基础。青年教师在思想上要积极与党中央保持一致，熟悉党的基本路线、基本纲领，坚定共产主义理想，安心本职工作，积极发挥个人主观能动性，正确处理个人利益与集体利益的关系，要有为社会主义高等教育事业奉献终身的远大抱负。

其次，青年教师要加强专业知识的学习，将其视为做好思想政治教育工作的表现。青年教师要在工作中安心本职工作，因为邓小平曾说过："各行各业的同志在坚持社会主义政治立场的条件下，努力做好自己岗位的工作，这不但不是脱离政治，而且正是有社会主义觉悟的表现。"①青年教师的本职工作就是继续加强专业知识学习，做好自身科研工作。青年教师在安心本职工作的同时要进一步扩展自我的专业研究视野，时刻关注国际国内前沿性研究工作，积极申报各类科研项目，在科研方面潜心科研，锐意创新，不断完善学术人格。为把我校建设成为高水平的研究型大学做出积极贡献。

最后，青年教师自身要高度重视师德师风的培养，将其视为做好思想政治教育工作的灵魂。青年教师在高校除了科研工作之外最重要的就是教学工作，这就要求青年要有优秀的师德师风，主要因为"高等学校教师的师德，不仅直接关系到教学质量的高低，也对学生世界观、价值观、人生观的形成有着十分重要的影响"。②青年教师要在思想上、品质上、作风上全面以身作则，给学生以表率的作用，懂得身教胜于言教的道理。

最后，对于青年教师的思想教育工作的重要性，我们想借用梁启超先生《少年中国说》的体例表述如下："青年教师强，则兰大强；青年教师雄于

①《邓小平文选》第2卷，人民出版社1993年版，第94页。

②刘凤英：《重视高校青年教师的师德建设》，载《中国高等教育》2002年第24期，第33页。

教育界，则兰大雄于教育界。”

参考文献

[1]《人民日报》，2012 年 1 月 5 日出版。

[2]邓小平文选：第 2 卷[M].北京：人民出版社，1993.

[3]刘凤英.重视高校青年教师的师德建设.中国高等教育，2002(24).

[4]卢进南.新形势下高校青年教师思想政治工作认识和工作方法的探讨.常州工业技术学院学报(社会科学版)，1992(3).

[5]欧祝平.青年教师政治素质与事业有成的互动性研究.中南林学院学报，2003(6).

对加强和改进青年教师思想政治工作的思考

——基于兰州大学班主任培训需求调查

吴国军　张晓文

[吴国军，兰州大学学工部(处)副部(处)长，副研究员；张晓文，兰州大学外国语学院辅导员，助理研究员]

摘要：教育深层次的发展以及社会对学生综合素质越来越高的要求，迫使我们不断思考，不断创新，动员全校上下一切力量去完成育人工作。青年教师作为高校育人的主体，拥有得天独厚的优势，但是也存在一些问题，这就需要各级组织共同努力加强和改进青年教师的思想政治工作，使之成为拥有很强的政治理论素质、高尚的人格修养、乐于奉献、勇于担当、诚实守信的专家、学者、老师。青年教师担任班主任，不仅对学生的成长成才能起到很好的帮助作用，而且对于他们自身来说，这也是一个了解学校、了解学生、锻炼能力的很好的途径。开展班主任培训，是加强和改进青年教师思想政治教育工作的有效途径。

关键词：青年教师　思想政治　育人　班主任　培训

青年教师是高校育人的主体，他们在学校的教学、科研、管理等方面发挥着重要的作用，他们的综合素质，直接关系到学校的教学质量，关系到人才培养，关系到科研创新，关系到学校的长远发展。所以他们除了需要具有突出的教学能力、扎实的科研功底、良好的沟通能力，更重要的是还需要有很强的政治理论素质，高尚的人格修养，乐于奉献、勇于担当、诚实守信的优秀品质。有了这些，他们才能做一个好的学者，做学生的良师益友，才能勤于育人。

一、高校的育人工作需要全校上下的共同努力

(一)教育的深层次发展——个体化指导

高校的教育需要让学生遵守国家的法律，遵守学校的规章制度，遵守社会的准则，学习科学文化知识，能够坚持远大理想，坚持刻苦学习，坚持艰苦奋斗，坚持开拓创新，坚持高尚品行，但是，要想让所有人都做到这

些,却不是召开几次会议就能解决的。组织观看国家相关会议的视频,召开学习心得座谈会,举办知识竞赛和文艺晚会,这些都是群体性的统一教育,要想让教育深入人心,需要教育工作者区分群体,甚至是区分不同的个体,进行更加深入的教育。

高校的教育工作者需要跟学生相伴、相知、相长,真心、耐心、接纳、有爱心地倾听他们的内心,而不是封闭、抗拒、烦躁、自以为是、急于求成。

在教育越来越被重视的今天, 浅层次的千篇一律的说教已经不能满足当下大学生的需要了,要形成高校教育工作者和学生干部、学生志愿者共同组成的个体化的教育团队,大家互相配合,共同成长,共同发展。

(二)大学可以帮助学生提高未来进入职场的若干能力

大学里有负责给学生传授科学文化知识的专业课教师, 有对学生进行思想政治教育并且为他们的生活和学习提供专业服务的学生事务工作者,也有为学校科研、教学等服务的行政工作老师,但是总的来说,一切都是在围绕学生的成长成才和国家的科学技术的发展进步而进行。

大学应该注重专业能力的培养, 但是更重要的是要培养学生有远大的理想,有良好的思维能力,有创造能力,有学习能力,有团队意识,讲诚信,有高尚的人格,有很强的执行力等,这些能力是每个学生进入职场必备的一些素质,也是雇主们最看重的,这就需要全校上下共同努力,共同塑造综合素质过硬,又堪当大任的学生。

能力的培养不是一朝一夕能够完成的, 需要学校和学生持之以恒的重视和努力。

二、青年教师是高校育人的主体

高校的育人工作需要全校上下的共同努力, 不仅因为学校以培养建设社会主义事业接班人为目标,还因为目前学生的多元化,给教育工作带来越来越高的要求。青年教师作为高校教师的主体,也不可避免地成为了学校育人的主体,他们进行育人教育,有着得天独厚的优势。

(一)数量多,规模大,是高校教师的主体

他们是学校中最具活力的一个群体,他们数量多、规模大,是学生大学期间接触最多的一个群体,他们见证、影响着学生的成长成才。

(二)学历层次高

他们的英语、计算机、专业知识等能力娴熟,他们事业上有着自己的追求,是学生各方面学习的榜样,他们容易获得学生的尊重和信任。

(三)年龄跟学生相近,更能感同身受地引导学生朝着各自的人生目标而努力

他们正在经历或者刚刚经历人生的一些重要转折，第一份工作、结婚、生子,他们会面对科研、教学等的压力,会面对工作和家庭的冲突,会面对付出与收获的矛盾,会面对个人利益与集体利益的取舍,这些都是每个学生即将要面对的,他们需要跟学生进行深入的交流,了解学生的职业发展目标,并且帮助他们去实现。

三、加强和改进青年教师思想政治教育是学校育人的重要组成部分

青年教师作为学校育人的主体，在学校的各方面工作中发挥着重要的作用,但是,仍然存在各种问题,这些需要各级组织共同努力。

(一)政治理论素质有待于进一步加强

青年教师正处于人生的很多重大转折时期,需要面对科研、教学、经济收入、家庭投入等各方面的问题,容易受当今一些不良风气的影响,比如重视名利地位、经济收入等,忽略个人自我实现以及人与人之间的珍贵情谊等,这些都需要通过各级组织对其进行各方面培训,使其具有良好的政治理论素质和更加高尚的人格修养。

(二)服务学校、服务学生的意识有待进一步加强

部分青年教师将自己定位在教学、科研的任务上,认为这些是自己安身立命的东西,却忽略了作为教师最起码的责任,只完成教书的任务,却不履行育人的义务。这就需要进一步增强他们服务学校、服务学生的意识。

(三)开展具体工作的能力有待进一步加强

部分青年教师没有担任学生干部或者进行实习实践的经历，这就需要帮助他们在组织、领导、沟通、协调等方面进一步提高能力,以便让他们更好地指导学生成长成才,以及更好地规划自己未来的发展。

四、以班主任培训为突破口，有效加强和改善我校青年教师的思想政治工作

班主任队伍是学生工作队伍的重要组成部分，在学校建设、人才培养、日常管理中发挥着重要的作用，他们中绝大多数为青年教师，因此对他们的培训，能在一定程度上起到加强和改善我校青年教师思想政治工作的目的。

(一)进行班主任培训符合国家的相关要求

《中共中央国务院关于进一步加强和改进大学生思想政治教育的意见》(中发[2004]16文)中指出："大学生思想政治教育工作队伍主体是学校党政干部和共青团干部，思想政治理论课和哲学社会科学课教师，辅导员和班主任"。"班主任负有在思想、学习和生活等方面指导学生的职责"。

《教育部关于加强高等学校辅导员班主任队伍建设的意见》(教社政[2005]2号文)中指出："辅导员、班主任是高等学校教师队伍的重要组成部分，是高等学校从事德育工作，开展大学生思想政治教育的骨干力量，是大学生健康成长的指导者和引路人。加强辅导员、班主任队伍建设，是加强和改进大学生思想政治教育和维护高校稳定的重要组织保证和长效机制，对于全面贯彻党的教育方针，把大学生思想政治教育的各项任务落到实处，具有十分重要的意义。"

"各地教育部门和高等学校要制定辅导员、班主任培训规划，建立分层次、多形式的培训体系，做到先培训后上岗，坚持日常培训和专题培训相结合。要重点组织辅导员、班主任学习马克思列宁主义、毛泽东思想、邓小平理论和'三个代表'重要思想，学习时事政策，学习管理学、教育学、社会学和心理学以及就业指导、学生事务管理等方面的知识。"

(二)进行班主任培训是开展大学生思想政治教育的有效途径

1.兰州大学班主任队伍的现状

班主任是学校中全面负责一个班学生的思想、学习、健康和生活等工作的教师。好的班主任是学生身心健康和学习成长的重要因素，也是提高一个学校教学质量的关键因素。兰州大学本科生班主任由各学院教师担任，因为他们同时承担着学院科研、教学等工作，虽然在兰州大学本科生教育方面贡献很大，但是，也同时存在一些问题。例如：跟班级学生沟通的时间较少;不明确班主任的岗位职责;缺乏做好班主任工作的一些具体技能。

2.兰州大学班主任培训需求调查

为了了解兰州大学班主任培训的需求情况,兰州大学学生工作部(学生处)和兰州大学学生事务培训中心针对学生和班主任分别进行了调研。

一是针对学生的调查。班主任培训调查问卷(学生版)是针对学生设计的关于班主任任职情况的调查问卷,包括单选和多选题共17道。内容涉及班主任在学生日常生活学习中的重要性、班主任的工作态度、任职状况、学生对班主任工作的满意程度、学生对班主任工作的改进需求及意见等。调查对象包括23个学院各个年级的学生,向每个学院发放调查问卷40份,共920份,回收833份,回收率高达90.54%。其中,填写不完整的废卷50份,有效问卷783份。

基于以上调查数据,我们可以得出以下结论:

①无论男女生,无论是否为班干部,无论文理科的学生,大多数人认为班主任对个人发展的作用很重要,但是对自己所在班级的班主任工作并不非常认同。

②大部分班主任与学生的交流很少,对学生的关心不足,这也造成了学生在遇到问题时很少会找班主任寻求帮助。

③同学们希望通过网上聊天或召开会议面谈等方式与班主任进行更多沟通。

④同学们希望从班主任那里获取关于制定大学发展规划、探讨学习方法和途径、确定科研兴趣和推研出国方向等方面的信息和帮助。

⑤同学们认为一个合格的班主任应在人际沟通能力、班级文化建设、班级关系处理等方面有所提升。

二是针对班主任的调查。班主任培训调查问卷(教师版)是针对班主任设计的关于班主任任职情况的调查问卷,包括单选和多选题共20道。调查对象包括23个学院的所有班主任,收回问卷93份,其中,填写不完整的废卷3份,有效问卷90份。

基于以上调查,我们可以得出以下结论:

①大多数受访班主任表示对自己工作重要性的认可,但也承认平时与学生的沟通交流少,班级活动举行不频繁,平时的工作由班长和副班主

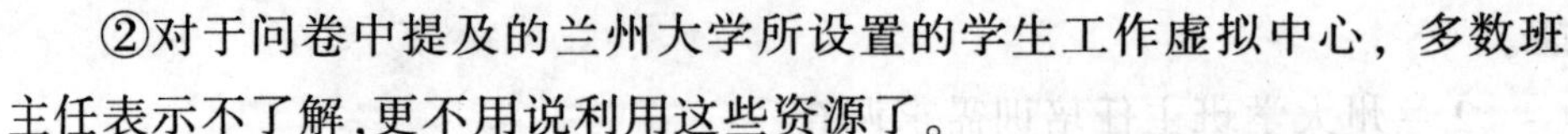

任代为执行。

②对于问卷中提及的兰州大学所设置的学生工作虚拟中心，多数班主任表示不了解,更不用说利用这些资源了。

③对多数班主任来说，学生平时与自己的交流也多限于学业或未来发展方面,个人感情的事很少找班主任沟通,因此学生学业、师生关系、师生沟通是受访班主任认为平时工作中做得比较好的方面，而班级文化和学生情商培养是受访班主任认为做得不好的方面。

④大多数受访班主任认为一个合格的班主任最应突出表现的方面是和学生的沟通能力。

⑤大多数班主任认为进行班主任培训是有必要的，未来在培训中应将心理学、沟通技巧等基本技能列为重点项目。

⑥至于培训的方式，受访班主任的偏好依次为案例分析、讲座和座谈,而在考核时最偏好的是提交心得体会和综合考评,出勤率和撰写论文不受欢迎。

⑦多数班主任表达了对这次培训的期待，希望从此次培训中获得各方面的提高。

由兰州大学学生工作部(学生处)和兰州大学学生事务培训中心针对学生和班主任展开的这次问卷调查，充分了解了学生和班主任对班主任工作的认识和需求,反映了学校组织班主任培训的必要性和紧迫性,对未来班主任培训工作具有重要的启发和借鉴意义。

通过培训,能不断更新班主任工作理念,提高班主任的理论知识和技能水平,促进班主任自我修养,打造一支素质高并具有活力的全校班主任队伍,促进班主任在我校学生管理及学生培养上的作用。

总之，青年教师的思想政治教育工作是学校进行人才培养和开展各方面工作的重要前提,只有做好了这项工作,我们才能坚持正确的办学理念,才能培养更多、更好的社会主义事业建设者和接班人,才能在科研学术领域取得更大的成绩。我们需要不断探索加强和改进青年教师思想政治教育工作的新方法、新途径,不断创新,更好地实现大学育人的本质。

在本文的最后,要对进行兰州大学班主任培训需求调查问卷设计、教师问卷发放和回收以及进行最终数据分析的四位 2011 级硕士研究生表示感谢,他们是草地农业科技学院邓志刚、外国语学院丁怡伟、外国语学院山雪莲、经济学院张大玮。

参考文献

[1]韦毅,莫冬丽,潘宁敏,等.对高校青年教师思想政治教育的几点思考.右江民族医学院学报,2007(3).

[2]谢斌斌.当前高校青年教师思想政治教青坝状及对策分析.辽宁行政学院学报,2009(11).

[3]史成虎.高校青年教师思想政治教育的困境与对策考察.曲靖师范学院学报,2011(4).

[4]宗琴珍,谢宜鹏.关于高校青年教师思想政治教育的几点思考.安徽农业大学学报(社会科学版),2001(1).

[5]田朝晖,张美珍.加强高校青年教师思想政治教育实效性的途径.人力资源管理,2010(5).

[6]王忠.困境与出路:对高校青年教师思想政治教育的思考.三峡大学学报(人文社会科学版),2011(5).

口腔医学院青年教师思想政治、工作生活状况调查报告

黄剑华　马赛凤

（黄剑华，兰州大学口腔医学院党委副书记，副研究员）

摘要：本文针对兰州大学口腔医学院青年教师的工作、生活、政治思想状况三部分开展问卷与访谈调查。调查发现青年教师思想政治和工作生活状况总体上积极向上、健康和谐，但也存在着某些不足和困难。这些问题需要青年教师自身、高校领导与管理机制以及社会大环境共同来解决和应对。

关键词：青年教师　思想政治　工作生活　调查报告

为了改进和加强我院青年教师思想政治工作，根据院党委的部署，学院党委、工会组成调研组，对全院青年教师的思想政治状况和工作生活状况进行了一次全面、系统的调查研究。研究采取问卷调查的方式，调查范围为我院40岁以下全部青年教师，主要分布在教学科研、教学辅助、辅导员等岗位人员。调查问卷为参考自编的《兰州大学口腔医学院青年教师思想政治和生活状况调查问卷》，主要包括以下四项基本内容：一是青年教师的个人基本信息；二是青年教师的工作情况；三是青年教师的生活工作状况；四是青年教师的政治思想情况。调查结果如下文。

一、青年教师的基本情况

青年教师总体情况：学院目前有40岁以下(含40岁)的青年教职工24人，占学院在职教工总人数的53%，其中教师以及教辅实验人员17人，其中外出攻读博士、做访问学者、进行短期学习4人，故调查问卷共发放13份，回收率100%。

回收问卷中，男性占38.46%，女性占61.54%；31～35岁的占76.92%，36～40岁的占23.08%；拥有博士学位的1人，占7.69%，硕士占76.92%，本科毕业2人，占15.38%；青年教师职称集中在讲师阶段，占总数的92.31%，副高以上的目前空缺；青年教师中党员占76.92%，非党员占23.08%。

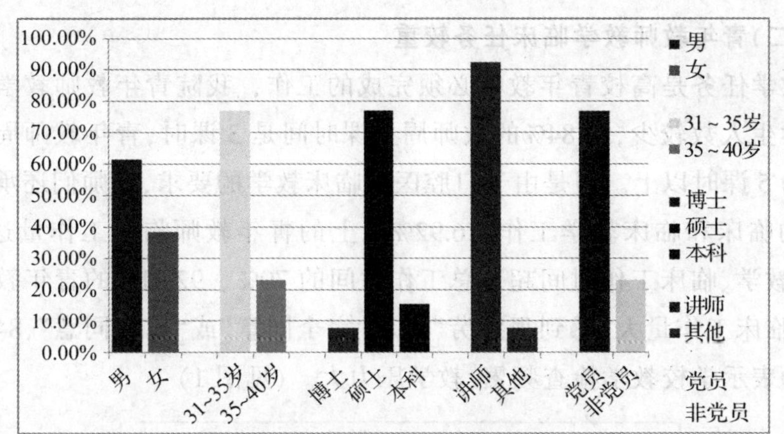

图 1　口腔医学院青年教师基本情况

二、工作情况分析

(一)青年教师热爱教师行业

调查结果表明青年教师绝大部分热爱教师事业,69.23%的青年教师从事教师职业的原因是“立志从教”或因为“教师职业高尚”, 有 23.08%的人是因为老师职业“工作稳定”。有 69.23%的人对高校老师的社会地位感到“满意”,有 30.77%的人对高校教师的社会地位感到“一般”、“不怎么满意”和“非常不满意”。经过分析,我们认为这部分教师之所以对自身的社会地位认同度不高, 主要是他们在学术研究等方面还没有达到一定的高度,因此社会对其价值认可度较低,导致其自身对社会地位的价值判断也相应较低。同时 100%的青年教师认为对于工作最大的动力“来自内心信念和作为教师的自豪感”,这也说明教师在学校内部的地位还是非常高的,即便是年轻教师也得到了学生和学校其他人员的尊重,因此,他们有非常强烈的职业荣誉感和自豪感,这成为他们从事教师工作的强大动力。

表 1　调查问卷节选

8.您为什么从事教师职业:
(1)立志从教　　(2)服从分配
(3)职业高尚而实惠　　(4)工作稳定
11.您对高校教师的社会地位感到
(1)非常满意　　(2)满意　(3)一般
(4)不怎么满意　　(5)非常不满意
21.到目前为止,您心中对于工作的最大的动力是________
(1)来自内心信念和作为教师的自豪感
(2)教师工作的轻松、自由
(3)经济待遇不错
(4)其他(请注明)________

(二)青年教师教学临床任务较重

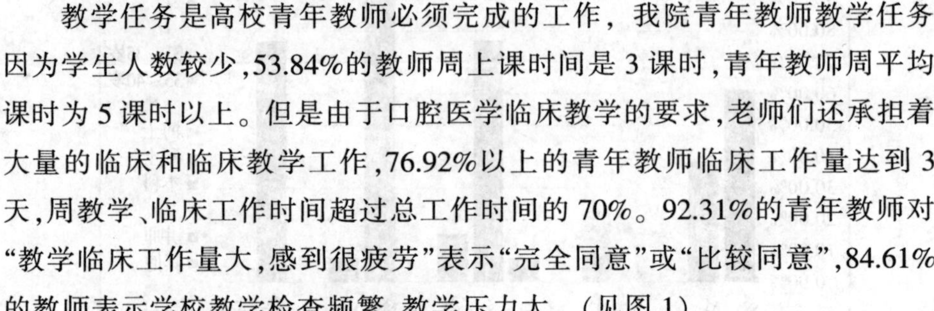

教学任务是高校青年教师必须完成的工作，我院青年教师教学任务因为学生人数较少,53.84%的教师周上课时间是3课时,青年教师周平均课时为5课时以上。但是由于口腔医学临床教学的要求,老师们还承担着大量的临床和临床教学工作,76.92%以上的青年教师临床工作量达到3天,周教学、临床工作时间超过总工作时间的70%。92.31%的青年教师对“教学临床工作量大,感到很疲劳”表示“完全同意”或“比较同意”,84.61%的教师表示学校教学检查频繁,教学压力大。(见图1)

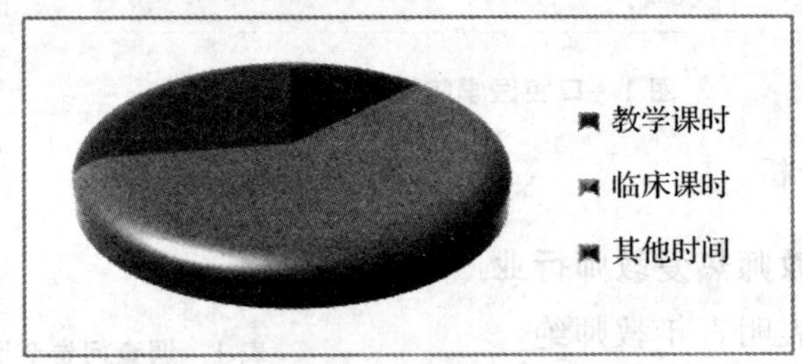

图2 青年教师工作时间分配比例

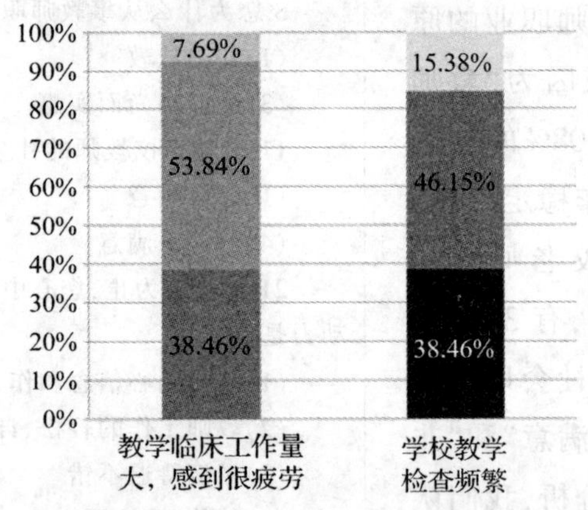

图3 青年教师工作压力分布状况

(三)青年教师科研和职称评定压力大

青年教师是高校中主要的人力资源,除了要考虑教学临床任务外,他们还要考虑出科研成果,在职称评定中,科研经费、论文发表等都有明确指标。随着我校人才引进的层次不断提高,科研要求和职称评定的竞争也越来越激烈，因此，对于科研和职称评定的压力成为青年教师的头等压力。调查结果显示“科研和提高学历层次的压力”以及“职称或职务竞争激烈"成为青年教师在工作中最主要的压力，对于"科研和职称评定使我感到压力大"表示"完全同意"的占61.53%，表示"比较同意"的占15.38%，两项合计接近八成。这也从我院青年教师学历及职称构成数据中得到印证，青年教师中博士学位获得者仅1人，高学历人数偏少；高级职称人数为0，显示出我院青年教师科研能力不强、科研产出较少、职称晋升压力较大。与之对应的，压力之下青年教师未来五年的职业生涯的主要需求和期望得到的生涯支持集中在攻读学位、职务晋升和提高教学水平等方面。

表2　青年教师工作压力(多选项)

科研和提高学历层次的压力	76.92%
职称或职务竞争激烈	46.15%
学校投入不足，工作环境欠佳	23.08%
教学任务重	15.38%
没有足够的时间对学生进行德育教育或教学指导	15.38%
学生对工作的不合作	7.69%
家庭事务与工作关系紧张	0.00%

表3　未来五年的发展目标(多选项)

攻读学位	92.31%
提高教学水平	61.54%
职称或职务晋升	61.54%
加强科研能力或提升行政管理水平	35.50%

三、青年教师生活状况

青年教师面临购房、结婚生子以及赡养老人等人生任务，在经济和精力方面都面临很大的压力，但由于他们在职称、行政级别等方面都处于较低层次，而高校工资收入又与职称等直接挂钩，因此处于工资水平的低

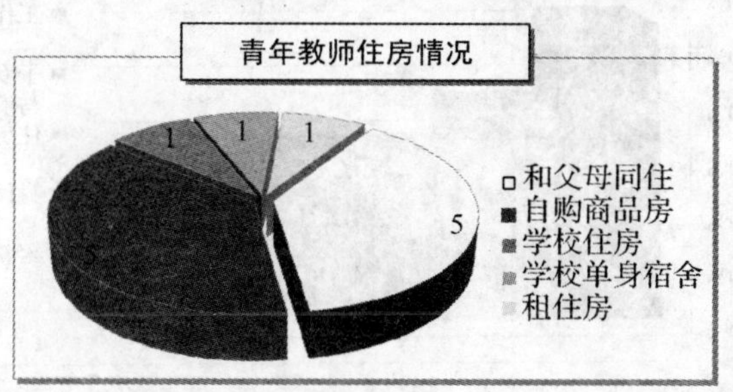

图4　青年教师住房情况

层。调查结果显示虽然61.53%的教师月收入在4000～5000元之间，23.07%的教师月收入在5000元以上，但是随着物价水平的不断提高，青年教师的生活压力并没有减少。调查中，有38.46%的人和父母同住、38.46%的人自购商品房，需要每月还贷款平均为1575元，占其工资月收入的1/3多；有7.69%的人租赁校外住房，7.69%的人住学校单身宿舍，仅有1人能够享受学校家属区住房；有30.76%的青年教师有强烈的购房愿望，有23.08%的人对于购房问题"没想过"，也有30.76%的教师感到房价太高很绝望。在交通方面，有38.46%的人拥有了私家车，其余的人选择走路或乘公共汽车上班。

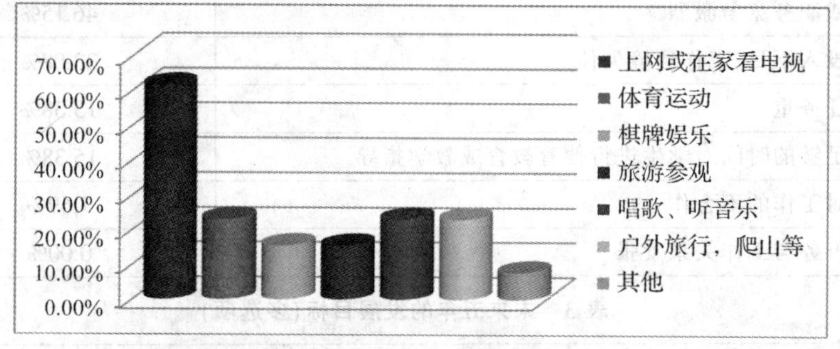

图5 青年教师休闲方式

一半以上的教师每年用于旅游休闲方面的费用约占收入的5%以下，休闲方式主要为"宅"在家中上网或在家看电视、听音乐、唱歌等，而对于旅游参观、体育运动则只占了15.38%和23.07%。

青年教师正处于人生各个方面的爬坡阶段，生活上是"上有老下有小"，工作中要做科研、提职称，因此"工作压力"、"子女成长与发展"、"住房"和"身体健康"成为青年教师在生活方面面临的最主要困难。

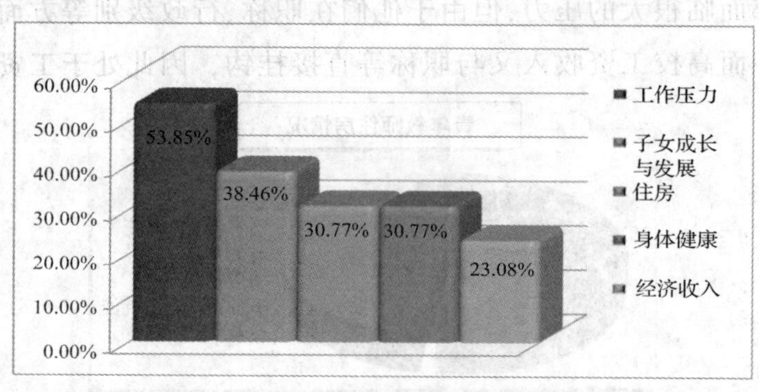

图6 青年教师压力来源

调查结果还显示青年教师遇到困难和压力的时候，通常是寻求朋友和亲属的帮助(分别为69.23%、46.15%)，仅有7.69%的青年教师会考虑求助于学校相关部门及领导。这一方面表明青年教师更加看重自身社会角色的认同，期望有广泛的社会人脉，另一方面也表明他们的职业意识明确，他们不想像老一代教师那样把自己的一生禁锢在一个单位中，使自己成为一个“单位人”。学校的工作对他们的意义更多的是意味着一份职业，一份现阶段赖以谋生的手段，他们更看重自己的社会角色，对于学校的归属感不强。同时也表明，学校对于青年教师在校园文化的养成、学校精神的培育等方面还有很多工作要做。目前，对于青年教师在工作上要求多、帮助少，约束多、鼓励少；在住房、子女成长、经济收入等生活方面对青年教师的关心和帮助还很欠缺。学校以及学院对于青年教师的思想政治工作只有切切实实地从其生活困难入手，才能赢得他们的认同，增加他们的归属感和事业进取心。

四、思想政治状态分析

高校青年教师是最有活力和最具创造力的群体，其政治思想素质的高低关系到高校未来的发展。教育者的重要组成部分——高校青年教师群体的政治素养、理论水平和师德情操对我国教育事业的健康发展和学生的成长成才意义重大。调查结果显示我院青年教师是青年中知识层次最高的群体之一，具有较高的科学文化水平，眼界开阔，思想活跃，勇于探索，他们的思想状况主要呈现以下几个特点：

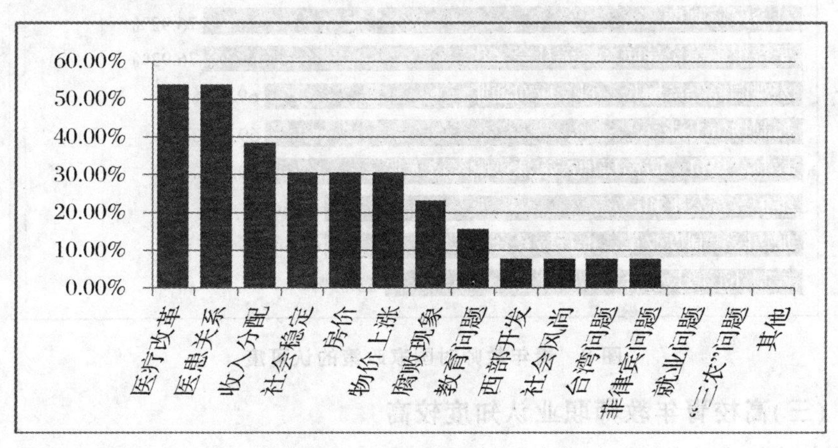

图7 青年教师对当前社会热点问题的关注度

(一)青年教师政治态度积极,对社会热点问题关心

调查结果表明,青年教师政治态度端正,76.92%的青年教师为中国共产党党员,还有 15.38%的教师准备加入中国共产党。作为知识分子的一部分,青年教师也保持了一贯的“心忧天下”的情怀,他们对当前的社会热点问题保持了较高的关注度,依关注度高低,列前六项的是:“医疗改革”、“医患关系”、“收入分配”、“社会稳定”、“房价”和“物价上涨”。对社会热点的关注体现出被调查者的职业特点,他们对医疗改革、医患关系等与医疗相关的热点问题表现出更高的关注度。同时对关系普通老百姓切身利益的问题他们也非常关注。

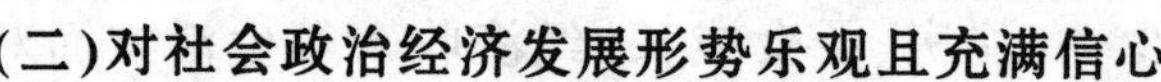

(二)对社会政治经济发展形势乐观且充满信心

调查结果显示青年教师对中央以及政府的工作认可度很高,有92.31%的青年教师认可“用邓小平理论、三个代表和科学发展观等重要思想武装全党”的工作实效;76.92%的人认为中央能够“坚持正确的舆论导向,繁荣社会文化”,做好“反腐倡廉工作”和“社会保障制度”工作。69.23%的教师相信国家能够“宏观调控经济增长,科学应对通胀”;“控制物价上涨”、“控制高房价,防治房地产泡沫影响经济大局”。还有 61.54%的人认可中央政府“维护教育公平和稳定”、“加快医疗制度改革,推进城乡医疗改革”等工作。

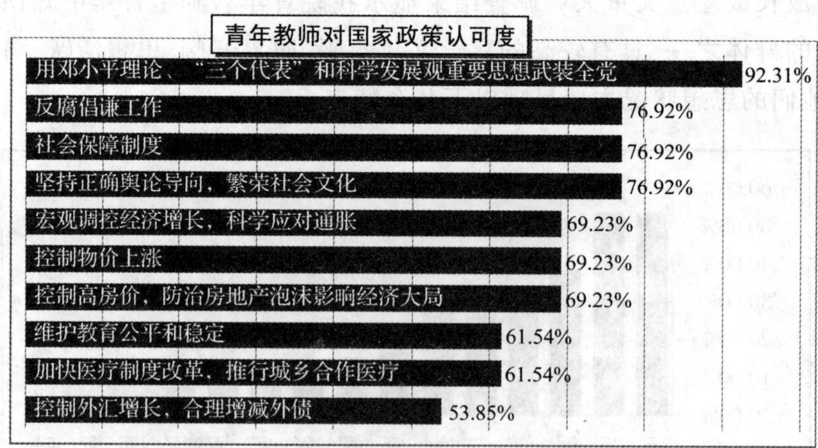

图 8 青年教师对国家政策的认可度

(三)高校青年教师职业认知度较高

高等教育事业的改革发展和教师的切身利益息息相关,调查显示,广大青年教师高度关注国家教育改革和发展规划，对教育事业前景充满信心，对高校取得的成就表示积极的认同。53.84%的教师认为自己了解学校的近期规划和长远目标，84.62%的教师表示对学校现在的发展有信心或者是非常有信心。

口腔医学院教师人数较少，学生人数也不多，但是对于学院所有教师来说，这所学院教师的整体素质是可以给予正常评价的。84.62%的教师认为学院教师"拥护党的基本路线"、"热爱本职工作，工作严谨，认真负责"；76.92%的人认为学院教师"爱护关心全体学生，尊重学生人格"、"衣着整齐得体，语言规范健康"；近七成的人认为我院教师"注重学生全面发展培养学生优良学风"、"业务能力强"、"遵守教育规律，不断改进教学方式方法"、"礼貌待人作风正派，以身作则注重身教"、"谦虚谨慎，维护其他同事尊严"。由此可见，青年教师既表现出对高校教师队伍综合素质及育人水平不断提高的自信，也充分肯定自己所从事的工作，反映出选择教师职业的自豪感，具有较强的事业心和进取心。

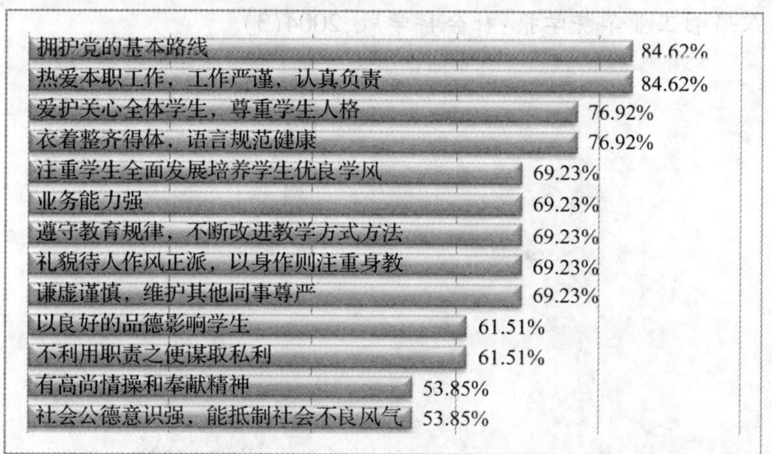

图 9 青年教师对本校教师师德师风的认可度

但是在问到自身价值是否在高校中得到了体现时，却仅有 38.46%教师表示"完全同意"或"同意"。而有 38.46%的教师表示"一般"，有 23.07%的教师表示"不同意"。这表明青年教师的价值提升空间还很大，很多青年教师感到自己没有完全人尽其才，同时也表明学校的一些激励机制不能够很好地发掘青年潜力。

五、结语

从调查和分析情况看，当前我院青年教师思想、工作、生活环境总体上是好的，青年教师群体思想政治状况其主流是积极健康的，但是也存在一些问题，这些问题需要青年教师自身、高校领导与机制以及社会大环境共同来解决和应对。

参考文献

[1]齐红.北京高校青年教师思想问题及对策研究[D].首都师范大学,2000.

[2]欧巧云.高校青年教师思想道德素质存在的问题分析及对策思考[D].华中师范大学,2003.

[3]王健.增强高校青年教师思想政治教育实效性的探讨[J].福建工程学院学报,2006(2).

[4]张成华，刘凤英，张红.高校青年教师思想政治现状分析与对策研究[J].华东船舶工业学院学报:社会科学版,2004(3).

见贤思齐:大学生思想政治教育的另维视野

石兆俊

(石兆俊,兰州大学学生工作部部长,副研究员)

摘要:传统大学生思想政治教育多以"见不贤而内自省"的方式进行,降低了教育的层次起点。"见贤思齐"是"见不贤而内自省"的另一个维度,是更正面、更积极、更高起点的大学生思想政治教育视角,有独特的内容要素及实现方式。

关键词:高校　学生思想政治教育　见贤思齐

一、"见贤思齐"的内涵

第一,"见贤思齐"作为中国传统文化的重要组成部分,其关于规范品行、陶冶情操、修身养德等人格修养意义层面的道德金律和道德训诫,体现了思想和精神对于人类生存与发展的根本意义,富有深远的现代教育意义。

"见贤思齐"语出孔子《论语·里仁》:"子曰:'见贤思齐焉,见不贤而内自省也'。"意思是见到有人在某一方面有超过自己的长处和优点,就虚心请教,认真学习,想办法赶上他,和他达到同一水平;见有人存在某种缺点或不足,就要冷静反省,看自己是不是也有他那样的缺点或不足。这是孔子的著名言论,也是后世儒家修身养德的座右铭。"见贤思齐"说明好榜样对个人成长和发展的引导意义,"见不贤而内自省" 说明坏榜样是自己生活做人的"警钟",要学会吸取教训。"孟母三迁"、杜甫自夸"李邕求识面,王翰愿为邻"等故事都说明了"贤者"的重要正面作用。这表明中国自古以来就讲究自我人格修养,培训人们的谦虚美德。

第二,"见贤思齐"蕴含丰富的道德教育思想,对当前大学生思想政治教育具有积极的借鉴意义,在创新基础上将其应用于对大学生道德品质以及完善人格的培养,这将是对大学生思想政治教育方法的有益尝试。

思想政治教育的本质是一种培养人、塑造人、转化人、发展人、完善人的社会性教育活动。子曰:“见贤思齐焉,见不贤而内自省也。”孔子此言,对提高人的品行修养,完成自我塑造是一种方法。在大学校园内,存在着一个庞大的优秀学生群体,他们是开展大学生思想政治教育的宝贵资源,如各种学金获得者,学生党员,学生干部,各级各类创新创业获奖者,毕业年级保研者、考研者,找工作先进典型等,他们或许有缺点和不足,但同时他们又有表现很优秀的一面,将该部分学生优秀的一面借助网络或其他方式展示出来,营造所谓“贤者”群体氛围,既可鼓励在校学生向优秀看齐,也可帮助新入学的一年级新生能从优秀学长身上找到他们在大学期望的成长高度,确立目标,采取行动达到或超越目标。抓住了这部分“贤者”资源,我们就抓住了“见”的先机,抓住了在新生中开展大学生思想政治教育的先机。

二、大学生思想政治教育中开展“见贤思齐”的时代背景

第一,教育立足点在国家由人力资源大国向人力资源强国的推进过程中发生了根本转变,这也促使对大学生思想政治教育的理念和思路要做出相应的变化和调整,全面、深入、创造性地开展大学生思想政治教育成为必然。

在“精英教育”时代,加上就业的指令性计划分配,不存在就业压力,高校思想政治教育的直接目标是掌握学生的政治思想状况等,做好“政治领路”工作,让学生不犯错误,培养“四有新人”。随着高等教育改革的逐步深入,我国高等教育向“大众化教育”阶段转变,高等教育由原先的少数人享有转变为多数人所享有,大学生群体的素质状况越来越呈现多层次性的特点,其构成渐趋复杂,思想观念和价值取向也不断多样性。同时,大学生就业制度也发生了由“指令性计划分配”向“自主择业双向选择”的纵向历史性变化,更加强调高校教育培养的质量,强调学生的个性发展、全面发展和长远发展,不断推动我国从人力资源大国向人力资源强国的转变,教育立足点发生了根本转变,这也要求大学生思想政治教育转变观念,创新教育思路,采取低姿态、高起点、针对性强、实效性高的教育方式方法,贴近学生、紧跟时代,培养有中国特色社会主义合格建设者和可靠接班人。

第二,在社会多元化时代,“贤”的本质并没有发生变化,“贤者”越来越

多且行为方式千差万别，这也使对“不贤”的判断越来越复杂，越来越困难，教育者在教育中感到力量越来越分散。

当前，我国已进入一个社会多元化的时代，主要表现在利益多元、价值观多元、社会舆论多元、社会生活多元、社会组织多元、思想与政治理念多元等方面。毛主席时代所倡导的“全国一盘棋”的局面已不复存在了。“贤”的本质与过去相比并没有发生变化，“贤者”越来越多且行为方式千差万别，同时高校对于学生的评判标准及要求也随着社会多元化由较为单一明确的标准向更为全面系统的综合标准转变，高校思想政治工作者在某种程度上难以分清贤与不贤的界限。这也使对“不贤”的判断越来越复杂，越来越困难。另一方面，由于社会多元化的影响，高校大学生呈现价值认知上的模糊和迷茫、价值评价趋于功利、价值观念混杂、价值认同弱化等与社会主导价值观的疏离态势，由疏离带来的大学生价值观的不确定性和其产生的令人忧虑的价值观问题、“问题学生”、“特殊学生群体”越来越多地进入大学生思想政治教育及研究视野，教育者在教育中感到力量越来越分散，把学校、家庭、社会等各股教育力量凝集起来形成“多元合力教育”逐渐成为共识。

第三，网络越来越普及，互联网发展速度快、更新周期短、开放程度高等特征催生了当代大学生的现代观念，扩大了学生的交往范围，拓宽了大学生的求知途径，但网络的多元又容易导致学生思想产生混乱。

随着信息技术的飞速发展和互联网的全球普及，信息交流更加快捷，学习途径也日新月异，高校学生获取知识的途径不断多样，知识结构不断拓宽，学习方式方法不再单一，大学生群体的交往与成长方式也越来越多元，网络已成为高校开展大学生思想政治教育的重要载体。然而，网络的发展对高校学生思想政治教育而言喜忧参半，从正面讲，青年学生的视野无限被扩大，他们在一个广阔的环境中了解世界各地的优秀文化传统和先进的科学文化，开辟了一个全新的求知空间，他们分析问题的基础更加理性坚实；从反面讲，网络的超现实性会导致大学生对客观现实世界的逃避，自我封闭，缺乏在现实交往中的主动性，存在某种程度的厌烦化、冷漠化，深入、执著的思考被视为另类。另外，网络的发展使思想政治教育工作者知识的权威性受到质疑，师生关系发生了根本性的变化，教师至高无上的地位开始动摇。

三、“见贤思齐”的内容要素及其实现方式

（一）将身边人树立为榜样

通过树立榜样引导人们认同社会价值体系，成为社会构建的坚强力量，是人类教育的基本手段。在人的主体意识加强的多元化时代，人更需要发展自己，彰显自己的主体性，人的生命更需要有向上的力量的牵引，榜样就是这样一种向上的力量。① 大学校园存在着各类奖学金获得者，学生党员，学生干部，各级各类创新创业获奖者，毕业年级保研者、考研者，找工作先进典型等组成的庞大优秀学生群体，他们是最方便也最容易被身边同学接受、学习的榜样。“见贤思齐”就是借助网络等各种可利用的有效宣传方式，多渠道宣传典型，将身边人树立为榜样，营造“以言传道，以行垂范”的良好育人氛围，帮助新入学的一年级新生能从多个学长身上找到他们在大学期望的成长高度，在榜样身上看到自己发展的方向，看到可能自我——“可达到的自我”②，确立目标，采取行动达到或超越目标。

（二）不求榜样全面优秀

树立先进典型、学习榜样，让学生“见贤思齐”，这为青年大学生确立了大学学习、生活的参照系，“见贤思齐”的过程，是青年美好自我的生成过程，也是他们在学习榜样的过程中体悟自身存在的意义并不断超越的蜕变过程。金无足赤，人无完人。校园内涌现的各类先进人物、先进集体身上不可避免地有这样那样的缺点与不足，因此，我们不强求榜样全面优秀。承认榜样的不完美性，是种真诚的态度。③在突出这些优秀典型的优点、闪光点的同时，还要注意呈现给外界一个真实的形象，不能过分修饰美化其形象，有血有肉、鲜活的榜样才更有吸引力与感召力。

（三）以网络的方式呈现

作为一种新的学习理念和学习方式，网络学习正受到越来越多的关注。网络学习是指人们通过电脑互联网络而进行的学习活动，是指学习者在网络环境下，由经验或练习引起的个体在能力或倾向方面的持久变化及其获得这种变化的过程。①“见贤思齐” 以网络的方式呈现指将“学生标

---

①才立琴：《多元化时代的榜样重塑》，载《中国青年研究》2009 年第 1 期，第 103 页。

②[美]乔纳森·布朗：《自我》，陈浩莺等译，人民邮电出版社 2004 年版，第 31 页。

③才立琴：《多元化时代的榜样重塑》，载《中国青年研究》2009 年第 1 期，第 103 页。

兵”、“优秀学生干部”、“优秀毕业生”、“优秀学生党员”、“优秀副班主任”、“君政学者”、“优秀经济困难学生”、“优秀班主任”、“优秀辅导员”、“兼职辅导员”、“先进班集体”、“文明宿舍”等先进集体、先进个人的事迹整理上传至各高校学生思想政治教育门户网站,长时间积累成为一个庞大的“优秀学生库”,新生进校之后通过点击浏览网站就能够在最短的时间内找到自己未来预期要达到的学习榜样,学习他们成功的好经验、好做法。

(四)实现有限范围互动

现代教育实践告诉我们,互动产生智慧,互动产生力量。“互动”代表了“见贤思齐”双方互相学习和影响的过程,是被学习主体与学习主体间的“对话、沟通与理解”。被列为“见贤思齐”的各类典型榜样都是校园生活中的鲜活生命个体,他们与学习者之间年龄相仿,地位相同,具有无等级差别的“共同角色”——学生,容易敞开心扉,交流经验。这些先进个人和先进集体负责人均要承诺为每一位寻求帮助的新生提供指导,加强交流。但是,需要强调的是,我们并不鼓励所有学生与这些优秀群体进行一对一、全方位互动,而是有限范围的,因为当今大学生的价值观是多元的,他们有选择榜样的权利和自由,选择、学习什么样的榜样一般由自己的需要和现实情境来决定,不能一概论之,全盘照搬。

(五)促进双方共同成长

人是环境的产物,处在一定环境中的人不可能不受到周围环境因素的影响,同时,人还具有发展不平衡的规律,这也就奠定了榜样产生的现实基础。尽管榜样的行为方式千差万别,但反映榜样内在本质的精神品质则相对集中,从榜样形象中可以抽象出一般的精神内容或行为规则,[②]从而成为人们学习的旗帜和模型。“见贤思齐”的各类典型榜样与学习者之间的有限互动,可以有效地分享双方的经历、期望、观念、情感等,消除学习者与被学习者分离的、孤立的、封闭的单一生命主体存在状态,使双方进入到一种相互沟通、对话、模仿、学习的“共在”人文状态,从而达到自我与他我的某种整合,促进共同成长。

---

①刘学兰,刘鸣:《网络学习与人的主体性发展》,载《华南师范大学学报》(社会科学版)2004 年第 2 期,第 128 页。

②申来津:《有关榜样的理论思考》,载《学校党建与思想教育》2009 年第 7 期,第 17 页。

(六)“见不贤而内自省”

“见不贤而内自省”是“见贤思齐”的另一面,“见贤思齐”是较高的道德行为自我约束标准,而“见不贤而内自省”则是道德行为自我约束的中间或者说较低标准。传统学生工作中类似“警示”、“见不贤而内自省”这样逻辑起点较低的教育方法较为惯用,并且取得了不错的教育效果。在大学,绝大多数大学生在校学习期间能够做到遵纪守法,勤奋学习,品学兼优,成为学习的榜样和标杆。但也有少数学生缺乏基本道德修养,不能很好地把握自我,出现了如旷课、考试作弊、喝酒、打架斗殴、偷窃等违纪违法现象,受到学校乃至法律的严肃处理,这些现象也是学生们引以为戒的“警钟”,会对学生产生“见不贤而内自省”的积极教育意义。所以,在今天的学生工作中“见不贤而内自省”的教育方法仍不过时,仍具有一定的保留和使用价值。

(七)建立有效的运营和管理模式

完善运营和管理模式是顺利有效开展“见贤思齐”的重要保障。笔者认为,可利用各高校思想政治教育网站,开辟专门栏目,实行层级式管理和有效监控机制,选聘优秀学生担任站长、副站长、记者,由专门老师负责指导,将“学生标兵”、“优秀学生干部”、“优秀毕业生”、“优秀学生党员”、“优秀副班主任”、“君政学者”、“优秀经济困难学生”、“优秀班主任”、“优秀辅导员”、“兼职辅导员”、“先进班集体”、“文明宿舍”等先进集体、先进个人事迹进行采访、报道和调研,以文字或视频等方式分类呈现在网上,充分利用网络庞大的容纳功能,经过较长时期的沉淀、积累下来,使正面的内容和资源越来越丰富,实现网上搜索、学习。在新生录取通知书里夹寄“见贤思齐”彩页,告知登录网址,让新生能在进入大学校门之前上网认识即将就读的大学校园里优秀的师兄师姐,或在入学之后利用新生见面会、家长见面会、新生入学教育等时机告知“见贤思齐”项目及其查阅方式,确立其学习的目标和榜样。先进集体负责人、先进个人要与高校学生工作职能部门签订承诺书,公布本人最直接有效联系方式(电话、邮件、QQ 等均可),承诺正面、真诚、无私地与寻求帮助的新生分享经验、解决困惑。

参考文献

[1]才立琴.多元化时代的榜样重塑[J].中国青年研究,2009(1).

[2]乔纳森·布朗.自我[M].陈浩莺,译.北京:人民邮电出版社,2004.

[3]刘学兰,刘鸣.网络学习与人的主体性发展[J].华南师范大学学报(社会科学版),2004(2).

[4]申来津.有关榜样的理论思考[J].学校党建与思想教育,2009(7).

“90后”大学生价值观研究及其培育

马世英

(马世英,兰州大学学生处就业办主任,助理研究员)

摘要:当前中国社会不断转型,经济体制不断变革,网络社会不断崛起,使得各种社会思潮相互不断涌现,各种价值观不断碰撞。成长于这种时代背景下的“90后”大学生的价值观发展状况引起社会的关注。调查显示,“90后”大学生自我主义、实用主义取向的价值观不断发展,在婚恋观念上越来越开放,同时社会责任感不断降低。坚持“以人为本”和“与时俱进”的精神,培养“90后”大学生的人文素养,不断完善高校价值观教育方式,才能使“90后”大学生树立起坚定和正确的价值观,承担起社会和时代的责任。

关键词:“90后”大学生　价值观　培育

一、引言

中国社会当前正处于转型时期,经济体制逐渐变革,网络不断普及,各种思潮相互碰撞,各种信息鱼龙混杂,而且社会言论越来越自由,这种复杂的社会环境提供给正在成长过程中的大学生多种多样的价值选择,但同时也使得许多大学生陷入一种迷茫的状态。“90后”大学生正是在这样的社会背景之下成长起来的群体,他们这一代大学生受时代影响产生的价值观值得我们深入研究。

从2008年开始,“90后”群体逐步进入大学校园,到2011年“90后”大学生已经成为大学的主力。社会对于“90后”群体的评价褒贬不一,“90后”大学生是充满希望的一代,但同时也是经常遭受质疑的一代,然而社会关注更多的是“90后”大学生价值观是否正在沦陷。了解“90后”大学生的价值观发展状况,探索“90后”大学生价值观的培育方法,正是当前高校思想政治教育面临的迫切问题。

据此,本研究设定了两个研究目的:一是借助数据了解“90后”大学生的价值观发展现状,二是探讨高等院校思想教育过程中对于“90后”大学生的价值观的培育。

本次研究的数据来源于2011年10月25日至10月30日进行的“兰州大学2011年第三季度思想动态调研”。本次研究以兰州大学“90后”大学生为例,采取问卷调查的方法收集资料。此次调查采取随机抽样的方法,共发放问卷300份,回收问卷300份,其中符合本文数据分析要求的问卷共292份。本次资料分析借助SPSS17.0进行,主要对变量进行统计描述,目的在于了解“90后”大学生价值观各维度的表现。

二、“90后”大学生价值观状况

价值观是社会成员用来评价行为、事物以及从各种可能的目标中选择自己合意目标的准则,是人们对诸事物的看法和评价在心中的主次、轻重的排列次序。价值观和价值体系是决定人的行为的心理基础。人的价值观是由后天社会教育培养起来的,家庭、学校、同辈群体等对于人的价值观念的形成产生着关键的作用。“90后”大学生的价值观还未定型,具有很强的可塑性,因此,高校对于他们的价值观教育显得尤为重要。

(一)“90后”大学生价值观的总体取向

在计划经济时期,大学生更多地奉行集体主义价值观,强调个体对于社会的贡献。当今“90后”大学生的价值观发生了很大变化。

调查数据显示,当问到“个体的价值取决于什么”时,36.2%的大学生认为个体价值取决于“社会地位的高低或者金钱的多少和权力的大小”,24.6%的大学生认为个体价值观取决于“生活是否舒服和潇洒”,39.2%的学生认为个体价值观取决于“对社会和国家贡献大小”或者“人格是否高尚”,这一比例与前面的个人主义价值取向的学生的比例相差无几。这说明“90后”大学生价值观不断地多元化,个人主义价值观不断膨胀。

此外,有调查研究显示,“60%以上的老师认为现在的大学生只关心个人利益,不太关心社会事务”。这从另一方面表明相当一部分大学生过于注重自我,在涉及个人利益和社会利益的关系时,总是强调个人利益,不愿承担社会责任。

但是,当我们访问学生对于不同的价值观的认同时,调查结果显示,75.3%的学生同意“个人利益应服从集体的利益”,72.9%的学生同意“劳动

和奉献是评价人生价值的基本标准”,59.3%的学生同意“个人只有在集体中才能更好地发展”,70.3%的学生认同“金钱和权利对于个体在社会上生存具有很重要的作用”。可以看出,“90后”大学生对于社会认同的正确的价值观和对自己有利的价值观都是认同的,但是当不同的价值观冲突时,他们更有可能选择利己主义的价值取向。

(二)“90后”大学生的入党动机的评价

对于“90后”大学生加入中国共产党的主要动机的调查数据显示,超过一半(50.8%)的学生认为“加入中国共产党能够更好地发挥自己的社会作用”,认为“加入中国共产党能为社会多做贡献”的学生仅占18.6%,还有部分大学生 “因为信仰共产主义”(9.6%)、“能够得到好处”(8.5%)、“受到周围同学环境的影响”(5.6%)。这表明,“90后”大学生的入党动机更加偏向实用主义，更加强调个体价值的实现，但兼顾了部分社会贡献的价值观。因此,高校对于“90后”大学生的利己主义倾向应加以引导,以净化大学生入党动机。

(三)“90后”大学生的恋爱观

恋爱观与婚姻观也是价值观的重要组成部分，它反映了个体的成熟程度以及对情感的责任感。调查结果显示,50.5%的“90后”大学生反对或者不太赞同“恋人间的婚前性行为”,同时80.0%的“90后”大学生赞同或者有点赞同“恋爱和结婚是两回事,恋爱的最后结果不一定结婚”。这表明,“90后”大学生对于恋爱和婚姻在观念上越来越开放,且恋爱更强调情感上的慰藉而不太重托付终身,“毕业就分手” 的观念很普遍。总体上来说,“90后”大学生在恋爱与婚姻观上更加强调感性而缺乏一定的理性,整体的婚恋成熟度较低,对于感情的责任意识不强。“90后”大学生的婚恋道德观念已经和传统的婚恋道德观念发生了很大的差异。

(四)“90后”大学生的择业观

择业是个体实现价值的重要途径。当今社会竞争越来越激烈,地区之间的人才需求不平衡、高校的连续扩招、就业中的性别歧视、高校毕业生传统就业渠道的吸纳能力降低、社会需求与学生就业愿望的强烈反差使得大学生的就业形势相当严峻,大学生的就业压力也越来越大。很多研究显示,当前大学生就业压力导致了很多心理障碍,如焦虑、急躁、怯懦、冷漠、自负求高、自卑等。个体择业观念反映着个体对于社会责任的态度,了解"90后"大学生的择业观念,有利于我们更好地把握"90后"大学生的社会责任感。

调查结果显示,69.2%的学生认为大学生活中最烦恼的事情是"就业压力大、前途未卜",对于自身未来发展的迷茫,影响了"90后"大学生对于择业的态度。在大学生择业目的上,52.3%的学生认为"就业的目的是获得自我更好的生存,同时可以为社会做出一定贡献",32.2%的学生认为"择业的目的仅仅是实现自身价值",15.5%的学生认为"择业目的就是为社会做贡献"。此外,在择业取向上,大部分学生表示要有利于发挥自己的聪明才智或者使自己生活得更好,仅有一小部分学生表示要到祖国最需要的地方去。这说明"90后"大学生择业取向上更倾向于实用主义,同时反映出大学生的社会责任感减弱的趋势。

三、"90后"大学生对高校的价值观教育的评价

校园是大学生主要的活动场所,学校是思想政治教育尤其是价值观教育的主要实施者。当前大学生价值观可塑性非常强,高校思想政治教育显得尤为重要。学生对于思想政治教育课程的评价一定程度上反映出当前的教育问题,值得高校教育者的关注。

(一)对于思想政治课程的认识

调查显示,39%的学生认为思想政治课程非常重要或者比较重要,多数学生认为思想政治课程一般或者不太重要。此外,对于思想政治课程授课老师的评价中,53.8%的学生对授课老师比较满意,不太满意的学生也有很大比例。

(二)对于思想政治教育方式的评价

很多学生认为课堂思想政治教育方式有些落后,不能满足他们的需求,思想政治教育尤其是价值观教育方式要实现多样化。55.7%的学生认为参与社会实践是最好的思想政治教育或者价值观教育方式;29.2%的学生认为讲座也是比较好的形式;学生对于参与党校和团校培训的认可度较低;其他的教育方式也各有一些支持者。也有一些人认为我们可以通过阅读经典、多讲实例等方式进行思想政治或价值观教育。以上信息说明学生对于课堂单一的思想政治教育模式已经出现排斥情绪,寻求"90后"大学生愿意接受的方式进行思想政治教育,改进目前的价值观教育现状势

在必行。

四、“90 后”大学生价值观发展的影响因素

“90 后”大学生的价值观发展的影响因素是多方面的，社会转型引起的社会环境的复杂化、市场经济的发展等社会背景因素为大学生提供了多元价值观，而“90 后”大学生网络使用、大学生的时事情况也会不同程度地影响大学生价值观的发展。

(一)“90 后”大学生时事关注对于价值观发展的影响

调查显示，95.6%的学生经常或者偶尔关注时事，并且对于热点事件的关注方面，学生关注最多的是道德问题，其次是名人效应事件，然后是社会重大新闻以及政治新闻和国际新闻，学生对于与自己生活息息相关的事件关注较多，而对于距自己生活较远的事件的关注程度较低。

时事是不断变化的，同时社会对于时事的宣传是有各种不同的立场的，不同立场背后是不同的价值观，若学生没有坚定的正确的价值观的引导，很容易受到误导。比如，学生最关注的道德事件“应不应该扶摔倒的老人”，赞同应该扶起老人的言论认为这是社会道德的要求，反对者则认为现实生活中“做好人被讹”的事件层出不穷，当今社会好人不敢做好事。这就很容易使人陷入道德两难的困境，同时也会使“90 后”大学生的价值观的认同陷入困惑。此外，时事事件是不断地发生变化的，不同的言论不断涌现，不同的价值观错综复杂，如果“90 后”大学生没有坚定的信仰，很容易被不同的价值观引入歧途，出现价值观的混乱。

(二)网络使用对于“90 后”大学生价值观发展的影响

网络社会已经崛起，网络在现代社会中迅速蔓延和渗透，对人们的生产方式、生活方式和思维方式产生着革命性的重塑作用。网络的使用对于“90 后”大学生学习生活产生积极作用的同时，也带来了新的风险与问题。网络信息庞大与鱼龙混杂，形形色色的信息对于辨识力还未成熟的“90 后”大学生产生着深远的影响，一方面网络为大学生提供了自主活动的平台，强大的吸引力增强了学生自我价值观培育的主体性意识；另一方面，网络文化信息容量巨大，很容易淹没德育信息，影响了大学生价值观的培育效果，同时网络中不同文化价值观相互冲突与对抗，很容易使大学生产生价值冲突与价值观误导。因此，高校应充分运用网络进行价值观教育，

引导大学生鉴别网络信息,使其树立正确的价值观。

五、"90 后"大学生价值观的培育

"历史上没有一个时代像当前这样,人人对于自己有如此多的困惑和不解。"社会的转型以及经济的变革、网络社会的冲击,人们对于外部世界的认识不断迅速地发展, 但是对于个体自身的认识却充满着困惑。对于"90 后"大学生来讲,个体内心的困惑与冲突更为明显。

"教育是人灵魂的教育,而非理性知识的堆积。"只有帮助大学生建立正确的价值观,树立积极的价值取向,"90 后"大学生才能把握住正确的人生方向。

(一)必须坚持"以人为本"

金耀基先生在《大学之理念》一书中引用了钱宾四先生对于中国学问传统的阐述:第一系统是"人统",其系统中心是人。中国人说:"学者所以学做人也。"一切学问,主要用意在学如何做人,如何做一有理想有价值的人。第二系统是"事统",即以事业为其学问系统之中心者。此即所谓"学以致用"。第三系统是"学统",此即以学问本身为系统者,近代中国人常讲"为学问而学问"即属此系统。中国之学问最重要的是第一系统,即人统。《大学》中"大学之道,在明明德,在亲民,在至于至善",即是此意。"以人为本"去感染学生、育化学生,高校教师不仅仅传授大学生必须掌握的科学文化知识,更应该培育学生的集体意识,使学生在学校这个集体中学会做人、学会做事,从而使得"90 后"大学生的身心都能得到健康的发展。同时,高校思想政治教育课程不仅要教育学生正确的价值观是什么, 更应该引导"90 后"大学生深思"人性",探索人自身存在于社会的意义和价值。只有帮助学生正确地认识自我,才能使学生内化价值观教育的内容。此外,高校价值观教育在形式上应该不断扩展形式, 增加符合学生要求和易于使学生接受的社会实践、讲座、研讨会等形式,使学生在"做中学",在实践中感悟正确价值观的积极作用。

(二)加强大学中的人文素养教育

开设人文素养课程。人文素养教育关心的是美、善的问题,引导学生思考什么是美,什么是善,让所有学生了解文学、艺术、美学与哲学,在文学、哲学、艺术与美学中放松身心,陶冶情操,正确处理好"小我"与"大我"

之间的关系，处理好个人与社会、个人与世界的关系，最终促使“90后”大学生重塑独立与坚强的人格，形成正确的人生观、价值观和对真善美的信仰和追求。只有这样，“90后”大学生走向社会后，才能更好地适应社会，既拥有独立坚强的人格和正确的价值观，又有胸怀世界的豪情，这也是我们的国家和民族昌盛繁荣的无形力量。

(三)坚持与时俱进的精神

世界每天都在变化，各种事件不断发生，如果不坚持与时俱进，很容易落在时代后面；如果没有独立坚强的本质，很容易丧失自我。因此，在当前形势下，对于“90后”大学生的价值观教育必须坚持既要继承价值观教育的优良传统，又要时刻保持对于时代发展的敏感性，真正使“90后”大学生明确正确的价值观、人生观，处理好“小我与大我”的关系，心系祖国，心怀世界，真正承担起社会的责任与时代的使命。

参考文献

[1]刘沧山.中外高校思想教育研究[M].北京：人民教育出版社，2008.

[2]沈冯娟，黄少华.青少年网络沉溺群体的行为特征及其社会控制[J].甘肃社会科学，2006(6).

[3]张秀荣，韦磊.高校思想政治教育研究热点问题[M]. 北京：北京师范大学出版社，2010.

[4]金耀基.大学之理念[M]. 北京：三联书店，2008.

不断创新和改进高校安全教育的对策分析

韩来相　强东妮

（韩来相，兰州大学学生处管理科科长，助教；强东妮，兰州大学物理科学与技术学院辅导员）

摘要：高校的安全稳定是其他工作运行的前提条件和基本保障，因而开展高校安全稳定防治工作显得尤为重要和责任重大。在安全稳定工作多个环节工作中，安全教育是安全稳定的重要环节，是各类安全问题的预防，扎实有效地开展高校安全教育工作，不仅是对学生的安全常识和意识的教育和培养，也是对教师队伍的教育和引导，不仅需要在内容上不断创新，更需要在方法上不断探索。

关键词：高校　安全教育　对策

一、高校安全教育工作的重要性

高校安全教育，是高校为了维护大学生的人身、财产安全和身心健康，提高大学生安全防范意识和自我保护能力而开展的一种教育活动，其重要性和基础性渗透在高校运行的各个阶段和环节。

高校是培养社会主义接班人和国家未来建设者的摇篮，高校也是孕育知识和传承文化的圣地，高校的教育和文化建设离不开安全稳定的环境。同时，加强高校的安全教育工作是帮助学生全面成长的需要，更是高校在进行创新工作和构建和谐校园的要求，更进一步说，高校的安全教育和稳定直接关系到国家的安全稳定。

二、高效安全教育面临的新的挑战

高校安全教育重要性不言而喻，层出不穷的问题更加突显出当前高校安全教育环节的疏漏，特别是存在多注重安全的管理和治理，而轻视安全防治，尤其是安全教育的重要作用。同时，高等学校扩招、网络技术的全面覆盖、高校分校区的建校模式以及各种内外相伴的新环境新因素，都在考验着高校安全稳定工作的开展和成效。

(一)国内国外两个大环境深刻影响着高校安全稳定

当前时代正处在一个大发展大变革的国际局势环境中，各种力量和势力的崛起，致使社会思想和价值的动荡。与此同时，高校的成长并不是封闭的独立个体，而是要在与国家、社会甚至是国际环境的互动中良性运行，因此国际国内环境的变化，深刻影响和作用着高校的发展和建设，特别是在信息高速传播的网络时代，社会大环境的变迁，直接影响着大学生的思想行为变化，高校安全稳定工作不断经历着挑战和考验。

一方面，国际局势复杂多变，国家安全和发展处在一个不断变化和发展的状态下，国家之间关系也成为一些反华势力和民族极端势力利用的时机，在这种情况下，国家外部环境的不稳定因素，在互联网的支持下，在不法分子的利用下，成为影响国家、社会和校园的不稳定因素。

另一方面，国内经济社会高速发展，价值观念和道德标准不断受到侵袭和变化，各类公共安全事件和个体行为事件，在被放大和炒作之后，都成为正在树立价值观念的高校大学生的影响因素，为高校的思想政治教育工作和安全稳定工作带来了巨大的挑战。

(二)网络技术的广泛覆盖增加了安全稳定的不确定因素

如今网络信息技术全面覆盖，高校教学、管理已经全面信息化，学生的日常生活学习也离不开网络的支持和使用。互联网信息量大，且属于虚拟的公共环境，由于监管方式和自身约束等不足，互联网上的各种消息正在高速地传播到社会各个领域内。大学生还处在学习阶段，个人阅历和经验不足，对于网络环境的安全隐患并不能认识清楚，特别表现在对于互联网上的各类信息不能做到很好的甄别区分，非常容易受到互联网信息的蒙蔽和引导，在这个过程中，学校的安全教育和安全管理工作就会出现滞后性和问题复杂化等难题，难于控制互联网上的信息散布，更是难于及时掌握学生的心理变化和思想变化。

同时，不少大学生沉迷于各种网络游戏和网络节目，不仅耽误了学习工作时间，更对自身身体健康、心理健康产生了不利影响，威胁着学生的自身健康和安全，也波及周围同学的正常生活和学校的正常运行。

(三)高校多校区的建校模式使学生安全保障面临新问题

在城市建设发展和高校扩招的压力下，高校建设分校区成为越来越多高校的选择。高校分校区往往是将学校建设在离城市主校区较远的郊区地带,依靠校车进行校区联系,在这种情况下,由于校内校外的双重环境变化,催生了高校学生安全保障的新问题。一方面,分校区较为偏僻,校外环境难于掌握,这在以往存在于学校的各类安全问题中又增加了新的安全隐患。特别是由于交通等因素的制约,分校区的安全问题呈现出发现问题再解决问题的被动局面,出现突发事件也难于有足够的安全管理人员和教师进行快速和针对性的安全反应。虽然高校极为重视分校区的安全稳定工作,但分校区的安全稳定发展还有很多问题和环节需要解决和完善。

(四)新时期大学生安全意识薄弱带来安全稳定新课题

近几年开始,“90后”学生开始全面进入大学学习。“90后”大学生生活在高速发展的新时代,正是各种文化价值观念全面冲击的时期,因此造成了其鲜明的性格特点和更加独特的价值观念,这种情况下,就形成了新时期大学生在安全稳定问题上普遍的态度不积极、安全意识和能力较弱。突出表现为大学生自主意识较强,但是自我保护意识和危险意识又很弱,他们从小接受的保护爱护较多,因而解决问题和分析问题的能力就显得比较薄弱。由于大学生各种安全知识和安全防范能力的欠缺,在面对火灾、突发性公共安全事件时,不仅不能有效防范,更不能采取积极措施进行自救和他救。

三、创新和改进高校安全教育的应对措施

(一)安全教育应纳入课程体系并使其规范化

当前,高校安全教育并没有被列入高校必需的课程体系之内,更多地呈现出随意性、应急性和碎片化的特点。除部分高校在新生入学时会固定开办安全讲座之外,更多的是由于发生了安全事故而临时开设讲座或组织相关检查、宣传等活动。一方面,应急性地进行安全教育,教育者本身准备不足,对学生安全意识和安全知识的现状和需求都缺乏详细的了解,难以因人施教、因需施教,研究视野比较狭窄,教学内容容易重复;另一方面,零散式的安全教育往往会演变成为学生被动的听课任务,无法激发学生加强自身安全意识和安全技能的主动性,也就难以达到预设的教育结果。

目前,无论是高校还是学生,功利性意识都有所增强。学校的正规课程尚有“说起来重要,做起来次要,考起来不要”的可能存在,学生对安全教育重要性的认识更加缺乏。因此,将安全教育纳入高校公共必修课的课程体系,是有思想、有计划地完善和发展高校安全教育必要的制度保障。纳入课程体系意味着高校安全教育将具有固定的师资、教材与课时,这样有利于安全教育的规范化、体系化,便于全面、系统地培养学生的安全意识和安全知识,也可以引起学生足够的重视,在教学与学习的双向互动中实现高校安全教育的长远规划和发展。

(二)培养教师群体使其队伍化

建设一支合格的高校安全教育队伍重点要加强两个层面的建设。第一个层面是加强教师自身专业素质的培养。合格的安全教育教师不但需要具备丰富的业务知识和专业技能,还必须具有对安全隐患和风险的敏锐意识和善于发现问题、解决问题的能力。第二个层面是要重视教师队伍的整体建设。首先,要确保教师数量。目前来看,高校基本不配备专门的安全教育教师,多由保卫部门人员和辅导员兼任,或是根据需要临时聘请相关人士,没有一支稳定的有关安全教育的教学队伍,因此必须适当地设置专门任课教师,专人专岗,才能保障人才队伍的稳定,使安全教育发挥长效。其次,要优化队伍结构,目前负责高校安全教育的人员结构复杂、流动性大、随意性强,学历层次参差不齐,学科背景也大相径庭,因此建设一支学历结构、学科结构、年龄结构合理的教师队伍是做好高校安全教育工作的基本保障。

(三)更新教育内容使其结构化

安全教育是一个系统性、长期性、基础性的工作,教育对象的知识背景、不同时期教育重点的转移、教育环境的改变甚至突发性事件都影响着安全教育的具体教学内容,因此,高校安全教育在教学内容的设置上必须考虑它的层次性、系统性。从纵向上看,安全教育既包括国家有关方针政策及有关法规的教育,也包括安全知识和技能的教育,还包括具体的事故案例的教育;从横向上看,安全教育可以划分为食品安全、出行安全、设备的安全使用、突发性事件的安全处理等等。安全教育的内容直接关系到学生通过这种教育获得了哪些安全知识,培养了哪些能力和素养,甚至关系到安全教育的效果。因而,安全教育内容的全面、系统、科学是必须坚持的原则。

目前的安全教育内容知识性强、实践性弱,宏观论述多、微观研究少,且教学内容单调、陈旧、重复率高。在高校安全教育中需要及时地根据教育对象的层次以及安全风险主次顺序的转换更新教育内容，建立一个涵盖基本理念、基本概念、具体案例、具体技能的教育内容体系,同时,建立一个与具有不同层次安全意识和知识水平的学员需求相符的教育内容体系,增强教育内容的结构性、层次性。

(四)引入新方法使其日常化

教育的成效和效率往往与教育的方式方法紧密相连，高校安全教育的方法也应与时俱进,使安全意识深入学生的日常生活。结合当前高校学生生活方式发展的大趋势,着重提出两大新方法。

第一,加强安全教育网络阵地的建设。目前,网络已经深入到大学生的学习、科研和业余生活的各个领域。加强安全教育网络阵地,一方面要加强主体网站的建设,使有需要的学生能够快速、全面地了解相关的知识与信息;另一方面还要加强网络宣传,将安全意识宣传与校内论坛、官方网站的建设联系起来,“春风潜入夜,润物细无声”,力争使安全观念深入到学生的潜意识中去。

第二,发挥学生社团的自组织能力。社团本身就是具有某些共同特征的人聚集而成的互益组织,也是学生公共生活的主要载体,例如学生会、各种爱好协会等等。学生社团的组织能力强、社团成员的积极性高,充分借助学生社团的力量发起有关安全教育的活动，使其成为学生社交活动的一部分,将有利于提高教育成效。

(五)注重实践演练使其生动化

切实保障学生安全,光有专业知识并不足够,更重要的是能使学生在危急情况下将书本知识转化为实际行动。这就需要我们建立安全预警机制,重视事件演练,增强安全教育的可操作性。在高校的安全教育方面,将学习与实践充分结合，一方面指导学生主动积极地参与到安全教育工作的教育环节,另一方面,组织学生进行安全教育的实施实践工作,将学校教育和自我教育相结合。

实践演练的总体要求是既重视常规演练,又要结合高校实际。常规演练是事件演练的主体部分，涉及主题大多是高校多发的安全问题，如火灾、饭堂的食品安全、学生中的暴力事件等等。各高校安全工作的主要危险由于高校的地理位置、办学性质等因素的不同也会有所不同,因此还要充分考虑高校自身的实际情况，譬如四川等地震区的高校要重视地震疏散的演练,周边环境较复杂的高校要重视防偷防抢的教育演练等等。通过增强安全教育的实践性,通过生动活泼的事件演练,才能更好地激发学生的学习热情、更好地加深学生对安全知识的印象,更好地锻炼学生应对安全危机的实际能力。

安全教育的开展,是高校安全防治工作的起点和重点,是高校培养和教育学生的重要内容,是高校安全稳定工作科学化和深入化的重要衡量标准,是高校"以人为本"理念的体现,更是"构建和谐校园"的有力彰显,高校安全教育应当从实际出发,从学生利益出发,从学校大局出发,加强教育与管理相结合,加强教育与实践相结合,加强学生与教师和学校的联系和沟通,为实现教育事业的发展和学生的健康全面发展做出应有的努力。

参考文献

[1]沈昌海.大学校园安全教育之我见.科技信息,2012(4).

[2]徐骏.论人格发展导向下大学生安全教育模式创新.浙江工业大学学报,2012(1).

[3]杜刚,李亚光.高校安全教育内容与时间节点选择分析.文教资料,2012(8).

[4]林国华,段言.论如何加强大学生的安全教育.湖南第一师范学院学报,2010(3).

[5]任丽平.试论大学生安全教育.西华师范大学学报(哲学社会科学版),2006(4).

[6]田岐立.高校公共安全教育的现实意义与路径选择.洛阳理工学院学报,2012(2).

[7]李文钰.高校突发事件与大学生自我保护能力提升.江西理工大学文法学院,2012(2).

[8]张继延.和谐校园时域下高校安全教育的问题及对策.教育与职业,2012(2).

[9]李霞.浅谈当前我国高校安全问题及对策.科教导刊,2010(1).

[10]曹润花,孟剑靖.创新高校大学生的安全教育.长春理工大学学报,2012(1).

[11]李俊成.新时期高校安全教育的重要性.黑龙江科技信息,2011(2).

兰州大学经济困难学生思想教育工作实施方法初探

徐 争 岳 兰

(徐争,兰州大学学生处教育科副科长,助理研究员;岳兰,兰州大学机关党委副书记,助理研究员)

摘要:做好家庭经济困难学生资助教育工作是保证大多数学生顺利完成学业、健康成长的极为重要的基础性工作。本文通过整合现有资料,对在校家庭经济困难学生的资助状况和效果进行总结和分析,得出高校家庭经济困难学生思想教育模式及其具体实现方式、实施建议。

关键词:学生 教育 方法

一、现有经济困难学生思想政治教育工作的基本情况

国内高校家庭经济困难学生群体的资助与教育问题伴随我国高校收费制度改革应运而生,也逐渐成为学工事务中最重要的工作之一。根据中国扶贫基金会对国内高校的数据调查,目前我国高校家庭经济困难的学生约占20%,特别贫困的学生比例达8%。由于区域位置和生源特点,我校农村生源的在校本科生中占学生总数的58.4%,西部五省区生源的在校本科生中占学生总数的43.8%,全校经济困难学生的比例约在30%左右,学生的经济困难程度在我校尤为明显。①

目前国内高校均建立了完整的学生资助体系,有效地解决了在校家庭经济困难学生学习生活方面的困难。但是,调查显示,单纯经济资助对于促进家庭经济困难学生健康成长的作用仍然有限。多数高校家庭经济困难的学生在公益需求得到满足的同时,却表现出"以自我为中心,集体主义和协作精神较差"、"等、靠、要的依赖心理严重和诚信意识淡薄"以及"被助理所应得思想"。在我校小范围的调查中也发现,很多家庭经济困难的学生认为被助理所应当,视资助为其身份的必需所得;在相关组织的感恩活动、回信答谢以及爱心传递等活动中很多家庭经济困难的学生不参

①数据来源于学生贷款办公室,取2008—2011年3年期间的平均值。

与、不理睬,甚至还存在一部分家庭经济困难学生认为有困难时就应该通过社会资助解决,自身战胜困难、自强不息的精神丝毫不见。可见,在经济条件资助和改善的同时,对于家庭经济困难学生的思想教育不可忽视。

二、探讨对经济困难学生思想教育工作模式的意义

基于上述分析,我们尝试提出高校家庭经济困难学生思想教育模式,是对高校资助工作体系的进一步完善,也是增强资助工作有效性的重要探索。对高校经济困难学生的思想教育必要性和实施路径与模式的研究具有以下三个方面的意义:第一,对高校家庭经济困难学生思想教育模式进行探索是对家庭经济困难的学生教育工作的具体实践和创新,通过探索研究家庭经济困难学生的思想教育模式,是更好地、全面地解决家庭经济困难学生经济困难问题、心理压力问题和思想观念问题的基础性和必须性的递进诠释和有利推动;第二,对家庭经济困难学生思想教育模式的探索和部分试点单位试验的研究是结合当前家庭经济困难学生教育工作难点和矛盾所设计的内容,开展研究对于推进和完善高校家庭经济困难学生教育工作和实现"教育学生"目标具有实践指导意义,能够很好地解决现实问题;第三,研究家庭经济困难学生的教育问题,能够很好地反馈和完善高校家庭经济困难学生资助体系,在统计数据、使用方式、工作开展和绩效评估等各个方面都有补充和推动作用,甚至能够为高校家庭经济困难学生资助工作改革和进步提供可借鉴的、创新性的范式。

三、高校经济困难学生思想教育实施建议

经过一系列调查和研究,我们初步找到了经济困难学生思想政治教育的可行性和合适方式。以社团活动为核心开展的一系列家庭经济困难学生思想教育活动是对家庭经济困难学生思想教育模式探索的主要内容,也是未来家庭经济困难学生思想教育活动的主要载体。这部分活动以"能力素质提升"为基础性工作,通过开展家庭经济困难学生"进入"、"参与"状态下的工作,着重从"心理健康"、"沟通能力"和"参与能力"三个部分进行试验性实施。以"诚信教育"和"感恩教育"为上层核心教育内容,以"认知"、"情感"和"实践"三个效果评价纬度为准则,通过开展理念教育、参与性活动,比如毕业生还款知识诚信知识考试、国家助学贷款中期评估

等,观察和了解试验学生在活动状态中的不同表现和动态变化,从而总结活动实施中因素影响对于家庭经济困难学生思想教育的作用和认同,进而为直观的模式总结做出引导性作用, 但是在实施过程中也不能忽视下面几方面的问题。

第一,理论与实践相结合。正确的理论指导,才能使高校经济困难学生思想健康地成熟起来。首先,组织经济困难学生进行相关常识学习,加强学生诚信意识、回馈意识、集体主义意识,培养学生的思想道德品质,使其树立正确的人生观、价值观、世界观。其次,通过一系列社会实践活动,对学生进行思想品德教育。如开展“三下乡”活动,为贫困学生送医送药,增加传递爱的过程;为灾区捐款等,使同学们感受关心别人的乐趣、集体的力量及团结的重要性。思想政治教育工作渗透到各专业课和课外活动,通过较系统的机制培养学生。

第二,说教结合,因势利导。要具体问题具体分析,要善于发现他们的优点与合理性,找出解决问题的根本,采用疏导的方式加以解决,并允许学生释放自己的观点,不能因学生犯了错误就“一棒子打死”。经济困难的学生通常具有强烈的个性,具有明确的自主意识,思想上的独立性很强,因此,思想教育工作也要由教导的方式向交流的方式转化。了解他们在想什么,做什么,是因势利导的前提。现在学生的做法、想法一般都有自己认为合理的因素,找出他们的合理性,并通过合适的方式让他们及时释放出自己的情感, 只有这样才能教育他们放弃错误意识或被他们忽略掉的不合理性。

第三,为学生解决实际困难。在生活中注意观察学生的的思想动态,通过各种途径了解他们在生活中存在的问题, 掌握每个学生的家庭经济情况,特别是要及时掌握特困生的情况,及时帮助他们解决生活中的实际问题。如:设立援助基金等,通过多种多样的形式来帮助他们顺利地渡过大学时光。

第四, 增加经济困难学生的参与度。通过自发性组织和专项课题实施,让家庭经济困难学生参与到项目研究中,将项目所建立的理念可以在小范围内实践,继而推广至远。同时,通过社团的实施基地,可保证课题的立场和客体开展与推进的效率和效果。

参考文献

[1]李新.对感恩教育的思考[J].机械职业教育,2007(2).

[2]公金梅.建设和谐校园需要加强大学生的感恩教育[J].湖北经济学院学报(人文社会科学版),2009(5).

[3]程冉.当代大学生感恩教育的实证研究[D].长沙理工大学,2010.

[4]俞圆,张俐.当代高校贫困生感恩教育探析[J].宁波职业技术学院学报,2011(3).

多元文化环境对高校思想政治教育工作的影响

薄　珏

（薄珏，兰州大学政治与行政学院马克思主义原理专业硕士研究生）

摘要：经济全球化的发展及在世界范围内的竞争带动了文化的全球化及多样化发展，同时也将这种竞争引入文化领域。如何在这样的文化背景下开展好高校思想政治教育工作成为新的时代课题。当今，高校在思想政治教育工作中要充分利用中国传统文化中的精华思想，对当代西方资本主义的合理价值观部分进行借鉴，同时还要将国外马克思主义研究的广泛性及多视角的方式引入高校思想政治教育工作的过程中。与此同时，要在过程和行为方面加强建设，从而保障高校在文化多元化环境中能够更好地开展好思想政治教育工作。

关键词：多元文化　思想政治教育　高校　影响

当今社会，意识形态及社会制度对立的强烈冲突有所减弱，取而代之的是世界范围内的文化交流及融合。然而，在真正交往的过程中东西方之间的文化摩擦，以及不同的文明模式和价值观念的碰撞及冲突却日益明显地凸显出来。事实上意识形态方面的争夺并不是消失不见了，而是这种争夺的形式更加隐晦，从单独的强调意识形态到将其融入到各种文化交流之中。高校是文化的中心，因此，多元文化环境对高校的冲击更大，高校的思想政治教育工作也面临着新的挑战。对于中国这个始终坚持马克思主义意识形态的国家来说，如何维护民族文化的独立性，巩固意识形态领域的安全，对高校的思想政治教育工作具有极其重要的历史意义，它直接关乎中国的未来是否能够沿着正确的道路长远地发展好的战略性问题。

一、文化多元化的时代背景

当今世界是资本主义意识形态占据主导地位的世界，资本的本质扩张性及内在利益的驱使使其在全球范围内伸展与膨胀，并将这种扩张逐渐伸展到其他领域,如政治、文化及道德领域等。“它试图根据一种比任何东西都更有效地服务于一些利益的新的全球想象来重新建构世界”。

随着世界不同文化主体之间的交流日益频繁，文化的碰撞及冲突也不断产生,随之而来的是文化之间的相互融合与借鉴,这种文化的冲突与共存共同推进世界文明的演进与发展。这种历史的趋势给高校思想政治教育工作带来机遇的同时,更多的是挑战。我们要学会在这样的文化环境中生存,开展好思想政治教育工作,保护好自己的本民族文化并维护好我国的意识形态的安全。

我国的高校是在百年前的屈辱史上成长起来的。在百年多的中国历史上,我们饱受西方殖民者的侵略压迫,我国的高校在这一过程同时打破了我国的封建文化体系，使这一曾为自己的文化感到骄傲与自豪的国家突然变得迷惘与无所适从。这时高校的文化交流主导形势是单向的西方“送来主义”,而我国文化除了可以掠走的物质文化遗产之外,其余许多都是不被承认的“落后文化”。这种文化上的不平等,更体现为西方强势文化的话语权力和文化霸权，对我国文化形成了西化的威胁。在全球化的今天,面对强大的西方文化的攻势,我国文化尤其是高校的文化呈现“西方化”,表面上是平等的交流,实质上是一种文化对另一种文化的冲击,意识形态的冲突。在这一过程中,树立起维护本国意识形态安全的意识和采取必要的措施就成为当务之急。

因此,我国要想在国际竞争上争取主动地位,就要加强在文化软实力上的建设,文化软实力的建设重点在高校的建设,而高校建设的关键则是思想政治教育工作。我们应该认真分析我国文化软实力维护意识形态安全的现状,创新工作思路,采取有效措施,加强文化软实力建设,切实维护意识形态安全。

二、高校思想政治教育工作所面临的挑战

首先,马克思主义意识形态是武装全民族思想的重要武器,是高校顺利开展思想政治教育工作的武器。从社会主义意识形态本身来讲,我国是社会主义国家,以公有制为主体地位,实行人民民主专政,共产党是中华民族的先锋队,同时,还需要“用中国特色社会主义共同理想凝聚力量,用民族精神和时代精神鼓舞斗志,用社会主义荣辱观引领风尚”也是现阶段

的中国精神文化领域引导发展的必然诉求。而现实状况是,我国的意识形态所面临的最大问题就是社会主义意识形态的强大优势还未充分发挥,并且说服力还不够。我国还有很多自身未解决的矛盾,在拖着沉重的负累及压力摸着石头过河。这种情况下,我国的理论建设还滞后于社会各项建设,社会主义意识形态及社会主义核心价值体系自身所涵盖的丰富内涵、广泛的包容性及开放性等特点并不能充分显示。

另外,就是来自外界的排挤与干扰。自从我国实行改革开放后,伴随着西方物质产品大量涌入的同时,西方文化产品和价值观念也同时涌入我国,对我国高校带来了极大的冲击。面对着多元文化,高校学生的价值观和人生观也在悄然改变,学生的精神文化需求呈多样化、多层次的发展特点。随着我国各领域的全面开放和国际交流的深入发展,这种文化多元化的发展趋势也越来越明显,成为文化发展的主要走向。虽然当今世界的主题主要是经济的发展,意识形态领域的强调表面上有所淡化,但是这还是不可忽视和不能掉以轻心的。这种文化发展趋势的多样化现状,在面对各种冲击、各种诱惑和挑战的同时,我国高校学生的意识形态受到的冲击越来越严重。

三、高校的思想政治教育工作要引导多元文化

在这种多元化的文化背景之下,开展好思想政治教育工作,并使其在中国特色社会主义事业建设过程中发挥应有的作用,就要求高校尽一切可能对这样一种文化趋势加以引导。

(一)过程策略

高校在思想政治教育过程中,关注舆论的走向是十分重要的。掌握时下舆论热点可以使教育者了解群众在某段时期内所思所想,掌握目标群体最关心的问题才有可能做到对症下药。而仅仅做到了解舆论动向是不够的,与此同时还要能够根据实际情况对舆论走向做出引导,使其能够朝着有利于高校建设甚至国家意识形态建设的方向发展。同时,要为有利的舆论氛围的形成创造平台,这就要求高校的管理者能够运用媒体的力量。现代社会是信息高速运转的时代,媒体在当代充斥在人们生活的各个角落,承载着信息传播的角色。因此,想对社会舆论产生影响和引导作用,政府必须合理利用社会传媒力量,让它成为传播社会主义核心价值体系思

想的有力工具,从而达到事半功倍的效果。

同时,还要坚持将以人为本的基本原则贯穿于每一个细节之中,真正以实现高校学生的全面发展为目的。要关注学生关注的重点问题,切实解决目标群体所关心的具体、直接、现实问题,把工作做到学生心中。还要坚持以正面教育为主,大力倡导一切有利于社会民主、国家富强、人民团结、社会进步的思想和精神,用正确先进的思想与文化来改造固有的思想中不合时宜的守旧部分,使高校学生在潜移默化中受到良好的思想文化氛围熏陶。让学生在此过程中能提升幸福感,能自发维护并真正愿意彻底落实社会主义核心价值观。

(二)行为策略

要开展好高校的思想政治教育工作,必须高举中国特色社会主义的大旗,坚持根本方向不动摇,才能保障工作不偏离方向。要坚持社会主义意识形态,维护社会主义核心价值体系,才能使高校在风云多变的国际社会竞争中保持优势,坚守自我。

中国特色社会主义理论体系"是党最可宝贵的政治和精神财富,是全国各族人民团结奋斗的共同思想基础"。从本质上回答了什么是社会主义以及怎样建设社会主义的问题,为中国特色社会主义事业的建设指出了明确的发展方向,符合中国社会的发展现实,能科学地指导中国社会的实践发展。

此外,还要自觉维护社会主义核心价值体系。社会主义核心价值体系不仅是对中国特色社会主义本质认识的深化,更有利于推进社会主义和谐社会的建设。同时,它具有广泛的适应性及包容性,具有强大的整合力及引领力,适宜在全体人民中间推广并能够以其强大的理论魅力被社会广泛接受,成为联结各民族、各阶层的精神纽带。因此"确保文化改革发展沿着正确的道路前进"是极其重要的。

高校在开展思想政治教育工作的过程中,要寻求主体文化与大众文化的多元化的碰撞与互动模式。大众文化产生于现代工业社会背景下并与市场经济相适应,影响大众的价值理念和价值选择,具有价值的引导和塑造功能。主流文化则是社会主义核心价值体系。用社会主义核心价值的主流文化引导、规范大众文化,尽可能消减负面影响,使社会主义核心价值观真正深入学生的心中,为学生所接受,真正实现社会主义核心价值体系与大众文化的对接，用社会主义的核心价值观作为其灵魂来引导大众文化发展。

文化承载价值。大众文化只有在主流文化的引领下才可能健康发展，用更加科学的价值理念提高自身对大众的影响力和凝聚力。而社会主义核心价值体系本身又是理论性、抽象性和概括性很强的价值观，要真正为学生接受，需要以更加通俗易懂的形式传播。用核心价值体系提升大众文化的人文精神，以期推进核心价值体系深刻推进并易于被学生群体理解与掌握，这样才能起到事半功倍的效果。高校在开展思想政治教育工作的过程中，要将社会主义核心价值体系主导下的主流文化融入日常生活之中，利用各种机会和场合，营造学习、宣传社会主义核心价值体系的平台。实践证明，只有将社会主义核心价值观念以更加通俗易懂的形式传播，才能使其更加容易被理解与认可，大众文化正是这样一种传播手段可以承载的媒介。

参考文献

[1]王宁，薛晓源.全球化与后殖民批评[M].北京：中央编译出版社，1999.

[2]卢新德.文化软实力建设与维护我国意识形态安全[J].山东大学学报(哲学社会科学版)，2010(3).

[3]十七大报告.

[4]十七届六中全会报告.

浅谈高校党风廉政建设

高　源

(高源,兰州大学政治与行政学院思想政治教育专业硕士研究生)

摘要:高校党风廉政建设是廉政制度建设的一个重要环节,尤其近年来随着高等教育的不断发展,高校中各种矛盾和问题也逐渐凸显,社会腐败现象在高校有日益滋生和蔓延的倾向。高校腐败现象处于一个易发多发期,面临的形势十分严峻。针对现阶段高校腐败问题出现的新特征,分析其出现的原因,寻找新的解决方法就显得尤为重要。

关键词:高校　腐败现象　廉政制度建设

随着高等教育的不断发展,高校对外经济交往的频繁,办学规模的扩大及产学研结合的拓展,我国高等教育经历了历史性跨越,培养规模和水平跃上了一个新台阶。然而伴随高等教育全方位改革的不断深入,高校发展中的各种深层次矛盾和问题也逐渐显著和突出,党风廉政建设和反腐败工作出现了一系列新情况,呈现出一系列新特点,反腐倡廉工作面临着严峻而复杂的形势。近年来高校频发的违法违纪案件,不仅给国家和人民的财产带来极大损失,而且给学校各项事业的发展带来很大损害,阻碍了学校改革发展的进程,涣散了教职员工队伍,也破坏了对大学生进行道德建设、思想政治教育的环境。面对高校日趋复杂的反腐败斗争的严峻形势,我们必须认真分析形势,查找问题,研究对策,采取措施,严格坚持"标本兼治、综合治理、惩防并举、注重预防"的方针,以完善惩处和预防腐败体系为重点,强化权力制约和监督,从源头上惩治和预防腐败,深入推进高校党风廉政建设,为学校改革与发展、构建和谐校园提供有力保障。

一、当前形势下高校腐败问题的新特征

(一)高校腐败呈现高发性上升趋势

目前,我国已经进入改革发展的重要和关键时期,高校的外部环境也

随之发生了很大变化。市场经济的迅速崛起给高校的发展带来了新的契机,但也不可避免地给高校带来了许多负面影响。加之高等教育的规模不断扩大,教育资产、经费规模不断激增,在这种状况下,个别高校的领导干部容易在思想上产生动摇,价值观、人生观发生偏差,在廉洁自律方面放松对自己的要求,出现腐败行为。纵观近年来高校领导干部的腐败发案情况,不难发现高校的违法违纪案件正在不断增长,且呈现出高发性上升趋势。

(二)高校腐败呈现明显的行业特点,发案领域集中

由于与社会各方面的联系日益广泛,经济活动日益频繁,社会上的各种腐败不可避免地通过各种渠道直接或者间接地渗透到高校中。加之制度的不健全、管理的不规范、监督的不到位等因素,腐败在高校的薄弱环节中滋生开来。但与社会上的腐败现象相比,高校的腐败现象具有其非常明显的行业特征,腐败领域也相对集中。

1.集中在招生方面

高校招生自主权的扩大让个别招生工作人员在招生工作中利用职务之便滥用职权,违规招生、收受现金和礼品甚至索贿和借机敲诈勒索等种种不正之风和违法乱纪行为时有发生。特别在单独招收保送生,艺术、体育特长生等工作领域,更容易发生暗箱操作、弄虚作假、徇私舞弊等行为。

2.集中在基建及大宗物资采购方面

基建和大宗物资采购是近年来高校领导干部落马的主要领域, 也是目前高校容易滋生腐败问题的重灾区。由于高等教育规模的不断扩大,新校区的开发建设等项目使得高校的基建工程成为一些不法建筑商口中一块硕大的肥肉。为承揽大学基建工程,他们不惜重金行贿个别领导干部,从而发生了个别高校领导干部顶不住金钱诱惑,为谋取私利而收受贿赂、贪污腐败的违法违纪行为。同样,高校每年在教学仪器设备购买,办公设备采购,后勤物资采购,教材、图书资料购买等方面也要投入大量的资金,这些资金往来背后存在的收取商业回扣等潜规则也让这一领域成为目前高校腐败高发区。

3.集中在学术、科研、教学管理方面

学术腐败是高校腐败区别于社会腐败的一个明显特征, 也是高校教育腐败最典型的表现形式,且形式变换多样。一方面,高校学术造假大有愈演愈烈之势，个别教师为了谋取私利抄袭、剽窃他人学术成果，进行科研造假、学术成果造假、学历学位造假等，还有个别人利用科研经费、学术活动中饱私囊，这些行为都给高校造成了非常恶劣的影响。另一方面，在教学管理环节中，极少数领导干部和工作人员在学生入党、推荐保送研究生、奖学金评奖、贫困生补贴及各种奖励和表彰、考试阅卷等方面违规操作，搞不正当交易，也极大损害了高校的形象。

(三)高校腐败的社会影响较其他腐败现象相比更加恶劣

高校是培养人和教育人的地方，是许多人心目中神圣而纯洁的学术殿堂，而发生在高校里的贪污腐败行为却在很大程度上玷污了高校的声誉。一方面，高校系统内的职务犯罪使国家和学校蒙受了大量的资金损失，妨碍了高等教育改革事业的发展；另一方面，它破坏了高校历史沉淀的校园文化，严重影响了对当代大学生的思想政治教育和理想信念教育，给当代大学生的政治、思想带来的是潜移默化的负面影响，造成的后果是非常恶劣的。

二、高校腐败现象产生的原因分析

高校腐败问题的产生，追其根源，原因是多方面的，既有高校对市场经济所发生的变化还不太适应等社会因素的影响，也有高等教育中思想教育工作缺乏针对性和有效性，特别是规章制度和管理措施跟不上，监督制约机制不健全等自身体制机制的问题。

(一)思想认识不到位

个别高校领导干部缺乏自我警醒，理想信念不坚定。在拜金主义、享乐主义的影响下，人生观、价值观、权力观、地位观、政绩观发生严重偏差，在多种社会思潮的影响下抵制不住诱惑，思想道德防线溃决，共产主义信念和理想出现不同程度的动摇，拒腐防变思想意识有所放松，这是导致腐败的根本内因所在。个别党员领导干部法制观念淡薄，没有牢固树立起党纪国法观念，对于党纪国法的严肃性与权威性没有深刻而清楚的认识，在实际工作中不能自觉遵照法律规定做到依法办事，因此在面对各种诱惑时，不自觉地偏离了法制轨道。此外，高校自身对腐败问题认识不到位，对加强党风廉政建设的重要性认识不够。加之少数领导忙于自身行政事务，对高校党风廉政建设的复杂性认识不足，在日常工作中或多或少地放松了对干部职工的廉洁教育,久而久之,使得师生员工对党风廉政建设产生了松懈思想,思想滑坡,这都是由于思想认识不到位导致的。

(二)党风廉政教育环节相对薄弱

加强党性党风党纪教育,促进领导干部廉洁自律是我们深入开展反腐倡廉建设,增强干部拒腐防变意识的重要手段之一。尽管,目前高校党风廉政教育的内容和形式都在不断进行改进,但总体来说,教育形式较为单调,教育的针对性不强,多数时候教育都流于一般文件和规章制度的传达,结合干部思想进行实际教育的少,应付形式宣传的多。因此,党风廉政教育实效性差,教育成效不够明显。甚至一些干部还存在厌学、假学、浅学和学而不思、学而不行的问题。此外,在开展党风廉政教育活动中,高校往往仅仅依靠了学校一级纪检监察部门的力量,而各基层分纪委的作用得不到充分发挥,因此不能够上下贯通、多方配合形成合力。

(三)责任机制追究力度不强

随着高等教育的不断发展,“扩招”、“申本”、“更名”、“上学位点”、“教学评估”、“质量工程”等工作成为高校各项工作的重中之重。高校领导班子把学校规模扩张、上层次、上位次作为发展的硬道理,把抓“发展”作为第一要务,这在一定程度上就放松了“一岗双责”的要求,对于党风廉政建设和反腐败工作主要领导精力不够集中,措施不够得力,责任不够到位。往往出现会上说得多,会下落实得少;纪检监察部门抓得多,全校性协作得少,“说起来重要,做起来次要,忙起来不要”的现象在高校仍有一定的代表性。此外,责任追究也不是太到位,一些人出了问题,相关领导的领导责任追究不够严格,动真格的不多。

(四)管理制度缺乏执行力,制度建设相对滞后

目前高校制度建设相对滞后,存在三个问题。一是现有制度不健全,存在漏洞,没有进行及时的修改和完善,不能与高校的改革发展相配套。例如财务制度、审计制度、招投标制度等。二是已经制定出来的制度本身缺乏执行力,可操作性不强,有的制度甚至挂在墙上形同虚设,缺乏对行为的有效规范和约束。三是制度缺乏执行情况的督促检查。因此,从源头上预防高校腐败问题的产生,要把制度建设和制度创新摆在加强管理的突出位置,形成用制度管人、管事、管钱的机制。

(五)监督缺位,监督机制不够健全

一方面,高校纪检、监察由于受同级党委和行政领导的体制所限,从而使得同级监督的行使受到了客观的制约。另一方面,高校的纪检、监察也尚未形成系统、完整的监督管理网络,监督的途径和渠道不畅通,一般干部和党员群众的意见不能正常反映上来,在重大问题上,群众监督、本单位纪检监督基本上"形同虚设"。此外,监督机制软弱无力,没有起到上下机关之间互相监督、干部之间相互监督、部门之间相互制约的作用。

三、进一步加强高校党风廉政建设的措施

随着国家反腐倡廉工作力度的不断加大,高校党风廉政建设的工作力度也得到了不断加强,为高等教育事业的健康发展和人才的健康成长提供了有力保障。但是,我们也应清醒地看到,现阶段诱发高校腐败的一些深层次问题尚未完全解决,制约高校反腐败斗争深入开展的一些因素还存在,今后一段时期内高校腐败现象仍有可能易发多发。因此,我们一定要高度重视和切实加强党风廉政建设和反腐败工作,重视对一些发案规律和特点的剖析,针对体制机制制度和管理上的弊端和薄弱环节,坚持用改革的办法解决容易滋生腐败的深层次问题,加强源头治理,逐步铲除高校腐败现象滋生蔓延的土壤。要把反腐倡廉建设纳入学校发展和党的建设的全局之中,把改革的推动力、教育的说服力、制度的约束力、监督的制衡力、惩治的威慑力结合起来,增强反腐倡廉建设的整体性、协调性、系统性、时效性。要以建设性的思路、建设性的举措、建设性的方法,推进党风廉政建设和反腐败工作,进一步深化教育,健全制度,强化监督,落实责任,逐步构建规范有序的工作机制,努力构建和谐校园,为实现高等教育又好又快的发展提供坚强的政治保证。

(一)加强学习教育,进一步形成自律机制

进一步加强教育,以信念、法纪、道德教育为先导,构建高校反腐倡廉"大宣教"格局,形成反腐倡廉自律机制。一是要把上级组织与学校制定的各项制度以及法律法规纳入到高校党委理论学习中心组、党员、教职工和学生的政治理论学习之中。教育活动要贴近党员、干部的思想和工作实际,把理想信念教育、职业道德教育和法制纪律教育结合起来,把专题教育、群众评议与改进工作、解决实际问题结合起来,努力在高校营造出自

觉学习和掌握法规制度、坚持和维护法规制度的良好氛围。通过思想引导、规范行为和营造氛围,构筑抵御腐朽思想侵蚀的思想道德和党纪国法教育的防线。二是要以各级领导干部为重点,以树立马克思主义的世界观、人生观、价值观和正确的权力观、地位观、利益观为根本,以艰苦奋斗、廉洁奉公为主题,以更好地做到立党为公、执政为民目标,深入开展反腐倡廉教育,督促党员领导干部严格执行《廉政准则》,模范遵守党纪国法,不断强化无私奉献、艰苦奋斗意识,耐得住寂寞,守得住清贫,经受住各种挑战和考验,保持共产党人的高风亮节。三是要将坚持反腐倡廉教育制度化,通过单位主要负责人上廉政党课、集中学习、专题教育、主题实践活动、警示教育、图片展览、现身说纪说法等多种形式,筑牢思想防线,形成自律机制,督促党员和领导干部加强党性修养,自觉加强主观世界改造,提高拒腐防变和抵御风险的能力,始终做到“踏踏实实做事,清清白白做人,干干净净做官”。

(二)强化工作职责,进一步完善责任落实机制

严格按照党风廉政建设责任制的要求,进一步落实领导责任制和工作责任制,完善责任落实机制。一是坚持党委统一领导、党政齐抓共管,把党风廉政建设作为党的建设的重要内容,纳入到领导班子的重要议事日程,做到与业务工作紧密结合,一起研究、一起谋划、一起布置、一起落实、一起检查、一起考核。二是要进一步强调党政主要负责同志是本单位党风廉政建设的第一责任人,负全面领导责任,要亲自抓,负总责;其他领导干部对所分管的工作中的党风廉政建设负直接领导责任。三是要进一步明确职责,细化指标,分解任务,完善责任机制,各部门要加强协调配合,形成工作合力,增强工作实效,把是否堵塞了制度漏洞、促进了制度落实、推动了工作开展作为我们检验党风廉政建设和反腐败工作成效的重要标准。四是要加强监督检查,进一步加强对遵守党的政治纪律情况、执行民主集中制情况、落实领导干部廉洁自律规定情况等的监督,强化制度的执行力,规范工作行为,认真查找管理漏洞,在解决实际问题上下工夫,在狠抓落实上做文章,真正建立用制度管权、管人、管财、管物、管事的长效机制。五是严肃责任追究,对于那些在直接管辖范围内发生的严重违法违纪问题隐瞒不报、压制不查的党政领导干部,要严格责任追究制,依法追究领导干部的责任。六是要加强作风建设,依法办事,规范管理,大力弘扬浩然正气，抵制歪风邪气，在学校上下努力形成严格按章办事、按程序办事、按制度办事的良好风气，保证党风廉政建设和反腐败工作真正落到实处、取得实效，进一步促进高校又好又快的发展，办好让人民满意的大学。

（三）加强制度建设，进一步建立防范机制

用制度管人，按制度办事。依靠制度惩治和预防腐败，是做好反腐倡廉工作的重要保证。反腐倡廉重在制度建设、制度创新。高校要坚持改革创新、与时俱进的精神，适应从源头上加大预防腐败力度的需要，以制约以权力为核心、以领导干部为重点、以重点领域和环节为关键、以消除滋生腐败的条件和空间为目标，进一步制定和完善学院反腐倡廉的制度，努力形成较完备的制度体系，建立反腐倡廉防范机制。一是要健全和完善校、院系两级党委（党总支）、行政、党政联席会议等制度，认真贯彻落实民主集中制原则，不断完善学校、院系的议事规则和决策机制。对于涉及重要决策、干部任免、重大事项和大额资金使用等事项，必须由领导班子集体讨论、研究决定。要充分发扬民主，正确集中集体的智慧，防止个人专断、一个人说了算。二是要贯彻落实党风廉政建设责任制和责任追究制的有关规定，层层签订《党风廉政责任书》，坚持“谁主管、谁负责”的原则，一级抓一级，层层抓落实。三是完善对基建工程、资金使用、教学仪器设备及其他物品采购、人才引进、招生工作等管理制度，大力实施“阳光工程”，主动接受社会监督和舆论监督，以公开透明促进规范管理，公开办事程序，规范工作行为，努力形成用制度管权、用制度管事、用制度管人的局面。

（四）突出重点部门，进一步健全监督制约机制

高校的人事处、组织部、财务处、基建处、国有资产管理处、后勤集团和招生办公室等职能处室，是学校管人、管钱、管物、管事的重点部门。学校党政应突出加强对这些重点部门的监管，健全权力运行的监督制约机制，既要“惩治于既然”，更要“防患于未然”。一是实行重点岗位轮岗制度，原则上管人、管钱、管物的部门主要负责人干满一届后必须轮岗，加强对重点部门（部位）权力运行的制约，确保他们正确行使手中的权力，保护好干部，维护好学校的利益和学校良好形象。二是签订《党风廉政责任书》，健全责任分解、考核、追究的工作机制，按照“一岗双责”的要求，学校分管领导与处（部）长、处（部）长与科长、科长与科员层层、逐级签订责任书，落实党风廉政建设责任制，严格责任追究。三是严格执行经费审批程序，限定超过一定数额的经费审批必须由领导班子会议决定，加强对大额资金使用的控制，规范各类经费支出范围和标准。四是加强经济责任审计，对重点部门(部位)、重点干部要实行届中、届满经济责任审计，届中可抽审，届满前必须全部通过离任经济责任审计后方可重新进行聘任，对有问题的干部必须严肃处理，绝不能姑息迁就。五是执行校、院系(部、处)公开制度，采取多种形式增强公开的针对性和实效性，从源头上堵塞漏洞，规范管理行为。六是坚持和完善强化预防、及时发现、严肃纠正的干部监督工作机制，加强对干部选拔任用全过程的监督，有效防范考察失真和干部"带病提拔"。七是强化民主监督，拓宽监督渠道，实行情况通报制度、公开征集意见和建议制度，上级党组织经常听取与业务工作、服务对象相关单位和师生员工的意见，客观评价、考核重点部门(部位)的工作和廉政建设情况。

高校是培养人才、传承文明的重要阵地。新时期，要结合目前高校在反腐倡廉建设方面存在的新问题和新情况，进一步加强和改进高校党风廉政建设，这对建设新时期的高水平大学具有重要意义。

参考文献

[1]罗超群，杨运姣.刍议高校职务腐败及其防治对策[J].理论观察，2009(1).

[2]吴广辉，杨正琳.关于新形势下高校反腐败斗争有关问题的思考[J].长春大学学报，2009(10).

[3]戴永恒.当前高校腐败问题的成因及对策分析[J].法制与经济，2009(14).

[4]孙山，黄宗凯.高校教育腐败问题的原因分析与防治[J].学校党建与思想政治教育，2010(3).

后 记

近年来,高校青年教师在高校教师队伍中所占的比例越来越大。根据有关统计,35 岁以下青年教师占高校专任教师总数的比例达到 45%。在兰州大学,45 岁以下青年教师则占到教师队伍总数的 80%。在高校建设与发展中,青年教师已经成为高校教学科研工作的主力,在高校各项办学功能实现中发挥着骨干和中坚作用,成为高校持续发展、赢得未来的关键。同时,青年教师年富力强、思想活跃、勇于进取、视野开阔,与青年学生沟通互动多,其思想政治素质和道德情操对青年学生具有很强的影响力和感染力。

第二十次全国高校党建工作会议强调,要把加强青年教师队伍思想政治工作作为高校党的建设一个重大问题来抓,深入细致地做好青年教师的思想引导工作。为了贯彻落实此次党建会精神,兰州大学党委在深入开展调研、广泛征求意见的基础上制订出台了《关于加强和改进青年教师思想政治工作的若干意见》。伴随着该《意见》的深入实施,兰州大学形成了"定位上明确主体,政治上主动引导,师德上规范熏陶,专业上着力培养,生活上热情关怀"的"五位一体"的青年教师思想政治工作新格局,有效地激发了青年教师的主动性、积极性、创造性,促进了青年教师的全面发展和成长成才。

思想政治工作是一门科学,它有自己特定的研究对象、工作方法和研究方法,形成了系统完整的理论体系。青年教师思想政治工作要提高水平、发挥作用,就必须开展理论创新和研究,以科学的理论指导青年教师思想政治工作的实践。为了推动青年教师思想政治工作的理论创新和发展,2012 年 5 月初,兰州大学党委发出通知,以"青年教师思想政治工作的创新与发展"为主题,面向全校征集理论研究文章。此次征文活动共征集到 55 篇符合条件的理论文章和调研报告。2012 年暑假,学校组织有关专

家评选出了13篇优秀征文。2012年10月23日，兰州大学党委以“青年教师思想政治工作的创新与发展”为主题，隆重召开了“2012年青年教师思想政治工作专题理论研讨会”，并对获奖论文作者进行了表彰奖励。

以此次征文活动为基础，我们将55篇征文及一篇特约文章结集出版，并定名为《兰州大学青年教师思想政治工作创新发展理论研讨会论文集》。作为学校贯彻落实第二十次全国高校党建工作会议精神的重要成果，该《论文集》凝结着全校从事思想政治工作的干部教师们的心血与智慧，体现了他们对于青年教师思想政治工作的认识思考与思维状况，反映了他们在青年教师思想政治工作上的实践程度与改革创新的价值取向，也充分折射出整个学校在践行立德树人崇高使命、开拓中国特色社会主义高等教育发展道路的良好精神风貌。

潮起海天阔，风正扬帆时。党的十八大强调：“中国特色社会主义事业是面向未来的事业，需要一代又一代有志青年继续奋斗。全党都要关注青年、关心青年、关爱青年，倾听青年心声，鼓励青年成长，支持青年创业。”让我们在十八大精神的指引下，解放思想、改革创新、凝聚力量、攻坚克难，不断推进青年教师思想政治工作的创新发展，在投身中国特色社会主义伟大事业中，让青春焕发出更加绚丽的光彩！

编　者

二〇一三年一月